U0094163

LUMINAIRE

光启

守 望 思 想　　逐 光 启 航

从瘟疫中
幸存的
佛罗伦萨

Florence
Under Siege
Surviving Plague in an Early Modern City

John Henderson

[英] 约翰·亨德森 著

刘谦 译

1630—1631

上海人民出版社

LUMINAIRE BOOKS
光启书局

推荐序　跨越宏大叙事和微观史的鸿沟

——约翰·亨德森对1630—1631年佛罗伦萨鼠疫的研究

向荣　复旦大学历史系教授

2019年，英国伦敦大学伯贝克学院教授约翰·亨德森出版了《从瘟疫中幸存的佛罗伦萨1630—1631》（*Florence Under Siege: Surviving Plague in an Early Modern City*）。这是一部严谨而有新意的学术专著，作者在前人已有研究成果的基础上，充分利用佛罗伦萨丰富的档案，采用跨学科、定性和定量分析相结合的方法，全方位、多维度地展现了米兰大瘟疫对佛罗伦萨的冲击、佛罗伦萨政府的隔离政策和措施，以及隔离中的佛罗伦萨人的生活窘境。可以说，这本书代表了目前西方瘟疫史研究的最高水平。与此同时，该书并不深奥。作者以英国史学家擅长的叙事风格，以平实、简约和通达的文字娓娓道来，将复杂的学术问题讲得清晰明白。书中配有近40幅插图，让人有身临其境的感觉。因此，《从瘟疫中幸存的佛罗伦萨1630—1631》也适合对这段历史感兴趣的非专业人士阅读。最近，上海光启书局将该书引进出版，对于刚刚经历了新冠疫情的中国读者来说，无疑会引发感同身受的共鸣。

亨德森教授主攻文艺复兴时期佛罗伦萨的宗教和社会史，他对瘟疫最早的兴趣来自撰写博士论文期间，在佛罗伦萨的欧洲大学研究所受到卡洛·奇波拉教授极富启发性的指导。奇波拉教授是意大利著名的人口史和经济史教授，出版过《工业革命前的欧洲的社会与经济1000—1700》《世界人口经济史》，也是西方医疗社会史研究的开拓者。他对17世纪意大利，尤其是佛罗伦萨的瘟疫，进行了深入细致的研究，出版了《克里斯托法诺与瘟疫：伽利略时代的公共卫生研究》《文艺复兴时期的公共卫生与医疗界》《17世纪意大利抗击瘟疫的斗争》等一系列专著。作为活跃在20世纪七八十年代的史学大师，奇波拉的著作中带有明显的辉格派史学色彩，即强调政府和英雄人物如克里斯托法诺的积极作用，相信历史是线性进步的。他认为，在近代早期抗击瘟疫的斗争中，"意大利北部和中部国家创造了欧洲最发达的公共卫生制度，并在主要城市建立了卫生委员会，或者说卫生长官制"。他还说19世纪英国为应对霍乱而兴起的公共卫生运动，只不过是意大利过去做法"一模一样的重复"。

但是，从20世纪80年代中后期开始，包括辉格学派在内的所有宏大叙事都受到了后现代主义史学的挑战。受福柯权力学说的影响，不少学者将近代早期欧洲政府的抗疫措施看作社会控制，是绝对主义计划的一部分，是对穷人和边缘社会群体的"大监禁"。受意大利微观史的影响，研究瘟疫史的专家将目光从政府和英雄人物如克里斯托法诺转向下层民众，关注隔离状态中的个体生命。1984年，意大利史家朱莉娅·卡尔维出版了《瘟疫年的历史：巴洛克时期佛罗伦萨的社会和想象》，她利用1630—1631年佛罗伦萨卫生委员会法庭的审讯记录，生动再现犯人们是如何利用合法和非法的手段，包括偷窃、出售染疫病人的衣服，违反政府的隔离规定，从而争取在艰难环境中生存下去的。通过人类学的"深描"，她力图使读者理解下层民众的困难及其对待瘟疫的态度。

亨德森教授同卡尔维等人也有密切的学术联系，因此他熟悉意大利学界瘟疫史研究的过去与现在。不过，亨德森教授本人受近年来英国史学发展新趋势的影响，因此他的研究能够跨越宏大叙事和微观史的鸿沟。20世纪八九十年代，英国史学界也受到了后现代主义思潮的冲击，由于后现代主义质疑历史学家有揭示任何历史真相的能力，从而引发了20世纪90年代英国的"史学危机"。但到21世纪，英国的"史学危机"不仅消失了，而且"比以往任何时候都充满了生机和活力"。按照戴维·坎纳戴恩教授的解释，这是由于英国史学界对后现代主义思潮冲击的成功应对。在他看来，英国史学受到了后现代主义见解的启发，丰富了自身研究的内容，而不是被它们整个地淹没和破坏。从《从瘟疫中幸存的佛罗伦萨1630—1631》中，我们可以明显地感受到这种新趋势的影响。

奇波拉和卡尔维都研究过1630—1631年佛罗伦萨的鼠疫，在笔者看来，亨德森的创新不是在材料和方法上，虽然他使用的材料更全，量化分析也更多，而是在对问题的总体把握方面。奇波拉是最早对佛罗伦萨瘟疫的社会影响进行研究的学者，但他的著作仍带有传统制度史的痕迹。卡尔维深入到公共卫生政策给下层民众带来的不便以及他们的反应，但却很少注意政府在政策执行过程中的灵活多样性。亨德森试图在吸取两人各自长处的基础上，撰写1630—1631年佛罗伦萨鼠疫的"总体史"，并回答被以往学术争论模糊或混淆的重大问题。

如前所述，20世纪八九十年代以来，西方的医疗社会史研究深受福柯权力学说的影响，这种影响在卡尔维的微观史中也有所体现。但是，亨德森反对这种极端的观点。的确，在佛罗伦萨的政府公告、医学报告和编年史中，人们不难发现政府官员和社会精英对穷人的偏见,他们将瘟疫传播与穷人的无知、任性和不良的生活习惯联系起来,将驱逐流浪汉和乞丐、禁止妓女卖淫作为防控瘟疫的重要措施。但是,如果将他们的反应简单地理解为社会控制,表达了他们对下层民众的恐惧和厌恶,则是误导性的。1630—1631年,佛罗伦萨政府投入大量资金用于维持隔离医院的运行,并在"全面隔离"的40天里给所有低收入家庭分发粮食和生活必需品。为了缓解疫情冲击带来的经济下行和失业问题,政府给从事纺织业的制造商提供免息贷款,以便他们继续开工并发给工人工资。政府还兴办一系列公共工程以提供就业机会。亨德森援引一位研究威尼斯的专家的话说,"高昂的管理成本本身就表明政府是在诚心实意地救治瘟疫患者"。

尽管如此,政府的防疫政策给城市日常生活带来了诸多不便,也引起了社会尤其是下层民众的不满。这在佛罗伦萨卫生委员会法庭审理的违法或犯罪的案件中有充分反映。与卡尔维的人类学"深描"不同,亨德森采用社会学统计方法,对566起案件的类别及其所受的惩罚进行了量化分析。研究表明,被起诉最多的行为是进入或离开了因染疫而被封锁的房屋,这类案件达到总数的40%。其中大多数只不过是为了探访被封锁的病人,为他们提供情感和经济上的支持,在作者看来,这部分反映了地中海世界亲戚朋友之间的亲密关系。也有少数蓄意违法犯罪者,如进入死者或患者家中盗窃财物。其次是与工作有关的一类,占总数的18.4%。有些店主被怀疑出售鼠疫感染者的布料;有些织工不按规定留宿在上班的作坊,而是偷偷回家;还有妓女们在家中接客。第三类要么是在全面隔离或宵禁期间没按规定待在家里,要么是参与了已被禁止的活动,如在酒馆内聚会或聚众玩乐,这类占总数的16.25%。第四类是针对卫生委员会工作人员如烟熏工、医护人员和卫生委员会官员的起诉，占案件总数的12%。其中大多数起诉涉及收受贿赂，从而给病人提供优先治疗，或许诺隐报病情或死亡病例；少数是盗窃病人或已故病人家中的财物。第五类是未携带有效健康通行证试图离开或进入佛罗伦萨城的人，由于城门警卫把守严格，涉及这类违法犯罪的案件并不多，只占总数的8.83%。除此之外，还有6起因未知起诉缘由而无法归类的案件。

当时的佛罗伦萨人将抗击鼠疫比作一场战争，需要采取战争时期的社会动员和强行管制。因此，在费迪南德大公的亲自参与下，佛罗伦萨政府制定了种类繁多、相当严厉的惩罚措施，包括罚款、监禁、当众鞭打、吊刑甚至死刑。但是，亨德森对案件当事人受到的惩罚的研究表明，这些严刑峻法并未真正贯彻到实际的判案过程中。在所有被起诉的案例中，高达60%的人被无罚款释放，另有11%的人缴纳罚款后获释。被处以包括监禁在内的较重刑罚的案例不多，几乎没有人被判处死刑。重刑主要是针对那些蓄意违法违规，严重危害公共健康或破坏社会秩序的人。亨德森指出，大量庭审案件反映了执法者对穷人生活困境的同情和理解，他认为在瘟疫史研究中过分强调政府与民众、富人与穷人的对立是不恰当的。

在传统的宏大叙事中，通常包含对英雄人物先进事迹的描写和赞颂，但在20世纪八九十年代以来流行的微观史著作中，英雄人物消失了，代之而起的是不知名的小人物的命运。亨德森回归宏大叙事，大胆描述了在1630—1631年抗疫期间佛罗伦萨涌现出来的各种英雄人物。他们中有作为佛罗伦萨最高统治者的费迪南德大公，疫情期间他一直留守佛罗伦萨，亲自领导了佛罗伦萨抗击鼠疫的斗争；有佛罗伦萨民间组织"慈爱会"成员，他们勇敢承担了运送患者和死者的任务；有冒着极大的危险在隔离医院工作的医生和修士，后者一方面为患者提供精神安慰，另一方面还兼任护工。英雄人物中也有来自社会下层的人，如一个名叫玛丽亚·卡加蒂娜的妓女，她卖掉自己的全部物品分给了穷人，然后去一所隔离医院全身心地照顾女性患者。因此，亨德森坦言，围城中的佛罗伦萨"不仅是关于穷人被社会边缘化的故事，也是关于无私奉献和非凡勇气的故事"。

近代早期欧洲抗击瘟疫的实际效果如何？这是学术界久有争议的问题。20世纪70年代初，英国著名细菌学家J. F. D. 什鲁斯伯里出版《不列颠群岛的腺鼠疫史》，指出近代早期的英国人并不知道他们面对的瘟疫是腺鼠疫，不能有针对性地进行防治，因此他们的抗疫斗争是无效的。他甚至认为，1666年德比郡伊姆村为防止疫情外溢进行的自我封锁是犯了"一个悲剧性错误"。奇波拉也深受其影响，虽然他高度评价意大利人的抗疫举措，认为这些举措是近现代公共卫生制度的开端，但它们对于应对当时的鼠疫要么没有效果，要么起到相反的作用。直到晚近才有专家指出，虽然当时人们还不能从细菌学的角度认识并应对鼠疫，但这并不意味着他们不能根据观察发现鼠疫的传播规律并采取相应的隔离措施。

1630—1631年的佛罗伦萨鼠疫是著名的"米兰大瘟疫"的一部分，1629年鼠疫在米兰爆发，随即扩散到意大利的整个北部和中部地区。亨德森从比较的角度分析了佛罗伦萨的成功应对。最初，佛罗伦萨政府沿亚平宁山脉设置隔离封锁线，派卫兵把守通往佛罗伦萨的山口，从而延缓了鼠疫的推进；当1630年8月鼠疫开始在佛罗伦萨城内蔓延之后，费迪南德大公下令将圣米尼亚托要塞撤除，将之改建为全城主要的隔离医院；1631年1月疫情高峰时期，佛罗伦萨推出"全面隔离"政策，要求所有人必须居家隔离40天。疫情从1631年春天开始减弱，到夏季完全消失。按照奇波拉的统计，整个疫情期间佛罗伦萨死亡9000人，占人口总数的12%，远低于米兰的46%、威尼斯的33%。

在亨德森看来，佛罗伦萨的隔离政策有效地遏制了鼠疫的蔓延，事实上，当时的佛罗伦萨人也是这样认为的。当1632—1633年鼠疫再次席卷佛罗伦萨时，政府立即启动全面隔离，并将染疫者送往隔离医院，很快就将疫情扑灭了。亨德森还研究了隔离医院对患者进行的治疗，回答了瘟疫史研究者长期回避的问题，即在现代医学尤其是细菌学诞生之前，人类是否有能力医治像鼠疫这样可怕的疾病。中世纪欧洲人将鼠疫，即"黑死病"称为"必死症"，但到17世纪医生们已经摸索出一些医治的办法。在佛罗伦萨，采用的是外科和内科治疗相结合的办法，即先由外科医生划破病人身上的肿块，排出脓液和污血，然后使用内科医生开具的清毒药。圣米尼亚托隔离医院院长比索尼于1631年1月写道，经过多日的观察他发现，"在治疗期间，药物的确起到了重要作用"。除此之外，医院还重视改善病人的饮食结构，增加肉食、鸡蛋和鸡汤的比例；安排修士照顾病人，以减轻他们的精神焦虑和痛苦。毫无疑问，17世纪佛罗伦萨的医疗水平远不能同现代相比，在佛罗伦萨的四家隔离医院，死亡人数占总入院人数的54.5%。其中1630年11月的康复率仅为29%，12月上升到40%，次年2月更是上升到96%。康复率的提高可能与鼠疫本身的毒性减弱有关，也可能与医治更及时有关系。

由此可见，亨德森将传统的宏大叙事和晚近的微观史有机地结合起来了。他一方面叙述了政府抗疫政策的制定和实施，另一方面分析了隔离给普通人尤其是穷人带来的恐慌和生活困难。但两者并不是完全对立、不可调和的。抗疫是为了有效地保护人民的生命健康，政府政策的制定和实施也必须以人民为宗旨。正因为如此，我们看到在1630—1631年疫情期间，佛罗伦萨政府始终将抗疫和纾困一起抓，而且在处理违法违规案件时，执法者总是带着同情心尽可能灵活处理。事实上，在疫情期间的违法违规案件中，绝大多数当事人只是无心之过，只有极少数坏人才蓄意违法违规。尽管危机时期很容易暴露人性的弱点和制度的缺陷，对此亨德森并没有回避，但从总体上，《从瘟疫中幸存的佛罗伦萨1630—1631》讲述的是一个正能量的故事，即一个关于团结、勇敢和无私奉献的故事。

目 录

导言　欧洲及意大利的瘟疫与公共卫生状况

> 城市要塞的建造是为了防御敌人和保卫国家。因此在必要时期，人们也会将这些要塞改建为封闭式隔离中心，来抵御人类的主要天敌（瘟疫），以使城市免遭残酷的杀戮。[1]

在讨论如何抵御瘟疫的侵袭时，17世纪的民众和历史学家们往往援引战争以作对比。上文这段话就出自马里奥·圭杜奇为年轻的托斯卡纳大公费迪南德二世所撰写的颂词。圭杜奇称赞大公在1630—1631年佛罗伦萨应对鼠疫的过程中发挥了重要作用，尤其盛赞他将圣米尼亚托要塞指定为隔离医院的这一举措。另外，在讨论鼠疫起因时，佛罗伦萨卫生委员会大臣富尔维奥·朱贝蒂宣称，鼠疫乃"上帝的惩罚或上帝的宣战"。这种说法表明，人们长期以来都将瘟疫视作上帝对人类罪恶的天罚。[2]

战争和瘟疫之间通常存在着非常直接的关联。因为当军队行军穿越国界时，往往会携带一些传染病。本书主要讲述的鼠疫就与战争有关，这场鼠疫使得北欧和南欧在1613—1666年深受其害。尤其在欧洲三十年战争期间（1618—1648），军队的流动让鼠疫的传播愈加猖獗。1629年，在德军和法军入侵意大利北部以争夺曼图亚及蒙费拉托公国的继承权时，鼠疫随之而至。[3]当时一位来自米兰卫生委员会的医生亚历山德罗·塔迪诺负责全权处理德国雇佣兵中的鼠疫问题。根据塔迪诺的描述，这支拥有2.5万名德国雇佣兵的军队不但不遵守卫生法规，而且在没有健康通行证的情况下从一地转移到了另一地。[4]

鼠疫与意大利在欧洲的声誉

瘟疫，以及政府为应对瘟疫而采取的防疫措施，一直是历史研究的重要领域。从黄热病、霍乱、肺结核、艾滋病、非典型肺炎、禽流感到埃博拉病毒，每个时代都面临着新的流行病的挑战，而本书所讨论的瘟疫——鼠疫，则是其中最具代表性的。对瘟疫的处理通常代表当时公共卫生事业的处理范式，文艺复兴时期和近代早期制定的一些主要应对措施，逐渐成了后世防疫政策的榜样。意大利制定了历史上第一批"有效"的防疫措施，因此被视作当时公共卫生事业发展的中心。随着文艺复兴的兴起，阿尔卑斯山以北的欧洲国家逐渐被意大利"文明化"，意大利对欧洲防疫事业的发展也产生了类似影响。[5]

本书将重新审视以上这些乐观间或实证主义的论述，来确定当时意大利的公共卫生政策对当地居民生活的影响。在此过程中，我们主张对流行病的历史采取更为细致入微的研究方法，而不是简单地将富人阶层和穷人阶层加以对照。一方面，我们将研究当时的执政官员复杂多面的动机和态度；另一方面，我们也将考察社会下层民众的各种反应和活动。后续的研究结果将揭示，对于当时制定的防疫法令和法规，后者远非被动接受。

佛罗伦萨鼠疫是本书研究的重点。乔瓦尼·薄伽丘在《十日谈》（*The Decameron*）中详细介绍了14世纪黑死病对这座城市的影响，这一话题也因此引起了人们的广泛关注。在《十日谈》的引言*中，薄伽丘这样写道：

> 人们采取了许多预防措施，诸如指派一批人清除城市的污秽垃圾，禁止病人进入市内，发布保持健康的忠告，善男信女不止一次地组织宗教游行或其他活动，虔诚地祈求天主，但一切努力都徒劳无功。总之，那年刚一交春，瘟疫严重的后果可怕而奇特地开始显露出来。[6]

薄伽丘的记载已成为中世纪后期对于鼠疫的集体记忆的一部分。尽管该书具有一定的文学色彩，但的确反映了当时佛罗伦萨城所采取的一些世俗和宗教方面的防疫措施。这些举措在之后的300年中逐渐发展为该城的公共卫生政策。比起在历史上较晚才出现且篇幅更长的两篇记载——亚历山德罗·曼佐尼于1827年所描绘的米兰鼠疫（1630），以及丹尼尔·笛福于1722年记载的伦敦鼠疫（1665），《十日谈》引言部分的记述更具代表性。[7]本书的研究将集中在17世纪的意大利，这一时期，意大利共经历了两次鼠疫（1629—1633年鼠疫和1656—1657年鼠疫），这也是欧洲自中世纪黑死病以来最为严重的两次鼠疫。[8]

类似于曼佐尼和笛福的记述，本书也将详细探讨鼠疫在一年

---

* 　译文引自《十日谈》，王永年译，北京：人民文学出版社，1994年，第7页。——译者注。本书脚注若无特殊说明，均为译者注。

中对于一座城市的影响。这场鼠疫于1630—1631年在佛罗伦萨暴发，在1632—1633年卷土重来。即使不考虑曼佐尼和笛福二人笔下的虚构情节，那些来自当时民众和历史学家们的细节描述、政府官员的日常信件往来和法庭记录等，也能启发我们对鼠疫时期的日常生活状况进行生动但时而令人心痛的讨论和分析。因此，本书将采取跨学科研究方法，从人口统计学到医学、社会、宗教和艺术等各个角度，来阐述瘟疫的影响以及相关应对措施。本书期望通过这种方式，来整合上述跨学科的研究成果，以还原历史的全貌。[9]

同时代英国人的评论能反映出16、17世纪意大利在公共卫生措施方面的声誉。英国枢密院顾问经常在大流行病潜伏或暴发期间借鉴意大利的做法，他们当时的相关讨论，可以有效地帮助我们了解16世纪中期意大利的公共卫生政策。1563年，威廉·塞西尔和伯利勋爵向女王的意大利籍内科医师切萨雷·阿德尔马雷咨询了相关事宜，后者写了一篇题为《伦敦市如何应对瘟疫和其他诸多困扰穷人之灾难》的报告。[10]阿德尔马雷还指出了当时伦敦公共卫生体系中的不足。伦敦内科医师学院在1630年初向枢密院提交的《谏言》中重申了这些问题，并再一次"根据意大利的习惯"提出了建议。这也表明，在这数十年间伦敦的状况并未得到改善。[11]

阿德尔马雷以及后来医师学院所强调的这些有效措施是意大利在15世纪中后期实施的标准措施。阿德尔马雷首先建议设立最高行政官，以"尽最大努力抑制瘟疫的发展"。在意大利，卫生委员会协调并负责国家及城市内部总体的瘟疫防控措施，以对瘟疫患者进行辨别、隔离，对死于瘟疫的患者进行埋葬，并对瘟疫密切接触人群进行强制隔离。[12]在1631年，伦敦医师学院指出，对于那些来自疫区的货物，有必要启用健康通行证。意大利和欧洲其他地区拉起防疫封锁线（*cordon sanitaire*），关闭发生疫情的邻国的边境，与亚平宁半岛上的其他国家的贸易也被迫中断。阿德尔马雷还建议建造一座防疫隔离医院。正如他所说："如果没有一个地方可以安置被传染者，那么正确的防疫措施永远无法得以成功实施。"在1631年，这一观点再次被提出并采纳，时任英国国王内科医师的西奥多·德·马耶恩建议建立一座大型隔离中心，并取名为"查尔斯上帝之家"。[13]后来，伦敦城外也建起了一片特殊的瘟疫墓地。

意大利完备又复杂的公共卫生体系，是基于其作为文艺复兴时期领土面积最大、最富裕的大国的综合国力。因此，尽管英国人对于这套体系充满敬意，但无论是建设大规模的隔离医院还是设立卫生委员会，都并未被英国采纳为防疫措施。[14]

这些行政和公共卫生机构并非意大利独有，一些北欧国家后来也对此有所发展。在17和18世纪，隔离政策已经成为公共卫生政策的一部分。例如，在1631年，巴黎议会命令法国每个地方都须建立一个卫生委员会，[15]而法王亨利四世则建立了一个私人的传染病医院——圣路易医院。这所医院于1607年在城外建成，由法国皇室承担费用，占地共27英亩*。该事件也可能是导致德·马耶恩向枢密院提议建立"查尔斯上帝之家"的原因。[16]此外，隔离措施的实行，甚至是滥用，是近代早期欧洲政府战略的重要组成部分，人们指责这实际是用来中断与敌对国家贸易往来的一种手段。[17]

---

* 英亩：1英亩=0.00407平方千米。

尽管在17世纪中期以后，鼠疫未再波及意大利本土和英格兰，但发生在1721年马赛和1743年西西里岛墨西拿的两次鼠疫以及相应的隔离措施，仍然使这一话题成了政府和公众关注的焦点。笛福出版于1721年的小说《瘟疫年纪事》（*A Journal of the Plague Year*）在当时颇具影响力。该书的热销反映出当时民众对马赛鼠疫可能会蔓延到英国的担忧，也间接导致英国政府实施了一系列不受欢迎的防疫举措，如贸易封锁，强制隔离从法国南部驶来的船只，等等。

马赛鼠疫并未蔓延开来，但西西里岛墨西拿鼠疫的暴发，却让人们明白，这类瘟疫对意大利的威胁从未消散。[18] 曼佐尼在小说《约婚夫妇》（*The Betrothed*）中对1630年米兰大瘟疫的生动描述，更加让民众意识到鼠疫的潜在威胁。《约婚夫妇》被誉为意大利的第一部历史小说。尽管在这一时期，霍乱和疟疾已经取代鼠疫成为欧洲公共卫生的主要威胁，但该书的成功使得鼠疫长期停留在公众的想象之中。

历史学家与鼠疫

直至19世纪，鼠疫仍然是医学界以及各类新型国际公共卫生大会所讨论的活跃话题。鼠疫的流行病特性、传播方式，以及采取何种防疫措施以降低死亡率等，都能引起人们的广泛讨论。对于流行病的理解会影响相应的公共卫生措施，这也可以解释为何人们一直对鼠疫抱有持续的兴趣。

这种兴趣直接引发了19世纪关于流行病到底是通过"接触传染"还是"毒气或空气传播"的激烈辩论，意大利和英国的一些早期流行病研究就此展开。其中就包括阿方索·科拉迪（Alfonso Corradi）所著的多卷本丛书《意大利流行病编年史》（*Annali delle epidemie in Italia*, 1865—1895）以及查尔斯·克赖顿（Charles Creighton）的《英国流行病史》（*A History of Epidemics in Britain*, 1891）。[19]而关于鼠疫是否具有传染性，也是1844年米兰科学家联合大会的核心议题。[20]在此背景下，当时一流的内科医师和医学史学家阿方索·科拉迪（1833—1892），就对流行病中"传染性"的研究格外关注。[21]恰恰在科拉迪的著作《意大利流行病编年史》陆续出版的30年间，接触传染理论支持者和毒气传播理论支持者之间的争论尤为激烈。[22]考虑到科拉迪作品中"传染"一词的出现频率，可以认为他的《意大利流行病编年史》在某种程度上是支持接触传染理论的。该理论认为疾病是通过人与人之间的接触传播的，而不只是通过空气或毒气传播。[23]在对近代早期鼠疫措施的讨论中，科拉迪这样写道：

> "隔离"作为防疫措施的引入应归功于接触传染理论。这类防疫措施的效果最终不尽如人意，并非由于其基本原理的错误，而是因为在实际操作中存在极大的困难。当时的人们对瘟疫的传染条件、方式和载体等都一无所知。[24]

科拉迪的《意大利流行病编年史》最后一卷于1894年出版，此时他已过世。颇具讽刺意味的是，在他去世后的一两年内，流行病研究领域发生了一场大变革，从根本上改变了我们对于鼠疫及其传播方式的理解。而引领这场变革的就是法国细菌学家亚历山大·耶尔森（Alexandre Yersin），他于1894年在香港发现了耶尔森菌。[25]类似的情况还发生在查尔斯·克赖顿身上，英国历史上第一次全面彻底的流行病研究正是由他展开的。他是内科医师，在其著作扉页上更被称誉为剑桥大学的"解剖学鼻祖"。[26]实际上，上述两位学者生活在相近的时代与地区。科拉迪在1891年获得剑桥大学荣誉博士，同年他代表意大利出席在伦敦举行的国际卫生大会。[27]克赖顿的两卷书涵盖了从公元664年到"鼠疫被彻底消灭"的时代。[28]直到今天，他对于腺鼠疫来源的详尽研究仍颇具参考价值，但他对这些瘟疫的性质和类别的理解则很受时代的限制。与科拉迪不同，无论是对于黄热病、天花还是鼠疫，克赖顿都坚信它们不具有传染性，并且直到去世前都始终反对细菌学说。在书中，他的行文相当极端，摒弃了鼠疫只有单一来源的假设，认为这种理论"只不过是咬文嚼字而脱离现实和具体"。[29]相反，他提出鼠疫的实质是一种"土壤中的毒药"，与尸体分解物极其类似。他的观点可以用来解释为何神职人员的死亡率非常高，因为他们居住在墓地附近，那里恰有最高浓度的"尸体分解物"。[30]

克赖顿的理论如今已经过时，但阿方索·科拉迪仍然对意大利瘟疫研究领域影响深远，他的《意大利流行病编年史》至今仍是关于意大利流行病的基本资料来源。所有该领域的历史学家几乎都引用过这本令人印象深刻的八卷本巨作（于1974年再版发行）。那些更加接近我们的年代、研究欧洲中世纪和文艺复兴时期医史学的历史学家，如米尔科·格尔梅克（Mirko Grmek）和薇薇安·努顿（Vivian Nutton），则更倾向于避免接触传染理论和毒气传播理论之间的二元对立，转而强调两者之间的紧密关联。[31]

远东地区的第三次鼠疫大流行，又一次引发了人们对于鼠疫的兴趣。1890年，这场鼠疫首次出现在中国云南省，并于四年后蔓延到了当时还是英国殖民地的香港；1896年在孟买暴发，并随后蔓延到中东和欧洲。[32]19世纪90年代是历史上尤为关键的时期，法国细菌学家亚历山大·耶尔森发现了引发鼠疫的芽孢杆菌，并认为这种传染病本质上是一种发生在鼠类及其他啮齿动物甚至是水牛中的疾病，但他的这一想法没有被立刻接纳。直到19世纪90年代后期，英属印度仍对这一说法持反对态度，而更偏向于传统的毒气传播及带菌土壤传播的解释。欧洲的情况也是如此。1897年，在意大利威尼斯举行的第十届国际卫生大会上，传统的公共卫生理论并未遭到质疑，人们仍然相信鼠疫是在人与其所有物之间传播的。[33]

当时英国政府所采取的那些防疫措施，即使是生活在16、17世纪的意大利卫生官员，也不会感到陌生。这些措施主要包括设立防疫封锁线，隔离居民，对房屋及货物进行清洁消毒，将被感染者送至隔离医院，以及把死者葬在城外的瘟疫墓地。[34]

直到20世纪下半叶，得益于一些聚焦欧洲前工业化时代的历史学家们的研究成果，人们对鼠疫的兴趣重新流行起来。[35]在该领域最有影响力的历史学家之一是已故的意大利学者卡洛·奇波拉（Carlo Cipolla），他的一系列研究促进了该主题在意大利和英语世界的兴起。他的代表作是《克里斯托法诺与瘟疫》（*Cristofano and the Plague*）和《文艺复兴时期的公共卫生与医疗界》（*Public Health and the Medical Profession in the Renaissance*）。[36]作为当代最权威的经济史学家之一，他视野广泛，其研究横跨社会史、经济史、人口史和医学史等领域。即便如此，近年来他的研究成果还是遭到了一些批评，这主要缘于人们对历史上长期发生的这些"流行病"究竟是什么的多次争论。奇波拉和他同时期的其他历史学家，包括法国人让-诺埃尔·比拉本（Jean-Noel Biraben）[37]在内，因用辉格史学派（即认为人类文明不可逆转地从落后到先进）的研究方法来分析瘟疫并从现代细菌学的视角评价近代早期的瘟疫应对措施，而备受诟病。[38]

　　关于瘟疫病因的诊断，更准确地说是病人的死因诊断，一直牢牢占据着上述研究领域的核心，并在学者们之间引发了一场激烈的争论。这场争论主要关注欧洲黑死病问题，其导火索是动物学家格雷厄姆·特威格（Graham Twigg）的著作《黑死病：生物学的重新评估》（*The Black Death: A Biological Reappraisal*, 1984）。在该书中，他将黑死病归咎于炭疽病，斯科特（Scott）和邓肯（Duncun）在2001年出版的《瘟疫生物学：历史人口中的证据》（*Biology of Plagues: Evidence from Historical Populations*）中延续了这一观点，他们反对将腺鼠疫视为近代早期英国瘟疫的主要致死病因。[39]塞缪尔·科恩（Samuel Cohn）的研究成果则成为这场争论的风暴中心。科恩在其出版于2002年的一本有关黑死病的书中指出，当时暴发的黑死病的"症状和体征"都不符合腺鼠疫发病的经典症状。在其随后的著作中，他进一步探讨了这一主题。[40]

　　这场关于欧洲前工业化时期瘟疫病因之争论的激烈程度，与人们在19世纪对第三次鼠疫大流行的争论不相上下。这其中很多人，例如奥勒·贝内迪克托（Ole Benedictow）一直坚信腺鼠疫才是瘟疫暴发的根源。事实上，近期关于该问题的争论又再起波澜。[41]科学家、人类学家和考古学家对欧洲黑死病墓地的残留骨骼（包括挪威卑尔根、法国南部、英国赫里福德和伦敦的东史密斯菲尔德）进行了研究，并将成果以一系列的论文发表，其中最著名的一篇刊登在2011年10月的《自然》（*Nature*）杂志上，此后这一领域仍有大量研究持续进行。这篇文章得出的结论是，基于对尸骨牙髓的分析研究，这些人的确死于腺鼠疫。他们还通过基因组测序，鉴定了耶尔森式菌的DNA和蛋白质特征，并发现了其

　　　　　　　　从瘟疫中幸存的佛罗伦萨1630—1631

中的两种菌株。[42]最近，研究中世纪的历史学家们对此进行了进一步的探讨，最突出的是安·G. 卡迈克尔（Ann G. Carmichael）、莫妮卡·格林（Monica Green）和莱斯特·K. 利特尔（Lester K. Little）。该领域还将继续引发人们的激烈讨论。[43]

无论是赞成哪一方的观点，当代历史学家在试图阐释历史上的一些防疫措施时，都会避免低估同时代学者对于鼠疫（或任何其他疾病）的看法。在亚平宁半岛各地，从威尼斯、米兰、热那亚到佛罗伦萨和托斯卡纳大区，再到罗马和那不勒斯，各地的历史学家为我们清晰地总结出了意大利各地防疫措施的基本发展和演进脉络。[44]亚历山德罗·帕斯托雷（Alessandro Pastore）通过对比意大利和整个欧洲的防疫措施，得出了非常宝贵的比较研究成果；格拉齐亚·本韦努托（Grazia Benvenuto）撰写了关于近代早期意大利瘟疫的第一本综述著作。[45]而在科斯坦扎（Costanza）和马可·赫德斯·达·菲利卡亚（Marco Geddes da Filicaia）的著作中，我们则能看到他们收集并整理的与瘟疫相关的弥足珍贵的原始资料，提供了一种更广泛的地理和时间视角。[46]

上述的这些研究，某种程度上也为切萨雷·阿德尔马雷（前文中英国女王的意大利籍内科医师）所提出的那些标准防疫措施勾勒出演进脉络。由此可见，在当时的意大利，各地防疫措施的发展程度不尽相同。最早的隔离医院于14世纪70年代在杜布罗夫尼克*建立，这一地区直到近代时期都是威尼斯人在达尔马提亚海岸海外领地的一部分，[47]而威尼斯共和国也在1423年建立了当地的第一座隔离医院。随后，在维斯孔蒂和斯福尔扎家族统治下的

---

* 杜布罗夫尼克（Dubrovnik）：中世纪时期是拉古萨共和国的首都，位于今天的克罗地亚南部。

米兰也于15世纪建立了一座隔离医院并成立了卫生委员会。直至16世纪，佛罗伦萨共和国才建立起第一座隔离医院。[48]17世纪初，比较完备的防疫体系终于在意大利北部以及南至那不勒斯的各大城市中建立起来。[49]这种防疫模式后续也逐渐被意大利的诸多小城镇采纳，奇波拉在20世纪70年代末80年代初出版的相关书籍中就阐述过出现在托斯卡纳的类似情况。[50]本书的研究范围聚焦在托斯卡纳大公国的首府佛罗伦萨，而非那些小城镇。所以，本书也可看作对奇波拉研究的补充，旨在更好地阐明人口密集的大城市的公共卫生及防疫状况。[51]

与防疫措施的演变史有关的一些其他问题也随之出现。首先，西欧研究界所描绘的这一演进脉络与同时期世界其他地方有何相同或差异之处？近年来，中世纪和早期瘟疫研究已把关注重心从西欧转向俄罗斯和地中海东岸，例如杜布罗夫尼克、拜占庭帝国、中东地区和奥斯曼帝国。[52]其次，至今还鲜有历史学家探讨意大利和其他北欧城市在采用不同隔离和防疫措施时，其具体实施效果是否有差异。比如，将大量病患带到隔离医院是否比关在各自家中隔离更为有效？

这也因此指向了一个更大的问题，即防疫封锁线的发展及其在防止瘟疫于各地区间蔓延方面的作用。人们通常认为防疫封锁线是有效的。例如在17世纪的意大利，1629—1633年暴发的鼠疫仅局限于意大利北部和中部，而1656—1657年暴发的鼠疫则基本集中在南方地区。[53]的确，无论是从国家、城市还是个人层面，关于防疫隔离措施的相关利弊，一直都是公众争论的焦点。这种争论甚至延续到19世纪和20世纪初。关于隔离措施的另一问题是，不同社会该如何定义其"有效性"。因为隔离措施所产生的影响不仅体现在人口方面，还体现在商业、公共利益以及个人发展等诸多方面。[54]

多年来，许多社会和人口历史学家也研究过上述问题，相关论述可见于他们发表过的一些研究报告中。其中比较值得关注的有让－诺埃尔·比拉本发表于1975年的开创性研究《人类与瘟疫》（*Les Hommes et la Peste*），保罗·斯莱克（Paul Slack）对英国前工业化时代瘟疫相关影响和应对措施的经典研究，以及罗杰·斯科菲尔德（Roger Schofield）关于瘟疫人口统计学的里程碑式研究。最近，一些对近代早期伦敦疫区的地貌特征的研究，尤其是关于死亡率、贫困程度与高密度住房之间的密切关联，也得到了进一步发展。[55]

瘟疫人口统计学在意大利也有着历史悠久的学术传统。近期，学术界重新开始关注人口发展和公共卫生状况之间的关系。例如，圭多·阿尔法尼（Guido Alfani）在泛欧洲背景下对意大利的瘟疫史做了分析，他强调，17世纪意大利的鼠疫死亡率高于阿尔卑斯山以北的欧洲地区。[56]单就佛罗伦萨而言，2008年，伯尔·利奇菲尔德（Burr Litchfield）在网络上发布了《佛罗伦萨：大公国首都（1530—1630）》[*Florence：Ducal Capital, 1530–1630*（2008）]一书，详细分析了城内居民社会关系与职业状况的地形分布，并研究了鼠疫在全城范围内产生的影响。笔者对佛罗伦萨圣洛伦佐教区及其周边地区鼠疫状况的研究正是基于该书。[57]除此之外，尼古拉斯·特普斯特拉（Nicholas Terpstra）带领的DECIMA*项目也进一步促进了该研究领域的发展。DECIMA项目采用全新的研究方法和工具，旨在探究佛罗伦萨城的社会经济特征，并从视觉

---

*　DECIMA是一个在线项目，可查阅佛罗伦萨过去的城市地图。见 https://decima-map.net/。

和听觉上为公众再现早期佛罗伦萨居民的日常生活。[58]

研究近代早期欧洲史的专家发现，瘟疫与贫穷之间也存在着日益密切的关联，在布赖恩·普兰（Brian Pullan）于1992年发表的一篇关于近代早期意大利的经典研究文章中，就有相关论述。[59]这也是安·卡迈克尔的重要著作《佛罗伦萨文艺复兴时期的瘟疫与穷人》（*Plague and the Poor in Renaissance Florence*, 1986）一书的主题。该书揭示出佛罗伦萨这座城市当时对穷人阶层愈加刁难，高死亡率与城市贫困区的相关性愈加强烈。塞缪尔·科恩也在其近期针对16世纪后期大流行病的研究中探讨了这一话题。[60]

多数历史学家都认同，社会对穷人的敌意日渐加深，主要是缘于这一群体患病的比例更高。在意大利，这种情况产生的原因主要是中部和北部的人口增长以及粮食的短缺（例如15世纪90年代到16世纪20年代）。梅毒的出现则使这一观点更加根深蒂固，并且深刻影响了当时人们对贫穷和疾病之间关系的认识。[61]鼠疫与梅毒之间最明显的区别是，感染鼠疫者会迅速死亡，而梅毒患者的死亡过程则非常缓慢。这种挥之不去的死亡阴影也在很大程度上左右着官方对于穷人的看法。他们会因患病而丧失了赚钱谋生的手段，沦为乞丐聚集在街道上，也会因其衣衫破烂不堪、四肢畸形、浑身恶臭而令其他人感到惊恐。他们被认为是天然的疾病传染源。[62]

官方的此种看法可能是出于维护社会秩序的需要，而近期对瘟疫更为详尽的研究则更倾向于对这类观点进行模糊处理。这种处理方式一定程度上受到了过去一二十年间的社会和文化历史学家的影响。这些学者不仅关注政府所采取的行动，也关注瘟疫对社会底层人民生活的影响。一方面，贫困人口不再被视为瘟疫传播的源头；另一方面，他们也不再仅仅被视为社会体系中的"受害者"。相反，贫困阶层开始被看作在这一历史进程中扮演了更加积极的角色。其他的一些原始资料，也能帮助我们在学术研究中摆脱对来自统治阶级、医务人员和教会等精英阶层的记录的依赖，比如皮匠米克尔·帕雷特斯（Miquel Parets）写于1651年巴塞罗那瘟疫期间的日记［后由詹姆斯·阿默朗（James Amerlang）编辑整理］。这本日记的特别之处在于，它挑战了大量的关于近代早期欧洲瘟疫情况的官方记载。阿默朗强调，并非只有穷人会将私人利益凌驾于公共利益之上，精英阶层亦会如此。[63]

人们往往会对瘟疫进行选择性的记述，而当时的法庭审判记录却能提供更丰富的文献资料，帮助我们在更广泛的社会范围内了解人们对瘟疫的反应。朱莉娅·卡尔维（Giulia Calvi）和亚历山德罗·帕斯托雷分别对17世纪鼠疫大流行期间佛罗伦萨和博洛尼亚两地的法庭记录进行了详尽研究，更深入地探讨了当时民众对瘟疫的普遍看法。[64]帕斯托雷的研究立足于整个欧洲，他通过比较意大利、英国和瑞士三国的不同城市的瘟疫状况，以及瘟疫与巫术、瘟疫与宗教异端之间的关系，推动了既有瘟疫研究领域的发展，同时也拓宽了瘟疫研究的范围。如同威廉·纳菲（William Naphy）在其关于日内瓦的著作中所描述的，在后宗教改革时期，瘟疫与巫术、宗教异端之间存在着惊人的联系。[65]这些研究向我们生动地揭示出，当时的底层人民是如何通过种种合法和非法的手段，来反抗限制活动的禁令并最终生存下来的。他们之中甚至有人从瘟疫死者身上偷走衣服并再次贩卖。

本书的研究聚焦于佛罗伦萨城，与朱莉娅·卡尔维的代表作有着相近的地理研究范围。她的研究方法脱胎于意大利极具影响力的杂志《历史学手册》（*Quaderni Storici*）。"微观史"学派的主要代表人物之一、知名学者卡洛·金茨堡（Carlo Ginsburg）曾任该杂志的编辑。卡尔维在研究中借鉴了其中的跨学科研究方法，以及一些历史人类学家和社会文化史学家近期所推崇的文学历史主义（historicists of literary）视角。她主要分析了卫生委员会刑事诉讼程序的组织结构和符号代码，并对这些资料进行了谨慎而详细的研讨。10年后，埃丝特·戴安娜（Esther Diana）在写作《卫生纪实》（*Sanità nel quotidiano*）时也分析了这类资料。该书主要记录了内、外科医生和患者们在生活和工作中，与健康和疾病有关的日常，其中就包含发生在 1630—1631年鼠疫期间的一些事件。[66]

本书的研究同样涵盖那些因违反防疫法规而遭受审判的庭审记录，但所采用的是与上述不同、具有补充性质的研究方法。在卡尔维既有的研究成果的基础上，笔者对大量的庭审记录展开研究。在研究这些庭审记录的过程中，笔者采用数据分析统计法，来探究"犯罪行为"和惩戒制度之间的关联性，同时，笔者也会考量同时期佛罗伦萨防疫活动的发展及其在人口、社会方面产生的影响。

近代早期意大利瘟疫史的研究，为我们勾勒出了一幅更加细致入微的底层生活画卷。"穷人"不再单单被视作当时医学文献中所描述的"疾病传染源"，以及法律文献中所描述的"流浪汉"或"骗子"。他们拥有住房，绝非居无定所。在瘟疫暴发期间，他们也会制定一些应对措施，来保障自己有足够的生活物资，并且不被隔离期间产生的无聊和孤独情绪所击溃。对人口数据和财政数据进行详细的对比，也是一种可行的研究方法。比如保罗·斯莱克和贾斯廷·钱皮恩（Justin Champion）对近代早期英国的研究，以及圭多·阿尔法尼和塞缪尔·科恩对意大利北部地区的研究。[67]

这些研究代表着当下历史学领域研究观念的转变，即不再采用"自上而下"的宏观史学视角，而是着眼于危难时期的日常生活，并与其他领域学者们的研究成果和方法紧密联系起来。微观史学研究目前已极具影响力，例如基思·威尔特森（Keith Wrightson）关于泰恩河畔纽卡斯尔瘟疫的研究著作《拉夫·泰勒的夏天》（*Ralph Tailor's Summer*），书中就用"自下而上"的视角对1636年的大流行病做了非常精彩的多层次分析。劳埃德（Lloyd）和多罗西·莫特（Dorothy Moote）在2004年出版的一本关于伦敦大鼠疫的书中也采用了类似的研究方法，他们通过当时人们的视角，生动还原了伦敦大鼠疫期间的生活百态。[68]

对历史进行自下而上的微观研究和重述也是医学社会史研究的一部分，该领域在意大利的研究鼻祖是詹娜·波马塔（Gianna Pomata）。她的《治疗契约》（*Contracting a Cure*）并没有采用以医生为中心的传统视角，而是更为关注患者对药物和治疗方面的看法。[69]医学史研究的新方法也对该领域的传统研究主题防疫宣传册的研究有所促进。像乔恩·阿里萨瓦拉加（Jon Arrizabalaga）、塞缪尔·科恩和科林·琼斯（Colin Jones）等学者的相关研究，都是基于前辈历史学家的成果，但他们更倾向于强调不同时期防疫宣传册的差异性和多样性，而非整体上的相似之处。[70]

琼斯分析了近代早期法国的一些防疫宣传册。这些宣传册由不同的医生、神父和法官编订，其中的描述也不尽相同，但一致表达出他们对人类世界可能因瘟疫而沦为地狱般境地的担忧。[71]塞缪尔·科恩在其2010年的《瘟疫文化》（*Cultures of Plague*）一书中对防疫宣传册做了非常详细的研究。他的研究基于大量的印刷材料（总共609种出版物），它们大部分是防疫宣传册，但也有相当一部分非医学材料，包括一些亲身经历者所创作的与瘟疫相关的诗歌和小说。

科恩的研究显示，当时的医生正逐渐认识到瘟疫暴发的社会因素。这导致在16世纪后期的意大利（特别是在1575—1578年鼠疫之后），公众开始更加关注疾病和外部社会环境之间的关系。正是在这段时期，反宗教改革运动如火如荼，对疫情期间的社会运转和神职人员的宗教活动产生了巨大的影响。尽管最近不断有学者提出，宗教可被视为一种有效的属灵疗法，但它在瘟疫期间所扮演的角色却一直没有受到重视。[72]一些艺术史学者在他们撰写的与瘟疫守护圣徒（最主要的是圣塞巴斯蒂安和圣洛克）和赎罪游行相关的文章中对这一话题进行过深入探讨。[73]但除了朱莉娅·卡尔维研究过多明我会第三会成员多梅妮卡·达·帕拉迪索（Dominica da Paradiso）的封圣仪式在1630—1631年鼠疫期间的重要作用，直到最近，学界才开始关注宗教在近代早期佛罗伦萨鼠疫期间的作用。[74]

本书期望通过统筹这些定量和定性的研究方法，来全面总结佛罗伦萨鼠疫的影响及其经验。考虑到与瘟疫死亡率相关的社会经济因素，本书对医学、宗教和行政体制等方面进行了交叉研究。与此同时，上文所提及的近来瘟疫研究的重心也是本书的关注角度，即不再只聚焦于富人与穷人、统治者与被统治者之间的对立，而把视线转向了更细微的领域——社会如何在横向和纵向联系中得以有效运作。

例如，克里斯蒂·威尔逊·鲍尔斯（Kristy Wilson Bowers）在其2013年对近代早期塞维利亚的研究中发现，与传统历史学家的观点有所不同，当时社会在应对瘟疫时更具有人道主义精神，政府官员和民众之间的合作也更为广泛。[75]这同样也是塞缪尔·科恩2018年的专著《流行病：从雅典瘟疫到艾滋病的仇恨与怜悯》（*Epidemics: Hate and Compassion from Plague of Athens to*

AIDS)的核心主题之一。该书内容详尽，用一章的篇幅详细描述了1629—1630年的米兰鼠疫，特别是对涂油者[*]的审判场景。曼佐尼在其《约婚夫妇》中也有对这一场景的经典描写。[76]

本书希望能全面展现当时实施的防疫法规和民众的真实反应。笔者认为，虽然当时的政府声明和医学报告显得冠冕堂皇，但全社会实际上对于贫困群体抱有更大的同情，无论是兄弟会、宗教团体成员，还是司法官员，都是如此。司法官员相当宽容地对待那些违反防疫法规者，很多人被捕入狱后随即就被释放，没有受到进一步的惩罚。

佛罗伦萨鼠疫：主题与资料来源

本书通过政府和居民两种视角，尝试生动再现17世纪意大利佛罗伦萨鼠疫。这场鼠疫造成佛罗伦萨城约12%的人口死亡（当时城市总人口约7.5万）。幸运的是，与这场鼠疫有关的大量丰富文献被保存了下来。基于这些资料，本书最终尽力呈现出内容详尽、脉络清晰的研究成果。这一时期的官方记载，如大公图书馆馆长弗朗切斯科·龙迪内利（Francesco Rondinelli）撰写的流行病史以及法令汇纂，与一些亲历者的记述存在一定程度上的分歧。比如乔瓦尼·巴尔迪努奇（Giovanni Baldinucci）在日记中就吐露了对政府防疫措施的真实想法，尽管该日记中所呈现的观点比皮匠米克尔·帕雷特斯写于1651年巴塞罗那瘟疫期间的日记更加温

---

*　涂油者（*untore*）：意大利文中，"*untore*"一词专指17世纪米兰鼠疫期间的恶意传播者，当时人们认为他们通过涂抹油膏来传播鼠疫。

和。社会上的其他受教育阶层，从医学顾问、医师学院成员，到教会领袖和帮助鼠疫患者的嘉布遣会修士，彼此之间关于鼠疫的看法也不尽相同。

关于鼠疫期间饱受痛苦的人们，佛罗伦萨卫生委员会的档案资料提供了最丰富的历史记载。正如奇波拉在对托斯卡纳地区小城镇中心的疫情研究中所展现的，卫生委员会的日常信件可以使我们绕过官方冠冕堂皇的记载，发现那些发生在环境恶劣的隔离医院中令人动容的真实故事。卫生委员会的法庭审判记录非常详尽，向我们揭示出那些社会底层民众违反防疫法规的动机。有些人是出于个人的绝望情绪 —— 他们的家庭因死亡和强制隔离措施而分崩离析；有些是出于维持生计之需要 —— 隔离措施中断了他们的谋生来源。当时的卫生委员会，以及负责统筹运送患者、掩埋死者的佛罗伦萨慈爱兄弟会，都详细记录了以街道为单位的居民感染情况和埋葬方式，这些可以帮助我们进一步研究贫穷、环境和疾病之间的联系。

本书分为两大部分。前言概括介绍了与瘟疫相关的历史及历史学研究；第一部分主要分析了历史上的公共政策，并着重关注环境、药物和隔离等方面；第二部分则专题研究疫情期间的宗教活动、隔离医院的设置，以及佛罗伦萨居民在面对鼠疫、死亡和大规模政府管控时的生存策略；尾声篇幅较短，试图探讨在1632—1633年短短一年间，佛罗伦萨的居民如何应对卷土重来的可怕鼠疫。

第一章对1630—1633年佛罗伦萨鼠疫进行了更广阔的描绘，探究了意大利北部鼠疫的起因和传播。该章还记录了鼠疫传播到托斯卡纳时当地卫生委员会采取的防疫措施，如在边境地区设立防疫封锁线。同样，1630年8月，防疫封锁线在距佛罗伦萨城北五英里*，位于通往博洛尼亚公路要道的特雷斯皮亚诺小镇设立。该章和其他数章也将效仿奇波拉和阿尔法尼的研究，着重研究鼠疫对城市及周边乡村地区的影响，而不仅仅孤立地研究城市疫情。[77]这里的另一关注重点是对鼠疫期间死亡人数的统计，本书将详尽核查上至公国政府下至地方教区的人口记录，对佛罗伦萨鼠疫期间死者的死亡情况首次做出全面评估。

随后三章的主题仍然是公共卫生政策，聚焦于疫情期间官方面临的诸多挑战及其所采取的解决方案。第二章"药物、环境与穷人"强调了正视17世纪医学理论成果并且理解瘟疫产生的环境因素的重要性。在新希波克拉底**医学思想复兴的影响下，人们越来越相信环境与疾病之间存在联系，政府及医务人员也因此更加关注贫困人群的生活环境。[78]与当时意大利的其他某些城市一样，佛罗伦萨的公共卫生部门挨家挨户详细调查了穷人的生活状况。该章将具体分析这些调查，并逐步揭示当时社会底层贫困人民拥挤肮脏的生活环境。正如近来中世纪晚期环境史研究成果所显示的，为了解决恶劣的卫生状况，当时的政府积极主动地制定了一系列卫生清洁法规，来清理那些被认为可能引发疫情传播的肮脏房屋和街道。[79]另外，第二章还将试图分析这些公共卫生措施所导致的对底层民众的偏见。例如，当时的一些医学论著和官方言论一度依据穷人们恶劣的饮食习惯、生活方式和行为举止，指责他们才是导致疫情持续恶化的罪魁祸首。

意大利防疫政策的制定同时考虑了行政管理的特点和医学专

---

*　英里：英制长度单位，1英里=1.609344千米。

**　新希波克拉底（Neo-Hippocratic）：新希波克拉底主义试图重新评估希波克拉底和其医学理念的作用，强调对患者进行全面治疗。

业知识，在近代早期的欧洲饱受赞誉。这两点构成了第三章"拯救城市机体，医治穷人身体"的双关主题，在鼠疫早期阶段，意大利政府的防疫政策也主要依此制定。除了关注意大利各地区通行的公共卫生政策之外，该章还考虑地方性组织结构和政治状况对佛罗伦萨鼠疫的影响。佛罗伦萨费迪南德大公的影响力毋庸置疑，当地的卫生委员会成员主要由他的廷臣组成，他也介入了相关卫生防疫政策的制定。

地方机构在应对鼠疫的过程中处于核心地位，自发组织起来的在俗宗教团体佛罗伦萨慈爱兄弟会（下文简称"慈爱会"）在运送患者和埋葬死者的过程中发挥着至关重要的作用。慈爱会成员向贫穷的搬运工和掘墓人支付报酬，其动机除了出于基督徒对死者和患者的慈悲，也出于他们本身对贫穷者的怜悯之心。而这恰恰与政府制定的那些针对边缘群体（如妓女和犹太人）的歧视性法令背道而驰。不同的行为动机影响了卫生委员会医务人员的治疗策略，第三章也将对此进行研究。这些医务人员在治疗患者时，有的疏远冷漠，有的积极介入，亦有人极富同情心，他们为富人和穷人提供了多种不同的治疗方法。

第四章"鼠疫与隔离措施的影响"，将详细分析上述防疫政策对人口状况的影响。该章首先分析哪些因素导致了鼠疫在佛罗伦萨城，特别是城内最大的圣洛伦佐教区蔓延开来。根据佛罗伦萨全城和该教区的相关记载，我们能梳理出，感染人数和死亡人数与单个街道的地形特征和社会结构之间存在一定的关联。这类社会环境因素的确影响了疫情的传播。通过比较葬在城外瘟疫墓地的人数和隔离医院的人数，我们同样也能评估出，将患者从家中运至隔离医院这一政策对死亡率的影响。对于当时的人们来说，隔离医院的设立的确行之有效。由于在隔离医院中死亡的人数更多，这就意味着人们成功地在患者病情恶化之前就找到并转移了病人。第二年，佛罗伦萨自1月中旬起实施了对城市和周边农村地区的居民进行为期40天全面隔离的新政策，但隔离医院并未被废除使用。尽管每天要向超过3.4万人供应食品物资，可谓耗资巨大，但因为城市死亡率的确在持续下降，当时的人们也认为这一隔离政策行之有效。本书的"尾声"中提到，1632—1633年，一场轻度的鼠疫再次席卷佛罗伦萨，当时的防疫措施除了对居民进行全面隔离外，也包括将患者转移至隔离医院。

在明确了1630—1633年鼠疫的关键时间节点以及卫生委员会的主要防疫政策后，本书将展开第二部分"宗教、隔离与生存"的研究。通过研究宗教活动、隔离医院的日常运作和司法行为，来探讨它们对疫情及政府防疫政策制定的影响。与传统观点相反，在每一章中笔者都认为，防疫政策实际上是以一种更富于同情心的方式在实施——教会为当地居民施以精神援助，隔离医院有条不紊地运行，法官酌情宽大处理了那些违反防疫法令者。

本书第五章主要研究疫情期间及之后的宗教活动和艺术作品。与其他城市不同，佛罗伦萨这方面的情况从未被系统地研究过。人们认为佛罗伦萨当地政府和教会的举措对于安抚上帝的盛怒（这在当时被认为是瘟疫暴发的主要原因之一）至关重要。当时官方的宗教敬拜和游行活动主要集中在三个重要的宗教场所——圣母百花大教堂（下文简称"大教堂"），存放佛罗伦萨城主要圣物的圣母领报大殿，以及圣马可修道院（圣安东尼诺的尸体被保存在这里的一个精美的水晶棺材中）。与过去的研究观点不同，笔者认为"理性"和"信仰"之间并无冲突。教会和世俗政府在这一时期紧密合作，双方都期望借助地方圣人和神像的力量，来安抚愤怒的神明。

政府官员和宗教领袖也同样关注着城市的公共卫生状况，因此他们往往禁止多数民众直接参与大型的宗教游行活动。当时出现在这三座教堂内的大量艺术品捐献，也体现出人们对于宗教神力的深信不疑。1633年，游行队伍穿越佛罗伦萨城，来到因普鲁内塔，让当地的圣母教堂成为人们关注的焦点。如同此前的瘟疫，17世纪30年代的这场鼠疫也引发了有关建筑和艺术品捐献潮流，捐献物有新的教堂、祭坛装饰物、教堂壁画、昂贵的银质烛台，以及还愿用的小祭祀品。虽然这些捐献品无法与威尼斯安康圣母大殿相媲美，但佛罗伦萨的这场鼠疫也的确促进了当地教堂的兴盛。

第六章主要研究隔离医院和宗教机构在佛罗伦萨应对鼠疫的过程中所发挥的作用。与那些选择建造全新的隔离医院的城市（如威尼斯和米兰）不同，佛罗伦萨主要将郊区现有的修道院、教堂和贵族别墅改建为隔离机构。其中最大的隔离医院是位于佛罗伦萨城南郊的圣米尼亚托-阿尔蒙特-阿莱-克罗奇和圣方济各-阿尔蒙特-阿莱-克罗奇*的本笃会修道院。该章将通过定量分析死亡率和康复率，再现当时的外部环境和人们面临的困境，关注那些生活在隔离机构的工作人员和患者的经历。该章研究结果会让人们进一步思考"恐惧比死亡更可怕"这一说法。

佛罗伦萨的鼠疫作为研究案例的特别之处在于，往来于医院负责人和卫生委员会之间的信件都被保存了下来。这些信件详细介绍了隔离医院的运作方式，给患者开具的医疗处方和属灵疗法，

---

*　圣方济各-阿尔蒙特-阿莱-克罗奇（S. Francesco al Monte alle Croci）：直译为山上敬献给圣方济各的教堂。"al Monte"指"山上的"，"alle Croci"意为"基督教的"。后文简称"圣方济各"。

以及如何应对超过万人的患者（占佛罗伦萨总人口的10%以上）入院治疗的挑战。研究表明，尽管死亡率仍然居高不下，但这些机构投入大量的时间、人力和财力，使得民众更加坚信它们可以帮助人们赢得这场瘟疫之战。

隔离医院负责人所面临的挑战之一是内部员工的违法犯罪行为，比如偷窃患者和死者的衣服以及厨房里的食物。最后一章对佛罗伦萨城中的此类行为做了详尽的介绍。从法规的实际执行情况来说，相较于米兰和罗马等城市，佛罗伦萨的地方官员对许多违法行为都采取了一种令人惊讶的宽容态度。尽管根据严格的法规，许多违法者都足以被起诉，但他们大多还是在短期监禁或交纳少量罚款后就被释放了。

显然，卫生委员会的目的是遏制和劝阻犯罪行为，而非施以酷刑。当然，适用于严重犯罪者的吊刑（将犯人的肩膀捆住并高高吊起，再使其下落）仍被保留了下来。记录还表明，多数罪犯是重复犯罪者，他们的犯罪行为已经成为他们本人和家人在鼠疫期间的谋生手段。相关的审讯和证词描述了他们的经历，从中可以看到，隔离政策导致某些家庭分离，经济活动被迫中断，更使得这些城市居民进一步沦落到孤立无援且无法通过正当手段谋生的处境。尽管政府实施了隔离措施，当时的法庭审理笔录还是反映出民众的大量社会活动：一些人从被封锁的房屋里逃出，爬上屋顶探望家人、朋友或妓女，或者试图继续工作来养活忍饥受饿的家人。经济困难是人们逃离被封锁住所或擅自闯入他人住所的主要动机，但也有一些有组织的小团伙趁机利用这场灾难从事犯罪活动，偷窃被封锁的房屋和隔离机构里的贵重物品。

尾声的主题仍然是隔离措施和隔离机构，同时也会简短讨论1632—1633年鼠疫复发的情况。鼠疫的再次袭来无疑使当时的人们颇感震惊，因为大家都以为鼠疫已经消失了。这次鼠疫复发值得关注之处在于，世俗政府和宗教团体的反应与以往相比既有相似性，也有不同之处。笔者认为，尽管两次鼠疫期间采取了许多相同的措施，但后者的确带来了一些新举措，例如对整条街道的隔离，以及在佛罗伦萨全城举办为期三天的圣母像游行。幸运的是，与本书主要关注的1630—1631年鼠疫相比，1632—1633年再次暴发的鼠疫波及范围有限，致死率也更低，因此疫情能被更有效地控制住。

这本书绝不仅仅关注管理和运行公共卫生体系的群体，同时也关注那些官方政策实施的对象，即社会底层民众的反应。受益于经济史学家和人口史学家们的研究成果，结合历史学研究中的微观史方法，本书可以算作真正意义上的跨学科研究。[80]新研究的出现能改变我们对疾病史以及官方和患者之间关系的理解，进而推动医学社会史朝着新的研究方向转变，即更加关注当时的人们对疾病本质的看法，以帮助我们分别从政府和个人的视角来理解相关的行为和举措，而不是从今人的角度去看待和评判它们。

第一部分

应对疫情

第一章　鼠疫入侵近代早期的意大利

在军队经过的那整个一大片区域，在房子里和道路旁到处可以看到横卧着的尸体。没过多久，在不少村落里陆续有人或全家莫名其妙地暴卒，且来势凶猛，其症状也是绝大多数幸存者所从未见过的。只有极少数人对此并不感到陌生，他们依然记得五十三年前暴发的、曾经摧毁了意大利大部分地区的那场瘟疫，当时要数米兰公国的疫情最为严重，故直至今日人们仍将它称之为圣卡洛瘟疫。[1]

亚历山德罗·曼佐尼在《约婚夫妇》（1827）这部经典历史小说中对1630年米兰大瘟疫的精彩描述*，足以解释为何长期以来意大利社会对鼠疫的兴致不减。丹尼尔·笛福的虚构作品《瘟疫年纪事》（1722）在英国也起着类似的作用，该书描绘的是1665年伦敦鼠疫。[2]历史学家已经证明，尽管这两本书都有虚构成分，但很大程度上基于真实的历史事件。两者创作于不同时代，写作角度

---

* 译文引自《约婚夫妇》，张世华译，南京：译林出版社，1998年，第519—520页。

也不尽相同，但都一致刻画了1613—1666年那场席卷北欧和南欧的鼠疫大流行。

意大利在17世纪曾两次遭遇鼠疫的侵袭。鼠疫首次暴发于1628—1633年，仅限于意大利半岛的北部和中部。1656年，鼠疫再次侵袭意大利南部地区，并随后从海上传到热那亚。前言提到过，鼠疫是在1629年随着法国和德国军队进入意大利的。病例最初于1629年10月在都灵以西靠近法国边境（今皮埃蒙特大区）的苏萨山谷被发现，随后出现在伦巴第的瓦尔泰利纳和位于米兰以北的科莫湖地区。[3]

1629年10月22日，米兰地区首次出现疫情，但医生们对这是不是真正的鼠疫争论不休。在那个时代，其他城市的医学专家在面对鼠疫时也有类似的反应。[4]1629年12月5日，米兰的卫生委员会切断了米兰与都灵、皮埃蒙特、萨沃伊各山谷的交通。[5]接下来的2个月是气温最低的冬天，鼠疫几乎没有传播。[6]然而1630年2月，疫情又在克里莫纳暴发，并于次月蔓延至都灵和维罗纳。[7]其他意大利北部城市很快也出现了疫情，到了5月6日，靠近南部的博洛尼亚政府宣布，鼠疫已在当地暴发。[8]

从死亡率可以看出，这次鼠疫对意大利的北方城市造成了重创。1629—1631年，主要城市和中等规模市镇遭受了惨重损失。米兰的人口死亡率高达46%（总人口约13万），而帕尔马（总人口3万）和维罗纳（总人口5.4万）的死亡率甚至高达61%。[9]

博洛尼亚位于佛罗伦萨以北仅65英里处。考虑到这场鼠疫在意大利北部城市的传播速度，人们预计疫情会在5月初到达托斯卡纳，但自然和人为因素都延缓了鼠疫向南传播。亚平宁山脉将托斯卡纳和雷焦—艾米利亚地区分开，这不但为防控疫情提供了天然的物理屏障，而且有利于当局加强对北部交通的管制。

鼠疫逼近佛罗伦萨：边境控制与防疫封锁线

> 药物分为两种，一种可以保护健康者远离疾病，另一种则可以用来治愈患者。与此类似，针对疾病传入城市之前和传入城市之后这两种不同情况，我们也要采取不同的措施。[10]

正如龙迪内利在其《传染病报告》中提到的，医学的目标究竟是治愈病人还是为国家服务，一直是这一时期写作者关注的主题。谈及佛罗伦萨时我们会发现，一旦鼠疫暴发，政府就会用"公民的健康和疾病对国家的影响"作为借口来应对社会底层人民。但龙迪内利认为，医学的主要目标首先是通过采取多种预防疾病的措施来保证人们身体健康。

早在鼠疫传播到托斯卡纳前，当地的卫生委员会就开始采取措施以防止疫病的侵袭。接下来，我将首先分析托斯卡纳大公国的情况，然后逐渐将讨论重点转至佛罗伦萨市。我会遵循鼠疫发展的时间线进行论述，并以此概述政府和居民面对疫情的不同反应。

为了及时了解疫情在意大利北部的扩散情况，佛罗伦萨卫生委员会与其他地区的卫生委员会保持着密切的沟通。例如，在1629年11月7日，他们接到了米兰卫生委员会的通报，称在米兰多地发现了大量病人。1629年底，佛罗伦萨开始明令禁止与一些疫区往来，其中包括法国南部的自由城、朗格多克和普罗旺斯海岸。[11]在1630年3月米兰鼠疫暴发之后，佛罗伦萨下令中断了与米兰地区的所有往来，此后将该禁令范围扩大到博洛尼亚。[12]这一系列禁令产生的直接影响是商贸交易被迫中断，来自上述疫区的居民也必须出示健康通行证才能进入托斯卡纳公国境内。

佛罗伦萨卫生委员会与这些地区的信件往来，向我们展现出1630年鼠疫是如何在意大利北方逐渐蔓延开来并波及托斯卡纳的。卫生委员会几乎每天都可以收到在其他城市和公国同僚的报告。以下是一份6月1日来自威尼斯的报告：

> 鼠疫正在大肆席卷布雷西亚诺，并快速向代森扎诺蔓延，尤其重创了加尔达湖地区。好在维罗纳和克雷马斯克一切照常。在这里（威尼斯），感谢上帝的恩典，我们仍然身体健康。但我们每日都生活在恐惧之中，战战兢兢地实施更多的预防措施。[13]

第二天，一份来自帕尔马的报告这样陈述："这种传染病的死亡率极高。在那些没有接受治疗的人中，只有一两个可以存活三四天。"[14]

每日都从意大利北部收到报告，对佛罗伦萨而言显然是一把双刃剑。尽管这些详细的报告可以使卫生委员会提前采取有效的预防措施，但随着鼠疫的逐渐逼近，它也在公众中"引起了巨大恐慌"。[15]鼠疫如同一股无法阻挡的海潮，气势汹汹地从北方向这座城市袭来。

该年5月6日，博洛尼亚当局正式宣布疫情暴发。[16]佛罗伦萨卫生委员会随后紧急下令，任何人都必须持有健康通行证才可以在托斯卡纳地区通行。一个月后，佛罗伦萨卫生部门负责人托马索·圭杜奇从博洛尼亚卫生负责人利奥纳尔多·布翁滕皮那里得到一些令人不安又自相矛盾的消息。在博洛尼亚，已有许多人染病而死，密切接触者也被送到了隔离医院。但他也从另外一个渠

　　　　从瘟疫中幸存的佛罗伦萨1630—1631

道获悉，当地已经发布了一项禁令，禁止所有人谈论"鼠疫"，违者将被处死。因此，正如他所言，"怪不得当地未用更为公开的方式宣布疫情"。更令人震惊的是，圭杜奇还从修道院院长赞基尼处获知，"许多穷人在两三天内就死去了，而且几乎无人幸免于难"。此外赞基尼还报告了圣菲利波·内里修会大量成员死亡的消息，这些死者都是当时博洛尼亚主要的听告解神父。一些代表被委派走访博洛尼亚城的所有教区，随后也被派往隔离医院进行观察。他表示，"对此大家感到非常惊恐"。[17]

这些混杂不一的消息也警醒了佛罗伦萨的卫生官员，并让他们意识到，那些来自博洛尼亚同僚们的报告实际上并不值得信赖。当然，含糊不清的信息很常见，米兰卫生部门的声明以及佛罗伦萨卫生委员会在1630年夏季和初秋发布的公告都体现了这一点。可以说，这是一种自然反应，因为当局既不愿意在当地民众中引起恐慌，也不希望中断城市间的贸易往来，两者都会对当地的经济和穷人阶层的生活水准产生不良影响。

6月初，博洛尼亚疫情之严重已到了众所周知的程度，于是佛罗伦萨卫生委员会开始采取下一阶段的防疫政策——建立防疫封锁线。这是近代早期一种行之有效的防御手段，但之前的研究多关注于海上封锁线，而非陆地封锁线。[18]人们认为防疫封锁线能有效地防止瘟疫在国与国之间蔓延。当然，通常情况下这种观点是正确的，比如1720—1722年的马赛鼠疫就因此得到了有效的控制。[19]

由于这次鼠疫在大城市间的快速传播，一开始，防疫封锁线似乎并未在意大利北部和中部起到有效作用。然而令人惊讶的是，鼠疫并未蔓延至托斯卡纳以南的地区。而在1656—1657年鼠疫复发之时，除了北部的热那亚，疫情主要在亚平宁半岛的南方。对于鼠疫的这种地理传播趋势从未有过十分合理的解释，一般认为这可能是缘于亚平宁山脉的地理屏障和托斯卡纳防疫封锁线的双重作用。[20]

1630年夏天，佛罗伦萨卫生委员会官员格外关注北部和西部的亚平宁山脉地区的防疫情况。政府派出骑兵前往山口巡逻，以防止当地居民与博洛尼亚人进行任何贸易或交通往来。[21]边境沿线每半英里处就会设立帐篷哨所，每个哨所由五六名防疫卫兵组成。他们轮流站岗放哨，一旦见到任何旅行者，就鸣火绳枪来提醒附近的同伴，后者则会骑马追赶这些旅行者，未携带有效健康通行证的人将被逮捕。此外，如果这些人拒绝返回原出发地，卫兵有权直接开枪射击。[22]

上级也给卫兵们提供了详细的指南，来帮助他们识别有效的健康通行证——证件中应包含持证人的名字、父亲的名字及姓氏、出生地信息，以及在居住地至少居住了22天的证明。此外，他们还需要旅行者提供途经地信息以及从何处进入托斯卡纳的说明。这些非常精确的信息能帮助卫兵确定一个人的身世和活动轨迹，但他也需要关注旅行者的其他可识别特征，如"身高、年龄、是否有胡须等，来确保该人即健康通行证中所描述之人"。[23]

但在现实中，强制执行一条法令比公布它要困难得多。卫生委员会的历史记录中充满了健康通行证制度实行过程中出现的大量问题，以及试图规避该制度的人们引发的状况。许多人都经由亚平宁山脉来到托斯卡纳各地。正如朱莉娅·卡尔维所指出的，这些人的身份可能各不相同，既有乞丐、黑市交易者，也有逃兵和土匪。佛罗伦萨卫生委员会与托斯卡纳各地负责在边境地区组织安排警卫力量的代表的来往信件中，也反映了此类问题。[24]这些信件内容广泛，例如6月1日—2日皮斯托亚和巴尔加地区的来信都表示担心没有足够的资金支付卫兵们的薪水，而一周后的来自圣卡夏诺的信件中则有人抱怨发不出足够的印刷版健康通行证。[25]

为了确保健康通行证制度的正常运行，卫生委员会委派高级代表前往边境哨所巡视。7月1日，议员乔瓦尼·博尼和卢卡·戴利·阿尔比齐在报告中说道："尽管已经在边境采取了许多预防措施，但总有人从已被禁止往来或其他可疑的地区进入托斯卡纳，这种局面很难得到改善。"[26]整个疫情期间，这种状况一直存在。例如，8月3日，卫兵在皮斯托亚山区拦下一对父子，他们声称打算前往博洛尼亚。[27]依照卫生委员会法令的规定，卫兵记录下了有关这两人的信息："一个中等身材的男人，留着红胡子，年龄约40岁。陪同他的是其10岁的儿子。"[28]详细询问后他们得知，这对父子来自皮亚诺·迪皮斯托亚，父亲声称自己是体力劳动者（只要他能找到工作），自离家以来，他靠乞讨勉强活下来。当时正值盛夏，父子二人晚上就睡在乡下田野里。

这位父亲显然认为他没有做错任何事情，因为他有健康通行证，虽然那是2个月前获得的。当被问及为何他们没有继续旅行时，他解释说是因为"自己在蒙苏马诺圣母堂附近被一条狗咬了"。显然，说到这里，他的那条伤腿引起了卫兵们的怀疑，尤其是当卫兵看到伤口的包扎方式时。他们撤下绷带，在他的大腿上看见一个小标记。[29]卫兵随后询问他是由谁治疗以及在哪里治疗的。他透露他去过皮斯托亚，在那里的切波医院接受了治疗。但这同样引起了卫兵的怀疑，他们想知道父子二人是如何在城门已经关闭的情况下进入皮斯托亚的，以及他们是如何越过其他路障的。这位父亲便开始应付，说有时是因为他已经出示过通行证，有时是因为他认识卫兵而没有被要求出示通行证。

这在鼠疫期间实在是一个再熟悉不过的故事了。当时的防疫法规令穷人们的生计中断，因此农民不得不通过行乞来养活自己和孩子。此外，一些小型社群熟人之间会彼此体谅，尤其是当他们的确很穷的时候。等到卫兵确认腿伤确是被狗咬所致，而非鼠疫导致的脓肿，官方就相信了这对父子的生活的确贫苦，并允许他们继续住在当初被发现时所待的简陋居室中，但须有人看守。[30]

　　此外还出现了与卫兵本人的标准或行为举止相关的一些问题。8月初，在一次巡视过程中，卫生委员会代表视察了普拉托。他们发现，此处出入口的卫兵和其他许多人"一起玩耍，很少关注自己的工作"，且在普拉托其他城门处也有相同的情况。[31]此后，他们在巡视普拉托和皮斯托亚山区的乡村时发现，卫兵们既不识字也不会写字。因此，他们要求今后的防疫卫兵中至少应有人能识字，以便看懂健康通行证。[32]

　　懒惰怠慢的问题并非只存在于农村和城郊地区，城门无人看守的情况也引起了关注。佛罗伦萨的波尔蒂丘拉·法利内城门就是如此。6月5日，坐在城门处喝葡萄酒的两个人报告说，他们看到一个人骑马经过城门，但没有出示健康通行证。[33]经调查发现，这个人来自普拉托地区，名叫卡皮塔诺·弗朗切斯科·诺维卢奇。他曾试图穿过普拉托城门，但因没有健康通行证被拒之门外。之后他又去了没有守卫的波尔蒂丘拉·法利内城门，从这里进入了佛罗伦萨。在"当时卫生委员会的长官看来，此案是不尊重官员和法令的反面典型"。[34]卡皮塔诺·诺维卢奇被判处8天监禁，城门的安全措施进一步加强。自此之后，除了由贵族和卫兵看守城门之外，还多了一名卫生委员会任命的特派员（*commissario*）。

特派员每日轮替，每人每月会得到6斯库多*。[35]

另一个案例与纺织工人托马索·丘奇有关，他从事制作博洛尼亚特色面纱。6月初，他为自己的纺织作坊雇用了一名来自博洛尼亚的年轻人，但这个人在几天之内就出现了"高烧和其他一些严重症状"。托马索立即将他送往新圣母马利亚医院，但他不久就死在了医院。数日后，托马索本人也高烧不止，并在6月15日死去。尽管人们怀疑他是死于"传染性疾病"，但托马索还是依惯例被埋葬在大教堂外的墓地，并由神父守夜祈祷。[36]

因此，尽管这些案例十分可疑，卫生部门的措施也存在疏漏，但治疗这些患者的医务人员似乎并未向卫生委员会报告这些可疑病例。实际上，正如我们将在下文看到的，多数人认为，当这一年的夏末时节，一名博洛尼亚的鸡肉商贩死在特雷斯皮亚诺时，鼠疫才开始暴发。

显然，那些下定决心要进城的人们会一直寻找能够避开检查的方法。卫生委员会建议"当水位较低时，应在佛罗伦萨城外南北两侧的两处鱼梁处部署警卫，以防止人们以进入河中洗澡为借口趁机进城"。城门的特派员也被叮嘱要对此提高警惕，以防止那些"素质最低的人"利用这个漏洞。[37]同年，罗马也出现了类似的情况，因此当地政府部门连夜在台伯河两岸安装了粗实的链条，以防止游客和货物偷渡。[38]

为了提高这些法令的权威，卫生委员会对那些从被禁止地区进入托斯卡纳且无健康通行证的人进行了严厉处罚，尤其针对那

---

* 斯库多（scudo）：19世纪以前在亚平宁半岛各地使用的不同种类的硬币，本书中的"斯库多"特指佛罗伦萨的一种金币。后文中的里拉、朱里奥、索尔多和德纳里均为当时佛罗伦萨的流通货币。换算关系详见附录B。

些试图鬼鬼祟祟地从小径穿越国土而引起怀疑的人。这些处罚中甚至包括即刻处决，而不是像通常情况下，经过一系列逮捕和盘问程序后再实施惩罚。那些收留这些违法越境者的人（特别是旅店老板），也将遭受同样严厉的刑罚，从草草处决到送往大公舰队上做苦力不等。[39]

对旅店老板的处罚表明对鼠疫的恐惧带来了严重的经济问题。例如，6月4日，佛罗伦萨卫生委员会收到了一封来自蒙特普尔恰诺郊外一家旅馆老板的请愿书。这家旅馆已经被卫生委员会封禁，老板在请愿书中声称，封禁旅馆会给旅行者带来"极大不便"，因为城门都已关闭，而这是附近5英里范围内唯一的旅店。他因此要求解封，并希望准许持有健康通行证的旅客入住。[40]下一章我们会更详细地看到，这些问题让本已疲软的经济雪上加霜。整体而言，作为佛罗伦萨经济支柱的纺织工业正在衰退，特别是粗纺毛织物的生产。这也导致了高失业率和生活水平的下降。而在过去的10年中，一连串的饥荒和流行病早已加剧了这一状况。[41]

随着鼠疫的逐日逼近，托斯卡纳不仅切断了与其他地区的贸易往来，还严格限制内部商品的流通和销售。官方规定禁止从疫区运送动物，一个名叫弗朗斯科的人就因将一些公牛犊带入皮斯托亚而被判监禁。[42]为了防止有人从疫区带来牲畜，同时也为了避免大量的人员聚集，闭市政策开始广泛施行。

在佛罗伦萨，虽然主要的食品市场——老市场依然开放，但人们一般只能在城内一些指定的广场和地点购买食物。[43]在佛罗伦萨城外，也有一些禁止运送食物的规定，例如，7月24日公布的法令禁止将"散装或盒装柠檬"运送到和博洛尼亚接壤的地区，包括皮斯托亚山区、穆杰洛、菲伦左拉和斯卡尔佩里亚。这不仅因为柠檬的运输可能会传播疾病，也因为官方想杜绝将柠檬运至博洛尼亚换盐的行为。[44]

受到影响的经济部门远不止食品产业。布料生产作为佛罗伦萨城以及近郊居民的主要经济来源，也遭受了巨大损失。这主要是因为当时的人们认为纺织品可能藏有能引起鼠疫的毒气。6月2日，佛罗伦萨卫生委员会讨论了是否需要对原产于博洛尼亚的丝绸、茧、蚕幼虫以及布帘进行隔离。[45]

这些有关丝绸业的规定，也折射出长期以来卫生委员会的另一担忧，即恶臭气体是否可能会产生引起疾病的毒气。大部分中世纪卫生法规的制定都基于毒气论。但自16世纪以来，情况有所不同（我们将在下一章详细讨论），卫生官员更加关注健康、疾病与环境的关系。这股新思潮的出现得益于新希波克拉底医学思想的复兴，尤其是其中"空气、水和地理环境"如何影响个人健康的观点。[46]在此之前的50多年中，受这种观点的影响，卫生委员会在托斯卡纳农村地区展开了卫生调查，以查明发烧的流行病学原因，同时确认高死亡率地区的分布。[47]此后，人们越来越关注城市环境（我们将在第二章中阐述），在17世纪20年代初期暴发流行性斑疹伤寒期间和1630—1631年鼠疫期间，佛罗伦萨当局都进行过详尽的卫生调查。[48]

随着鼠疫日益逼近佛罗伦萨，人们对于气味的关注也与日俱增，尤其是那些可能导致鼠疫暴发的恶臭毒气。早在黑死病之前，人们就已经认识到屠杀动物可能会产生恶臭气体，进而污染大气环境，最终致人患病。1630年6月30日，佛罗伦萨卫生委员会开始对肉铺进行系统检查。雅各布·迪·巴托洛梅奥一案就与这场检查有关。此人是一位生活在普利亚街的屠夫，人们一般称他为"纳波利"。根据当时的记录，他的后院"混杂有腐烂的动物内脏、血液和恶臭的粪便"，"屠宰场里散发出强烈恶臭，还有其他不明带血混合物和污垢,这些都可能会导致严重的疾病"。[49]他随即遭到逮捕,被监禁在卫生委员会的秘密监狱中。该案例表明,当时的人们认为空气、臭气和污垢之间密切相关,它们都可能导致一场"大疾病"。

并非只有卫生委员会认为臭气与疾病间存在联系。新近关于中世纪晚期和近代早期环境史的研究不仅聚焦于官方机构的观点,也越来越关注普通民众的看法,这两者共同构成了我们讨论的公共卫生问题。[50]该年6月7日,卫生委员会收到了吉贝利娜路圣雅各修道院院长玛格丽特修女的请愿书,她举报卡瓦列雷·塞维盖迪先生的房子里因丝织而产生大量恶臭,"而且令人难以置信的是,这位先生竟容忍这种气味存在"。[51]

公众逐渐认识到了丝绸加工业的潜在危险。因为"散发的恶臭会导致空气腐败",官方明令禁止对蚕蛹的加工处理。[52]在下一章中也会说明,这仅仅是一系列净化环境措施的开端。8月,官方展开对城市贫民窟的详细调查,并提出了整修污水坑的计划,以避免任何可能的发臭物质污染大气环境。

上述都是当时的官方防疫措施。总的来说,首先,通过设置防疫封锁线和贸易封锁来阻断外部疫情的输入;其次,禁止市内一切可能产生臭气并触发疫情的活动,比如屠宰业或不当的人体排泄物处理。然而这些防疫措施最后均以失败告终。7月下旬,托斯卡纳公国的第一例病例出现在佛罗伦萨以北5英里处的一座村庄——特雷斯皮亚诺。[53]

1630年夏，佛罗伦萨郊外的疫情

特雷斯皮亚诺是坐落在佛罗伦萨北面山丘间的一座小村庄。村庄位于通往意大利北部地区的主要道路上，许多从博洛尼亚南下的人也会行经此地。早在5月初，博洛尼亚就出现了疫情。平心而论，在官方防疫措施确实存在疏漏的情况下，疫情居然没有更早地传入托斯卡纳，实乃令人意外。

特雷斯皮亚诺的情况值得我们深入讨论。首先，它是病例首发地，其制定的防疫措施为后来的佛罗伦萨提供了参考（毕竟佛罗伦萨已经有约一个世纪没有暴发过鼠疫了）；其次，我们能通过该地的情况进一步了解当时的民众究竟如何追踪和识别疫情传播链。这些信息在当时都有助于防止疫情的进一步扩散。尽管一些鼠疫亲历者，如弗朗切斯科·龙迪内利，可能出于个人目的而对其撰写的故事有所修饰，但他们的记录仍具有宝贵的研究价值。这些记录者的意图究竟是什么？他们在多大程度上参考了第一手资料？从龙迪内利的记载中可以明显看出，他本人是有办法接触到当时卫生委员会的审议纪要、往来信件，以及法庭记录的。

龙迪内利对特雷斯皮亚诺疫情之肇始做过生动描绘。[54]他首先讲述了一个博洛尼亚卖鸡肉的小贩是如何越过边界，到达佛罗伦萨最北面的城门——圣加洛门（图1）的。这名鸡肉贩试图进入城门，但那里的特派员看到他患病后赶紧把他打发走了，而不是按照规定把他送到隔离医院。小贩"非常沮丧，因为他已经病了，而且特别虚弱，几乎寸步难行"。他盯着地面，满脸丧气，喃喃自语道："那些不让我进城的人是谁？我接下来该怎么办？"[55]

虽然龙迪内利确实能接触到官方资料，但上述关于小贩言行举止的描写很明显带有文学虚构成分。这里他应该是借用了但丁

《神曲·地狱篇》第8首118—120行诗中维吉尔被拒于城门外的典故，以增强故事的文学性。接下来，小贩在去往特雷斯皮亚诺的路上，遇到了一个名叫维维亚诺的人，他是特雷斯皮亚诺专门面向朝圣者开设的救济院的管家。小贩请求这位管家收留自己，别让自己横死在道沟里，还用身上一半的钱贿赂了对方。小贩死后，维维亚诺本人也病了，不过在临死前他承认了自己是如何被感染的，并恳求邻居们远离他的房子。不久之后，他的家人也都去世了。

根据龙迪内利的记述，这样的惨剧未能让佛罗伦萨当局意识到局势的严重性。维维亚诺依旧按正常流程被埋葬，村民们处理了他的个人物品，结果之后整个村庄都被感染了。

> 这个（消息）传遍了佛罗伦萨，但是人人闭口不谈，或只是和心腹低声耳语，并且忠告对方切勿谈论此事。没有人相信（发生了鼠疫），这种说法甚至会被人们蔑视和嘲笑，而且当局也像往常一样，并没有采取什么应对措施。在此期间，每天都有人从特雷斯皮亚诺到访佛罗伦萨，并且毫无限制地与当地人生活在一起。我们吞下了瘟疫的诱饵，它就适时产生了效果。[56]

龙迪内利向读者们刻画了一个充满自私和无知之徒的社会，这些人事事都是为了自己着想，从不考虑公共利益。这也是龙迪内利对整个鼠疫期间记述的缩影。他笔下的穷人们愚昧无知又诡计多端，被用来衬托当地贵族们的无私和高尚。龙迪内利吹嘘贵族们都无私地为卫生委员会效力，更盛赞年轻的费迪南德大公（龙迪内利的《传染病报告》一书正是献给他的），称颂他选择留在佛罗伦萨照顾他的臣民。在将研究重点转移至佛罗伦萨之前，我们还是要探讨一下特雷斯皮亚诺的防疫措施，它们为佛罗伦萨后续制定相关防疫措施提供了模板。同时，这也有助于避免孤立地看待城市和农村的疫情，实际上两者相互影响，联系密切。[57]

关于特雷斯皮亚诺疫情的报告很快就被送到了佛罗伦萨卫生委员会的总部。乔瓦弗朗切斯科·圭迪在8月1日的报告中这样写道：

> 据说已经约有7人死亡了，并且大部分死者都住在教堂附近。另外还听说所有死者的大腿和躯干之间都有横痃，身上还有一些脓肿，其中一个是在头部。如果用刀切开横痃放脓，患者在四五天后便可痊愈。但刚刺破时，患者会感到疼痛，并头晕目眩，不过3天之后这种症状就消退了。[58]

颇令人感到宽慰的是，第二天清晨，佛罗伦萨卫生委员会便派出了议员卢卡·戴利·阿尔比齐和安东尼奥·卡尔内塞基前去调查，并令医生塞比内利和外科医生切尔维利陪同前往。[59]到达特雷斯皮亚诺后，他们发现实际情况和之前所担心的一样糟糕，便立刻采取了一系列措施处理和控制病情。他们首先考虑的是如何治疗病人。病人们被送往特雷斯皮亚诺朝圣者救济院，当时这里已被改造成了隔离医院，并设有男女分住的房间。医院里配有内科医师、外科医生和护理人员，治疗患者的药物由佛罗伦萨新圣母马利亚医院提供。

下一步便是应对这些患者的密切和潜在接触者。鉴于村庄规模很小，所以全体村民都被锁在了自己家中，由政府向他们免费提供食物和饮料。随后，在两名下士的指挥下，40名卫兵包围了特雷斯皮亚诺。这些卫兵每人每天的薪水为1里拉，下士的薪水则为1朱里奥。之后，为了防止当地人和外界接触，他们封锁了穿过特雷斯皮亚诺的主路，并让旅行者改走另一条新建的路。[60]

第二天，也就是8月3日，弗朗切斯科·马赞蒂医生骑马赶到特雷斯皮亚诺检查情况。他到访了隔离医院并称自己感到很欣慰，因为他看到发烧的人数正在下降，病人们也逐渐有了饥饿感。但他同时强调，隔离医院的食物、石膏以及用于存放药物的玻璃器具已经快用完了。[61]数天后，负责封锁特雷斯皮亚诺的马尔西利奥·费奇尼下士和诺弗里奥·瓜在西下士给卫生委员会递送了一份报告，两人声称物资供应依旧不足，尤其缺少喂养马匹的粮草，他们还需要更多人手来帮助埋葬死者和烧毁患者的衣物。[62]从8月7日瓜在西的来信中可以看出，特雷斯皮亚诺此时依旧没有常驻的医务人员：

> 我在特雷斯皮亚诺接待了一名孕妇，但是，上帝啊，我根本无能为力。我只是个当兵的，我不知道如何处理这种事。但为了尽力使大老爷们满意，我会按照他们的要求做事。不过我必须提醒的是，我们这里只有两个人，而且我们俩无法相信任何人。我们得重新埋葬好死者，烧完他们的衣服，还得把病人送到隔离医院，同时还要监视4队卫兵，除此之外还得向附近80户家庭分发食物——其中一些住在半英里之外。[63]

这份报告显然起到了一些作用。5天后，当瓜在西再次向卫生委员会写信汇报情况时，提到已有医生到达该地。但当时这位医生本人就发着高烧，所以他请求再派一位医生接替他出诊。当时医院里有28名患者的大腿和躯干间有脓包，其中23人甚至已经死亡了。[64]瓜在西随后写道，他自己身体也不太好，不过比之前已有所好转。他还写了一份居家隔离的特雷斯皮亚诺村民的健康状况记录，并指出，所有和维维亚诺（龙迪内利曾提到的那位允许鸡肉贩留宿的管家）接触过的人都生病了，其中已有7人死亡。

在与瓜在西的通信中，卫生委员会的官员反复强调要加强对疾病传染情况的跟踪，以便遏制疫情的蔓延。4天前，他们就已经派安东尼奥·曼尼前去尽力追踪那名鸡肉贩的接触者，曼尼已经从佛罗伦萨城外的阿方索·布罗卡尔迪先生家发送了调查报告。[65]显然，曼尼听说了鸡肉贩的17岁女儿巴尔托洛梅亚和她的兄弟马泰奥·奇蒂一直住在一起。在接受询问时，巴尔托洛梅亚看起来身体状况不错，并透露父亲的其他孩子住在佛罗伦萨周边各地：他的儿子西莫内，年龄十三四岁，去佛罗伦萨南边的圣多纳托·因·波焦做了仆人。他还有个6岁的妹妹玛丽亚，仍在特雷斯皮亚诺；另一个妹妹叫马达莱娜，当时是10岁或者12岁，住在特雷斯皮亚诺南边的一个叫琼佛的小村庄。

当被问及是否曾从父亲家中拿过任何物品时，巴尔托洛梅亚坦言："有一天晚上我搬来了2麻袋共4蒲式耳*的谷物，然后便把它们埋了。"曼尼随后要求她挖出这些谷物，并把它们和其他从特雷斯皮亚诺运来的东西一起放在了一个密闭的房间里，包括"两件大衣，一张床单，一个棉斗篷，一个凳子和一个装有各种各样东西的箱子，里面有面纱、缎带、小皮带、帽子和其他一些女孩使用的东西，以及两件衬衫和马达莱娜穿的黑丝衬裙"。[66]所有这

---

* 蒲式耳（bushel）：一种计量单位。1英制蒲式耳=1.0321美制蒲式耳=36.3677升。

些物品被隔离在了一间完全干净的房间。这样做的原因在于，当时的人们相信谷物和衣服均可携带能引起疾病的潜在有毒气体，毒气可能来自穿着这些衣服的病人的呼气，也可能来自在某个鼠疫感染者的房子里放置过一段时间的物品。

　　如何防止患者之间以及患者与健康者之间的接触，一直是人们关注的问题。8月14日，卫生委员会实施了另一项重要的防疫政策——在特雷斯皮亚诺单独设立一座康复期病人的疗养所，专门针对那些已痊愈但正处于康复期的人。因为卫生委员会宣称，"有很多人病了，也有很多人的病情有所好转，疫情本身也在缓和"。到了这时，甚至公务人员都被认为可能是疾病传播者。两天后，即8月16日，一位医生带着卫生委员会写给瓜在西的信来到了特雷斯皮亚诺。在信里，他们"命令鄙人（瓜在西）切勿越过那些刚刚竖起来的屏障。鄙人立刻骑上马，听从各位大老爷们的指挥。之后鄙人就回到了班迪内利家族别墅。在收到各位大老爷们关于下一步该如何做的指令前，鄙人会一直待在这里……鄙人是无知之徒，实在找不到任何解决办法"。[67]

　　8月21日，瓜在西回到了特雷斯皮亚诺，这里的情况正在变得越来越糟，他似乎也已经感到身体有恙。他在信中这样写道："我们的第一位医生弗朗切斯科·马赞蒂现在似乎马上要把自己的灵魂交给上帝了；前天来的另一位医生因为发烧卧床休息；最后来这里的4个侍者中，1人于今晚去世，另外2人也身体不适。我认为有必要再指派2名医生和至少2名侍者。就在我写下这句话时，又有一个人死了。"在这种情况下，瓜在西感到穷途末路也就不足为怪了。在这封信的结尾处，他的语气变得愈加消极："我请求尊贵无比的阁下再选一人接替我的位置，因为我感到不能够再胜任这项工作。我只能再坚持三四天了，前提是上帝得让我活到那个时候……"[68]

　　诺弗里奥·瓜在西最终得到了帮助。3天后，也就是8月24日，另一位更有活力的新人接管了日常报告的差事。这个人就是瓜在西的兄弟吉罗拉莫·瓜在西，他（之前）负责管理附近圣多梅尼科·迪菲耶索莱的巴迪亚·菲耶索拉纳隔离医院。[69]与他的兄弟不同，吉罗拉莫的精力似乎非常充沛。在去特雷斯皮亚诺的路上，他不仅记录了周围地区的病人状况，还建议增设一所新的隔离中心。他建议选址在乌切拉托约或奥斯泰利亚诺瓦，两处都在皮安迪穆尼奥内。他从圣多梅尼科前往特雷斯皮亚诺时，经过了该河谷地带。

　　抵达特雷斯皮亚诺后，吉罗拉莫发现这里实在混乱不堪。有卫兵直接越过纠察身侧，旁若无人地走进被围栏隔离起来的区域，和里面的工人攀谈；另有一名卫兵则在晚上敲开了两名可怜寡妇的家门，"与她们谈判"。瓜在西将这些卫兵监禁了起来。[70]3天后，吉罗拉莫写信说，一名曾被他囚禁的名叫托马索·达·隆达的下士逃走了。他是砸了关押房间的锁逃出来的，匿名同伙也帮他事先打开了第二道门。他随后爬出窗外，借助绳子滑到藤架上溜走了。[71]

　　随着时间的推移，特雷斯皮亚诺的情况也确有改善。一个月后，诺弗里奥·瓜在西又回到了这里，他在报告中写道："感谢上帝，我们似乎已经到达了疫情的转折点。"到10月10日，医院就只剩下了5名还在康复期的病人，"这其中有2名妇女还是因为得了高烧和可治愈的黏膜炎而继续待在这里"。[72]不过，个中的原因显然是，在9月份瓜在西就已经要求卫生委员会不要再将更多的病人送往特雷斯皮亚诺了。这不仅表明这所朝圣者救济院一直充当隔离医院的角色，而且鼠疫也早已蔓延到佛罗伦萨周边各乡村了。

特雷斯皮亚诺的救济院此时仍在卫生委员会的抗疫策略中扮演着重要角色，而且在巴迪亚·菲耶索拉纳隔离医院（城北第一家隔离医院）建成之后也一直开放。[73]关于这座小村庄疫情的演变情况，以及当地防疫负责人诺弗里奥·瓜在西面临的诸多问题，可以算是对当年秋天成立的其他更大规模的隔离医院可能面对的诸多情况的提前预告。对此我们将在第六章进行详细讨论。保持充足的食品和药品供应始终是通信往来中不变的话题，同时人员的配给问题也相当重要——许多公务人员已染病。瓜在西当时已经筋疲力尽，但他在向卫生委员会求助时过于含蓄委婉，其他几个隔离医院负责人也存在类似的问题。这就导致之后的几个月里，佛罗伦萨的死亡率急剧飙升。病患和死者越来越多，这给医院工作人员带来了诸多麻烦。除此之外，特雷斯皮亚诺的一些医务人员也并非完全尽职守则。一些医务人员逃走了，当时的人们指责这些"逃兵"把疾病传播到了尚未受鼠疫影响的地区和人们之中。

随着特雷斯皮亚诺情况的不断改善，卫生委员会将注意力转移到了佛罗伦萨周边的其他乡村地区。隔离医院的负责人提交了周边疫情报告，但是卫生委员会代表在访问边境哨所时做了更为全面的调查，以核查佛罗伦萨近郊地区的疫情蔓延情况。他们尤其关注菲耶索莱，该地比特雷斯皮亚诺更靠近佛罗伦萨，也在一条通向北方的路上，而且离佛罗伦萨城仅仅约4英里。该地的状况显示出鼠疫正在迅速逼近。

8月13日，菲耶索莱的最高行政长官弗朗切斯科·帕尔米耶里报告说，一个名叫朱利亚诺·达·菲耶索莱的人死于"可疑的病痛"，已经被立刻埋葬。之后，他的妻子也被报告"患了同一种病"。[74]3天后，帕尔米耶里向卫生委员会更新了那位鸡肉贩（就是去特雷斯皮亚诺的那位）的孩子们的情况。他很高兴地说，至少马达莱娜目前身体健康，但另外两个孩子由于住在别处，情况未知。帕尔米耶里随后探访了莱桑德拉·孔蒂，她因为和一个病人接触过而被隔离起来。莱桑德拉目前身体健康，帕尔米耶里站在其房外和她有过远距离交谈。[75]

8月底的时候，情况看起来不太乐观。卫生委员会的外科医生米凯拉尼奥利·科韦利被派到菲耶索莱去检查一具尸体，死者死于8月31日下午2点。他提供了非常详细的症状描述，得出的结论是"这是非常可疑的一例死亡"，"在死者腹股沟处可以看到一个像鸡蛋一样大小的肿块，呈乌青色，其他肿块则分布在脊梁骨和臀部"。[76]他还报告说，他从菲耶索莱的神父那里听说马尔凯塞·萨尔维亚蒂死在附近的瓦尔迪玛丽亚山谷，以此提醒瓜在西队长。[77]

特雷斯皮亚诺的情况得到了普遍改善，但诺弗里奥·瓜在西，也就是之前那位可怜的隔离医院负责人，在他的兄弟吉罗拉莫9月4日写给卫生委员会的信件中，被描述患上了"间日疟"。[78]两周后，诺弗里奥重返工作岗位，尽管在汇报信中的笔迹仍有些颤抖，但他已经差不多痊愈。[79]到了月底的时候，到访特雷斯皮亚诺的医生汇报说近期已经没有死亡病例了，目前只有3名病人，另有9位处在康复期。但不那么乐观的一面是，医生也抱怨那些他请求支援的药物，包括"精油、可以涂在伤口处的甜杏仁油、外科医生需要用到的划痕器和手术刀"等从未到位，穷人们正在遭受苦难。[80]

整个9月，佛罗伦萨卫生委员会陆续收到附近地区上报的离奇死亡病例，其中就有一位在圣多梅尼科·迪·菲耶索莱附近倒地身亡的农民。当吉罗拉莫调查此案时，发现这位农民死前已经病了10—12天，向他提供消息的下属也告诉他，这个人临死时

"右肩上方的皮肤非常干燥，而且他感到非常疼痛。人们说他吐血的时候，一条静脉都破裂了。这个人最终在昨天黎明前倒地身亡"。[81]距佛罗伦萨更近的卡来奇，也有一位患病妇女，此人身上有一处肿块，瓜在西对此很担心，因为该妇女是3天前从佛罗伦萨回来的，当时她在佛罗伦萨市中心的卡尔扎约利大街给一位面包师帮忙。瓜在西提醒卫生部门，这位妇女待过的房子和市中心地区可能已被感染。[82]总而言之，无论是靠政府还是宗教机构，当时这种由个人或官员报告城市和乡村地区病患情况，尤其是那些症状可疑的病患的体系，并没有达到预期应有的效果。因为这背后的行为动机，往往因人而异。

疫情期间，城市和乡村之间始终存在着千丝万缕的联系。众所周知，鼠疫一定是从一个地方传播到另一个地方。当沿贸易和商业路线在不同地区传播时，它会席卷较小规模的聚居点和乡村，并不断感染当地居民（如前文所述的特雷斯皮亚诺鸡肉贩疫情传播案例）。圭多·阿尔法尼近来指出，与北欧相比，17世纪意大利鼠疫的死亡率要高得多。这在某种程度上与他提出的"超常地域传播性（exceptional territorial pervasiveness）"理论相关，即鼠疫无差别地向农村和城市地区施加影响。[83]

1630—1631年，城内的鼠疫死亡率

鼠疫波及佛罗伦萨之后，城内状况尤为引人关注。这并不奇怪，佛罗伦萨是托斯卡纳人口最集中的城市，居民也对近期意大利北部的一些中心城市（如维罗纳）恐怖的高死亡率有所耳闻。接下来的几章首先会对疫情期间佛罗伦萨的人口死亡率做出评估，

然后再逐步讨论人们面对鼠疫时的具体反应。这能帮助我们在方法论层面有效地估计确切的人口死亡百分比，也能帮助我们从更广泛的地理背景来研究佛罗伦萨的这段历史。

原则上而言，鼠疫死亡率的计算相当简单。意大利各地卫生委员会规定，任何死于鼠疫之人，要么被埋在城外特殊的瘟疫墓地（Campisanti），要么直接被埋在隔离医院里。很明显，这与过去把死者葬在所属教区的惯例有所不同，也和那些阿尔卑斯山以北国家的习惯存在差异。例如在英格兰，许多死于鼠疫的人还是被埋葬在他们当地的墓地里。[84]图表1.1的统计数据来源于佛罗伦萨所有正式上报的城内瘟疫埋葬，其中有些死者被埋在特殊的瘟疫墓地，有些被埋在佛罗伦萨城内或附近地区的4个主要隔离医院——博尼法齐奥、圣米尼亚托、圣方济各和巴迪亚·菲耶索拉纳。

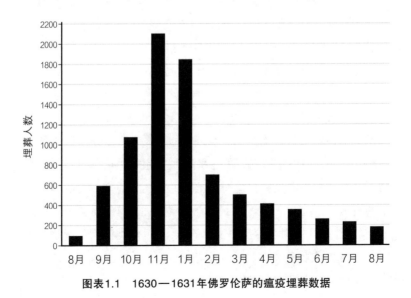

图表1.1　1630—1631年佛罗伦萨的瘟疫埋葬数据

图表1.1清晰地反映了鼠疫死亡率季节性的变化趋势。从图表中可以看出，鼠疫在8月的前两周已经开始在佛罗伦萨城蔓延，暴发高峰出现在深秋时节，并在接下来的7个月中逐渐减弱。[85]但是，因为防疫措施执行过程中的诸多问题以及现存文件的不完整，对于1630—1631年佛罗伦萨因鼠疫而死亡的人口百分比的估算，永远都不可能是绝对准确的。实际上，历史学家们估计出的鼠疫死亡率在10%—17%之间波动。[86]下文将简要介绍如何通过相关原始资料计算出更接近实际情况的死亡率。

计算1630—1631年佛罗伦萨鼠疫死亡人数最普遍的方法，是用1622年记录在册的常住人口总数（76023人），减去1632年8月人口普查后的常住人口总数（66156人）。但这种方法并没有把1627年和1629年的两次斑疹伤寒带来的额外影响考虑进去。另外一个问题是，1622年的人口估计值未必完全可靠。根据当年的记录，15岁以上的男性人数和女性人数相同，均为22106人，这恰好是15岁以下男性人数和女性人数的2倍（11053人），而1632年的在册人口性别比为100∶121（即男性29837人，女性36219人）。[87]

另一种可以使结果更接近实际情况的计算方法是，把1631年1月（大规模）隔离开始时的城市居民人数作为计算基点。在这次调查中，共有男女合计63164人（包括12岁以上及以下），这个数字涵盖了神职人员、犹太人居住区中的犹太人以及修道院中的修士和修女们，但不包括隔离医院和普通医院中的病人。[88]1月中旬，当居民普遍被采取隔离措施时，圣米尼亚托和圣方济各隔离医院中共有328人（包括儿童），此时各隔离中心还有146名康复期患者。[89]此外，其他用于治疗"普通的"、非鼠疫类疾病的医院在正常年份也可能收治了多达4000名患者。[90]所以在这4474人的基础上，还得加上埋葬在隔离医院或瘟疫墓地的6194名死者（1630年

8月—1631年1月20日），以及在同一时期受过洗礼的婴儿数（约1218人）。[91]因此在1630年8月鼠疫开始蔓延时，佛罗伦萨约有75050人。[92]

假设上述计算正确无误，那么整体鼠疫致死率约为12%，这也印证了奇波拉的推测是合理的。也就是说，这一地区仅因鼠疫而造成的死亡率约为11.4%（每1000人中死亡114人），是17世纪初期正常年份里粗估总死亡率的3倍以上（每1000人中有36人死亡）。[93]不过，这些数字也仅能说明部分情况。接下来，我们将对官方数字的准确性进行探讨，并进一步展开对鼠疫特殊埋葬和普通教区埋葬的研究。

官方数字的准确程度，既取决于医务人员、卫生委员会工作人员对患者和死者的准确识别，也取决于他们是否对这些病例如实报告。在疫情开始之前，相关部门就已经对许多病例进行了详细调查。8月1日，两名医生被派去检查一位叫安东尼娅的患病寡妇的情况，她住在卡马尔多利大街18号。他们于晚上11点到达，在报告中称这位寡妇已经病了6天，并且“身体左侧靠近肾脏的地方有一个肿块”，但她看上去“气色很好，而且只有轻微的低烧，并没有出现‘不好的东西’的迹象”。他们还记录道，这位寡妇6岁大的女儿也发烧了，但医生们很确信这不是鼠疫，因为和她们挤在同一所房子里的其他人都没有生病。[94]

两天之后，一个仆人的状况引起了人们的担忧。这位仆人住在德拉·斯图法路上，侍奉尊贵的卡瓦列雷·马加洛蒂先生。稍后，许多医务人员被派到那里，其中就包括赛比内利医生和切尔维利医生，两人都怀疑这个仆人是得了痈红疹。但是外科医生乔瓦尼·弗兰泽塞在看了患者右膝上方大筋顶端处的患病区域后，认为此人并没有患痈红疹的迹象。为了证明自己诊断无误，他进而详细描述了此病通常的临床表现，而这些都与这位仆人的症状不符。不过据他说，这倒是"像溃疡……但不具有传染性"。患者身上并没有鼠疫症状，但她身上的一处刺伤却误导了弗兰泽塞，让他怀疑她曾经被某种动物咬过。这位医生还设法使同僚们相信了他的诊断。[95]

与其他地方类似，[96]在疫情早期阶段，佛罗伦萨的卫生体系起到了基本的防疫作用。那时鼠疫尚未在佛罗伦萨城内暴发，但已经在北面数英里外通往博洛尼亚道路上的村庄蔓延，这引起了佛罗伦萨当局的担忧。人们意识到，那些粗心大意、自以为是和自私之人的有意或无意的举动，都很有可能导致鼠疫的传入，就像发生在特雷斯皮亚诺的情况那样。正因为如此，在一些如米兰之类的城市，人们专门用"涂油者"一词来谴责那些故意传播鼠疫之徒。[97]这类传闻在1630年的佛罗伦萨也人尽皆知，鼠疫亲历者乔瓦尼·巴尔迪努奇在日记中写道："米兰的鼠疫是由携带毒质的邪恶之人传播的……他们在教堂圣水盆中的圣水里和出口处的钟面上都投了毒，不管是谁碰到这种毒质都会很快死去，并继续传染其他人。"[98]

同样的案例也出现在托斯卡纳，但是相比之下规模要小很多，只有2例被卫生委员会记录在册。第一起案例的主人公是补鞋匠巴斯蒂亚诺·迪·吉罗拉莫·詹内利。他于9月1日在沃尔泰拉被捕，同时被指控"给大教堂和其他教堂的圣水下毒"。[99]根据记录，此人在圣水盆前停留了一段时间，在那儿他应该是"给圣水投毒了"。补鞋匠随后回应说，他在到达沃尔泰拉后不久的确是进入了大教堂，但在那里"我仅仅是停下来祈祷了一句'我们的天父'和'万福马利亚'"，然后"我便在一个忏悔室旁停了下来，整理了一下我随身携带的各种针线"。[100]

在米兰，"涂油者"都受到了严厉的处罚，但佛罗伦萨的官员并未发现巴斯蒂亚诺有恶意传播鼠疫的确切证据，所以最终还是把他放了。[101]人们怀疑此人，主要是因为他来自托斯卡纳北部、佛罗伦萨西侧瓦尔迪尼沃的布加诺镇，所从事的行当也颇为复杂。尽管巴斯蒂亚诺对外宣称自己的职业是一名鞋匠，但很显然他也是一个四处自吹自擂、医治过一些常见小病的江湖游医。在被捕时，他身上携带着一些用于治疗牙痛的圣约翰草、用于退烧的薰衣草油、含铁黏土以及一些用"烧焦的蛋白"制成的"用于治疗眼睛的液体"。[102]在当时，任何陌生人、游荡之徒，甚至是停下来整理行李的人，都会被人们怀疑为要将鼠疫恶意传播到沃尔泰拉的"涂油者"，更何况是身为一个江湖游医的巴斯蒂亚诺。

第二起案例也发生在疫情初期。有一位名叫马埃斯特罗·莱安德罗·奇米内利的内科医生，在佛罗伦萨的第一家隔离医院梅塞尔·博尼法齐奥医院工作。9月中旬，莱安德罗被指控通过给患者服用一种神秘的粉末而使他们中毒身亡（第六章会详细讨论该事件）。除此之外，他还被指控攻击同事以及施行巫术。当然，他本人的确是一个具有破坏性的人物，但如此严重的指控更可能因为他是个"外邦人"（记载显示莱安德罗是那不勒斯人或西西里人），就像前文里的巴斯蒂亚诺一样。[103]

尽管政府已经采取了所有可能的防疫措施，但意大利的瘟疫防控体系能否有效运转，取决于两个前提条件。首先是防疫法规的执行情况。以特雷斯皮亚诺为例，由于存在着各种人为过失，所有人都应当向政府报告可疑的患者或死者这一要求并不总是能够得到贯彻。我们在第七章也将看到，在佛罗伦萨的法庭记录中，有很多人企图瞒报因鼠疫而死亡的人数，以逃避对死者房屋进行消毒和对家属进行隔离。[104]确保这一体系能够正确运转的第二个前提条件是，卫生委员会的工作人员要能对疫情做出准确的识别和诊断。在疫情初期，这个问题尤其不确定。官方往往因为害怕引起恐慌，或者担忧破坏正常的经济社会交流，而不愿意承认佛罗伦萨已经出现了疫情。8月13日，城中每个区域的医生都收到了详细的工作指示：

> 早上，请各医生根据前一天晚上从卫生委员会收到的病患清单，到访上面列出的患者住处。到访后，首先应给患者测脉搏，厘清患者的具体症状。之后，请根据不同症状选取以下两种不同的处理方式。
>
> 对那些在腹股沟、腋下或身体其他部位有明显恶性或传染性疾病标记的人，医生必须按以下方式手写一张说明书："在某一街道的某处房子里，本人拜访了一位发烧的病人，此人在身体的某个部位也有了恶性的肿胀。这个人已经病了好几天了。他应该被送到博尼法齐奥医院。"
>
> 随后，请医生记录下来病人的家庭成员，以及他们的年龄，并把这些信息以书面形式递交给卫生委员会总部。
>
> 对于那些仅仅是发烧且不严重的人，或是病情稳定的人，请将他们送往新圣母马利亚医院和（或）其他医院。不用记下病人家属，也不必做其他事。[105]

所有病人的名字和地址都在前一天上报给卫生委员会，然后誊抄在一张特制凭单上，第二天早上再分发给城市各处的医生。医生主要通过诊测患者的脉搏，来判断是鼠疫症状还是"意外情况"。但随着疫情的恶化，医生也越来越不愿意接近病人。人们对于鼠疫的典型症状和普通疾病的症状也有所区分。典型症状是

"在腹股沟或腋下，或身体的其他部位，有明显是恶性且传染性的异样"。那些患有传染性疾病的人被送到了梅塞尔·博尼法齐奥隔离医院，而普通发烧患者则须去新圣母马利亚医院这所综合医院就诊。这些医院对患者及其家庭成员都记录得非常详尽准确。

当局在调查死者情况时相当谨慎。以乔瓦尼·巴尔斯耐利事件为例，此人住在梅左路上，因没有报告其妻子在家中去世而于9月29日被捕。经过问讯后，人们才得知他叫过医生，医生诊断的死因是"死于普通疾病"。[106] 这件事发生在疫情的第一个月，当时的卫生委员会非常警惕，鼠疫死亡率较低，整个疫情防控体系的压力也较小，尚能应对整个城市的患者、濒死者和死者。

防疫体系的正常运转还要依靠工作人员的尽职守则。卡塞里诺医生就是一个反面案例。卫生委员会任命他在圣乔瓦尼区密切关注居民们的身体健康状况，辨别出任何可能染上鼠疫的人并将其送往隔离医院。此人于11月8日被捕，当局指控他准许将死在拉诺切大街提托洛托的旅馆里的多名死者埋葬在当地的圣洛伦佐教堂。[107]

一个多月前，第一起死亡病例是老板提托洛托，但卡塞里诺从未就此做过报告。这样一来，旅馆没有被封锁，住客们也继续从事着他们的日常工作，其中有两名住客从事纺织品贸易，一个是纺织工，另一个是手套制作工。这件事情被发现是在10月底，此时在旅店老板提托洛托生病期间照顾他的两个女人——他的妻子利萨贝塔和仆人弗兰切斯卡都病了。但是由于卡塞里诺并未诊断出她们患有"传染性疾病"，所以只是把她们送去了收治普通疾病患者的新圣母马利亚医院。在那里，她们被怀疑可能已经感染鼠疫，之后被送往了圣米尼托隔离医院。[108]

该案例很有说服力。它表明，即使存在严格的执行手段和残酷的惩罚措施，防疫体系仍然有崩溃的可能性。在官方对这件事情的描述中，卡塞里诺被指控为过失而不是腐败。而且，像许多指控报告中所写的那样，官员们字里行间流露出对这些个人过失的疲倦和无奈，因为是这些人让自己的同胞处于危险之中。

该案例还揭示出另一个重要问题，即当地教区的正常埋葬流程和疫情期间特殊埋葬制度之间存在冲突。如前文所述，疫情期间特殊埋葬制度是指，因鼠疫去世的人将统一被埋在城外的特殊瘟疫墓地或是某隔离医院。正如圣皮耶尔·加托里尼教区神父费利切·洛吉在教区丧葬簿中的记录，教区神父们也收到了明确的指示：

> 因为现在正值疫情期间，教堂只负责埋葬那些死于普通疾病之人。对于那些染疫的死者，目前不由神父而由卫生委员会负责。不过多数患者都被送往隔离医院，并最终在那里去世。[109]

很明显，人们更愿意与亲人一起埋葬在教区墓地，而不是被捆着扔进一个无名无姓的集体墓穴中。有些人试图通过一些非正当途径来绕过这种规定。不过，如果你有"恰当的"社会身份以及"合适的"人脉关系的话，官方也可破例处理。当时卫生委员会大臣富尔维奥·朱贝蒂的妻子也死于鼠疫，但大臣在10月6日获得许可，准许他将妻子的尸体埋在教堂里。大臣只需把尸体放置在一个密封良好的棺木中，并把棺木埋在一个石灰覆盖的深洞中即可。唯一的后续措施是要把照顾其妻子的侍女隔离起来。[110]

神父们很少记录下死亡原因，因此很难估算这种破例事件有多少，也很难推测究竟有多少死于鼠疫的人仍被埋葬在教区中。

为进一步探讨该问题，我们需要更加仔细地研究教区丧葬簿。佛罗伦萨最大的教区圣洛伦佐教区（该教区人口约占全市人口的16%）保存了非常完整的埋葬记录。[111]图表1.2绘制了1630—1631年这两年时间里（即鼠疫年份）该教区的埋葬数据。

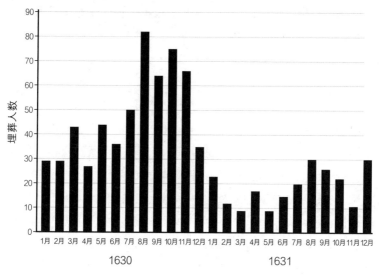

图表1.2　1630—1631年圣洛伦佐教区的埋葬数据

　　如图表1.2所示，1630年8月该教区的埋葬人数明显增加，死者人数占全年死亡总人口（585人）的14%。随后的9月至11月中，埋葬人数仍居高不下。到了12月，埋葬人数下降了接近50%，此后的1631年，该数据再也没有回到高位。如果我们将佛罗伦萨市的埋葬数据（图表1.1）和圣洛伦佐教区的相关数据做对比，结果会稍稍令人困惑：两者在秋季的增长程度相同，但12月佛罗伦萨整体因鼠疫死亡的人数的增加，却没有体现在圣洛伦佐教区丧葬簿的数字变化中。

这有两种可能：要么是因为死于鼠疫的人继续被埋葬在教区，要么是因为当时城市中存在另一种传染性疾病。关于圣洛伦佐教区的埋葬数据中是否包含许多死于鼠疫的人，现存的证据无法对此确认。因为像其他地方一样，即使一些民众找到了规避法律的手段，佛罗伦萨卫生委员会自身也不太可能故意瞒报因鼠疫死亡的人数。[112]但可惜的是，现存的文档记录尚无法确认是否存在瞒报漏报行为，因为佛罗伦萨所有教区的丧葬簿都未曾登记死因。

1630年秋天的佛罗伦萨，的确有可能同时遭受了另一种流行病的侵扰。本书第二章会讲到，在8月份疫情初期，针对人口死亡率的上升究竟是缘于鼠疫还是"每年秋天都会困扰这座城市的普通流行疾病"，卫生委员会的医学顾问之间展开了一场大辩论。[113]实际上，这种"普通疾病"也并非那么"普通"，因为当时的佛罗伦萨在过去10年里，经常被一种叫作"瘀斑热"的流行病困扰。这种病被历史学家鉴定为酶性斑疹伤寒，[114]尤其易发生在粮食严重短缺的时期，而佛罗伦萨在过去10年中就经历过两次饥荒，较近一次是在1629年。

图表1.3清晰地反映出圣洛伦佐教区在鼠疫暴发前的10年中死亡人数之变化。其中1621—1622年、1626—1627年以及1629年的死亡人数都有明显增加，并且第一次和第三次的增加都与"瘀斑热"有关，且每次死亡人数的增长都具有不同的季节性趋势。以1621—1622年为例，因瘀斑热死亡的人数从10月份开始不断上升，一直持续到来年春天，并最终在初夏时节结束，而1629年圣洛伦佐的大部分死亡发生在夏天和初秋。[115]相比之下，1626年的情况截然不同。死亡人数的增加是在夏季最热的月份，天气变冷

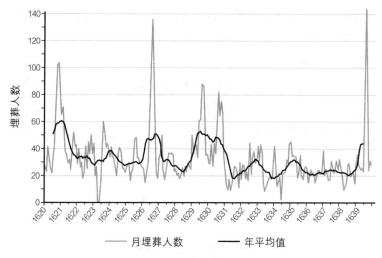

图表1.3　1620—1639年圣洛伦佐教区的埋葬数据
（月埋葬人数和年平均值）

后就逐渐下降了。该年死亡人数的增加可能是因为某种肠道疾病，因为相对于成人来说，儿童的病情更加严重。至于1621—1631年这10年间整体死亡人数季节性变化的趋势，与之最为接近的是1629—1630年。但无论是哪种情况，超过50%的死亡均发生在8月—12月的5个月内。

在1630—1631年，虽然圣洛伦佐教区埋葬人数的增加少于瘟疫墓地和隔离医院，但有明显的上升（尤其是在疫情最严重的时期）。因此，即便当时并未刻意瞒报鼠疫死者人数，1630年夏末和秋季圣洛伦佐教区埋葬人数的增加也表明，另一种流行病可能与鼠疫同时存在。这也印证了卫生官员和医生们的观点，他们认为是这种非鼠疫流行病造成了死亡率的上升。

这些结论可能需要我们重新评估1630—1631年佛罗伦萨的鼠

疫死亡率。与意大利北部许多地方相比，佛罗伦萨的死亡率仍处在较低的水平。[116]威尼斯当时的死亡率为33%（总人口14万人），米兰的死亡率为46%（总人口13万人），维罗纳的死亡率更是高达61%（总人口5.4万人）。离佛罗伦萨更近的地方，如托斯卡纳的佩夏，也有50%的人口（鼠疫前人口为2800人）死于这场浩劫。[117]对于不同城市间的死亡率差异，自始至终都没有令人满意的解释。这可能与流行病在某一地区开始蔓延的时间有关。如果暴发的时间更早，那么疫情就更有可能在天气变化之前恶化。这还可能与预防措施（如防疫封锁线）是否有效，是否把病人转移到隔离中心，以及是否将死者迅速埋葬等因素有关。

在详细探讨佛罗伦萨政府和社会各界对于这场鼠疫的应对策略的同时，本书也会持续关注上述这些问题。除了考虑政府的立法情况和隔离制度的执行，本书也会细化到街道和社区层面展开研究。当时有许多个人和家庭团结起来，一同反抗当局的某些防疫措施，以保护他们的亲人和私有财产。统治者与被统治者间的紧张对立关系亦是本书探讨的核心主题之一。

第二章 药物、环境与穷人

医生的诊断结果："某种有传染风险的疾病"

正如上一章所讲，当鼠疫传播到托斯卡纳的特雷斯皮亚诺村时，佛罗伦萨卫生委员会的第一反应仅仅是一句警告。8月1日，他们记录道，某种有传染风险的疾病已经在村内暴发。[1]当然，他们畏惧这种从博洛尼亚传来的不知名的、被当时的一位传染病史学家形容为具有"极强传染性"的疾病。[2]从1629年秋天开始，鼠疫就已经在意大利北部出现，1630年，疫情传至博洛尼亚。但起初，因为害怕引起社会恐慌，没有人愿意用"鼠疫"一词来形容这种疾病。[3]

整个8月份，这种疾病在医学界和社会大众中引发了持续讨论，但没有人能对它做出定性说明。[4]由此，佛罗伦萨市展开了一场辩论，和3个月前发生在博洛尼亚的辩论，以及1555—1557年威尼斯鼠疫暴发初期的辩论如出一辙。[5]这场辩论的重要之处在于，它揭示出当局实际上并不愿意承认鼠疫的存在，因为这会引起公众的恐慌，同时当局也不得不实施一系列防疫措施以作应对，这些都会对经济发展造成负面影响，使整个公国在商贸和政治上变得孤立无援。

据弗朗切斯科·龙迪内利记载，在1630年8月，整个佛罗伦萨市被划分成了意见相左的两大阵营：一方认为这就是一场鼠疫，这群人因此被称为"怯懦之人"；另一方则坚称这只是每年都会流行的普通疾病，皆由生活困苦所致。[6]

医术高超的内科医师安东尼奥·里吉是卫生委员会的顾问之一，他则提出了另一种观点：

> 数位德高望重之人认为在意大利并不存在鼠疫，一切就如往常一样。即使这是鼠疫，也不会像之前那般严重，抑或只是与鼠疫非常相像。自从法国花柳病（梅毒）在意大利出现后，鼠疫就很少被人提及了。既然法国花柳病肆虐意大利，那么其他种类的病毒自然就会逐渐销声匿迹。因为两种病毒是无法共存的。若此观点正确，那么佛罗伦萨完全可以不受鼠疫的侵害，因为这座城市早就被梅毒席卷了。[7]

提出如此与常识相悖的观点，或许是想缓解民众对于高死亡率的鼠疫的恐惧。但不幸的是，历史经验告诉我们，从15世纪90年代中期开始，不论是在佛罗伦萨还是其他任何地方，一种瘟疫的存在并不会减缓另一种瘟疫的存在和蔓延。[8]为此，佛罗伦萨大公向医师学院索要一份报告，以确定"这种疾病的真正病因和性质"。医师学院这样回复道：尽管这是"一种具有传染性的类鼠疫疾病，但不是鼠疫"。[9]医师学院声称，虽然这种流行病可能已经表现出了鼠疫的两种主要特征，即传染性和致命性，但还尚未满足所有条件，因此现阶段仍可以被消灭。医师们也赞同里吉"两种传染病不可能同时存在"的观点，并指出：

> 虽然空气尚未污染，但有些地方的环境已被腐蚀。这种腐蚀气体的毒种在春天被来自北方的寒风从伦巴第大区携带至此。贫民往往因为生活贫寒和身体缺乏抵抗力，而受此病毒的侵袭。[10]

医师学院区分了两种可能的传播来源，即一般性的本土空气传播（其源头在本地，例如地震所引发的气流紊乱）和异地传播（非本土来源）。起源于伦巴第地区的腐蚀性"毒种"（seeds）一说，显然参考了吉罗拉莫·弗拉卡斯托罗《论传染》中的说法。在16世纪和17世纪，用于表述疾病传播最常用的术语之一为"传染"（contagion）一词。但此处须明确的是，"传染"一词的提出并不意味着当时人们已经辨别出能在人际间传播的病原体，这一概念直到21世纪才被确认。相反，此词在当时只是基于腐蚀性毒气的概念。即便大气中"毒种"这一概念最早由古希腊名医盖伦提出，后由弗拉卡斯托罗发展，也不能算作德国细菌学家科赫提出的细菌理论的来源[11]。准确来说，当时人们对于"传染"一词的解释颇为灵活，多指在空气中的传播，即便是人与人接触了，也仅仅意味着腐蚀性毒气在空中的移动。

强调这一点极其重要，因为它可以帮助我们理解近代早期意大利疾病学和疾病传播理论中"空气和腐烂物质及气味"之间的关系。从字面意义上说，鼠疫被认为是通过呼吸传播的。人与人发生接触时，毒种也会通过空气传播给接触者。同时，毒种会随着空气侵入病人的衣物，并留在衣物上，因此烧掉病人的衣服或长期将衣服暴露在空气中会清除这些毒种。

葡萄牙医生斯特凡诺·罗德里克·德·卡斯特罗是比萨大学理论医学的高级讲师，也是佛罗伦萨卫生委员会的顾问之一。他在1631年疫情结束后撰写过一篇论文，其中的一段文字反映出，在佛罗伦萨鼠疫期间，理解"传染"一词对研究疾病及其传播特性至关重要。

> 迪奥尼西奥："我想找个人来告诉我传染到底是什么东西，因为我看到每个人都提到它，却没人对这个概念做出解释。"
>
> 马尔切洛："我进入了这个迷宫，上帝把我拯救了出来。在这个迷宫里古人并未获得赞扬，而在现代人中，吉罗拉莫·弗拉卡斯托罗是幸运的，他没有因为自己的学说而遭受更多指责。"[12]

虽然这段对话某种程度上是卡斯特罗在借用修辞学技巧来炫耀他的学识，但也折射出当时的人们对"疾病"和"传染"这些专业术语的理解。乍一看，迪奥尼西奥提出的"何为传染"的问题似乎很平常，但马尔切洛的回答则表明，要对这一术语做出令人信服的解释实则相当困难。弗拉卡斯托罗自己也觉得这门学科非常复杂，因此他对医学术语的解释十分小心谨慎。他在1546年写下的《论传染》中，把"传染"分为三种类型：直接接触传染、远距离传染，以及他最著名的观点——通过物媒（formites）的间接接触传染。物媒指那些可以把感染物质从患者转移到健康宿主身上的媒介物，所以一些"传染性疾病"是可以被个体吸入体内的。[13]1630年秋，佛罗伦萨卫生委员会医学顾问安东尼奥·佩利奇尼医生在其论文中也阐述了这种传染方式。他解释说，人们不仅可以在呼吸时吸入烟尘和蒸气，也可以通过全身上下的毛孔吸入感染物质：

> 显而易见的是，由于物媒的存在，人与人之间即使没有接触也可能发生传染。它会通过空气从被感染者的身体传到另一物体表面，然后被吸收掉。[14]

弗拉卡斯托罗还认为，对于如鼠疫和梅毒这类疾病而言，物媒经常会进入另一媒介物质并在其中潜伏很久，直到有机会传染给另一个人。根据弗拉卡斯托罗的定义，这些媒介"多孔、温暖且微热"的特性非常适合储存物媒。他列举了"羊毛、破布和各类木材"作为例子。[15]弗拉卡斯托罗为鼠疫的迅速蔓延提供了一种解释，但他对"传染"概念的理解与21世纪的科学家们相去甚远。不过现代医疗史学家们仍将他尊为先驱："弗拉卡斯托罗对传染的研究贡献巨大，是当之无愧的一流学者。"[16]

"毒种"的概念对研究鼠疫之传播十分重要，而这一概念同样也被用来解释鼠疫的病因。弗拉卡斯托罗认为，这些"毒种"存在于体外，它们腐蚀空气，然后在有恙之人的体内重新被激活。这也与古希腊名医盖伦提出的"外界的腐蚀性气体与人体体液的平衡休戚与共"之观点相呼应。里吉医生则进一步发展了他的观点。他列出了造成鼠疫的内部原因，如"体内有大量体液的恶变混合物，或者体液已遭到腐蚀"。[17]

龙迪内利当然对这场发生在佛罗伦萨的大辩论十分了解，但我们无法确认他是否也关注过这场辩论里的诸多细节。为表示对医生的支持，他写道，当一株药草刚刚从土里钻出来时，是很难在一大片地里发现它的。这就像在一个有多种疾病并存的城市中，实在难以确定某种疾病的身份。更何况人们都倾向于相信自己愿意相信的东西![18]

龙迪内利似乎对医生队伍的优柔寡断感到非常沮丧,不过我们要明白,他的看法实际上也是事后诸葛亮。对于这场流行病最直接且最直观的影响,龙迪内利记录下了多数医学专家都一致认可的观点:穷人饱受粮食短缺之苦,也不得不食用一些劣质的食物和饮料,这些都导致他们的死亡率更高。这也让一些医生认为,是这种情况导致穷人体内产生了"大量的变质体液",进而在体内出现了"严重的腐坏,甚至在远距离或者任何场合下都可能演变为鼠疫"。此外,与富人充足的营养摄入相比,穷人的饮食结构也致使他们抵抗力较差。[19]

在讨论疾病与贫困的内在联系时,龙迪内利如实阐述了里吉和德·卡斯特罗的观点(虽然没有提及他们的名字)。里吉沿用了盖伦的观点,把疾病与不良饮食联系在一起,他还强调,不当的饮食会增加穷人体内的劣质体液,并削弱他们抵抗疾病的能力。[20]斯特凡诺·德·卡斯特罗也认为,穷人患病应主要归咎于自身的无知。穷人被他描绘成只相信自己所见之事,而不觉得应该远离那些尽管可能没有明显"病症",但同样携带着"潜藏的传染之种"的人。他还认为,穷人的贫困也意味着他们无法采取适当的措施来预防鼠疫,例如购买芳香药草和香料用来灼烧和为空气增香,也没有足够的空间能避免和被感染之人同处一室。[21]

德·卡斯特罗把穷人描述为被自我偏见和无知毒害的人,而里吉的态度则更偏向于宿命论。他认为穷人天然更容易吸引疾病上身。为此,他还将人类身体和城市社会做了柏拉图式的类比。他认为心脏是高尚且健壮的器官,将之比作社会上层人士,而把穷人比作那些地位和功能较低的器官(如静脉、动脉、皮肤和腺体）。他认为富人就像心脏等器官一样，有能力将不必要的危险物质排出体外或排到体内更低级的器官内。穷人则没有这样的能力，所以他们成为有毒物质的储存地。"因此……如果鼠疫出现在了城市中，他们（穷人）就会接受并保有它，就好像他们是社会的腺体一样。"[22]

把社会比作身体的做法并不仅局限在医学领域。在1656年罗马鼠疫期间，耶稣会士斯福尔扎·帕拉维奇诺记录道，当鼠疫在台伯河两岸（指罗马城）开始蔓延时，当局决定把身无分文的病人送到隔离医院，以便"根据手术规则，从身体上切除掉所有脆弱和卑下的部分"。[23]像其他地方一样，罗马的医务人员也赞同政府对待穷人的政策。这些政策与佛罗伦萨的政策比较类似，包括将外地乞丐驱离本市、将本地乞丐安置在特殊的收容所（也就是所谓的"慈善救济院"）。同时，官方还采取各种严厉的措施将穷人限制在自己的居所内（这实际上算是针对密切接触者的隔离措施），并将大量的鼠疫疑似患者强制转移到隔离医院。

从16世纪后期开始，把穷人、无知、不良饮食和疾病联系在一起的医学文献在意大利层出不穷。这些文献在疫情期间被大肆引用，以支持统治阶级的观点——穷人才是一切问题的罪魁祸首。[24]这样看来，医师学院和医生们不只是为政府建言献策，也为政府的实际行动提供了理论依据。

城市环境及预防措施

关于这场发生在1630—1631年的"可以引起鼠疫的传染病"（佩利奇尼医生的论文标题），当时佛罗伦萨的许多学者在撰述的相关论著中，都认为"由贫困与恶劣的住房条件而导致的不卫生状况"是诱发鼠疫的根本原因之一。用德·卡斯特罗的话来说，有毒气体主要产生于"地震、未埋葬的尸体、死水和臭水"。[25]在极为拥挤的居住环境下，大量的人类排泄物随意堆积，这就导致城市的卫生状况尤为恶劣。德·卡斯特罗强调：

> 病人和照顾他们的人都会污染周边的空气，这一点证据确凿。这就是为什么人们总是想逃离医院里的空气，因为病人的呼吸让医院内部充满了有毒气体。打个比方，当一座城市有很多病人的时候，那么这座城市就相当于医院了。[26]

早在黑死病暴发之前，人们就对恶性气体与疾病之间存在关联深信不疑，并基于此拟定了相关的卫生法规。当时，中世纪各国和各城市均实施了环境清理措施，从处理人类粪便到禁止在城市中心屠杀动物。实际上，与传统的公共卫生史研究观点相反，近期研究中世纪晚期的历史学家认为，当时的人们不仅意识到了环境污染的问题，还竭尽全力清理城市空间。[27]换句话说，当时的人们对城市和农村臭气熏天的强烈抱怨，不仅反映出了客观的卫生状况，还推动了政府官员果断采取措施来处理污染源头。

从16世纪后半叶开始，随着新希波克拉底思想的复兴，赞同环境与疾病之间存在紧密关系的文献不断增多，进一步推动了这类思想的发展。塞缪尔·科恩主张，1575年意大利北部瘟疫流行期间，公众对两者关系的认识已经有所提高。当时威尼斯、米兰和博洛尼亚的大报发行数量激增，它们向市民普及如何保持街道干净整洁，以防止疫病的传播。[28]这也使得公共卫生领域愈加关注疾病与空气、水和地理环境（这些都来自希波克拉底思想）

之间的因果关系。一些防疫宣传册的编写者，如巴勒莫的乔瓦尼·菲利波·因格拉西亚，就详细讨论了受污染水源的问题，而威尼斯的尼科洛·马萨和维罗纳的吉罗拉莫·唐泽利尼则强调1576年鼠疫的暴发与拥挤的贫民窟之间存在着关联。[29]

到了17世纪，上述观点仍然是官方制定防疫措施的基础。1630—1631年，佛罗伦萨与城市环境有关的官方论著、立法和政策，都与16世纪后期的医学观点相呼应。基于这些医学观点的防疫措施，目标都是预防和消灭引发鼠疫的腐蚀性毒气。卫生委员会大臣富尔维奥·朱贝蒂在其论著《保持卫生，抵抗鼠疫传染》中，就着重强调了保持街道清洁的必要性，并且禁止任何可能产生恶臭气味的活动。[30]

如何处理人类排泄物是其中关注的重点。佛罗伦萨并没有完善的排污管道系统，人类排泄物主要被倒入污水坑或是用火山灰掩埋（这一点我们会在下一小节详细讨论）。正如朱贝蒂所指出的，这些污水坑须定期排空，若不处理，它们的气味便会污染整片天空。夏天的时候最难处理这些污水坑，因为高温会让空气更容易被污染。但在必要时（如在瘟疫流行期间），排空污水坑的工作也应在夜晚进行，这样既避免了扰民，也不会让他们感染。[31]朱贝蒂也表达了对佛罗伦萨丝绸制造业的担忧，"有些人已经对丝绸生产时从锅炉中排出的恶臭气味感到不适，我们希望能听到相应的解决方案"。[32]

当时一些既有的街道清理规定也得到了强化。与中世纪一样，人们认为制革商和屠夫是非常危险的职业，因为其生产过程可能会产生有毒气体，因此官方禁止制革商向街上扔垃圾或泼脏水。龙迪内利在文中写道，在11月疫情高峰期的时候，屠夫被禁止在市内屠宰动物，因为这会增加空气湿度，"而高湿度也是造成传染的主要原因之一"。[33]猪肉和牛肉被认为是两种有害的肉类食物，它们会产生湿气，倘若被人类食用，也会导致人体内出现"浓稠的血液和忧郁的情感"，当时的医生认为这两者都对人体健康有害。宰杀动物也被认为有可能释放有害气体。而且为了使它们在出售时显得更为庞大，屠夫会按惯例给动物体内充气，这也会进一步加剧有害气体的释放。[34]

不仅是商人，其他个人和家庭的日常活动也受到了限制。人们甚至不能在自己的屋里存放任何类型的肥料或粪料（无论是来自人的还是动物的），因为腐败气体会污染毒害屋里和附近的居民。[35]此外，清洗存有变质葡萄酒（*vino guasto*）的酒桶后的废水，或清洗做饭及吃饭时使用的厨房器具的污水，也不允许被倾倒在街上。当时官方还引入了额外的管控措施来规范食品及饮品标准，严禁出售任何"变质或变臭"的食品，包括未成熟的绿果、鱼、肉和谷物等。因为这些食品"会腐蚀血液，松弛胃部肌肉，并引发各种疾病和传染病"。[36]最后，官方还制定了管理酒类饮品的法规，该规定禁止人们饮用年份较久的葡萄酒，如白兰地。在出售新酿葡萄酒之前，也必须要将其稀释，以避免腐坏血液而使身体中毒。[37]

1630年夏，在佛罗伦萨疫情初期，官方采取的就是上述这些措施。这些措施的制定承袭着中世纪和近代早期意大利中部、北部城市和乡镇地区的立法和实践，同时也基于历代医学专家的建议——从黑死病时期的迪诺·戴尔·加尔博，到15世纪后期的马尔西利奥·菲奇诺，再到1630—1631年的安东尼奥·佩利奇尼和斯特凡诺·德·卡斯特罗。从16世纪后期开始，新的应对措施出现了。意大利卫生委员会开始在城市和乡村地区进行卫生调查。医学专家被派往已经出现疫情的地区，他们须收集该地的居民健康情况，描述病人和死者的病情，并对疾病暴发的原因做出确认。[38]当佛罗伦萨暴发疫情时，这种需求更为急迫。在1620—1621年"瘀斑热"流行期间，博诺米尼·迪·圣马蒂诺宗教慈善团体成员与卫生委员会遴选出的医生一同去患病的穷人家中进行检查，并发现那里有"强烈的恶臭气味，令人难以忍受"。因此他们委托了一位负责佛罗伦萨道路情况的政府官员菲利波·拉萨尼尼对佛罗伦萨市内，尤其是较贫困地区进行全面调查。

菲利波对市内肮脏的卫生状况的描述让卫生委员会得出以下结论："要是照这样继续下去，最后不会暴发鼠疫就是奇迹了。"[39]事实证明，这句话非常有先见之明。当鼠疫在1630年夏天暴发时，人们就意识到气味和疾病之间确实存在着紧密关联。龙迪内利回忆道："鼠疫首先出现在卡尔代拉伊大街3号。患者是建筑工安东尼奥，他是弗朗切斯科·詹内利的儿子，刚刚完成了排空水井的工作。这份工作十分艰苦，也避免不了吸入恶臭气体，结果他立刻就患上了重病。不久之后，在他的大腿和上身之间出现了一个坚果大小的肿块。当洛伦齐医生前来探望并仔细询问安东尼奥的病情时，他立马打开了窗户，并说所有迹象都表明这里存在着'可以传染的疾病'。"[40]

在佩利奇尼医生于1630年11月递交给卫生委员会的论文中，也能看出当时人们已经普遍认可鼠疫和环境之间存在着紧密关联。这篇论文介绍了疫情初期的状况："政府陆续把那些关在屋里（尤其是关在拥挤狭窄小棚屋里）的人运走。这并不是因为担心不这样做可能会引发许多混乱，而是因为在封闭环境中空气无法得到净化，会对健康十分有害。"[41]这种措施实际上也是延续博洛尼亚5月份的防疫措施。该市规定城市道路上不能留有任何可能产生恶臭和腐蚀气体的垃圾。制革商应被驱逐出市，因为他们的工作会

产生强烈的刺鼻气味。[42] 在佛罗伦萨，一场全城卫生调查也随之
展开，重点是最为贫困的街区。

"肮脏是腐烂之源"：1630年8月的卫生调查

> 这些（让人感到不适的床）都被抬走了，破房子也被
> 清理干净了。真应该用合适的床垫换掉这脏兮兮的稻草堆
> 和让人恶心的破布。[43]

如1620—1621年一样，卫生委员会将调查任务委托给了宗教团体
执行，这次由圣米迦勒修道会负责。该修道会从16世纪初就开始
执行佛罗伦萨城委托的卫生调查任务。[44] 值得一提的是，大天使
米迦勒是一位传统上被认为与瘟疫和疾病治愈有关的天使，其他
地方也有信奉他的兄弟会。米迦勒也是罗马等城市负责帮扶穷人
和病人的主要宗教团体的守护神，教皇乌尔班八世在从疟疾中康
复后便将他的教皇之荣耀献于圣米迦勒。[45]

1630年8月，修道会在佛罗伦萨的最初职责包括发现所有存在
渗漏情况的污水坑，鉴别不卫生或存在感染风险的床褥，以及评
估饮用水的分配。[46] 在整个疫情期间，贫穷、疾病和床褥之间的
关系一直是人们的关注重点。马里奥·圭杜奇在鼠疫期间写给大
公的颂词中这样记录道："穷人们身处痛苦之中，在摇摇欲坠、简
陋破旧的屋子里备受煎熬。这倒并不只是因为他们缺乏食物，而
是因为他们不得不睡在如此破烂的床上。睡在肮脏的动物巢穴里
可能都没有这么痛苦。"[47]

一份关于佛罗伦萨全面隔离期间环境问题的匿名讨论汇编更

详尽地解释了这些问题。该汇编者可能是反对隔离的一方，他强调有两种居住环境特别容易让穷人染上鼠疫（特别是对于那些住在低层房子里的人）：一种是"水都能从墙上流下"的潮湿环境，另一种是缺乏适当通风的环境。[48] 此外，因为贫困，他们居住的地方经常没有"长凳或床，也几乎没有草席和（麻纤维）被褥"，整理床铺时会"发现已经发霉了"，早晨醒来时衣服通常也很潮湿。根据记载，当时穷人的住房条件十分恶劣，有四五个孩子的家庭还会挤在狭窄的公寓里。更糟糕的是，通常"他们的房子无法通风，只有一个小窗户"。自从1631年1月中旬佛罗伦萨实施全面隔离政策以来，情况变得愈加严重。所有居民必须全天都待在自己家中，但"照这样住下去的话，他们肯定会死"。穷人不仅自身性命难保，而且"（他们）一旦生病的话，就会感染那些住在更高处的人"。当时还有另外一些可怖的传言。卫生委员会本打算给这些房屋分发煤炭来烧火，但这让穷人们"极其恐惧染上其他疾病"，因为"煤炭燃烧时太热，可能会对身体健康造成极端危害"。

虽然上文提到的这份文献写于1631年2月佛罗伦萨全面隔离期间，但早在1630年8月，在一份针对城市贫民窟的卫生调查报告中，这些忧虑就已经显露身影。这次调查记录的副本尚存，时间始于8月10日，主要记录了修道会成员对穷人生活状况的深切担忧。鉴于许多修道会成员都是大公国的贵族，所以这点也不足为奇。这项调查非常详尽，修道会成员挨家串户，爬上楼梯，穿过臭气熏天的庭院，也走进恶臭扑鼻的地下室，希望调查清楚污水坑和排水沟因泄漏或过满而释放臭气的原因。调查提供的详细信息也构成了尼古拉斯·埃克斯泰因近期撰写的《漫步佛罗伦萨》一文的研究基础，作者希望通过这种方式，对佛罗伦萨做出"水平视角式（eye-level mapping）的剖析"。[49]

佛罗伦萨的最大教区——圣洛伦佐教区是调查的样本区域。该教区从佛罗伦萨市中心圣若望洗礼堂的北侧一直延伸到了最北面圣加洛门的城墙处。教区内部坐落着各种类型的建筑，既有市中心的贵族宅邸，也有圣加洛路的修道院和医院混合建筑群，手工业者和穷人们居住的联排房屋所在的街道将这些建筑一一串联起来。圣洛伦佐教区占地广阔，涵盖广泛的社会阶层和职业工种，足以作为佛罗伦萨社会的缩影。

圣米迦勒修道会的成员在1630年对圣洛伦佐教区开展了两次调查，第一次于8月10日进行，第二次是当月16日。他们一共查出了770个存在渗漏情况的污水坑和腐烂的床褥，不过需要更换的床褥（656个）远比需要维修的污水坑（114处）多。考虑到住在这些拥挤不堪的房子中的每个人都需要一个床垫或草垫子，而每个房子通常最多只有一个污水坑（而且理论上来说房东之前已经出资修过污水坑了），所以调查结果中这种数量上的差异并不令人感到意外。

图表2.1中有与之相关的更详细的地区分布和数量信息。图表2.1中的灰色折线数据基于8月中旬的两次调查，是对该教区每条街道存在渗漏情况的污水坑数和腐烂床褥数的记录。8月份的情况尤其令人惊讶，有一半以上的街道（44条中的24条）都被认定没有问题，而修道会中的贵族成员却在调查报告中表达了对穷人生活条件的哀叹。显而易见，圣米迦勒修道会只关注了那些情况最严重的地方，因为大量更换床褥和修理污水坑对政府来说将是一笔不小的开销。这两次调查之后的数月，官方继续对穷人进行了一系列有关生活状况和贫困程度的调查，这些调查也持续关注着那些亟待解决的问题。

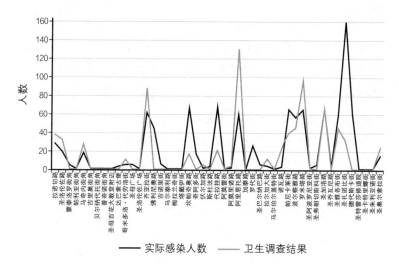

图表2.1　圣洛伦佐教区内的鼠疫感染人数（1630—1631）和卫生调查结果（1630年8月）

在接下来的数月中，圣米迦勒修道会的工作内容有所增加。他们须更换床褥、倾倒垃圾，还要"记录在屋中发现的病人"。[50] 8月27日，他们接到指示，在探访城市内的不同教区时，应当记下"病例"的信息并递交给卫生委员会大臣。与此同时，成员们也须告知所有户主务必报告家中的病患情况，否则将会受到惩罚。[51]

为了研究当时人们认为的不卫生状况和疾病之间可能存在的因果关系，图表2.1中将卫生调查的结果和整个疫情期间每条街道上报的感染人数进行了比较，并把"疑似病例"（sospetti）名单作为核算感染人数的指标。

从图表2.1中可以明显看出，这些调查并未显示出每条街道上具体存在哪些问题，一些街道也没有记录下任何疑似感染鼠疫的病例。圣洛伦佐教区死于鼠疫的人数的时间分布数据也存在着类似的情况，对此我们将在第四章中详细讨论。这表明，卫生条件和鼠疫之间并非总是有着当时人们所确信的明显的直接关联。如图表2.1所示，当分析调查数据中病例总数和每条街道的感染率之间的相关性时，从统计学角度而言，可能并不显著（0.60），但也不能否认两者存在一定程度的关联。

开展这项调查的修道会成员彼此性格不尽相同，有些人比其他人更严格地完成了自己的任务。这就不可避免地导致市内每个区域记录下来的信息量有所差异。例如，相比于圣乔瓦尼区，圣克罗切区的调查报告提供了更多有关居民健康状况的细节，比如提到该区有"发烧、黏膜炎和脊柱炎"之类的疾病存在。对住在帕拉吉奥路的一户家庭的记录，是如实填写报告的一个例子：

> 农民弗兰切斯卡·迪·帕格罗女士和两个已成年女儿的情况报告如下：一个女儿患黏膜炎和高烧已经一个多月了，她一直被痛苦折磨，目前在家里接受治疗。一个住在马车工匠家附近的拖鞋制造商急需别人的帮助，因为医院缺床位，他无法入院接受治疗。黏膜炎快把他折磨死了，他现在住在一间没有窗户的房间里，破败、狭窄又肮脏不堪。[52]

第一间公寓的户主是弗兰切斯卡女士，她来自乡下，但尚不清楚她是何时来佛罗伦萨生活的。根据记录，她有两个已成年女儿，其中一个患有黏膜炎，并发高烧（修道会成员在报告中把这两种病症都列出来了）。报告中还写道，这个女儿是在家接受治疗的，但具体是由弗兰切斯卡女士亲自照料还是由街区的外科医生治疗不得而知。她的邻居，也就是那位拖鞋制造商，很明显也患上了相同的疾病（黏膜炎），但情况却严重得多。他曾在新圣母马利亚医院接受过治疗，但因为医院内床位紧张而被抬了出来，可能是因为佛罗伦萨城中的患病人数越来越多了。探访过他的修道会成员也认为，"破败、狭窄又肮脏不堪"的居住条件使他的病情愈发恶化。

圣乔瓦尼区的调查报告清晰地揭示出贫困和疾病间存在着紧密的关联。尼科洛·德兰泰拉和利奥纳尔多·吉诺里于8月16日对该区展开了详细的调研。阿尼奥洛·迪·弗朗切斯科就是这230名受访者之一。他住在马奇内街角处和圣洛伦佐路之间，"患病的同时伴有高烧"。[53]修道会的调查报告更多的是对居住条件的描述，提及这些人所患的疾病也是为了让他们能够获得治疗和生活方面的帮助，但主要目的仍是记录下当时不卫生的居住环境。报告中的信息量庞大、种类繁多，非常清晰地描绘了当时穷人们悲惨的生活处境。

穷人不只住在后街上。下文是关于帕利亚街角中世纪塔楼里居民的一些记录。帕利亚街角位于圣若望洗礼堂对面，在圣洛伦佐路与卡尔奈塞奇路（今切莱塔尼路）的交会处。当时这座建筑引起了人们的特别关注，因为楼下店铺的老板是一位屠夫。这一职业本身就被视为疾病污染源，当时人们认为屠宰和切割牲畜时会将腐败气体从动物体内释放出来。[54]这座塔楼有4间独立公寓，每间都存在各自的问题：

210. 塔楼一楼：给了一楼住户寡妇莉萨女士一张新草席；楼上是利萨贝塔女士家，她是巴托洛梅奥的妻子，也给她拿了一套新床褥；为同层的弗兰切斯卡女士修补了一个污水坑。

211. 塔楼顶层：给了住户裁缝安东尼奥新床褥；要求

公寓的房东莫塞拉罗清空楼里的所有垃圾，因为已经恶臭难闻。

　　212. 隔壁房屋：给寡妇（丈夫生前是搬运工）的儿子拿了一个新草席，也清空了水井；该屋房东是"伊尔·格拉兹尼"。[55]

调查员从一楼开始，一路调查到塔楼的顶层。这些建造于12—13世纪的房屋又高又窄，每层有时只有一到两个房间。调查人员必须从莉萨房间中的楼梯通道向上爬才能到达利萨贝塔和弗兰切斯卡的房间。尽管这份调查报告节选的篇幅较短，但仍能向我们揭示出一些当时人们所认为的"穷人"的特征，以及他们的居住条件又是如何反过来被视作判定其是否贫困的依据。

　　首先，这6个人都是租客，屋子里又脏又乱。其次，房东也非常吝啬刻薄，不帮他们清理垃圾。在这座塔楼和隔壁的房子里，清洁用水的供应系统和人体排泄物处理系统也都存在着一定问题。租客中有两位寡妇，她们的生活相当拮据，甚至穷到买不起一床像样的床褥。这里关注到床垫，是因为当时的人们认为它可能藏有引起疾病的毒质。最后，上文提到的两名男性（裁缝安东尼奥和已故的搬运工）也被认为是鼠疫的疑似患者，前者主要和衣服打交道，后者则接触过患了鼠疫的病人。

　　这段节选反映出，贫穷的生活处境和恶劣的卫生条件往往相伴而生。调查员们屡次遇到一些独居的寡妇或妇女，她们都生活在贫困之中。在这种情况下，人们通常用床褥的短缺状况来衡量居民的贫困程度。比如住在齐亚利托修道院对面圣加洛路的菲奥雷女士（补鞋匠卡米洛的遗孀）就只能睡在地上。圣加洛路另一端的5位女租户也都睡在地上。同样的情况还发生在坎帕奇奥路的纺织工利萨贝塔·迪·托马索和她的5个孩子身上。[56]

当然还存在着其他的问题，比如说不稳定的经济环境也可能导致家庭危机。以马达莱娜·迪·乔瓦尼为例，据描述，她是一个24岁的"女孩"，住在阿莫雷街（也就是今天的圣安东尼诺路）上面包店旁的圣皮耶里诺教堂里。她生活拮据，只能睡在地板上。据说她被父亲遗弃，将被送往专为乞丐开设的救济院，睡在那里的草垫子上。[57]科波里尼小广场的圣雅各路上住着一个叫南尼纳的女人，她有7个孩子。他们的生活明显处于赤贫状态，因为根据描述，他们"正因饥饿而濒临死亡"。负责养家糊口的主要是她的丈夫马泰奥·帕利尼。帕利尼已经在比萨待了数月，可能是想在那里找一份工作。不过由于鼠疫期间有诸多出行限制，他要回到佛罗伦萨也并不容易。有这么多孩子需要照顾，南尼纳显然很难外出工作，所以她的财务状况着实堪忧。[58]

另一个存在的问题是，有些整套房屋被分割成了数间破败贫寒的出租屋：

> 在阿里恩托利路的那扇破门里有个庭院，院子里有很多破旧不堪的房间，里面共有10位租户，生活都非常凄惨。调查员把旧东西烧了，给他们提供了（新）草垫，但他们没有任何的床单或被褥。调查员已经运走了许多腐蚀空气的垃圾。[59]

当卫生委员会收到这份《城市贫困人口住房状况》的调研报告时，官员们对"调查人员表现出来的勤奋和仁爱"感到非常满意。他们随后请求大公为患病者提供补贴，并要求清理那些最需要清理的房屋。但这种仁慈并非面向所有人，卫生委员会要求记录下那些有能力从事羊毛或丝绸贸易的穷人，这些人不会被救济。[60]

调查的主要目的之一是确认贫困人口需要被救济的程度，这已经达成了。人们关心的另一个重点是卫生状况的恶劣程度，因为肮脏的环境会滋生疾病并助长疫情的蔓延。佛罗伦萨八人司法团的一位雇员在1630年8月8日（即疫情初期）撰写过一份报告，其中也反映出了疾病和恶臭环境之间的联系：

> 奥塔维奥［别名"帽子先生（il chappellaio）"］是一位服务于八人司法团的下士。他回忆道：7日晚上我一直陪着各位官员。夜里1点，当经过卢卡·萨尔维亚蒂老爷家附近的时候，我们闻到了一股恶臭，随后赶往附近已关闭的多纳蒂广场。我们在那里发现了19个粪桶，有一个污水坑已经开始被清理，但显然其中一个粪桶已经满了，被拿到了房子外面，人们整晚都没有用东西盖住它。这违反了卫生委员会的法律。[61]

随着疫情的愈发严峻，官方也开始采取一系列措施来应对这些环境问题。卫生委员会大臣富尔维奥·朱贝蒂在他撰写于1630年的一份题为《关于保持健康、抵御鼠疫传染的最新消息》的宣传册中，就对这些措施进行了总结。当年秋天采取了覆盖范围更广的卫生法规，我们将在本书第三章中对此更为详细地讨论。

在近代早期的城市，对于秽物、臭味和腐败气体的担忧，可能是普遍存在的，但通常情况下并不会引起人忧虑。其中一个案例是美第奇宫，当时因为施工产生了大量臭气。这应当归咎于佛罗伦萨大公，虽然他的整个家族已经搬至皮蒂宫居住，但美第奇宫仍归他们所有：

> 　　在美第奇宫的院子里，工人们正在修理小圣堂。里面的一些公共区域（如厕所）散发出难闻的臭味，整条街上都可以闻到。门廊下也是这样……因此，如若必须翻新，也应该在可以通风的情况下对其进行整修。[62]

和现在的情况类似，当建筑工人在施工过程中还得遵守业主的规定时，就会产生各种各样的纠纷。要么是业主觉得工人懒惰，要么是工人不能使用业主的厕所。此外，大公家族还对负责修缮马房的雇工提出了类似的要求："20：关于马房，请维修亚当房间内散发出恶臭的公共区域（厕所）和水槽；请将倒在坑里的垃圾和污物清理干净。"[63]

　　引发居住环境卫生恶化的不只是美第奇家族。例如，在圣奥尔索拉女修道院后面的路上"有一个排水沟，是从修女们工作区域的水槽中引出的，每周污水会从水槽中流出来两次，污染整条街"。调查员们下令要盖住这个排水沟，否则就得再建一口井来排掉槽中的污水。[64]问题在于，一旦污水离开了建筑物，就不清楚究竟要由哪一方（房主、福利机构还是市政）来负责排水道的问题。比如在帕尼卡莱街上，调查员们命令必须要维修一条排水沟，"流入这里的水是从拐角处12间房子里的盥洗室中排出来的"。[65]在马奇内街角附近的一个房子里，住着贵族托马索·潘多尔菲尼，房子"有一个排水道（把污水）排到了路上，并造成了很恶心的臭味"。房屋的所有者是橄榄油销售商彼罗，他因此被命令修建一口井来收集这些臭水。[66]当然租户也有可能是这类问题的罪魁祸首。在马奇内街角附近的另一栋房子里，所有的租户们都收到了命令——洗衣服时请勿将污水排入街道。[67]

　　租客处理排泄物的系统本身也可能存在缺陷，上文中帕利亚的中世纪塔楼以及其他众多受调查对象都反映出类似的情况。比如坐落于圣安布罗焦区诺瓦路和平蒂街之间的一栋房子里，住着两个寡妇——卡米拉女士和卡泰丽娜女士，不仅两人"散发恶臭"的草垫子需要更换，她们的生活空间也相当拥挤，"一间屋子里住着7个人。迪亚诺拉女士房间左侧的院子是大家共用的,她的房间里还有一张能诱发鼠疫的臭气熏天的床"。[68]

　　尽管法律文件和医学报告习惯性地将肮脏的生活环境归咎于穷人本身，但当时的许多卫生调查报告都强调，提供卫生清洁设施的责任应当由房东来承担。除了提供厕所之外，房东还须供应淡水，同时也要处理日常生活中产生的各种垃圾。很明显，房子里存在问题最多的区域之一便是地窖，一方面是因为这里可能有污水池，另一方面是因为各种管道从这里通往房屋内部。这些管道有的用于给住户提供水源，有的则是排水管，连到街道上的污水渠。地窖有时也是人们丢垃圾的地方，比如下面这段涉及圣安布罗焦区的记录里就写道：

　　　　21：街角处的莱昂尼家里有一个地窖，里面满是污物，居然还有一只死了的母狗，这可是会引起鼠疫的。门口和马厩中的污物立即被清理干净了，验尸官也把狗骨头带走了。周围难闻的气味就是这些东西散发出来的，引发了诸多抱怨。[69]

这段记录让我们再次感受到了秽物与对鼠疫的恐惧之间存在关联。在这件事中，验尸官收走的被丢弃的死狗尸骨，让人们愈加害怕。

无论是参与调查的修道会成员还是对此有诸多抱怨的当地普通民众，都将此事视作健康问题。

如前文所述，污水池通常被挖在地窖里。一旦发生渗漏，人们就能闻到臭味。污水池出现问题的原因之一，是当时的污水管理体系有了新变化。直到16世纪初，污水池一直是由下水道清洁工定期清理，国家会给他们支付相应的酬劳。这些清洁工将液体废料倒入穿过佛罗伦萨市中心的阿诺河，将固态废料作为肥料卖给农民。[70]

到了17世纪初期，房主和农民决定绕开这些下水道清洁工，这样房主就可以直接把肥料卖给农民。而这也意味着官方无法再对废料的处置进行有效管控，结果阿诺河和周边地区开始臭气熏天，民众怨声载道。为了制止这一现象，佛罗伦萨通过了一项新法律，规定只有官方任命的下水道清洁工才可以处置居民废料。然而，当得知这项法律规定由房东支付下水道的清洁费用时，有些人便决定让租客承担这笔花销。但穷人们往往付不起钱，于是最终导致污水坑秽物横流。[71]为了解决这些问题，房东可能也雇用了一些既粗心又没有经过严格训练的清洁工，结果发生了一些事故。10月17日，普拉托门的警卫报告称，一位下水道清洁工在推着小推车驶过城门时翻车了，上面的两桶粪便全洒在了地上。卫生委员会的官员们对此牢骚满腹，抱怨散发出的难闻气味会污染空气，让人们可能"因恶臭而死去"。[72]

圣米迦勒修道会的成员们非常清楚恶臭气体与鼠疫之间的关系，他们同样明白自己在调查时也有染病的风险。下文是修道会成员利奥纳尔多·吉诺里在8月3日调查齐亚拉街时的一段记录，从中我们能明显地感受到这种危及调查成员及整座城市健康的风险：

今天在发放草垫子时，我们发现一些人在挪走某个人的床褥，他们说一名男性在被送往医院的路上去世了。在得知这个人是疑似病例后，我命令人们切勿再触碰这些物品。我认为有必要向尊贵的大人报告，因为我已经在阿里恩托利路的旧炉区那里发现了一个生病的女人，那个去世的男人就住在圣贝纳巴面包店面包师住所的前面。[73]

从这份报告中可以看出，调查员会谨慎追踪病例附近的住户，并汇报所有非正常死亡案例，以及在沿街检查房屋时收集信息。很明显，吉诺里在发现有人从房子里运走物品时，就立刻询问了周围邻居，然后得知房子里的男性住户在去医院的路上因不明原因死亡。这些街道都挨得很近，那位生病的妇女有可能去过圣贝纳巴面包店，而那个去世的男人就住在这家店前面。吉诺里一家居住的吉诺里宫就位于拐角处，所以他对这片区域了如指掌。我们几乎可以想象，他如何用他那贵族腔调向周围的贫民开口询问并引导他们吐露"有人说""听说过"之类的回应。

被指派参与调查的圣米迦勒修道会成员们，对于贫穷、肮脏的环境和穷人恶劣的生活条件下产生的恶臭气味感到极度震惊。他们在对新圣母马利亚区的调查报告中写道："人们一天天在贫穷中度过，生活愈发艰难，物资短缺日益严重，如果阁下想让我们记录下每个人的情况，恐怕我们不得不写一本非常厚的书了。"[74]到9月初，卫生委员会的记录表明，修道会一共向穷人分发了2347张草垫，这相当于给佛罗伦萨常住人口的3%分发了床褥。不过考虑到在穷人家里，一家人往往不得不挤在一起睡，因此从中受益的人数可能更多。[75]

人们尤其担心这些恶劣的生活条件会产生并持续释放腐蚀性

毒气，而这类气体在当时被认为是引发鼠疫的根源。正如龙迪内利所说，"污秽是腐烂之母"。[76]这项调查活动贯穿了整个8月份。过了近两个星期以后，8月22日，一位在新圣母马利亚区开展过一系列调查的调查人员写道，一天天过去，穷人们的"痛苦、物资短缺和疾病"日渐加剧。[77]1630年夏末的这场卫生调查的结果着实让调查员们吃惊，但也并非完全出乎意料。因为他们在日常生活中也定会途经那些排放这类恶臭气体（生活垃圾和生产废弃物）的城市区域。

贫困人口的边缘化："现在绝不能让这些有毒体液加害城市躯体，他们恐怕会污染整座城市"

前文主要向我们揭示卫生委员会的医学顾问如何通过种种途径，确认了鼠疫与贫困人口及其生活条件之间存在的紧密关联。8月的卫生调查为这一结论提供了合理的佐证。他们认为鼠疫的暴发主要归咎于穷人脏乱不堪的生活环境，那里污垢堆积，而污垢本身会导致溃烂，进而释放腐蚀性毒气，最终导致鼠疫的暴发。[78]他们也认为这与穷人们考虑不周有关。比如特雷斯皮亚诺的那位鸡肉商贩，患了无可救药的"传染性疾病"，居然还在当地居民中间四处传播，最终导致佛罗伦萨也难逃厄运。

开展卫生环境调查既是卫生委员会采纳建议后的一项直接举措，也是为了解决城中的乞丐问题。这些人被官员们视作社会中最贫穷的群体，也被认为是鼠疫的传播者。卫生委员会大臣富尔维奥·朱贝蒂这样写道：

在可疑时期（如受一种流行病威胁时），以下人员必须
要被驱逐出市：乞丐、流浪者和兵痞，因为这些人是滋生瘟
疫的温床。在饥荒时期，也可以把这些人赶出城外。因为比
起帮助外人，更应该给我们的市民提供食物和帮助。[79]

龙迪内利进一步解释了为何乞丐问题尤为重要。这些人在城内到
处祈求施舍，容易"携带传染病的毒种并散播开来"。针对乞丐
问题，卫生委员会制定了双重政策。[80]首先是驱逐所有乞丐中的
非佛罗伦萨人。这一政策同样适用于其他特定人群，正如弗朗切
斯科·龙迪内利所记录的：

所有犹太人、乞丐、流浪汉和吉卜赛人都不能进城，
即便他们携带了合格的健康通行证。因为现在绝不能让这
些有毒体液残害城市社会，他们恐怕会污染整座城市。[81]

这时，城市形象再一次被拿来当作借口：这群人被视作城市的
"有毒体液"，他们有可能会损害佛罗伦萨的美好形象。本地乞丐
则被安置在了斯佩代尔慈善救济院里，这座救济院于1621年在半
废弃的圣萨尔瓦托雷·迪·卡马尔多利修道院基础上建造而成，
坐落在奥勒特拉诺区的城墙附近。1616年以来，因为一系列的粮
食歉收，穷人的生活水平急转直下，1621年斑疹伤寒的暴发更使
这一状况雪上加霜，建造这座慈善救济院的想法也应运而生。[82]9
年后，官方为应对鼠疫制定了一系列措施，这些措施正是基于早
年人们应对其他流行病的经验。当然，之前的经验也让人们难以
确定1630年夏天暴发的这场流行病的性质，并因而产生了争议。
因此，官方重新展开卫生调查，也启用了慈善救济院用于收留本

地的行乞者。

官方始终对这些居无定所的穷人心存疑虑。8月23日，慈善救济院的院长焦万·菲利波·鲁切拉伊接到命令，要求他在佛罗伦萨城中找一个单独的地方用来收留任何"有脓疮或其他类似病情"的乞丐。这样做是为了"尽可能地清洁城市使其避免任何被感染的可能性"。在和圣尼科洛门的一家商会商谈后，他们接管了由这家商会管理的一处原本用来为穷人提供住宿的救济所。[83]

除了乞丐之外，卫生委员会在寻找"替罪羊"的过程中，还发现了另一个被边缘化的社会群体——妓女。她们也被视作可能破坏城市的"有毒体液"，只不过更便于归咎的是她们罪孽深重和道德败坏。富尔维奥·朱贝蒂和一些医生的看法相同，他认为妓女应该与乞丐一起被赶出城市，因为鼠疫实际上也可能由性交引起。"无节制的"性爱被认为会让人体散发过多热量，在疫情时期，会让人们的身体变得愈加脆弱。[84]8月23日，官方颁布了一项法令，禁止"自甘堕落的不诚实妇女"和她们的客人在夜里1点钟至早上日出之前在全市范围内四处走动。这样做的原因主要是为了避免那些"几乎不畏惧上帝"的人做出某些可耻的事情，"尤其是在这个时期，城市和教会都组织了民众的忏悔活动来安抚而不是激怒上帝"。[85]不过，我们将在第七章中看到，尽管有一系列法院案件起诉妓女们在疫情期间继续从事性交易并引起社会混乱，但并无证据表明她们被驱逐出了佛罗伦萨。

虽然妓女们并没有被赶出城，但官方更加明确要求她们只能待在某些预先划定的街道内。负责监管妓女的贞洁官就被要求赶走那些待在贾尔迪诺大街上的妓女。[86]这可能是因为这条街上有一间房屋已经被用来照顾那些父母皆死于鼠疫的孤儿，而官方并不希望这些孤儿遭受任何道德污染。[87]对妓女们的行动加以限制的传统由来已久。1630年10月27日，卫生委员会颁布的一项法令表明，政府认为卖淫必然牵扯到罪孽。这一天，一群妓女被要求在8天之内从现有居所搬离，即从圣安布罗焦教堂附近的圣米迦勒修道会后面搬走。该法令指控她们是附近地区的坏榜样，更冒犯了住在那里的两位圣朱塞佩神父的信仰。他们认为妓女会玷污礼拜堂中的圣体，所以必须搬离。[88]

第七章中也会讲到，妓女一直是司法调查针对的群体，人们指责她们引诱了那些误入歧途的佛罗伦萨男人，与他们勾搭在一起闯进那些住过死于鼠疫的人且已经被封锁的房屋。当然，像其他地方一样，佛罗伦萨也出现过一些妓女悔改的事例。有一名叫玛丽亚·龙嘉·阿·卡加蒂娜的妓女，因在1630年秋天皈依成为虔诚的基督徒而震惊世人。她把自己所有的物品都分给穷人，还去佛罗伦萨的主要隔离医院——圣米尼亚托医院照顾那些感染了鼠疫的妇女。[89]她的蜕变经历也显出当时的人们对性道德的一种非黑即白的态度。妓女们的另一行为也引起了官方的关注，她们会参与二手商品（尤其是衣服）的买卖。如前所述，因为这种行为，人们怀疑她们身上携带着鼠疫的毒质。[90]这同样也是官方对另一个边缘化的群体犹太人加以关注并采取了管控措施的原因之一。犹太人在疫情期间几乎没有自由活动的权利。龙迪内利这样记录道：

> 禁止所有基督徒进入犹太人居住区，违者将遭受惩罚。犹太人也不得收留基督徒，因为那里空间狭窄，犹太居民数量庞大。另外，所有犹太人身上还会散发出一种难闻的气味。这些都会让外人容易被感染。[91]

尽管在一些讨论瘟疫的小册子中，早就有人把犹太区拥挤的住房和难闻的气味与疾病联系在一起，但龙迪内利对犹太人的偏见似乎更加明目张胆。他给犹太人扣上了肮脏污秽和道德败坏的帽子。[92] 当然，这不仅涉及道德层面，还关乎个人健康状况。在疫情期间，此类态度变本加厉，当时的人们把瘟疫视作上帝对人类所犯罪恶和不道德行为的天罚。[93] 从黑死病时代开始，一旦发生瘟疫灾害，就有人把犹太人当作替罪羊。过去，除了上述这些罪名，甚至还有人指控犹太人给水井下毒。不过与14世纪中叶的情况不同，1630年的这次鼠疫最终并未导致针对犹太人的大屠杀。[94] 但早在1630年8月，官方对犹太人的怀疑就已经十分明显，即使持有健康通行证，从比萨集市回来的犹太人仍不得进城。[95] 8月15日，官方又通过了另一项法令：禁止犹太人戴黑色帽子。此举原因尚未得知。有可能是因为人们认为黑帽子的材料会吸引鼠疫的毒气，也有可能是为了防止把犹太人和同样戴黑帽子的慈爱会成员相混淆。[96]

不久之后，犹太人的行动进一步受到限制。官方规定他们在疫情期间不得擅自离开犹太人居住区。结果，就像1656年罗马暴发鼠疫时一样，居住区内的犹太医生、内科医师和外科医生要负责为任何感觉身体不适的同胞提供治疗。[97] 当然，这里也实施了佛罗伦萨政府针对患者制定的隔离政策，即让他们在家中隔离或把鼠疫感染者送到犹太人自己的隔离医院。[98] 1631年3月，"佛罗伦萨犹太人联合会"将一份请愿书递送给了大公。在请愿书中，他们阐述了自己在鼠疫期间采取的防疫措施，并称犹太社区的死亡率要低于佛罗伦萨的其他地区。尽管社区内的街道拥挤又狭窄，但这些措施可能很好地降低了鼠疫带来的威胁。

结果这反而导致官方禁止基督徒与佛罗伦萨的犹太人有任何

接触，一旦违反了法令，就会受到惩罚。以下是三名洗衣女工的经历。这三名女工都叫卢克雷齐娅，她们于1630年10月11日被捕，之后被关在卫生委员会的秘密监狱中接受审讯。原来，三位女工去了犹太社区的大门口，在那里分别从三个犹太人手中拿来了需要清洗的脏衣物。这三位洗衣妇当然知道自己违法了，但她们确实需要一些额外的收入。类似的情况还发生在奥尔默地区的卢克雷齐娅·迪·多梅尼科·阿戈斯蒂诺身上。她在圣米迦勒教堂附近被捕，辩称自己"是一个靠乞讨为生的穷人，没有房子，住的地方连屋顶都没有。当可以混进犹太社区的时候，就去那里给犹太人提供一些服务"。[99]

很明显，违反卫生委员会规定的情况仍时有发生。12月27日，官方发布了另一项法令：犹太人必须让社区外的大门和围栏保持紧锁状态，以防止外来人员进来卖东西。此外，官方也不再允许基督徒在犹太社区附近卖菜。按照规定，如被发现，这些菜贩就要被驱逐。[100]尽管此规定切断了犹太人和外界的接触，但卫生委员会还是通过中间人与犹太社区保持联络。就在同一天，卫生委员会允许他们"出于对健康的考虑"建立一所专门关押犹太罪犯的监狱，但附带条件是他们必须事先上报罪犯的罪行。[101]接着在1631年3月，犹太人向卫生委员会请愿，强调说这种强制隔离政策已经严重影响了社区的经济状况。政府对此早有预料，因此之前从慈善典当行中已为他们预支了1000斯库多。官员们还说，要是没有这些钱，那些犹太人在被隔离6个月后可能早就饿死了。到了3月，犹太居民已经变得非常贫困，以至于不得不卖掉社区内犹太会堂中的银器。犹太人也再次请愿希望能离开居住区，恢复正常的生产生活，来"赡养他们可怜又贫困的家庭"。[102]

这些政策的确反映出当时政府对犹太社区的偏见，但也说明两者间存在一定的通信和交流。而且官方提供的补贴也表明，佛罗伦萨政府其实意识到了这些新设法律可能会给当地犹太人带来不利影响，因此希望通过一些措施来减缓这一情况。从更广泛的意义上讲，卫生委员会对犹太社区的强制隔离政策也符合当时众多防疫法规的主题思想——疾病和城市空间结构之间存在着密切的关联。

虽然当时的人们怀有偏见，认为犹太人的生活条件肮脏不堪（近来一些对近代早期犹太社区的研究持不同观点），但和其他意大利城市一样，佛罗伦萨城内的犹太社区也的确因其异常狭窄的街道而臭名昭著（见图3）。犹太社区的面积有2万平方米（100米×200米），坐落于中世纪佛罗伦萨的中心区域。那里的房屋都挤在一起，人口密度也非常高。[103]像我们已经看到的，当时的医学家和评论家认为这种居住模式将使疾病的臭气更难以扩散。公证员亚历山德罗·卡诺比奥对1576年鼠疫期间米兰犹太社区的记录，以及同代人如耶稣会士斯福尔扎·帕拉维切诺对1656—1657年罗马鼠疫的评论，也都提及了这一话题。[104]欧金尼奥·松尼诺对罗马疫情期间犹太社区的研究表明，犹太人的死亡率相比之下是更高的。他认为这与犹太社区过高的住房密度，以及犹太人从事二手衣服的买卖有关。[105]

因此，"腐蚀性物质会引发并传播疾病"的理念不仅是医生建言献策的基础，也为卫生委员会制定相关防疫措施提供了行动依据。这也促使官方对城市内的贫困地区展开卫生调查，实施了一系列针对乞丐群体的行动。这两项措施均被视作预防性措施，以确保疾病不会由腐蚀性物质和污水引起。最后，人们把"城市社会"和"穷人身体"类比性地联系起来，主要是因为当时普遍认为吸入腐蚀性空气会导致体液溃烂。对于那些处在社会底层的人们来说，不良的饮食习惯也让他们更容易患病。

贫穷与慈善："苦难、物资短缺与病情"的加重

尽管官方在1630年夏天发表了针对穷人的偏见性说辞，但政府对他们绝不只是简单的社会管制，也不是为了表达对穷人的恐惧和厌恶。毕竟，这一时期也有大量的慈善举动。这类善举最早可以追溯到特兰托会议（1545—1563）前后，包括设立新机构安置被遗弃儿童，接受犹太人皈依，拯救卖淫者，等等。[106]与本节最相关的是上文曾提到的设立慈善救济院，当时意大利的许多主要城市都建立了这样的救济院来安置流浪者和乞丐。这类人群的数量在16世纪末到17世纪初持续增长。[107]

这些慈善活动的兴起，某种程度上是因为当时意大利一些经济产业开始日趋衰落。意大利的羊毛纺织品渐渐遇到了那些来自英格兰、荷兰和西班牙的劣质纺织品日趋激烈的竞争。这些国家的商人在地中海周边的影响力与日俱增，最终接管了意大利与地中海东岸伊斯兰国家的纺织品贸易。这就导致了在佛罗伦萨（有多达20%的劳动力从事纺织行业）等意大利城市，出现了大规模失业（或者至少是不充分就业）的情况。同时，一些短期危机（如流行病和饥荒等），也恶化了底层民众的生活处境。有些饥荒和流行病甚至波及全欧洲，例如1590年暴发的大饥荒。之后，随着宗教战争和欧洲三十年战争的爆发，从国外获取食品供应也变得越发困难。[108]

当时的佛罗伦萨也多多少少经历着这些危机。不过近期的研究表明，并不是佛罗伦萨所有的经济产业都受到了同样严重的影

响。当时市场对昂贵丝绸制品的需求不断增长，建筑业和大宅翻新行业也都蓬勃发展。[109] 即便如此，各种国内外因素确实对佛罗伦萨羊毛产业造成了巨大冲击，本地作坊的数量就从1596年的100间骤降到1626年的49间。佛罗伦萨羊毛纺织业的萎缩造成大量人口失业，这也是当时乞丐慈善救济院成立的背景。不过，当时还有其他一些因素也导致穷人的处境愈加悲惨。1616—1621年，庄稼几乎颗粒无收。尽管佛罗伦萨政府已经从海外购买了大量谷物，但购入价十分昂贵，这就导致向居民出售时价格更加高昂。从16世纪90年代起，在物价上涨和高失业率的双重影响下，人们的生活成本居高不下。根据伯尔·利奇菲尔德的调查，谷物价格从16世纪20年代到17世纪20年代的近百年中翻了两番，而纺织工业（主要指纺纱厂和织布厂）底层工人的实际薪酬却下降了15%到20%。[110]

当时的局势十分严峻。在1620年收割季到来前的几个月中，大约有1.8万名贫苦的农民来佛罗伦萨讨要食物。[111] 之后的情况更加糟糕。10月底，斑疹伤寒开始流行起来，而这居然只是未来10年社会底层民众悲惨生活的开端。[112] 1625年，粮食短缺的情况愈加严重，1629年暴发的饥荒导致主要食品的价格又大幅上涨。对于17世纪20年代末发生的种种灾难，乔瓦尼·巴尔迪努奇在日记中这样总结道：

> 在经历了3年收成惨淡之后，到了1629年，人们期待燕麦和小麦能丰收，以一扫往日的阴霾。但在6月中旬，大雾弥漫，几乎毁掉了所有的燕麦和一半的小麦。之后，9月又有一场暴风雨袭来，有些冰雹甚至可以重达17磅。[113]

1630年7月17日，也就是第二年夏天，巴尔迪努奇满怀同情地写下了他在前一年冬天看到的穷人悲惨的生活状况：

> 穷人已经没有或几乎没有了工作，这让他们长期身无分文。这些年他们的生活成本又一直居高不下，可收成仅有正常年份的一半，而且现在关口又都关闭了，商店里也空无一人……在教堂里，人们看到的乞丐甚至比神职人员还要多。这真是太可怜了，到了11月、12月和来年1月，恐怕这里会有更多的人死于饥饿。愿上帝不会容许这样恐怖的场景发生！对于很多穷人家的孩子来说，现在他们只能靠吃大街上捡来的菜梗来维持生命。因为过于饥饿，这些烂菜梗对于他们来说就像水果一般。这都是我亲眼所见。[114]

巴尔迪努奇在这里提到了一系列棘手的问题，但到了第二年，这些问题仍然没有得到解决。正如前文所述，失业问题已经非常严重。收成本就不佳，与邻国的边境也因为疫情关闭，政府只能从海外进口谷物，因此主要食品的价格又开始疯涨。这些都导致穷人的处境愈加困苦。不久之后，当鼠疫传播到托斯卡纳大公国时，政府立刻对集市活动进行限制或直接禁止，这让生活在城市和乡村的人都难以生存下去。受影响程度最深的是那些极为贫穷的人口。现在，他们中有很多人已经开始行乞，结果乞丐的规模不断扩大。他们聚集在教堂周围，希望能够唤起这些参加弥撒的信徒的同情心。上面这段描述非常清晰真实地记录下了当时的状况。巴尔迪努奇在日记中向我们展示了食物极度短缺是如何影响穷人的，他们疯狂地搜寻食物，像吃美味的水果一样吞下菜梗。

统治阶级并不是对穷人的呼声充耳不闻。上文中也提到过，被指派在市内展开调查的圣米迦勒修道会成员对许多同胞贫困的处境和肮脏不堪的生活条件震惊不已。自科西莫一世起，美第奇家族的大公们就因保护穷人和推动慈善事业而享有广泛的社会声誉。自1534年开始上台执政的10年内，科西莫一世几乎对托斯卡纳公国的所有领域都进行了改革。福利制度在科西莫加强中央集权的宏图中扮演了重要角色。为此他成立了一系列理事机构，如设立慈善监管部门"碧加洛慈善官"，只是在实际运作中并未达到预期效果。这些都属于当时大范围改革的一部分，目的是加强对佛罗伦萨主要医院和修会的管控。当时官方还新建了一些实体慈善机构，来帮助那些被特兰托宗教法令描述为特别危险的社会群体。一些来自贫困家庭的孩子被解救出来，摆脱了在无良剥削者影响下逐渐沦为不道德之人的危险境地。[115]

碧加洛慈善官制度，为整个大公国各家医院和修会下属的慈善机构提供了监管框架。此外，大公还推动设立了另一个执法机构——卫生委员会。1527年，佛罗伦萨遭遇了一场百年不遇的瘟疫浩劫，卫生委员会自此便成为永久性机构。1549年，它改由科西莫本人掌管。卫生委员会的5名成员不再由佛罗伦萨公民担任，而是经大公确认后从佛罗伦萨的"名门望族"中遴选。从1604年开始，担任卫生委员会成员的资格仅限于贵族家庭（尤其是议员世家）。[116]因此在这段时间内，佛罗伦萨卫生委员会的权力逐渐提高，并像意大利其他的一些永久性卫生委员会（如威尼斯）一样，开始拓展其职权范围。虽然直到1630年，当地才又一次暴发了疫情，但为了及时了解流行病，特别是16世纪70年代中期发生在意大利北部的流行病的潜在威胁，佛罗伦萨卫生委员会与意大利其他地区和一些欧洲国家的卫生机构保持着密切的通信往来，也发挥着越来越重要的作用。卫生委员会与它在各城镇的地方代表间也书信不断，对佛罗伦萨市内、周边地区以及整个托斯卡纳大区的公共卫生都起到越来越重要的监督作用。这些信件的内容反映出人们愈加相信环境对人体健康的决定性作用。卫生委员会派代表到各省有毒瘴之气的低洼地进行调查，那里的沼泽和腐烂物质可能会腐蚀空气，从而引起人们发热或患上瘟疫。[117]

17世纪20年代，尤其是初期的斑疹伤寒暴发和粮食短缺，以及1629年的饥荒和随后的鼠疫，都成了美第奇家族成员展示其仁爱的机会。1630—1631年的鼠疫对于新上任的年轻大公费迪南德二世而言，是一次绝佳的考验。他当时才20岁，迫切渴望向臣民证明自己的奉献精神。由尤斯图斯·苏斯特尔曼斯所作的费迪南德肖像画，展示了他18岁（也就是上任两年前）的样子，那时他是一个充满自信但害羞的青年（见图2）。

在鼠疫到来之前，政府就已经意识到，穷人正逐渐陷入同时被高失业率和高物价折磨的悲惨处境。因此，从1630年春天开始，官方开始采取一系列措施以帮助穷人渡过难关。2月10日，政府向失业的羊毛工出借了2400蒲式耳的小麦，与此同时，各类公共项目也开始雇用丝绸工人。[118]此外，政府也意识到了农民们身无分文，因此向那些由于多年庄稼歉收而受尽痛苦的乡下人提供了帮扶。这次帮扶共筹集了6000斯库多，一半来自佛罗伦萨地区的慈善典当行，一半来自普拉托的切波医院。针对贫苦农民家庭的帮扶（包括提供面包、米和小额贷款）也可能主要集中在这两地。[119]

根据卫生委员会大臣朱贝蒂对鼠疫的简短描述，政府也向农民们提供了工作机会，比如"挖道沟、铺设管道，以供应城市日常用水和清洁用水"。他对费迪南德二世及其幕僚对当前和未来发展的审慎态度表示钦佩。政府不但委托调查员对农村展开调查，而且下令农民耕种土地，命令土地所有者要承担更多责任，保证对土地进行及时养护和合理耕种。[120]

对农村贫困人口的调查揭示出这些人的处境之艰难。这场危机对农民的影响更大，因为至少城里的穷人不太可能因饥饿而死去。但随着鼠疫逐渐逼近，卫生委员会开始实施一系列防疫措施，导致农民的处境愈加糟糕。官方关闭了边境，也关闭了城郊的市场。农民很难进入佛罗伦萨城内，这就切断了他们的食物和救济来源。而在过去那些粮食极度短缺的年份，他们通常就是靠进城乞讨活命的。[121]

整个春天，社会上贫困人口的生活处境并没有得到改善，因此费迪南德二世及其政府决定采取一些干预措施。1630年5月27日，他向四十八人议会致信，并在议会召开时面向与会议员当庭宣读了这封信。在信中，费迪南德二世感叹"无论是在市内、郊区还是整个大公国，穷人不计其数，诸位皆知这些人目前急需生活物资"。[122]他命令四十八人议会推选出一个专家委员会，为改善大公国城市和乡村地区的就业情况建言献策。大公明白羊毛、亚麻和丝绸产业在佛罗伦萨经济中的核心地位，他认为改善这些穷人生活境况的最佳方法，便是让他们继续回到之前的工作岗位上以获得经济来源。因此他订购了大量的亚麻，交给女工编织，[123]并向丝绸和羊毛产业提供了15万斯库多的贷款，以便这些行业自此正常运转起来，让那些掌握主要制作工艺的熟练工人得以谋生。[124]虽然该举措可能提供了一些就业机会，但最终结果却适得其反。在关闭已被鼠疫侵袭的邻国的边境后，商贸活动被迫中断，再生产布料也只是徒然增加成堆卖不出去的布匹罢了。[125]

费迪南德二世试图用另外一些办法来帮扶穷人。他打算在皮蒂宫那里修建一座教堂，向穷人提供就业机会，但这座新教堂并未完工。[126]根据当时一个名叫卢卡·迪·乔瓦尼·迪·卢卡·塔尔焦尼的人的说法，一些男男女女受雇在波波里花园[127]、大教堂正面外墙以及达巴索古堡工作。[128]然而，这些措施都没能真正解决失业问题。从新圣母马利亚医院院长的一份报告中我们得知，达巴索古堡在施工时甚至发生了一些意外。为此，8月3日的卫生委员会报告记录如下：

> 大公觉得有必要用他无尽的虔诚来帮助这座城市中的穷人，便下令在达巴索古堡进行一些修缮工作，因此很多人不得已便去了。但到场的人们身体早就非常虚弱，所以难以完成那些工作。很多人都病倒了，之后被送往新圣母马利亚医院。在那里他们眼看就要死去，却没有药物，也无人照料。[129]

虽然当权者已经注意到了穷人"极度悲惨"的处境，但他们并没有意识到，那些长期处于死亡边缘、没有足够工作可做，或是直接失业，又被主要食品价格上涨折磨的穷人，身体究竟有多虚弱。即使这时鼠疫还尚未在佛罗伦萨城真正暴发，但从6月起，市内教区丧葬簿中记录在册的死亡人数开始飙升。[130]医师学院在8月的会议中一致判断，这一现象说明一场流行性的"普通疾病"已经在穷人间蔓延，可能是某种因进食劣质食物而引发的肠道疾病。如前文所见，这让政府官员们意识到贫穷、不卫生状况和疾病之间可能存在着密切关联，之后便对此展开了卫生调查。

8月底，四十八人议会的专家委员会递交了一份关于《如何帮助市内外的穷人》的报告。报告声称，圣米迦勒修道会成员们对市内的情况非常了解，因此特委派他们去分发救济物资。成员们须"逐街逐屋地记录贫困情况,也要记下那些有能力从事不同工作的人,尽可能避免只通过救济来扶助这些人"。[131]此次救济物资来自私人渠道,而不是政府机构(如慈善典当行)。大公首先以身作则,承诺每月捐出3000斯库多。大公夫人和其他家庭成员每月贡献出2000斯库多,其他贵族则根据自己的财力状况自愿提供一些补贴给穷人。[132]在8天之内,所有打算捐款的人都要递交给卫生委员会大臣办公室一张确认书,上面须写明他们承诺的捐款金额。[133]这些个人捐赠的金额之间差距很大。有时,比如下面这个例子,有些人甚至会为自己少捐而找理由开脱:

> 我,科西莫·巴尔杰利尼,已经保证会在未来的每一年中,每月提前支付3斯库多作为慈善补贴,但我无法拿出更大数额了。我家中遭受了暴风雨的袭击,这意味着小麦歉收,今年我无法制作葡萄酒、橄榄油,或砍伐木材,之后又发生了其他灾难。如大家所见,我今年的收入只有往年的1/3。[134]

9月份一共收到超过4.6万斯库多的捐助,其中最大的一笔来自大公家族,其中费迪南德二世本人就捐献了3.6万斯库多。10月份的捐献量达到55418斯库多。[135]

这些捐赠款数目巨大,不但展现出费迪南德及其家族对穷人们的关切,也吸引并影响了其他富裕人群参与其中。捐款只是这个月大公实施的诸多善举(从提供羊毛和丝绸业的工作,到改善穷人的生活条件,再到分发救济金和食物)之一。[136]这些切实的善举和当时医学论文与卫生委员会公告中的虚华辞藻截然不同。

我们不应惊讶于社会在对待穷人时所展现出的这种明显矛盾

的态度。从中世纪后期到近代早期，人们一贯如此。但自16世纪初以来，情况有了变化。人们逐渐把穷人阶层视为瘟疫传染源，因此社会对穷人阶层的偏见与恐惧日益严重。起初，这种态度的变化更多的是因为梅毒这一新流行病的传播。但正如塞缪尔·科恩所言，意大利北部1575—1576年极具毁灭性的鼠疫大流行，让人们越来越相信瘟疫和贫穷之间存在联系，而穷人也因此备受指责。[137]即便如此，这种矛盾态度仍然很明显。例如在维罗纳，虽然乞丐们被赶出了城，但人们对这些人的遭遇仍抱有怜悯和同情。维罗纳这场瘟疫的名字就取自封圣的米兰大主教卡洛·博罗梅奥，以纪念他在疫情期间积极为穷人提供帮助。当时的人们深信，人心向善足以成就身体和灵魂的价值。[138]

本章向我们揭示出，在鼠疫真正影响佛罗伦萨之前，处于经济危机中的人们对穷人抱有矛盾的态度。在下一章中，我们将会探究当这场危机到了紧要关头之时，怜悯之心与不宽容政策之间的天平是否会因为鼠疫流行造成的死亡率急剧上升而发生倾斜。

第三章　鼠疫与公共卫生：拯救城市机体，医治穷人身体

　　1630年7月17日：截至今天，疫情已波及米兰、维罗纳、博洛尼亚和帕尔马这些大城市，其他小城市、田野和城堡尚未统计在内。在帕尔马，据说已经有超过1.6万人死亡，而当地总人口才2万人。还有传言说，居民们已经沦落到了要嫉妒死者的绝境。他们得不到圣礼的安慰，因为神父们全都死了。医生、药剂师和司法官员这些人也都死了，那里的一切都已停摆。[1]

　　作为亲历者，乔瓦尼·巴尔迪努奇的日记对鼠疫做了生动描绘。他描写了疫情暴发前佛罗伦萨的紧张氛围，民众纷纷担忧着即将袭来的鼠疫。虽然当时佛罗伦萨仍距离疫区较远，但这场鼠疫对意大利北方地区的毁灭性影响，早就传到人们耳中。这些信息一部分来源于民众之间的书信往来，但更多来自卫生委员会官员的日常通信，口耳相传，便迅速在城中流传开来。最新的消息很可能先传到了那些活跃在由政府官员和卫生委员会成员组成的小圈子里的人（如巴尔迪努奇）。[2]

　　对于研究鼠疫的历史学家来说，上文的描述可能很常见，但

对每一个鼠疫亲历者而言，这样的经历是非常私人性的。正如巴尔迪努奇所记录的：

> 在佛罗伦萨，大家都对这场鼠疫极其恐惧，它正在逼近和蔓延。感谢上帝的恩典，目前城内尚且安全，但穷人们饱受折磨，都一蹶不振，因为他们已经失业很久了。[3]

不到一个月后，巴尔迪努奇又在日记中写道："现在是1630年的8月12日，大家都很担心这一地区的传染病可能会传播到佛罗伦萨城内。"两天后，他又写道："大家都担心这种传染病已经在向城内蔓延。"[4]这种担心并不是无缘无故的。据他记录，仅仅10天后，第一家隔离医院就在市内一家历史悠久的医院（圣乔瓦尼或博尼法齐奥）里建成了。每天那里要埋葬115人，大量尸体散发出难闻的恶臭，当局又不得不下令在城墙外面挖了一些特殊的疫病葬坑。[5]博尼法齐奥医院距离巴尔迪努奇家也就不到5分钟的路程，所以他的记录很有可能源于他本人的见闻。只要走到圣加洛路，他就能闻到那些腐烂尸体的恶臭，当时又正值佛罗伦萨的酷暑时节，这种气味就更加令人难以忍受了。[6]

佛罗伦萨城内死亡病例的出现，似乎要比巴尔迪努奇了解到的更早。这说明卫生委员会并没有将这类消息公布于众，可能是因为官方既不想引起公众恐慌，也不愿扰乱居民正常的生活节奏。前文也提到，医师学院甚至根本不愿意承认鼠疫的存在，坚信较高的死亡率是由"普通疾病"、斑疹伤寒的复发和人们的贫苦生活造成的。

一些官方记载也从其他角度向我们描绘了这场疫情，比如弗朗切斯科·龙迪内利的《传染病报告》、卫生委员会留下的文献，以及慈爱兄弟会（他们在当时做了很多运送病人和死者的工作）的相关文献。当然，还有卫生委员会甚至是大公本人签署的印刷版和手写指令。这些当时佛罗伦萨的文献记录中有一本共有20章的匿名手稿，可能出自卫生委员会的官员之手，其中列出了疫情期间卫生委员会的主要职责。这份手稿撰写于1630年8月，此时鼠疫已经暴发，因此其中提到的主要隔离医院应是博尼法齐奥医院。手稿中并没有提及圣米尼亚托医院，这所医院直到9月初才建成。[7]

卫生委员会大臣富尔维奥·朱贝蒂在1630年秋天印发过一本防疫宣传手册，其中大致介绍了鼠疫的性质以及一些主要的应对措施。这本手册借鉴了许多讨论鼠疫的知名作者的作品，有医学论文，比如马尔西利奥·菲奇诺和乔瓦尼·埃乌尼奥（他曾在帕多瓦求学，并在荷兰莱顿教学）的作品，也有一些非医学论述，如法学家詹弗朗切斯科·里瓦·迪·圣那扎罗的巨作《论瘟疫》。[8]同样引起人们关注的还有大公从威尼斯找到的《瘟疫警示录》抄本。10月19日，大公将这份抄本转交给医师学院以征询他们的意见："这本警示录是威尼斯大公送给我的，其中还附有他的书面评论。威尼斯大公要求医生们逐一对该书做出批注。尊贵的大公很高兴将这本警示录赠予我。但我让他们手抄了一份，以便读的人可以在空白处回复是否认同该书内容。"[9]

10月中旬，大公很可能已经对当时的防疫政策失去耐心。他希望能通过这本《瘟疫警示录》鼓动医师学院向卫生委员会施压，以制定新的解决措施来应对鼠疫。到了10月中旬，鼠疫暴发在佛罗伦萨已成为公认的事实。图表1.1呈现了市内所有因患鼠疫而死亡的人数，从图表1.1中可以看出，9月份死亡人数还只是缓慢上升，到了10月之后，就开始大幅攀升了。

疫情在1630年11月和12月达到顶峰，接着在随后的7个月中逐步缓和，直到1631年7月下旬，这场鼠疫被宣告结束。尽管龙迪内利将死亡率的变化与月象之盈亏联系在一起，但整体而言，死亡率的变化似乎与气温变化基本一致。在和煦的秋季之后，随着天气日渐变冷，死亡率也开始上升。[10]他还指出，受这场疫情影响最严重的是城市边缘最贫穷的地区。这与8月鼠疫暴发初期的情况略有不同，当时死亡病例更多出现在靠近市中心的地方。[11]

1630年8月，疫情与官方应对措施

8月，这种"传染病"从特雷斯皮亚诺蔓延至佛罗伦萨市中心，并传入了人口密度和房屋密度都特别高的地区。从8月份的卫生调查中也能看出，这类地方往往被视作最危险的地区，许多房屋内的状况让圣米迦勒修道会的成员们非常担忧，那里要是没有暴发传染病反倒令他们惊讶。

疫情暴发初期的一些历史资料，反映了当时官方实施的应对机制。如果我们把龙迪内利的《传染病报告》与慈爱会的记录对比来看，就会发现两者的视角截然不同：前者是生动形象的官方史撰，而后者只是平淡乏味的登记信息。

根据记载，佛罗伦萨前三起病例的出现时间在8月9日—16日，出现地点分别在贾尔博大街、布里加街角和圣潘克拉齐奥街角。疫情最初仅出现在阿诺河北岸，这可能与特雷斯皮亚诺有关。不过这三个地方都在13世纪中叶建成的城墙区，而不在最北面通往博洛尼亚的圣加洛城门区。而且，这些病例的地域分布情况也表明，它们之间可能并不存在必然的联系，其中一例在城西，

一例在城东，第三例则在市中心。但这三处区域的住房结构和密度的确相似，都是相对狭窄的街道，两侧都是四层或五层的联排房屋。

龙迪内利对这些最初发现的病例进行介绍时，详细提及了主要人物的姓名和活动，这在当时的瘟疫纪事中很常见。第一例发生在贾尔博大街：

> 在那条叫贾尔博的大街上有一栋很大的老房子，里面住着很多租户。其中有一个穷寡妇，她还带着四个孩子……那天，她买了一蒲式耳面粉来做面包，他们吃完后便去房子内的邻居家做客。第二天，她的大女儿死了，两个儿子也被送去了新圣母马利亚医院。但医院在发现她的两个儿子染了鼠疫后，就把他们赶回了家。到了第三天晚上，两个儿子和他们的母亲都死了。

> 之后的几天里没有出现任何应对措施。直到有一天，邻居多梅尼科·卡斯泰利师傅透过同栋房子的窗户，看见了马达莱娜·戴尔·贾尔博夫人的女仆的尸体。他立刻去了卫生委员会，之后卫生官员来到了这里。叩门片刻之后，他们破门而入，结果发现死去的不仅仅是年轻的女仆，她的女主人也未逃厄运。

> 卫生官员随即命令房子里的住户都不许离开。但此时鼠疫才刚刚开始流行，第二天一早，所有住户仍都离开房子去到作坊工作。官方见这些住户违抗命令，害怕他们带来巨大的传染风险，便把他们强行带到圣奥诺弗里奥医院隔离了起来。但他们已经感染了鼠疫（并且实际上有些人已处于死亡边缘），于是又都被带到了博尼法齐奥隔离医

院。在那里，只有5个人是一直健康的。这37名住户中，有31人死亡，最终只有6人回到了家中。[12]

卫生委员会之后又调查了这名寡妇和她的孩子们究竟是如何被感染的。"当他们去调查感染源头时，发现有个叫西斯托·阿米奇的人，在街角处有一家羊毛布料店。这个人的仓库里放着一堆从特雷斯皮亚诺买来的布料，而仓库有一扇窗户向下正对着穷寡妇家的院子。"

寡妇是这件事的受害者，因为她和她的三个孩子都遭受了厄运，马达莱娜·戴尔·贾尔博太太和她的仆人也是如此。其他住户因为没有听从卫生委员会的命令，被强行带到了新建好的博尼法齐奥隔离医院。最终，这37名住户中只有6人幸存。这一案例中死亡率竟然高达84%，说明当时疫情已经十分严峻。

龙迪内利对该案例的详细描述也向我们揭示出卫生委员会的行动目标，即找到这场引发穷人感染疾病的源头，然后采取适当措施以阻止其传播。作为一名官方史官，龙迪内利总是将穷人描写得任性又无知，在他笔下，穷人们无视卫生法令，不仅让自己丧命，还殃及他人，以此反衬卫生委员会的智慧英明。尽管法令规定他们要留在家里，但他们还是照常从事之前的工作，因此，将他们统统押往博尼法齐奥算是对这群人的一种惩罚。总的来说，这段描述突出了卫生委员会的重要作用，它保护着整个辖区内居民的身体健康。龙迪内利对另外两起病例的记述也基本相似。

第二例病例出现在人口密集的圣安布罗焦区布里加街角处。[13]一个被叫作"小残废"（Il Rovinato）的建筑工人（因为他身有残疾）的妻子去照顾她住在代拉瓜路的姐姐，后者曾经照看过一个年轻的陌生人。尽管没有点明，但很明显这名陌生人就是传染

从瘟疫中幸存的佛罗伦萨1630—1631

源头，他把鼠疫传给了这位妻子的姐姐，使她染病去世。但这位"小残废"的妻子同样难辞其咎，因为她拿走了姐姐去世时一直穿着的衬衫，并把它送给了此前就想要这件衬衫的女儿。最后，"小残废"的妻子和女儿都死了。对此，龙迪内利忍不住借机进行道德批判，说"这种表达爱的行为反而使她付出了沉重的代价"。除了一个叫利萨贝塔的卖花女邻居之外，这栋房子里的其他住户都因此感染去世。

第三例病例也与一些人的粗心大意有关，他们毫无顾忌地将个人利益凌驾于城市利益之上。[14]在圣潘克拉齐奥街角处有一位面包师，他的妻子曾去过特雷斯皮亚诺，在那里照顾生病的女儿。等她回到城里时，身上已经出现了明显的鼠疫症状。她在8月中旬去世，之后她生前居住的那栋房子里共有7人陆续死亡。更糟的是，她的一个邻居为诺瓦路的某个人提供了护理服务，当时这位邻居已经感染了鼠疫。之后，圣潘克拉齐奥教堂的助理神父保罗·埃尔米尼阁下也感染去世，他死前一直坚持工作，还负责分发圣餐，导致另有两名神父也染病去世。

这三段记录都有特定的人物，每个案例中的主角都有名有姓——住在贾尔博大街上的马达莱娜·戴尔·贾尔博夫人，她的邻居多梅尼科·卡斯泰利师傅，那位被戏称为"小残废"的建筑工，卖花女利萨贝塔，以及圣潘克拉齐奥教堂的助理神父保罗·埃尔米尼，因此故事的叙述自然而然就显得更加个人化。两位社会地位较高的佛罗伦萨人——来自贵族阶层的贾尔博夫人和神职人员埃尔米尼也被视作受害者，受到那些被指责为"鼠疫散播者"的人的牵连。

我们之所以能知道这些人物姓名，是因为卫生委员会对疫情传播链条做了清晰详尽的梳理。[15]以贾尔博大街为例，人们起初怀疑那名穷寡妇是在买一蒲式耳面粉时染上了鼠疫，之后在探访邻居时把病传染给了他们。但经过进一步调查，人们发现真正元凶是住在另一栋房子的邻居，也就是那位曾从特雷斯皮亚诺买过布料的羊毛商人西斯托·阿米奇。圣潘克拉齐奥区暴发的原因也与特雷斯皮亚诺有关，因为面包师的妻子曾去过那里照顾女儿，之后将鼠疫带回了家。作为面包师的妻子，她在为邻居服务时，也不可避免地将鼠疫传给了顾客。而住在同一栋房子里的那名女护工，则把鼠疫带到了另一条街上。不管是照顾病人还是送给女儿姨妈的衬衫（女儿当然很珍视这件礼物），对本地居民而言，他们只是在从事日常工作或履行家庭职责。这些事件还反映出了城市疫情防控体系的一些漏洞，比如面包师的妻子竟被允许离开佛罗伦萨前往特雷斯皮亚诺，而且随后还能从那里返回。

在所有这些记录里以及鼠疫实际传播的过程中，衣物扮演着重要角色。龙迪内利强调说："疫情的肆虐要归咎于人们对衣服的随意买卖……为了一点水果或一小笔钱，人们就转卖掉了那些被污染了的夹克、衬衫或者其他东西，结果毒质就肆无忌惮地在城郊间传播开来了。这种情况已经发生过很多次。"[16]意大利早就有限制布料买卖的法规，这项立法传统最早可以追溯到黑死病时期。人们之所以对此怀有忧虑，是因为相信衣物的多孔质地使其吸收并保留鼠疫的腐蚀气体。清除腐蚀气体也是市内卫生调查的基础性工作。官方对病人居住的街道和住所进行了清理，以清除那些腐败物以及腐烂垃圾释放出的恶臭，它们被认为会滋生鼠疫。

上述这些有关佛罗伦萨早期病例的记录向我们揭示出在官方尚未正式宣布疫情来临时，公共卫生体系在疫情萌芽时的应对策略。那之后，官方开始逐渐实施一系列的应对疫情措施。

公共卫生与防疫措施

弗朗切斯科·龙迪内利对疫情初期所采取的行政管理措施做了详细介绍。卫生委员会整体负责与鼠疫有关的日常事务。从1630—1631年鼠疫暴发到1632—1633年疫情复发期间，委员会共有11名长官。值得注意的是，卫生委员会和大公国政府高层之间的关系非同一般。这11名长官中，有9位是议员，而且这9人中不乏名门望族，其中包括韦托里家族、戴利·阿尔比齐家族、马加洛蒂家族，以及美第奇家族的洛伦佐·德·美第奇骑士。另外两个非议员长官是大公的秘书詹弗朗切斯科·圭迪和海关总长洛伦佐·阿尔托维蒂。[17]此外，卫生委员会还组建了自己的警署和法庭。如大臣富尔维奥·朱贝蒂在其手册中所写，他自己的职责是"采取行动，并确保因传染或管理不善而引发的疫情不会危害到本地居民和牲畜，而且须聪明勤奋、严谨求实，不但要熟练处理各种事务，还要谨防意外事件发生"。[18]

当时的卫生委员会内部制度（可能于8月上半月制定）规定，长官们应每日在市中心的总部会面两次。[19]出席这些会议非常重要，特别是早上的会议，也是做出重大决策的时候。[20]6名卫生委员会长官负责执行这些决策，他们被分别派往佛罗伦萨的6个辖区，每人都大权在握。[21]卫生委员会还授权当地的富绅们负责监督市内各辖区的情况，他们也须及时向卫生委员会长官们汇报任何紧急状况。[22]另外，卫生委员会还有权通过诉讼、监禁和惩处等措施执行法律法规。对此，我们将在第七章中展开详细讨论。[23]

这一时期佛罗伦萨抗击鼠疫的一大显著特征是，许多贵族或富绅们都密切参与了重要疫情防控措施的制定与执行。他们的名字既出现在卫生委员会的官方记录中，也被当时的一些评论家

（如龙迪内利）提及。如前文所述，圣米迦勒修道会的成员受委托对佛罗伦萨城开展卫生调查，他们负责给居民们分发床褥，还要安排污水坑的维修。他们应是与市内各辖区负责监督防疫措施执行的6名富绅一同协作，来完成这些工作。我们也会在本章后半部分看到，当佛罗伦萨全城开始实施隔离政策时，更多的富绅被召集起来提供帮助，6个城区负责人手下另各有5名富绅听从他们指挥，对常住居民进行人口普查，并组织向居家隔离40天的居民家中分发食物、饮料和木柴。从这些任务中我们也能看出，富绅都有基本的读写能力，且在工作时认真负责。他们平时也生活在这些被调查区域，所以对当地居民和他们的生活状况了如指掌。

医院是龙迪内利提到的第二类防疫体系。医院的类型各不相同，在卫生委员会的防疫政策中起着核心作用。在此次疫情初期，官方遵循了1620—1621年斑疹伤寒流行期间的做法，首先决定将病人隔离在佛罗伦萨最大的综合性医院——著名的新圣母马利亚医院中。[24]之后，人们逐渐意识到鼠疫已经传入城内，因此从8月10日起，政府将位于圣加洛路的梅塞尔·博尼法齐奥医院指定为隔离医院，用于收治那些已经确诊了的鼠疫患者（见图4a和4c）。圣奥诺弗里奥修道院也被指定为隔离中心，用来安置那些和患者有过接触或已在康复期（但在回家前仍须隔离一段时间）的人。后来，卫生委员会将这座修道院改建成了一处监狱（见图4b）。[25]然而，当时的一份不具名的报纸记载道，起初，人们认为有了博尼法齐奥和圣奥诺弗里奥"已经足够，这种疾病不可能继续蔓延下去了"，但实际上事与愿违，博尼法齐奥隔离医院中有大量护士死去，并且"鼠疫还在整个城内肆虐，没有一条街道能幸免，或多或少都受到了影响"。[26]不久，这些医院就已经难以招架了。龙迪内利记录道，到了9月中旬，很多市民开始认为卫生委员会将博尼法齐奥作为隔离医院的这一决策让人难以理解，"在城市里建一座隔离医院是一种完全没有先例而且古怪的做法，况且还建在一条人流量如此之大，满是修道院和商店的圣加洛路上"。至于博尼法齐奥的位置，我们可以清楚地从斯特凡诺·邦西尼奥里绘制的地图中看出。[27] 第六章也会讲到，佛罗伦萨后来在周边地区新建了一系列的隔离医院和隔离中心，其中最著名的隔离医院改建自圣米尼亚托—阿尔蒙特的本笃修道院和教堂（详见地图3.1）。[28]

　　所有防疫机构的协同运作，构成了图表3.1中的数据变化趋势。从图表3.1中也可以看出它们所扮演的角色在9月份是如何变化的。该图表是基于整个9月份慈爱会运送的患者总数而制成的。

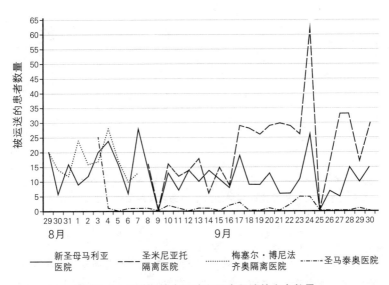

图表3.1　运送至综合医院和隔离医院的患者数量
（1630年8月29日—9月30日）

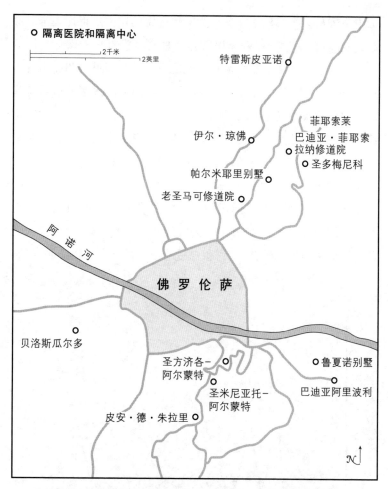

地图3.1　佛罗伦萨周边地区隔离医院和隔离中心的地理分布

卫生委员会一开始将这些病人送去新圣母马利亚医院，之后，虽然患者主要被送往隔离医院，但新圣母马利亚医院的收治人数仅仅略低于圣米尼亚托，这很可能是因为前者同时也收治了感染另一种流行病的患者（对此请参阅第二章圣洛伦佐教区的丧葬记录）。此外，卡洛·科尔西尼对新圣母马利亚医院的研究也表明，在整个17世纪，除了1648年的斑疹伤寒大暴发之外，该院患者死亡率在1630年攀升到了峰值。从前一年（1629年）开始，在饥荒和"间日疟"的双重影响下，死亡人数已经大幅增加，不过到了1631年，死亡人数又几乎减半，大概是因为许多病人被直接送到了佛罗伦萨的隔离医院。科尔西尼的另一重要研究发现是，在新圣母马利亚医院去世的患者中，佛罗伦萨本地人几乎翻了一番，从28.7%增至46%。这说明在疫情期间，佛罗伦萨限制了外来人口的进入。[29]

慈爱会的记录显示，佛罗伦萨市内的另一家综合医院——圣马泰奥医院在这一时期也被临时征用过。这家医院整个9月份的日入院人数都很少且相对平稳，但到了9月3日，可能是因为其他医院出现了紧急情况，该院的入院人数突然激增。这说明圣马泰奥医院在疫情期间一直不断地收治急性病患者。[30]埃丝特·戴安娜对另一家新建成的综合医院——圣乔瓦尼·迪·迪奥医院的患者登记册进行了研究，研究结果表明，1630—1631年这里的住院人数大幅下降，1630年的入院人数为99人，到了1631年降至34人；但在1628年和1629年，该院入院人数分别多达172人和195人。这种趋势表明，尽管这些医院仍接收普通患者，但许多通常因常见病入院的穷人这时已经感染了鼠疫，因此被直接送到了隔离医院。在接下来的两年，也就是1632—1633年，这家医院的入院人数先上升（111人），后下降（84人）。这表明在疫情结束后，普通患者的人数恢复到了较为正常的水平，但到了1633年鼠疫复发时，这里的收治人数再次下降。[31]

从图表3.1中我们也可以看到，各隔离医院彼此之间是相互配合的。一直到9月7日，博尼法齐奥还是收治鼠疫患者的主要隔离医院，但随着入院病患的大量增加，像它这样中等规模的医院逐渐不堪重负。9月8日，官方开始启用圣米尼亚托隔离医院，后者便似乎承担起了接收所有新确诊病例的任务。博尼法齐奥理论上本可以只继续医治现有病患，但事实上，它在秋天还在不断接收新的患者。圣米尼亚托隔离医院的入院人数在这个月内持续增加，后来随着疫情恶化，医院平均每天接收约30名患者。不过在9月的最后一周，它的入院患者数量激增到了之前从未出现的水平。

随着疫情恶化，安置患者的各隔离医院也感到压力骤增。这其中最棘手也最岌岌可危的当属博尼法齐奥医院。佛罗伦萨许多居民都对它被用作隔离医院心存担忧。在附近的普拉托，城内的隔离医院往往会成为周围社区的传染源。[32]尽管官方对人们进出医院加以限制，但频繁地接收和送走患者，再加上医院本身也需要定期的物资供给，都导致医院不可避免地与外界接触。如前所述，因此，从9月初开始，官方在城墙外新建了一批隔离医院。根据塔尔焦尼的记载，佛罗伦萨市内和周边地区最后共新建了14座隔离医院和隔离中心。[33]即便出现了这一系列的"新机构"，博尼法齐奥仍继续被用作隔离医院，只不过它的重要性已大不如前。到了11月中旬，莱安德罗医生对博尼法齐奥医院的现状发表了自己的看法。他强调说，当初在建好圣米尼亚托隔离医院后，本不该再继续使用博尼法齐奥，但这里收治的鼠疫患者人数还是与日俱增。此外他还说，博尼法齐奥的情况让他的同事们越来越恐惧，甚至有人从这里逃走，这"进一步加重了疫情，也让人们更加害怕受到可怕的瘟疫毒气的折磨"。[34]

在这场疫情反击战中，卫生委员会全面把控防疫政策的制定，对引起疫情蔓延的各种人为因素展开追查和惩处。与此同时，志愿组织也在其中发挥着至关重要的作用。比如前文提到的圣米迦勒修道会，在1630年8月接受委托进行了卫生调查，但更令人瞩目的是慈爱会，他们代表公共卫生部门承担了许多重要职责。[35]佛罗伦萨的慈爱会在关怀贫困群体方面有着悠久的宝贵传统，从15世纪90年代中叶开始，每逢瘟疫暴发，慈爱会就担负起运送患者和死者的使命，这一角色在1630—1633年得以强化。[36]

一旦发现可疑病例，卫生委员会、医院和宗教团体就会对此展开联合行动。[37]法律规定，如若家中出现病患或者死者，户主应立刻向卫生委员会长官报告。收到报告后，卫生委员会立即派遣一名医生前去检查，确定病人罹患的是"普通疾病"还是"传染性疾病"。如果患者只是患了"普通疾病"，慈爱会将之送至新圣母马利亚医院；如果被诊断患上的是传染病，此人就会被运至隔离医院。此外，慈爱会还负责将死者埋葬在城墙外的瘟疫墓地。[38]随着死亡率上升，卫生委员会在以下城门外新挖了一些葬坑：平蒂门（位于现在的多纳泰罗广场内或附近区域）附近的圣加洛门，通往圣方济各·迪·保罗教堂的圣弗雷蒂亚诺门，以及通往圣米尼亚托要塞的山脚处的圣米尼亚托门。[39]

随后，那些曾与确诊患者住在一起的密切接触者，会被带到城外的隔离中心或居家隔离22天，他们的房子外会被标记红十字符号以及"卫生委员会"字样。这类规定适用于所有社会阶层。以住在斯杜法路的议员卡瓦列雷·马加洛蒂为例，他的侍女玛格丽特在疫情初期被发现"膝盖上有个脓包"。虽然议员坚持说侍女只是被蝎子蜇了，但他们两人还是受到了防疫法规的约束。[40]

在完成上述这些步骤之后，卫生委员会的工作人员会进入房屋内部，撤走患者曾睡过的床垫并随即烧掉，患者的衣服也要被烧毁或者至少清洗干净。同时，所有房间都要用稀释过的醋液进行消毒，还要用熏蒸硫黄的方式来净化屋内空气。工作人员会向穷人们发放1朱里奥的补贴，这样他们就可以委托邻居帮忙买些食物。这笔钱在当时大约相当于一个劳动力半天的工资，足以买约2.5千克的面包。[41]

大部分防疫措施的关键在于对人的控制，要确保患者和密切接触者都被安置在合适的地方，更要迅速掩埋尸体。如前文所述，针对鼠疫的预防措施加强了对城市内部人员流动的管控，这正是人们普遍认为的引起鼠疫蔓延的原因。这些具体措施包括：任命警卫看守城门，以阻止任何病患进入；谨慎地安置乞丐，将本地乞丐送往慈善救济院，将外地乞丐直接驱逐出城；加强对于卖淫活动的监管；将犹太人封锁在犹太社区内等。

除了针对那些社会边缘群体，卫生委员会的另一目的在于加强对普通人群活动的管控，特别是限制人们聚集在任何场所做不道德的事。龙迪内利总结了当时的一项法令："官方要求关闭所有赌场，并严禁在理发店等地聚集，尤其是那些能让人们聚在一起玩球类游戏的地方……这不仅是为了避免人员聚集，也是出于对不道德的恶意传染行为的担忧。这类地方会经常出现此类情况，而且传播程度往往不轻。"[42]即使没有很多人（整个疫情期间共18人）因为这种行为受到惩罚，但更可能是因为只有这些人被抓了个现行并上报给卫生委员会，其他人可能在卫生委员会工作人员到达之前就被提醒，然后迅速跑到别处逍遥快活去了。这和今天意大利街头小贩的情况类似。[43]

对这类行为的处罚力度不低，最轻罚款100斯库多，更严重的还包括被发配至停在利沃诺港的大公战舰上做苦役。不过实际上，很多处罚要么减轻了，要么根本就没有执行。针对这些行为，卫生委员会大臣朱贝蒂还记录道，在鼠疫流行时运动或者游戏都是很不合适的，因为这会导致血液的腐坏。他同时建议卫生委员会应尽力消除民众的恐惧，让人们保持幸福感，避免因忧郁而使病情加重。[44]

这些禁令不只局限在此类开展不道德活动的场所。乔瓦尼·巴尔迪努奇在10月28日的日记中写道，当时官方也不准民众参加兄弟会的活动，这样"已感染鼠疫的人就不会混入人群中"。[45]据巴尔迪努奇描述，到了11月，官方开始禁止人们参加公开的布道活动。[46]同时，因为出现了疫情在一间教室内的学生中间大面积传播的情况，各类学校也都被关闭了。[47]即便如此，还是出现了一些诉讼案件。比如对抄写员拉法埃洛·迪·塔代奥·斯塔蒂尼的指控，据说他在禁令颁布后仍继续在位于大教堂广场的写作学校中教课。不过他否认了这一事实，辩称自己只是住在那儿而已。[48]

面向公众的宗教游行活动可能更令人担忧，在第五章中我们还会对此展开详细论述。在1630年8月鼠疫流行之初，为了祈求上帝减轻鼠疫带来的危害，宗教游行活动是被允许的。到了12月中旬，由于死亡率出现了短暂下降，官方也准许了宗教游行活动，以向上帝和代祷圣人们（圣母马利亚和圣安东尼诺）表达感激之情。然而，即便是这样的宗教场合，卫生委员会还是担心疫情蔓延，因此只允许教会和政府的主要官员参加游行，而普通民众只能站在街角处远远观看。

其他的一些正常活动也受到了影响。第二章中已提及，在疫情初期，人们对屠宰业忧心忡忡。因为切开动物尸体可能会释放出腐蚀性毒气，而小贩们给动物体内注水的习惯会让情况变得更加糟糕。博洛尼亚在6月初就关闭了所有食品市场和集市，但佛罗伦萨的情况有所不同，城内的主要食品市场（老市场）和一些出售食品的商店仍继续对外开放。不过这也并不是当时的普遍情况，比如通常在每周三早上开市的圣洛伦佐市场从9月7日起停止营业，以"避免人们频繁聚集"。到了第二年春天，在佛罗伦萨全城隔离的时候，相关规定也就更加严格（详见下文）。[49]尽管已经出台了这些严苛的法令，人们仍担忧污染问题。第二年1月中旬，有四名屠夫被捕，原因是他们的店铺里"有很多装有已腐烂的动物的血和内脏的大桶，并散发出一股股难闻的恶臭"。[50]

一些贸易类行业也让官方持续忧虑。在所有被指控违反卫生委员会法令的诉讼案件中，有10%的案件都与布料的生产和销售有关（见表7.1）。但因为纺织业是佛罗伦萨的主要产业，所以相关法令在执行过程中往往会留有余地。丝绸制造业也是当地的重要产业之一，早在6月（也就是鼠疫暴发之前），煮蚕蛹过程中产生的强烈恶臭就引发了公众的担忧。为此官方还公布了一项法令，规定如果在屋内发现丝绸，应立刻送到帕拉祖罗大街清洗。另外，卫生委员会对于阿诺河河水的使用也有规定。在河中洗澡是当时民众的习惯，通常河边还会有服务工提供毛巾供洗澡者擦身。然而，为了避免重复使用那些可能被鼠疫感染者触碰过的毛巾，规定要求，洗澡者必须自备毛巾，而不能使用那些服务工提供的。一项更为细致的规定是，任何人都不准在阿诺河中清洗来自圣米尼亚托隔离医院的衣物，以免鼠疫通过河水传播。[51]

不过最令人担心的是那些二手服装商贩，因为他们经常买卖患者和死者的衣服。当时人们认为，腐蚀性毒质会附着在衣物上并四处扩散，因此商贩们的行为会导致疫情蔓延。因此卫生委员会下令，除非商贩们能提前提供一份清单，否则他们将被禁止购入二手羊毛或丝绸制的衣服。收到清单后，卫生委员会将安排对这些衣服进行煮沸消毒，之后再颁发给商贩们一份健康证明。此外，为了避免街上有人随意丢弃破布而引起疫情扩散的风险，卫生委员会还专门雇用掘墓工人去收集这类破布然后将之销毁。[52]当时出现许多二手服装小贩被指控出售旧衣服并被调查的案件，比如小贩弗朗切斯科·迪·乔瓦尼·鲁尔巴尼，他在斯特罗齐宫开着一家商铺。1630年11月12日，弗朗切斯科遭到逮捕，并于当月17日出庭受审。[53]官方指控他在店里陈列了一些4个月前从普拉托买来的"短外套和大衣"之类的旧衣服。在接受审讯时，弗朗切斯科承认他的背包里还有从普拉托的集市上买来的"各种各样的东西，包括衣领、衬衫、一些布料类的东西，还有脏兮兮的白色亚麻布"。[54]之后，当被问及"是否知道普拉托和佛罗伦萨一样已经暴发鼠疫，甚至那里的疫情可能更严重"这个关键问题时，他的回答却有些含糊不清："我这一生都只住在同一栋房子里，没在其他地方住过。"显然，他并非不知道禁止购买二手衣服的禁令，因为他还提到"大衣"是附有健康证明的，但资料中没有记录他对普拉托疫情的问题做过回应。[55]经过一番认真谨慎的解释后，这位小贩最终说服了法官：他在4个月前从普拉托的集市（仅每周一营业的）上买回了这些衣服，那时人们仍可以自由出行，而且市场禁令也尚未公布。

疫情期间的主要预防性措施包括加强监管布料及衣物的销售与处理，清理街道，以及对进入辖区和城内的人员进行管控。鼠疫一旦传入城内，对被污染的空气以及它在人与物体之间传播的担忧，就成了制定主要防疫措施的出发点。这些措施包括上报病例，巡查街道，采取隔离措施，熏蒸被感染的房屋，新建隔离医院和埋葬死者。相关医学理论证实这些措施确是合理的，医生也一如既往地在诊断和治疗病人的过程中发挥着核心作用。

疫情的控制

随着疫情的进一步蔓延，民间自发性组织与官方之间的配合也日趋成熟。慈爱会便是其中最重要的民间组织之一，路易吉·巴乔·戴尔·比安科的一幅油画作品《1630年的佛罗伦萨鼠疫》描绘了它在疫情期间发挥的作用，其中许多有趣的细节在某种程度上也是对当时文字记载的一种佐证。画作从大教堂的西侧切入，把最大的画幅留给了在教堂西面和尚未完工的教堂广场上接送患者及垂死之人的慈爱会成员。这样的构图方式显然是为了凸显慈爱会成员的善举，画中的他们均身着黑色长袍，头顶黑色毡帽。有位不知名的记录者这样写道，他们"被认出来是因为穿着绣有红色十字标记的黑袍"。[56]与贵族和医生们的红衣相比，慈爱会的黑衣格外显眼。此外，这幅油画还很好地呈现了慈爱会的总部大殿，它位于大教堂广场的一栋结实的建筑内，朝向大教堂的南侧，并一直存留至今。这栋建筑的与众不同之处在于，它的外部装饰着贝尔纳多·波切蒂的壁画，上面画着天主教的"七美德"，其中也包括慈爱会的主要善举，例如探访病人、救助穷人，以及帮助埋葬他们的尸体等。[57]

在比安科这幅油画右侧醒目位置上的是一位衣冠楚楚的贵族，他身穿红色斗篷，头顶黑色宽帽，右手指向行善的慈爱会，将观者的视线引至中央。街道上，慈爱会总部大殿前方有一排临时建起的木栅栏，有个孩子正从栅栏外看向里面的慈爱会成员，他们此时正等着被安排下一项任务。油画中间还有个正跑向慈爱会大殿的红衣女子，很有可能就是那个孩子的母亲。楼前的这个栅栏是在疫情初期搭建起来的，目的是隔离那些可能已经被感染的人群，同时保护民众不与慈爱会成员发生接触，因为后者每天都会接触鼠疫感染者。慈爱会成员各自住在大殿旁的一些房间里，应该就是画中那间"在慈爱会大殿拐角处且入口有红色遮阳篷"的房子。[58]据龙迪内利的记载，负责挖墓坑的工人们也住在一起，与慈爱会大殿相邻，位于一条叫作"死亡路"的大街上，这一街道名称名副其实，因为这片区域就是埋葬死者之地。[59]

　　历史上，慈爱兄弟会是一个自发性的慈善组织。自1490年改制以来，其所谓的"大会"（Compagnia Maggiore）由72名成员组成，此外慈爱会也会临时雇用一些编外"次要人员"，如搬运工和掘墓工等，具体人数视需求而定。[60]上述变化在1501年正式写入其章程之中，并在1522—1523年瘟疫肆虐期间开始执行。[61]在1630年11月的第一周，也就是疫情最严重的时候，慈爱会共雇用了35名搬运工人，每人每天可获得3里拉和10索尔多作为报酬。[62]这项工作定是非常艰苦的，在10月底，仅1名搬运工就运送了99名病人到新圣母马利亚医院和圣马泰奥医院。[63]尽管任务艰巨，且面临着感染鼠疫的风险，但一份记录了从1630年8月26日至11月30日期间慈爱会临时雇用的搬运工名单显示，他们中有多人连续工作了7个星期，有些人甚至一直工作到11月底。[64]据记载，他们在完成任务后"就去了医院"，可能按照当时的规定，这些人在回家之前还要在位于蒙蒂切利由慈爱会运营的医院中隔离22天。但多少有些令人惊讶的是，他们当中最后只有1人因感染鼠疫被送往圣米尼亚托隔离医院，并在那里去世。[65]

　　这些慈爱会搬运工的身影也能在巴乔·戴尔·比安科的这幅油画中看到。画面前景中有一个衣着光鲜的人倒在了街上，另一个红衣男人正在照看他。这个红衣人可能是一名医生，因为他看起来是在检查那位倒地病人的脉搏，同时还解开了后者外套上的扣子。病人随后会被身着黑衣的慈爱会搬运工抬进旁边的棺材里。棺材后面站着另一个黑衣男人，正闻着手里的香囊，似乎想要借此净化吸入的空气。这幅油画的其他部分呈现了尸体被放入封好的棺材里并被抬走的画面，比如大教堂前的送葬队伍。队伍最前方是2位身穿白色罩衣的神父和3名抬着十字架受难像的慈爱会搬运工。那个倒地的病人和送葬场景里的这位死者应该都是有钱人。因为就前者而言，疫情期间人们一般不会触碰疑似感染了鼠疫的人的身体；就后者而言，庞大的送葬队伍规模就表明了其社会地位，家境清寒之人是不会有如此大的排场的，画面中乔托钟楼前和慈爱会大殿前栅栏处的另外两支送葬队伍，看起来就很寒酸。油画中还出现了一些旁观者的身影，比如，在画面前景左侧，有一对相互拥抱着的母子；在这两人和教堂台阶之间，还有一男一女正做手势指着送葬队伍。

从识别患者病情、上报病例、运送病人和死者等一系列过程，我们可以清楚地看到慈爱会起到的核心作用，以及他们和临时雇用的工人是如何与卫生委员会官员及富绅协同工作的。在疫情初期，佛罗伦萨公布了一项声明，规定所有公民必须向卫生委员会及其所在辖区的医生上报家人患病或死亡情况，违者将可能面临100斯库多的罚款。[66]

以安东尼奥·迪·乔万巴蒂斯塔·戴尔·托瓦里亚先生为例，可以看出上述规定是如何执行的。他于12月被捕：

> 昨天晚上，我的仆人桑德拉因发烧而病倒了。而昨天早晨，我刚刚把她的病情报告单送到了卫生委员会——法律规定我们必须要这么做。在交上病情单后，我去了教堂做弥撒，之后又散步了一会儿。等我回到家的时候，却发

现午饭过后，房子就被卫生委员会封锁了。[67]

虽然安东尼奥·迪·乔万巴蒂斯塔合理地解释了他当时为何不在房内，但卫生委员会认为，他和病患有过接触，还在城里漫无目的地到处散步，因此"可能已经造成了一定范围的传染"。

一名被医师学院指定反馈大公提供的《警示录》的医生提出，即使民众都像托瓦里亚先生这样负责地上报病例，他也不认为这样就能发现所有患者。因此他建议，每个辖区内负责整体监督防疫措施执行情况的富绅们应"付钱安排一些旅馆、商店和面包店的伙计，以及至少两三名'身份卑微的妇女'，每天清晨和晚上向富绅们秘密通报自己负责的区域内一两条街上的疫情状况"。[68]

到了8月中旬，卫生委员会已向佛罗伦萨每个城区分派了2名内科医生和2名外科医生。卫生委员会大臣要求医生们每天须在总部待一段时间，以便在需要时能找到他们。[69]卫生委员会也向他们做出了详细的工作指示："若发现那些在腹股沟、腋下或身体其他部位有明显恶性或传染性脓包的病人，医生应负责亲自填写一张病情单。"[70]对于那些"单纯只是普通发烧"的病人，将他们送往新圣母马利亚医院或其他市内医院即可。[71]

在佛罗伦萨暴发鼠疫后，将患有不同疾病的病人分开治疗是政府的一项基本措施。对此，塔尔焦尼这样写道："卫生委员会的长官们明白，若人们聚集，这种传染病将会产生多么严重的危害。"[72]正如我们在前文看到的，任何出现可疑症状的病人都会被送往隔离医院。除了将患有普通疾病和感染鼠疫的人分开之外，政府还划分出另一类人群，即密切接触者，也就是那些曾与重病患者同居一室或有过接触的人。最初，这些人只是被限制在自己的住所。[73] 他们的房门会被一根横木牢牢闩住，门上还会贴一张写有"卫生委员会"几个大字的红纸告示。在这种情况下，住户必须留在屋内，否则将面临丧命和财产被没收的风险，当时恰好不在房内的住户也必须即刻返回。即使在隔离期满后，考虑到封闭环境内仍有可能残留着鼠疫的毒质，因此房东在6个月内都不能再次对外出租房屋或是更换房客。[74]

虽然鼠疫亲历者巴尔迪努奇的房子在疫情期间并没有被封锁起来，但他在10月20日的日记中写下的一段话，反映出在他所居住的那条街道暴发疫情后，这项法规对他造成的心理压力："10月20日：一切都变化太快了。鼠疫已经传播到了我居住的吉诺里大街。为了避免进一步传染，政府封锁了4间房子。我的房子离这些房屋很近，上帝为什么让我遭受这种折磨。"[75]

慈爱会在运送病人（去隔离医院或隔离中心）和安排埋葬死者等方面起着至关重要的作用。当某些人需要被接走并送去指定地点时，卫生委员会会给慈爱会一份列有这些人姓名和地址的说明单。下面是1633年的一份名单（见图5）：

1633年6月16日
　　烦请贵方（慈爱会）将以下感染人员送往其应去之处：
利萨贝塔女士，寡妇，住在格拉诺广场的莫罗大街6号。

卫生委员会大臣 尼科洛·马格纳尼[76]

此案例中的利萨贝塔当时已经死亡，所以她的说明单上标注了一个十字架。在另一张1633年6月28日的说明单中，主人公是住在科波里尼小广场上圣雅各路24号的贝内代托·迪·安东尼奥·孔福尔蒂尼，他被描述为是一个"患有传染病的病人"（见图5b）。[77]

每天工作结束后，慈爱会要向卫生委员会上报他们当天已运送至隔离医院（或其他类型的医院）的患者人数，以及埋葬的死者人数。[78]这些繁杂的汇报内容还包含感染者与死者的身份信息，与患者有过接触并被居家隔离（或被带去隔离中心）的人也被清晰地记录在册。那些被遗弃或者因为父母被送往隔离医院而独自留在家中的孩子，则会被安置到花园路的一栋房子里。在那里，孩子们会由一位"善良的女人"照看，而这个女人每天能拿到1朱里奥的报酬。其他一些年纪尚幼的婴儿则被交给当地的奶妈抚养。[79]

正如当时一些评论家提到的，慈爱会主要是依靠担架将患者运至隔离医院及其他普通医院的。途经之处，搬运工会摇响手中的铃铛来警告周围民众，请他们保持距离，以免被传染。每当铃响之时，闻其声者都对悲凄的声音感到非常恐惧。以前，慈爱会成员通过身背一种特制的筐子来运送患者，这种筐子的底部是木制的，往往由柳木或其他材料制成。筐子里有一个可供病人坐下的小凳，周遭缝着布面内衬，在疫情期间须用黄蜡涂满布面。[80]根据塔尔焦尼的记载，后来大公下令，搬运工要把病人装在棺材里抬走，还须用一张蜡布遮住棺材。[81]戴尔·比安科的油画前景中，呈现了简朴的木质棺材细节，前方和后端都有手柄，上方盖有一张红布，两个慈爱会搬运工正抬着这个棺材，另有一人走在二人前面，手中拿着铃铛和一根长棍。

这些木制棺材里的拱顶可为躺在里面的病人留出一些空间。龙迪内利提到，盖在木棺上的布罩是黑色的，里面放着一个燃着草药和香料的小香炉，以净化病人呼出的气体。为防止病人窒息，棺材盖的侧面还开有一扇小窗。棺材内部铺着的草垫须定期更换，因此病人在途中不会感到非常不舒服。[82]慈爱会账本中记录的支出明细证实了龙迪内利这段描述的准确性。[83]账本中既有付给木匠制作棺材的费用，也有付给床褥制作工人制作棺罩的费用。某些木棺的布罩上还画有慈爱会的标志或蓝色的条纹用于装饰。其他开销还有诸如购买草垫和薄垫子，以及购置放在木棺的香炉里焚烧的药草和香料等，用以净化病人呼出或尸体释放出的气体。[84]另外，慈爱会还要为搬运病人和死者的工人购置鞋具，购买蜡烛的开销也不菲。例如，1630年11月30日的账目中写着，"为黑衣搬运工和慈爱会购入火把，黄色和白色大蜡烛，小的黄色蜡烛和防毒蜡油，以及给埋葬死者的掘墓工支付费用"。[85]据记载，这几项支出共计364斯库多和18索尔多。显而易见的是，随着疫情逐渐恶化，慈爱会的支出费用也在持续增加。[86]

慈爱会成员首先将那些需要被送往隔离医院的患者带到城门处，然后在那里等待与一队来自圣米尼亚托隔离医院的人马会合。随后，患者会被抬到由骡子拉着的行军床上或是被放在牛车里，在陡峭的山坡上缓慢前行。在抵达圣米尼亚托隔离医院后，这些患者就由医院护工"仁慈地照看着"，医生们也会对他们进行身体检查。[87]

在疫情初期，也就是整个8月和9月初，针对鼠疫患者和相关密切接触者的规定相对有限。在上文中我们提到，当时患者都被带到了博尼法齐奥隔离医院，而密切接触者们则被关在家中隔离或被送去圣奥诺弗里奥，至于那些有普通发烧症状的病人，会被送往新圣母马利亚医院。9月，佛罗伦萨城外新建了一批隔离医院和隔离中心。但官方也逐渐意识到，强行把患者和密切接触者从家中拖走可能并不总是一件容易的事情。因此在1630年8月27日，卫生委员会大臣写信给慈爱兄弟会："如遇抵抗，你们可以请求从巴尔翟罗派2名警卫来协助你们。"[88]

下一步便是对房屋和室内物品进行清洁消毒。富尔维奥·朱贝蒂和当时其他人一样，都把打扫房屋看作一个净化过程，就像医生通过某种方式清除掉病人体内的变质体液那样：

> 在鼠疫患者被带走后，接下来就应该用火和水清洁屋子和里面的家具，那些不能用水洗的东西，比如皮革、床和其他类似物品，则必须要烧毁。[89]

这也使人联想起8月的卫生调查，其目的也是清除城市内的污秽以防止鼠疫滋生和蔓延。当时对房屋清洁去污过程的描述也不尽相同，既有龙迪内利这样颇为生动的描写，也有卫生委员会于8月26日颁布的指示性法令。该法令被呈送至托斯卡纳公国的各位教区首领那里，并由其负责在城市各教区内推行卫生委员会的这项"清洁受感染房屋的方法"。[90]每个教区的神父都会推荐一名"值得信赖的负责人"，此人手下会有2名清洁工（*fachini*）。这2名清洁工会先进入感染者居住过的房子里，他们"手持一个火把，把硫黄引燃后开始熏蒸，同时用水和醋冲洗干净那些从墙壁和地板上刮下的尘土"。[91]之后，那位"负责人"也要走到屋内，并在进入卧室时手持燃烧着的火把或一些树枝来净化空气。当时卫生委员会指示，要购买"杜松、迷迭香、乳香和桃金娘来给屋子增香和消毒"。[92]总而言之，他们要先把窗户关紧，让整个房间被硫黄熏净，然后再对其进行彻底的清扫，并用石灰水将墙壁以及家中所有的木质用品和家具重新粉刷。这些步骤完成后，他们会把床褥和草垫扔出去烧掉，并把所有的床单、枕套和被子扔进一个巨大的锅中煮沸，再挂到室外通风消毒。至于鼠疫患者住过的房间，则会连续3天用醋彻底将其冲洗干净，然后将生石灰铺在地面上。[93]

富尔维奥·朱贝蒂在一份关于疫情期间应对措施的说明中，对鼠疫的毒质存留在人体内和各类物体上的时间，以及与之相应的净化时间提供了指导意见：

> 彻底清洗鼠疫感染者的物品：必须提醒人们的是，鼠疫的毒质会在人体内持续存在2个月；在墙壁、铁质和木质物品上能停留1年；至于布料，尤其是呢绒这类，鼠疫毒种甚至可以潜伏长达3年之久。而彻底地清洁人体需要14天，清洁房屋、铁质和木质物品需要20天……彻底让室内空气净化则需要3个月。[94]

龙迪内利的记录则是写于这次疫情结束之后，所以描述得更加细致全面，在撰写时应考虑到了这些法令究竟是如何被诠释和执行的。[95]根据龙迪内利的记述，法令在实际执行过程中的第一处不同在于，屋里如衣物之类的东西（尤其是被褥），是被直接带走烧掉的，而不是简单地将其清洗干净。那本10月分发下去的《警示录》建议："应该从利沃诺把奴隶和被判死刑的罪犯们带来，让他们执行这项危险的任务，但要格外当心别让他们趁机偷东西。在这些人不工作时，还应把他们好好地锁起来。"[96]不过，并没有证据表明这项建议最后被采纳，大概是因为倘若真将那些人从利沃诺押运来，途中可能会面临更多风险。这项工作实际上安排给了按时拿薪水的公务员们，但这也引起了他们的强烈不满。因此，从1月初开始，官方任命了6名富绅负责监督防疫措施的执行，每人各负责佛罗伦萨的一个区。同时，富绅们每人还配有1辆运货马车和2名烟熏工（*zolfatori*），在巴乔·戴尔·比安科那幅油画的左侧角落，我们也能看到这些人的身影。他们会和一位公证员一同进入房屋内，后者负责列出所有他们到访的房屋里必须被烧毁的物品的清单。他们每天晚上把这份清单提交给卫生委员会，等到第二天早晨，上面列出的所有须被烧毁的物品会被搬上马车，并运到城外的5个指定地点进行焚烧。

一组描绘1657年罗马鼠疫的版画展现了疫情期间的类似场景，当然，这里面可能略有夸张的成分。在图7的这张版画中，我们可以看到运货马车、烟熏工，还有人正奋力把几乎所有东西（包括吉他、书本和行李箱）都扔出窗外。我们尚无法得知这些被扔出来的物品究竟是要被消毒还是焚烧，不过更有可能是前者，因为官方定义的这些人的职位名称就是"烟熏工"。[97]龙迪内利曾用"制造了极大的混乱"来形容佛罗伦萨的首批烟熏工，如此粗鲁的举动也反映出他们是何种类型和品性的人。其中最臭名昭著的，是一个名叫巴托洛梅奥·迪·尼科洛·法尼的烟熏工。他的名字第一次出现是在12月13日的法庭记录中，他和同伴被指控在熏蒸房屋时偷了东西。法庭对这一案件的审理持续了数周之久，尽管受到拷问，他们还是始终拒绝认罪。[98]不过，也可能正是因为这起事件，防疫体系发生了变化，富绅们开始对这一过程进行监督，而不再由烟熏工全权负责。

就像《传染病报告》中的其他描述一样，龙迪内利很喜欢在叙事中将贵族阶层领导抗疫时的高贵动机和平民百姓的错误行为做对比。1月上任的富绅们在职权范围外还承担了另一项重要任务，即重访并再次消毒所有已调查过的房屋，以及烧毁所有违禁物品。被重新检查的房屋和公寓总数超过1200座。龙迪内利认为，此举对于清除城市中的鼠疫最为有效，因为"经验告诉我们，有些人就是因为那些衣服而被感染死去的"。[99]与这些"高尚行为"相悖的是平民百姓们的做法，因为贪图小便宜，他们把鼠疫感染者穿过的衣服藏在地窖里或者屋顶下面。但这并不值得大惊小怪，因为对于穷人来说，衣服就是有形资产。即便如此，人们也真正对穷人抱有怜悯之心。根据龙迪内利的描述，那些赤贫者会被送到奥利韦托山和斯特罗兹尼别墅的隔离中心，在那里，他们无需支付任何费用，就可以享受很好的照料。[100]在下一节中，我们将具体讨论穷人是如何被对待的，包括官方对这一群体中鼠疫患者的治疗，以及对穷人尸体的处置方式。

医生和药物：医治穷人的身体

本书第二章讨论了医师学院在疫情初期是如何在卫生委员会的决策中发挥重要作用的，他们在疾病性质及治疗方式等方面建言献策。在整个疫情期间，医师学院的这一角色始终未改变。根据医师学院的记录，10月中旬，大公听说"其他地方的医师学院向他们的君主建议了治疗方案，还请求下令帮助那些贫穷的患者，以安抚民心"，因此，大公也要求佛罗伦萨的医师学院"通过解剖尸体来弄清楚疾病的性质，还要听取在隔离医院工作的内科和外科医生的报告"。大公希望通过这种方式督促当地医学界除了撰写关于这种传染病的理论研究报告之外，更要通过实际观察和医务人员的亲身经历来深入地研究疾病的本质，进而为政策制定和疾病治疗提供更可行的建议。[101]

大公还要求他们与卫生委员会进行实质性合作，确保有足够多的医护人员能到岗工作。为此，医师学院列出了一份清单，里面包括托斯卡纳公国29座城镇内可以找到的共80名内科医生和86名外科医生。[102]在佛罗伦萨，医师学院也确定了一些可以去各个隔离医院和隔离中心工作的医生。卫生委员会大臣富尔维奥·朱贝蒂明确了这些医生应具备的资质："他们必须要经过培训，经验丰富，心智成熟，还要熟知具体疾病的病因和临床表现，了解通过何种途径能治疗并根除某种疾病。"[103]为此，医师学院还特意指定了一些杰出的医生，其中有5人直接为大公服务，另有5人则专门负责治疗"城内那些没有感染鼠疫迹象的患者"。这些医生中，有两位确实称得上是"专家"，他们分别是安东尼奥·佩利奇尼和斯特凡诺·罗德里克·德·卡斯特罗。此二人在疫情期间分别写下了两篇核心的医学文献，斯特凡诺同时还在比萨大学医学理论学系担任重要教职。[104]

疫情初期，佛罗伦萨的每个区都配有自己的医务人员，包括1名内科医生、1名外科医生，以及负责配制必要药品的药剂师。虽然可能会被病人拒绝，但他们的任务就是"要治疗那些必须接受治疗的人"，而且不收取任何费用。[105]当时，外科医生受到了严格监督，因为他们很可能试图从患者那里谋私利。这些监督分别来自富绅、内科医师和药剂师，前者负责监督各区卫生法令的执行情况，而后两者会陪同外科医生视察受感染的房屋。[106]从第七章对相关违规行为的法庭审判的分析可以看出，政府对这一环节的谨慎和严格态度是十分必要的。在这些案件中，一些外科医生被指控收受贿赂，向政府提供错误的病情和死因诊断，导致某些患者并未被送往隔离医院，一些死者也没有被埋葬在城外的瘟疫墓地中。

疫情期间，医生们应该独自居住生活，以避免将瘟疫毒气传播给同居之人。他们的房屋门前挂有一个凯旋门形状的标志，上面清晰地写着"卫生委员会医生"字样。医生必须要穿上全套的瘟疫防护服才能出诊，这也是近代早期瘟疫医生给人留下的经典印象（见图6）。这套服装的设计很符合当时人们对鼠疫防护的认知——上过蜡的皮革外套，遮盖住眼睛的镜片，皮手套以及遮住全脸的面罩，这些都能防止吸入已被污染的空气——既是这场疫病的根源，也是其传播的途径。著名的喙状面具中还装有药草，可以对鼻腔吸入的空气进行消毒和净化。

所有医务人员都会得到一定的报酬。内科医师每月30斯库多，外科医生每月15斯库多，药剂师每月10斯库多。[107]到了秋天，随着疫情的恶化，隔离医院招募医生愈加困难，有些医生死了，有些逃走了。为了挽留那些剩余的医生，医院不得不支付高昂的费用，内科医生每月的薪水涨到了80斯库多，外科医生涨到了40斯库多。[108]即便是佛罗伦萨各区的医生，其工作强度也很大。10月中旬，医师学院向卫生委员会申请减轻2名医生的工作强度。最终保罗·菲利罗莫拉医生得到了大公的特别豁免，但弗朗切斯科·弗兰泽西就没那么幸运了。尽管他已经为卫生委员会工作了数月，但当时还没办法让他休息，因为根本没有人愿意且有能力接替他的位置。[109]

在同一天，大公还写信继续向医师学院施压。他在信中强调说，自己非常关心"在当前鼠疫肆虐之下臣民们的身体健康"。此外，他还认为"治疗病人主要应由医生负责"。大公要求医生们立即召开一次全体会议，"讨论可以对患者采取的所有治疗措施。不仅要治疗好他们，还要让那些已恢复或一直无恙的人保持健康"。[110]大公如此强调局势的紧迫性，也表明随着疫情的逐渐恶化，他对医师学院已经失去了耐心。他寄希望于那本从威尼斯获得的《警示录》能够给佛罗伦萨医师学院的医生们一些启发，让他们想出一些新的治疗方法，"我们正在下发威尼斯人写的《警示录》，在必要时会采取其中的做法"。[111]

卫生委员会法规自1630年8月开始实施，其中重申了所有医生都应遵守的基本准则——只有内科医生可以开"口服药"，而外科医生只能用油膏和药膏治疗外伤。[112]在疫情的这一阶段，所有药物均由新圣母马利亚医院提供，不过法规起草者还向卫生委员会建议，医生们应追踪医院的药物去向，以避免"无穷无尽的药物支出"。[113]9月份，城内的药剂师向卫生委员会递交了一份请愿书，里面强调说用"牛黄石制成的药物"库存尚充足，"而这种药物的原材料则更加充足。此外还有约200磅的'抗毒油'（*olio contro veleni*），约2000磅的解毒药膏（Theriac）和足够量的耐毒药剂（Mithradatum）"。[114]解毒药膏和耐毒药剂在当时被认为是治疗鼠疫的主要方法，古罗马药理学家迪奥斯科里季斯则推荐牛黄石作为"一种可靠而且特殊的万能解毒剂"，它对引发鼠疫的毒质同样有效。[115]

但到了10月份，佛罗伦萨城内的药品供应压力与日俱增。当时的药剂师已经被命令不准向城外出售药品，以保证城内有充足的药物供应。[116]1630年10月19日，卫生委员会致信医师学院，敦促后者尽一切可能提供"被认为是适合治疗当前疾病的药物"，尤其是"抗毒油"和解毒药膏。为此，卫生委员会下令让医师学院制定一份清单，以梳理佛罗伦萨各家药铺中这两种药品的库存情况。[117]

所有这些药物治疗都是为了消除鼠疫的病源——因吸入有传染性的毒气而导致的人体体液的腐蚀和溃烂。1630年秋天，斯特凡诺·罗德里克·德·卡斯特罗医生解释说，体液腐烂有不同的程度，最严重的情况就是感染鼠疫的时候，它会破坏人体的机能系统，因为"强烈的腐坏会在体内引发变质，而这正是我们人体的大敌，有人称其为毒质"。[118]医学治疗的主要目的正是通过内科和外科医生的手段来消除这种毒质。在同时期撰写的一篇论文中，安东尼奥·佩利奇尼医生总结了以下治疗方法："首先，快速清除体内毒质；其次，消除因腐坏而导致的高烧；最后，对身体上出现的溃疡、痈和横痃等感染症状进行针对性治疗。"[119]

为了达到上述治疗效果，医生最常用的方法是让患者服用药丸和口服液，至于放血、划痕和闷汗等疗法，其可取性则存在一些争议。[120]那本《警示录》的作者曾建议过闷汗疗法：将患者裹在被子里，然后将其置于火堆前，让患者"毛孔张开，排出体内毒质"。[121]实际上早在16世纪初期，就有医生建议应谨慎对鼠疫患者采取放血疗法。而一个世纪以来，从威尼斯医生尼科洛·马萨、写过《论传染》的吉罗拉莫·弗拉卡斯托罗，到布雷西亚人吉罗拉莫·唐泽利尼，以及西西里医生乔瓦尼·菲利波·因格拉西亚，都对这一谨慎态度更加坚持。[122]在1630年的佛罗伦萨，医师学院指定的医生认为，"用火烤的方式让病人出汗，对于发高烧，例如因患鼠疫而发烧的人来说"，并不是一个好主意。因为根据希波克拉底《论流行病》一书中的内容，这样做可能会害死病人。这位医生驳斥了《警示录》里提供的建议，并说"在不懂药理的情况下行医真是一件危险的事情"。[123]

这一时期保留下来的许多疗法和处方在成分构成上有许多相同之处。其中的一些处方来自大公国的制药室（Fonderia）。[124]在1630年8月中旬，大公将四瓶退烧液发给了市内的第一家隔离医院——梅塞尔·博尼法齐奥隔离医院，用于治疗病人。退烧液适用于"治疗发烧的患者，特别是恶性和传染性发烧患者"。[125]制药室还研制出了一种抗毒油和一种基于迪奥斯科里季斯的《论药物》（马蒂奥利*编辑版）一书而研制的药方。[126]当时人们也指望从传统医药中寻求良方，或引自盖伦和菲奇诺，或将药方与一些著名政治家联系起来，例如科西莫一世的一位医生曾为其配制的万灵解毒药（Theriaca Rosa），菲利波·玛丽亚·维斯孔蒂**送给科西莫·迪·美第奇的一种"预防鼠疫的糖浆"。[127]将这些药方与知名人物联系在一起，不但让它名声大噪，也是对其功效的一种背书，这和人们习惯在医学论文中引用盖伦和希波克拉底等医学权威的观点如出一辙。

前文提到，"驱走体内溃烂之火"最知名的鼠疫治疗方法是使用解毒药膏和耐毒药剂。少量使用这两种药，也能增强人体抵抗鼠疫的能力。这两种"神药"还经常与降温药（如大麦汤）和专门抵抗鼠疫"毒气"（malignity）的药物一同被写进处方中。[128]佩利奇尼医生记下了一个非常典型的处方，其中包括一些治疗鼠疫的常见成分：

水石蚕（*Radice di Scordeo*）3 打兰***
当归根（*Barbe d'Angelica*）1.5 打兰
马兜铃根（*Radice d'Aristolochia Tonda*）5 打兰
橡子根（*Radice d'Acoro*）5 打兰

---

* 马蒂奥利（Pietro Andrea Gregorio Mattioli, 1501—1577）：意大利医学家和植物学家，于1523年在帕多瓦大学获得医学博士学位。其成名作为《奥斯科里德斯〈论药物〉评注》，这部著作是文艺复兴时期关于《论药物》的标准参考书，被广泛用于当时的医学教学。

** 菲利波·玛丽亚·维斯孔蒂（Filippo Maria Visconti, 1392—1447）：维斯孔蒂家族在米兰公国最后一位正统继承人。

*** 打兰（*dr.*）：英制质量单位，1打兰=1/8盎司。

小豆蔻根（*Radice di Cardo santo*）5 打兰

山羊豆根（*Radice di Capraggine*）11.3.11 打兰

厄尔巴岛的含铁黏土（*Terra sigillata dall'Elba*）11.3.11
打兰

这些成分的共同之处在于，它们都具有抵抗毒质的功效，尤其适用于治疗鼠疫。如前文所述，鼠疫被当时的人们视为渗入体内的毒质。像含铁黏土和水石蚕这类具有干燥性能的物质，被认为可用来吸收患者的变质体液。有些成分既可内服也可外用，如水石蚕，可用于制成"冲剂、糖浆、药粉以及水煎剂"。[129]

并非只有佩利奇尼和德卡斯特罗医生通过印刷小册子的方式来向民众提供关于自我保护和治疗鼠疫等方面的建议。与近代早期意大利和欧洲其他地区一样，鼠疫流行期间是各种各样出版物的井喷期，这其中既有针对统治阶层的长篇论述，也有宣传册和单页报。[130]其中的一小部分出版物收集在了《医学杂集》的一卷，从中我们也可以看出当时出版种类之丰富。[131]这里面内容最翔实的是1630年卢卡医师学院下令撰写的《防疫简要指南》。该指南的作者首先解释说，为了避免长篇论述的单调乏味，他简要总结了许多杰出学者的建议，尤其是那些"通过经验而获健康真知的人"。[132]指南中的第一项建议是"远离物媒，因为里面藏有鼠疫的毒种"，明显受到了弗拉卡斯托罗《论传染》中毒种理论的影响；第二项建议则是"让身体保持最佳健康状态，以最大程度地抵抗鼠疫侵袭"。

这些建议都是常规性的，还包括待在家中并当心带进房内的物品等。人们认为这样做遵循了盖伦的六大非自然要素*戒律，可以调节空气和体内，尽可能地保持身体健康。具体来说，人们应保持通风，适度进食和饮水，通过排毒保持体液平衡，并在感染鼠疫时采取一些广为人知的手段，如使用大公或马蒂奥洛的"抗毒油"等。[133]

第二本小册子《水石蚕用法说明》于1630年8月10日疫情初期完成，作者同样是来自卢卡的加斯帕罗·马尔库奇。[134]此外，《医学杂集》中还收录了一些传单，例如图8中这份于1630年9月11日专为佛罗伦萨的医生及药剂师行会印制的药膏处方传单。该处方配制的药膏可通过将其涂在鼻孔、手掌和足底来预防鼠疫。[135]

另一份药品宣传册（见图9）似乎是由非医学专业人士撰写，署名为"C. C. S. 骑士"。这个化名会让人觉得此人像是为了兜售药物而编造了假头衔，不过事实可能并非如此。这份宣传册由扎诺比·皮尼奥尼印制，此人也是富尔维奥·朱贝蒂编写的关于政府应采取的鼠疫应对措施的官方指南的印刷商。宣传册上还印有"上级正式许可"的字样，可能获得了卫生委员会的授权。[136]此外，皮尼奥尼自己也想推广这份宣传册，因此他向"尊敬的读者们"介绍说，他印制此解毒剂药方是为了"全人类，尤其是那些四处寻找治疗鼠疫药方的穷人们的福祉"。[137]宣传册上宣传的药品遵循当时的惯例，署名人"C. C. S. 骑士"声称该解毒剂已经被

---

* 六大非自然要素（six non-naturals）：盖伦认为人类属于开放的个体，与外在环境有着广泛关联，他将人类生存无可避免的要素，分类成空气、饮食、运动、睡眠和清醒、排泄和停滞、感情，并将这几类称之为"六大非自然要素"。

"试用和检验"过，也成功治愈了一些病人。[138]这种药物由某种粉末制成，据说可以有效地预防鼠疫，也可以用于治疗患者。宣传册上还建议应早晚各服用一次，"因为染上鼠疫后，有些人睡觉时感觉不错，早上起床时却发现身上长出脓包"，只要遵循此药方，就不会出现这种情况。一旦发病，患者须立即服用这种粉末，后服用泻药，最后再用抗毒油。抗毒油可以从大公国制药室或波尔博迪尼药铺买到。[139]

在推荐了一些另外的化痈疗法后，"C. C. S. 骑士"还警告人们不要再听信其他配方，因为最近出现了两起病人因服用那些配方后致死的情况。[140]第一位死者是一个"身上长满虱子的人"，他听信偏方，通过食用大量的大蒜和洋葱来预防鼠疫。他每天早上要吃三头大蒜，并喝一大杯葡萄酒。当他的尸体被发现时，身上已经长了些脓包。第二位死者是洗礼堂的一名年轻风琴师，他试图吞下大量的解毒药膏和葡萄酒，死的时候身上也有脓包。这个故事告诉我们，即使"药物质量上佳，过量使用也会中毒"。[141]

"C. C. S. 骑士"的这份药方还反映出了一个事实，即虽然内科医师、外科医生和药剂师在专业技能上有明确的划分，但医师学院也为一些特殊情况开了绿灯。也就是说，某些不具有正式从医资格的从业者可以提供秘方来治疗一些疑难杂症。[142]疫情期间，为了快速找到治疗方案，医学专家们都承受着巨大压力，医师学院因此也不可避免地对一些规章制度做出了调整。[143]1631年8月30日，医师学院收到一封来自蒙特基的外科医生弗朗切斯科·达斯卡尼奥·凡切利的请愿书，请求学院特批准他可以对患者使用自制的"抗疫排毒糖浆"。为了获得医师学院的信任，他还特意强调自己曾经在拉斯特拉-阿锡尼亚做了14年的外科医生。经过核查，医师学院在9月26日致信大公，建议向该种糖浆颁发特殊许可。他们也意识到，有时病人在治疗失败后，会不顾一切地求助于一些土偏方。据记载，当时许多医生都对这种糖浆进行了检查，最后得出的结论是，其中不含有害成分，且"在医院和其他地方都产生了不错的效果"。这位弗朗切斯科医生在一份宣传册上记录了排毒糖浆的使用方法和已经被治愈的37名患者的姓名，他们分别来自拉斯特拉和圣马蒂诺-阿冈格兰迪，已被证实从"肿胀、脓包、痈和瘟热"中痊愈了。[144]

当鼠疫于1633年夏天再次席卷佛罗伦萨时，彼得罗·塞蒂尼·达·比别纳也提交了一份请愿书。他也想突破既定的行业从业限制——他当时是一名药剂师，但希望从事外科医生的工作。在这份请愿书中，皮耶特罗首先称当下情况危急，因为他所在地区的所有外科医生都已经去世了。其次，他还强调自己经验丰富，不仅担任了14年的药剂师，还在上一次鼠疫期间在新圣母马利亚医院做过1年的外科医生。除此之外，他也曾在老普拉托隔离医院帮过忙，并在那里积累了很多能"造福于病人"的技能和经验。在这种紧急情况下，医师学院最终同意为他破例。[145]由于隔离医院缺少训练有素的医务人员，卫生委员会也允许医生在治疗病人时起用尚未接受过从医培训的人员。在1630年12月5日，圣米尼亚托隔离医院的院长向卫生委员会递送了一份名单，上面共有8名男性和8名女性"有资格帮助外科医生……这8名男性根据学识和经验被划分为3类"。名单上的第一位女性名叫玛格丽塔·迪·乔瓦尼·隆巴尔迪，能"像外科医生一样抽血，割脓包，因此应得到更高的薪水"。[146]

疫情迫使卫生委员会以更加灵活的方式来应对如此巨大的医务人员缺口。他们还意识到，那些住在偏远乡下的人，可能连得到民间偏方的机会都没有。在1630年8月26日颁布的一项法令中，卫生委员会称已要求医学顾问起草一份指南，指导人们用一些简单易得的常见原料用作防疫药物。[147]一开始，作为预防感染鼠疫的措施，医生建议人们在早上抹上解毒药膏并"在身上涂抗毒油"。后来他们意识到，这些药物治疗的方法可能不切实际，因为对于农民而言，这些药物不但昂贵，而且在农村地区也买不到。之后，他们便开始建议农民食用"核桃、无花果干和芸香"。对于病患，应让他们吃"一杯5盎司的岩参酱，或者是非常热的山羊豆，这样他们可以捂住身体排汗"，"因为发汗是最好的疗法"。这些都是内科医师推荐的办法，外科医生则提供了一些能自己处理"肿胀、疖子和痈"的方法。比如，用加热过的杯子或烤制过的白色洋葱碎将脓肿处的有毒物质吸附出来。疖子和脓包应用蓝盆花处理。若要剔除疮痂，应先在创口上面涂满鸡肉酱，然后用剃刀把它刮干净，最后再在上面涂解毒药膏。如果要处理痈，最好的办法是在上面涂满带有种子和果皮的石榴汁。

医师学院的这些自救建议也表明，鼠疫处方中有很多常见的原材料。成分复杂的鼠疫处方，比如解毒药膏和耐毒药剂，其实成分与上述防疫药物一样，只是特意为有钱人添加了一些昂贵或奇特的成分。[148]真正能让医师们产生分歧的问题似乎是病人应不应该，或者应该在多大程度上，采用体外排毒、用刀划开皮肤上的脓肿，甚至是放血这类疗法。

以上皆表明，民众和官员总体上始终对医务工作者抱有很大的信心。不过令人颇感惊讶的是，在有关佛罗伦萨的历史记载中，似乎并没有针对民间偏方或无证行医的抱怨，而这在其他近代早期的城市，如罗马、威尼斯和伦敦的历史记载中是很常见的。[149]从当时一些庭审记录的证人证词中也可以看出，佛罗伦萨的普通民众对于盖伦派医学的术语和基本原理已有一定的了解，这也是现如今研究近代早期意大利医师学院和医科学校的热门主题。例如从詹娜·波马塔和大卫·真蒂尔科雷的研究中我们得知，一些申诉书在陈述医生渎职或未正确处理好医患关系时所用的语言，显示出这些人对于人体体液的工作原理和某些疗法的预期效果都有基本的了解。[150]

卫生委员会需要医务人员为民众提供医疗服务，但同时也密切监督着他们的行为。除了由卫生委员会正式任命的医生外，其他任何想在疫情期间行医之人，都必须获得卫生委员会的特殊许可。对于那些自己患病但希望在家接受治疗的医生来说，情况也是如此。以乔瓦尼·孔福尔蒂纳里医生为例，他住在圣雅各教堂后面的一栋房子里，于11月7日获得准许"可在家治疗，因为他独自居住在一所大房子里，有足够多的仆人能照看他，法贝里医生也可以去查看他的病情并对他进行治疗"。[151]在这种情况下，即便孔福尔蒂纳里医生出现了鼠疫的症状（尽管文中没有提到），但他有一所宽敞大房子且独自生活的事实，足以使他可以不被带到新圣母马利亚医院（若患有"一般疾病"）或者隔离医院（若疑似感染鼠疫）。这是另一个在鼠疫期间对富裕阶层特殊照顾的例子。

11天之后，上文提到的法贝里医生不幸被卷入了一场诉讼中。尽管他有行医资格，但他并没有完全遵照卫生委员会的规定。根据卫生委员会的资料记载，"有传言称，两位治疗鼠疫疑似病例的专家——弗朗切斯科·弗兰泽西医生和萨卢斯特里·法贝里医生在药铺和其他地方违法行医。他们和其他人聚集在一起，根本没有考虑这样做的后果，并且是在没有知会或取得卫生委员会长官许可的情况下治疗病人"。因此，卫生委员会命令他们立刻停止这类行为，务必遵守正常的工作流程，及时上报每一例检查过的病患。[152]

这种情况之所以发生，也可能是因为弗兰泽西和法贝里医生忙于回应病人的需求而忘记及时向卫生委员会通报。1631年2月23日晚上6点，负责给关在家中的市民分发补助金的尼科洛·多尼向卫生委员会报告了一起全城隔离期间发生的悲剧事件，起因也可能类似：

> 在诺瓦·达·圣保罗街176号发生了以下情况：
> 一位产妇分娩了14个小时，胎儿已经死亡并且一半身体露在母体外。助产士们认为需要进行手术，但是她们找不到一个能来帮忙的外科医生。更糟糕的是，没有该区的外科医生塞巴斯蒂亚诺·马涅里的"证明信"证明该产妇未患有"传染性疾病"，奥格尼桑蒂教堂的神父拒绝给她行圣礼。这个可怜的女人正面临着肉体和灵魂的双重折磨，我们直到现在都找不到任何外科医生或神父来帮助她。[153]

这场悲剧提供了诸多层面上的信息。首先，即使整个佛罗伦萨城都在隔离中，但助产士仍可以照常工作，不过她们可能也需要从卫生委员会获得特别准许才能离开家。其次，无法找到外科医生，可能是因为他们此时忙得不可开交，但也有可能是他们不愿意参与孕妇分娩的过程，分娩的死亡率更大，医生或因此背上恶名。神父拒绝插手可能是想严格遵守卫生委员会的规定，但他不愿履行教区职责向产妇施圣礼也体现了此人的怯懦。当时大主教给各教区神父下达过指示，要求他们即使担心自己的生命安全，也绝不能拒绝给病人和疑似染上鼠疫的人行圣礼或聆听他们的忏悔。[154]

针对外科医生的法庭诉讼案件显示，这些外科医生也并非总会拒绝医治，尤其有经济利益引诱时。还有一些人会利用鼠疫危机非法谋利。例如1631年秋天，官方起诉了切萨里诺·科维里和维托里奥·杰里两人，指控他们为收取钱财而故意误诊，好让某些鼠疫患者不被送去隔离医院，或某些死者不被埋在特殊的葬坑中。11月14日，卫生委员会又收到一封匿名告发信，信中也反映了上述问题，直言"要检举卫生委员会雇用的外科医生和医师们的卑鄙伎俩"。[155]

维托里奥·杰里是被任命到圣安布罗焦区负责检查疑似病例的外科医生。他于11月19日开庭受审，法庭对他谋取私利的肮脏行径及不检点的私生活提出了指控：

> 他经常在没有陪同的情况下前去检查探视，让人们感到很不安。维托里奥在17日探视了一个名叫多梅妮卡·迪·卡森蒂诺的妇人，她和染工保兰托尼奥一家住在圣母路上的同一栋房子里，她住在三楼。维托里奥让多梅尼卡站在楼梯顶部，然后掀起她的衣服，就这样对她进行检查。随后，他写了份报告，妇人就被送到了圣米尼亚托隔离医院。之后，他又去拜访了保兰托尼奥的妻子，将手放在她的乳房上，拥抱并亲吻了她，还跟妇人说想与她做爱。染工的妻子拒绝了他，大喊"我会告诉我的丈夫"，然后竭力从他手下逃走了。[156]

本书第七章将会进一步讨论各种有关违反公共卫生法规的指控，外科医生的品行不端将会是其中的一个重要主题。当时，卫生委员会一直在监督医疗从业者的不当行为，实际发生的案件并不是很多。总体而言，整个防疫抗疫系统运作良好。[157]

　　本章主要探讨了在疫情初期，佛罗伦萨如何通过完善公共卫生体系来"拯救城市机体，医治穷人身体"，以及医生在治疗病人的过程中所起的核心作用。在下一章，我们将把目光转向鼠疫的传播和影响，也会研究在整个疫情期间，随着疫情的先恶化、后减轻，直至1631年夏天彻底消失（尽管1632—1633年短暂复发），政府是如何应对疾病和死亡所带来的诸多挑战的。

第四章　鼠疫与隔离措施的影响

本章前半部分将暂且不继续讨论防疫措施的发展变化，转而关注这些措施的具体影响、有效性及其在实施过程中的一些相关问题。前文提到，卫生委员会的总体防疫方针是将健康居民与病人和死者隔离开来，以防止鼠疫的传播。因此，本章第一部分将探讨佛罗伦萨占地面积较大的圣洛伦佐教区内鼠疫患者的空间分布，以了解教区内的具体感染情况。本章的第二部分将讨论卫生委员会在面对不断上升的鼠疫死者数量及其他相关问题时所采取的解决方案。

对这两部分的研究主要集中在疫情的前4个月，也就是1630年9月—12月，在此基础上，本章后半部分将对佛罗伦萨实施的一项新的全面隔离政策展开分析。

鼠疫的蔓延与影响

在谈及鼠疫对佛罗伦萨的影响时，当时的民众大多往往会不由自主地将鼠疫与贫穷联系在一起。回顾前几章内容我们不难发现，类似的观点在卫生委员会法令、医学著述和非医学类记录中也都有明确体现。疫情结束后，弗朗切斯科·龙迪内利这样描述市内受鼠疫影响最严重的地区：

> 佛罗伦萨城内疫情最严重的地方是城区的边缘地带，那里也是穷人居住的地方。其中最惨不忍睹的是从圣安布罗焦教堂到克罗切城门的那条街，它也是唯一一条被封堵的街道。那条街上约有600人死亡，还有约130间房屋被封锁。其他疫情严重的街道还包括戈拉街、普拉托街上的新建住房区、圣皮耶尔·加托里尼路、圣扎诺比街，以及圣洛伦佐教堂后面的德代斯卡街。[1]

这些街区大多靠近城门，鼠疫很可能正是从那里传入城内的。伯尔·利奇菲尔德研究了1630年秋天佛罗伦萨全城鼠疫患病率和死亡率的地区分布。[2]他的研究表明，尽管有些地方（如圣安布罗焦教堂和圣洛伦佐教堂周边）遭受了严重影响，但城内的其他地区（如阿诺河南岸的圣斯皮里托区，但不包括其中的卡马尔多利地区）所受影响有限。这意味着我们不能简单地将贫穷和鼠疫直接联系起来，尤其是考虑到阿诺河南岸地区在早先14、15世纪的鼠疫大流行中曾是受影响最严重的地区之一。[3]在将疫情数据和1632年人口普查联系对比之后，利奇菲尔德总结出了这些受鼠疫侵袭最严重地区的社会经济特征。他发现，较高的死亡率和较贫困阶层居住的街道之间确实存在着密切相关性，这些穷人往往挤在一起居住，从事纺织品贸易之类的行当。

根据利奇菲尔德的研究，圣乔瓦尼区是当时疫情最为严重的主城区之一。他关注了圣乔瓦尼区的两个主要区域：第一个是位于其西侧、圣洛伦佐广场以北的区域；第二个则在东面，包括圣克罗切和圣安布罗焦教区。在1630—1631年疫情期间，佛罗伦萨被重新划分为六个不同的城区，取代了之前四城区的划分。这样，新圣乔瓦尼区的外围就更靠近圣洛伦佐教区，而圣克罗切教区和圣安布罗焦教区也从之前的圣乔瓦尼区划出。接下来，我们将集中讨论鼠疫在圣洛伦佐教区是如何蔓延开来的，并进一步探讨教区内疾病、死亡与社会经济和环境之间的关系。

圣洛伦佐教区较高的死亡率很可能与鼠疫的传播路径有关，鼠疫自北向南一路传播到博洛尼亚后，最先通过佛罗伦萨北面的圣加洛门进入佛罗伦萨城内，然后在圣乔瓦尼区蔓延开来。地图4.1和地图4.2显示了疫情高峰期的三个月内（1630年10月—12月）圣洛伦佐教区各个街道的鼠疫病发率和死亡率。这项数据来自卫生委员会的两份登记簿，上面记录了因出现一名或多名患者而被封锁的房屋清单，其中的确诊患者被慈爱会送去隔离医院，死者则直接埋在城外的瘟疫墓地中。[4]

地图4.1显示，即使在教区内部，不同街道的受感染程度也存在很大差异。一些中心街道受到重创，而其他较外围的街道受到的影响甚微，甚至没有登记在册的病例。这表明，在实施了严格的公共卫生法规之后，疫情的传播得到了有效遏制。在这三个月的疫情高峰期内，每条街道上的鼠疫死者分布（地图4.2）与疫情传播范围的地理分布密切正相关，这说明官方确实及时有效地发现并转移了鼠疫患者。有趣的是，感染人数较少的的三条街（罗代街、拉诺切路和奇阿多街）在秋天没有任何死亡的记录，这些地方可能直到12月底才出现了病例。

卫生委员会保存下来的另一份登记簿能帮助我们进一步分析鼠疫的传播情况（地图4.3）。这份登记簿虽不如上一份那般详细，

**地图4.1 1630年10月—12月
圣洛伦佐教区感染鼠疫人数的街道分布**

但其中记录的内容时间跨度更长，从1630年10月直至1631年9月底疫情结束之时。[5]大体而言，1630年秋季感染人数的街道分布基

---

* 码：1码=0.9144米。

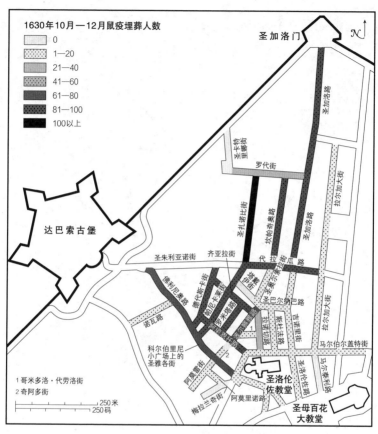

地图4.2 1630年10月—12月圣洛伦佐教区鼠疫埋葬人数的街道分布

本代表了当年全年的情况。从中可以明显看出，一旦鼠疫开始在某条街上传播，它在一年内都会潜伏在那里，并逐渐在房屋之内以及沿街的房屋之间传播，而不是向外扩散。圣扎诺比街在整个疫情期间一直有感染病例，与其相平行的其他几条街道，如坎帕

地图4.3　1630年10月—1631年9月
圣洛伦佐教区鼠疫感染人数的街道分布

奇奥路和圣加洛路，则是逐渐被鼠疫侵蚀的。圣扎诺比街南侧的帕尼卡莱街和罗米塔路也是这种情况。

　　为进一步研究各街道之间感染情况的差异，我们需要再次参考第二章中的图表2.1。该图表向我们展示了教区内每条街道上的感染情况，图中数据来源于官方的卫生调查结果。其中，圣扎诺比街共上报了161例疑似病例，这一数字远远高于周围的其他街道。有8条街道的疑似病例在60—69人之间，2条街道的疑似病例在50—59人之间，1条街道的疑似病例为45人（佛利尼奥路），5条街道疑似病例在10—29人之间，疑似病例少于10人的街道共有21条，另外，还有6条街道没有疑似病例上报。尽管很难推断产生这些差异的根本原因，但我们可以尝试分析造成这一局面的可能性影响因素。[6]

第二章的研究结果表明，尽管居住条件和感染人数之间存在一定联系，但从统计学的角度而言，相关数据还不足以佐证不卫生的环境是导致感染鼠疫的主要因素。1630年8月圣米迦勒修道会对床垫和污水坑的卫生调查结果也证明了这一点。不过，当时的人们还认为，感染率可能与居民住房类型和职业有关。为了进一步探究这其中的关联性，我们也尝试对当时每条街道的地形和社会经济特征进行复原。将斯特凡诺·邦西尼奥里于1584年绘制的佛罗伦萨地图和1832年历史上第一张真正意义上详细准确的城市地图（源于同年的地籍调查）做对比，可以最大程度上重现当时的城市地形特征。首先，通过对比两份地图，我们可以获知街道和建筑物的近似尺寸；然后，根据1632年佛罗伦萨人口普查的数据，将财政文件中所列出的实际房屋数量与1584年和1832年两幅地图中都呈现的房屋位置联系起来。[7]需要注意的是，虽然1632年人口普查提供了大量数据，但在讨论鼠疫发生前各个街道和社区的社会经济特征时，我们要非常谨慎地引用和解读这些数据，因为1632年人口普查的对象是疫情结束后的幸存者。虽然这些信息可以大致体现出教区内居民的家庭类型和职业，但关于鼠疫暴发前每条街道上的人口数量并没有可靠记录。

受疫情影响最严重的街道（感染人数超过50）主要分布在南北两个街区（见图11）。北区由3条相互平行的街道组成——圣扎诺比街（感染161人）、坎帕奇奥路（68人）和圣加洛路（68人），且3条路的南端都与代拉瓜路（69人）相连。在教区南部、圣洛伦佐教堂以北，是另一个由6条街道围成的街区，其中有4条相互平行——德代斯卡街（60人）、帕尼卡莱街（66人）、罗米塔路（66人）、波尔察雅路（57人），这4条街道向北与齐亚拉街（63人）相连，向南与阿里恩托路（62人）交会。另一条与齐亚拉街和阿里恩托路相平行的是科尔伯里尼小广场上的圣雅各街（59人）。如地图4.1所示，这两个街区距离很近，但彼此之间存在明显差异，与北区相比，更靠近圣洛伦佐教堂（也就是佛罗伦萨旧城中心）的街道更加拥挤狭窄（见图11）。因此有些街区，例如圣扎诺比街和坎帕奇奥路，鼠疫患者和死亡人数与住房密度高的街道的相关性更强，而在其他街区，这种相关性并不明显。我们将通过分析以下3条街道的特征来对此进一步探讨：北面的圣扎诺比街，南侧的罗米塔路，以及圣加洛路向南延伸的吉诺里街——这条街相对而言受鼠疫影响较小。

如第三章所述，住在吉诺里街的乔瓦尼·巴尔迪努奇在10月20日的日记中记录了他对鼠疫正在街上蔓延的恐惧，因为他就住在街上已被封锁起来的4间房屋附近。[8]这条街是教区内最富丽堂皇的街道之一，坐落着数座大型贵族宅邸。[9]根据1632年的人口普查，住在这条街上的大多是名门望族，他们的仆从远多于普通家庭。[10]这条街几乎没有受到鼠疫的影响，仅仅上报了7例患者。总的来说，当时的人们几乎很少看见贵族丧命的情况，即使出现死亡病例，也大多是他们家中的仆人。[11]贵族阶层死亡率较低的原因可能是他们中间有些人已经到乡下别墅中躲避，或是把自己封锁在城内的宅邸里。因此，与那些不得不在城内四处奔波谋生的穷人们相比，这些贵族与外界接触的机会很少。

　　和拥有宏伟石砌建筑的吉诺里街相比，圣扎诺比街的鼠疫病例更多（161人）。虽然这条街道更长，但房屋密度也很高。吉诺里街只有52栋房屋，而这里共有180栋房屋。[12]人们从事的职业也大相径庭，与吉诺里街的贵族气息完全不同，圣扎诺比街居民多从事纺织品生产相关行业。根据1562年和1632年两次人口普查的信息，这里的许多居民在羊毛和丝绸业从事一些低级的非技术性工作。[13]对罗米塔路的鼠疫数据分析后发现，一旦鼠疫开始在某条街上蔓延，那么这条街上的感染人数和住房密度之间的关联就增强了。与圣扎诺比街类似，长期以来，罗米塔路（也就是今天圣安东尼诺街的北段，在吉诺里街的西侧）的居民主要从事纺织品贸易。在这3条街中，罗米塔路是最短的，共有33栋房屋，每栋平均有2例疑似病例，这要高于圣扎诺比街平均每栋1.12例的患病比。[14]罗米塔路的房屋所占地块狭窄，住房密度高，这正是鼠疫迅速蔓延的重要原因。

　　鼠疫感染率与街道空间特征之间的这种相关性表明，并非同一地区的所有街道都受到了同样的影响。即使是两条相邻的街道，其感染率也有可能大不相同。比如相平行的圣扎诺比街和坎帕奇奥路（今天的瑞帕拉塔大街），前者的感染人数（161人）几乎是后者（68人）的2.5倍。既然两条路在位置上相邻，那么究竟有哪些空间因素可以用来解释鼠疫的不同影响呢？首先，在长度上，坎帕奇奥路比圣扎诺比街短，因而房屋沿街面积更小（坎帕奇奥路少17%）；其次，在1632年的人口普查中，圣扎诺比街的房屋数量（180栋）比坎帕奇奥路（106栋）要多得多，这就导致前者房屋之间的平均距离（4.5米）低于后者（5.5米）。

这些街道的对比结果表明，一旦鼠疫侵入某条街道，房屋密度就可能成为影响鼠疫传播的重要因素，因为在这样的街道上疫情更容易在户与户之间传播开来。整个疫情期间，无论是诉讼书还是证人口中的坊间传闻，都印证了这一假设。比如11月17日，丝绸织工乔万巴蒂斯塔·迪·扎诺比·卡罗西在接受审判时这样说道：

> 我和妻子住在斯卡拉大街尽头的一间公寓里，楼下住着寡妇利萨贝塔女士，她在我被带走的前一周的周四就去世了。第一间公寓里住着寡妇马达莱娜女士，中间的两间房子里住着寡妇戈斯坦萨女士和南尼纳女士，戈斯坦萨还有一个叫马达莱娜的女儿。戈斯坦萨大约四天前就病了，我把她的情况汇报给卫生委员会，随后来了一位傲慢无礼的人检查她的情况。这个人没有胡子，似乎是叫切赛里。他把寡妇送到了圣米尼亚托隔离医院，把她的女儿送去了圣奥诺菲利。[15]

乔万巴蒂斯塔的证词说明，他住在一栋有数间房的多层楼房中，里面住着很多贫穷的寡妇，鼠疫也正是通过她们迅速蔓延开来。首先是住在乔万巴蒂斯塔楼下的利萨贝塔患病去世，然后疫病又传到了中间楼层。患病的戈斯坦萨被送去了隔离医院，而住在同一层的南尼纳则被发现"躺在公寓地板上"死了。和利萨贝塔一样，她也被埋在了城外的瘟疫墓地。在开庭审判的时候，住在这栋楼房里的7个人中已有2人丧命，还有1人生着病。乔万巴蒂斯塔被捕是因为他被发现离开了屋子，而根据卫生委员会的规定，他本应将自己隔离在屋中。但他坚称自己是无辜的，并辩解说，医生告诉过他，因为他住在单独的一间房里，所以可以自由离开。[16]

鼠疫集中暴发在某些特定住所和街道的现象，在一些有关近代早期流行病的其他研究中也得到了印证，比如保罗·斯莱克对布里斯托尔的研究，罗杰·斯科菲尔德对德文郡的克里顿小镇的经典研究，贾斯汀·钱皮恩对伦敦鼠疫的研究，以及圭多·阿尔法尼和塞缪尔·科恩近期发表的有关诺农得拉（摩德纳城外一处重要的农村社区）的研究。[17]这些研究不仅证实了个别家庭和瘟疫之间的联系，还对一些特定房屋和居所内的疫情传播情况进行了非常清晰的分类整理，它们都有助于解释为何在同一社区内死亡率仍会存在差异。

在诺农得拉，死亡率较高的地区往往分布在城门附近。对佛罗伦萨的分析得出了同样的结论，圣洛伦佐教区和靠近佛罗伦萨东面克罗切城门的圣安布罗焦区，这两地的死亡率相对更高。此外，对近代早期瘟疫的一系列研究表明，越贫穷的教区死亡人数越多，无论是在1523年的米兰，1560—1665年的伦敦，还是1665年的诺农得拉，都一贯如此。[18]尽管总体上来说，正如龙迪内利所指出的，这一结论也适用于1630—1631年的佛罗伦萨鼠疫，但并不是所有贫穷的教区都被感染了。圣洛伦佐教区体现了疫情的这一传播模式，一般而言，较富裕的街道（如吉诺里街）更可能幸免于难，而拥挤不堪且居住密度较高的街道则会有更多的感染和死亡人数。

至于疫情的传播是否与市内某些特定家庭之间存在某种联系，我们尚无法得出结论，因为佛罗伦萨现存的历史数据大多是来自街道层面而非个人层面。[19]但其他可能导致疫情在某个地区蔓延的因素也确实值得我们进一步研究，尤其是住户、房屋和街道间的社会关系网络与社交模式。当时的人们也意识到了这一点，例如卫生委员会就盯上了那些"不合时宜"的人和事件，当时的审判记录也对此有所体现，我们将在第七章进一步探讨。[20]届时我们可以发现，被捕的大多数人都是因为去了本不该去的地方，要么是在宵禁或全城隔离期间上街，要么就是从事与布料生产和销售（尤其是二手衣服）相关的行业。在其他情况下，有些人被捕则是因为他们的经商活动导致了人群聚集。有11名旅店老板因为没有遵守规定，在疫情期间继续营业而受到了惩罚。有的旅馆内有住客病亡，一旦同住的客人离开旅馆，继续他们的日常生活，后果就不堪设想。1630年11月中旬在提托洛托旅馆就出现了类似的情况（详见第七章）。酒馆老板也引起了官员的担忧，尤其是那些疫情期间仍然为客人提供饮酒和娱乐服务的人。还有一些食品供应商，如面包师等，可能无意间就成了附近居民生活的中心点，因为人们要定期去那里购买面包。贾斯汀·钱皮恩在其对1665年伦敦鼠疫的研究中，认为死亡的蔓延与酒馆、小餐馆和食品供应商的分布的确存在着相关性，但这一领域仍须更深入地研究。[21]

上述论述主要聚焦于鼠疫在街道层面的影响，接下来，本章将会着重探讨佛罗伦萨为掩埋大量死者而设计的鼠疫埋葬系统及其在实际运行中遇到的一些问题。在整个疫情期间，鼠疫死者的埋葬问题是佛罗伦萨亟须面对的另一严峻挑战。

应对死亡

1630年8月9日，住在贾尔博大街（今孔托塔大街）一栋房子里的玛格丽塔·迪·弗朗切斯科·阿尔托维蒂·达·韦尔尼奥被慈爱会按照非可疑病例埋葬在上面提到过的教堂

（圣阿波利纳雷教堂）。但第二天，有人看到她的两个孩子被带走了（这两个孩子后来死了）。之后，在卫生委员会的指示下，他们被埋在了新圣母马利亚医院的墓地。

同一天，也就是8月10日，住在布里加街角的皮匠文森迪奥的两个儿子安东尼奥和巴托洛梅奥也死了。他们的尸体被运到新圣母马利亚医院，并埋在了墓地里。墓地的葬坑有三臂深，尸体上覆盖了生石灰和泥土。之所以这么做，是因为这两个孩子被怀疑死于某种传染病。

1630年8月16日，安东尼奥·戴尔·贾尔博先生家的马达莱娜夫人和她的仆人的尸体被从贾尔博大街带走，夜里送至新圣母马利亚医院，被葬在了那里的墓地中，上面铺满生石灰和泥土，因为她们得了这种传染病。而且，当时卫生委员会尚未给其他墓地下达过指令，因此任何可疑死者都会被运至新圣母马利亚医院的墓地。[22]

慈爱会的这三条记录写于1630年8月疫情初期，那时人们尚无法确定这场流行病的性质，也不知埋葬这些死者的最佳方式。这就是他们为何被送去了新圣母马利亚医院，葬在有三臂深的葬坑中，尸体上面铺满生石灰。后来，随着因鼠疫而死亡的人数逐渐增加，尸体都被送往了佛罗伦萨的第一家隔离医院，即博尼法齐奥。那里的埋葬鼠疫死者的葬坑位于医院花园后面、朝向城墙的地方，尽可能地远离医院主体建筑。此时死亡（埋葬）人数正迅速增加。据巴尔迪努奇记载，到8月24日，平均每天有115人被埋葬。[23]后来，如第三章所述，随着死亡率的飙升，这个墓地根本不敷使用，因此官方在城门外新挖了一些专门用于埋葬鼠疫死者的葬坑。神父们会陪同运送这些尸体至葬坑处，让"安葬"过程看起来更像一场正式的葬礼，每次收费2斯库多。[24]

把尸体埋在这些人迹罕至的墓地中导致了另一个问题——野狗会刨挖埋在葬坑中的尸体。一方面，让逝者横尸野外并受到如此对待，对他们的亲人来说实在是一种侮辱；另一方面，人们同样担心野狗可能会传播鼠疫。考虑到传播风险，当时人们对于是否允许所有动物进城展开了一场持续的讨论。[25]后来，卫生委员会在葬坑周围竖起了围栏。[26]8月26日，官方又颁布了一项法令，规定"佛罗伦萨城和城郊地区的家犬都应被拴紧并关在家里，如果有人在户外发现它们，可直接杀死，且不受惩罚"。不仅如此，官方甚至还鼓励人们这么做，屠犬者可获得1朱里奥的奖励。[27]根据巴尔迪努奇11月23日的日记，仅过去的3天，就有超过300条狗被杀死。[28]慈爱会的记录也显示，他们也曾雇用过一些男子前去屠犬。这些屠犬者可能是慈爱会的搬运工，在每天出入受感染房屋时顺便杀掉屋子里的狗；也可能是掘墓工，在挖葬坑时杀掉附近的野狗。[29]一本从1631年4月1日开始记录的账本显示，很多条目都与火绳枪和射杀犬类有关。4月22日记录如下："这些人杀死了8条狗，给他们5斯库多的奖励。罗莫洛还在克罗切城门外杀过狗，额外给他4斯库多的奖励。"[30]

集中将死者埋入瘟疫墓地是卫生委员会整体防疫战略的一个关键环节。尽管目前没有明确的与之相关的流程说明留存下来，但毫无疑问，对那些在佛罗伦萨城内去世的鼠疫患者（与在隔离医院中死亡的人相对）来说，城外的瘟疫墓地起着至关重要的作用。在疫情初期，卫生委员会强制要求，任何在城内死于鼠疫的人都必须被埋在瘟疫墓地中。巴尔迪努奇在8月24日记录道，阿韦罗内·戴尔·萨尔瓦蒂科先生因"疑似感染鼠疫"死去，身上"有一些肿胀"。尽管他出身显贵，也只能被葬在圣加洛门外的瘟疫墓地。[31]即使死者没有被诊断出感染了鼠疫，但将其像往常一样葬在所属的教区内也没那么容易。据《警示录》记载，想要正常安葬死者，首先须从该区的富绅那里得到一份证明，以确定死者是死于非传染性疾病。[32]但随着时间推移，卫生委员会一定屡次接到群众抗议，因为贵族们和"知识分子"确实享受了一些特权——他们只要遵循"规定步骤"，就能将自己的亲属葬在教区教堂的家族墓地中。[33]1633年5月13日，乔瓦尼·邦西写信向斯特凡诺·罗德里克·德·卡斯特罗（卫生委员会医学顾问之一）告知，自己的儿子安东尼奥突然死亡。在信中，他向这位医学顾问保证，自己已经按照卫生委员会的要求将尸体放置在铺有生石灰的双层棺材里，并将其埋在有三臂深的葬坑中。[34]

　　但以上这些都是例外情况。绝大多数死于鼠疫的人，要么被埋在城外墓地（如果死于家中），要么被埋在隔离医院里。而这两处地点埋葬人数的变化关系也表明，卫生委员会已经尽可能迅速地将这些鼠疫死者及时转移，随着送往隔离医院后死亡的人数不断增加，埋在城外瘟疫墓地中的人数逐渐少于前者（见图表4.1）。

　　这些丧葬数据来自一封收件人为弗朗切斯科·龙迪内利的信件，这封信被保存在当时托斯卡纳大公国驻英国公使的一组藏品中。前言提到过，英国人对意大利采取的防疫措施尤为感兴趣。[35]事实上，到了1665年英国鼠疫时，人们（尤其是伦敦人）已经开始意识到，为鼠疫死者专门修建一处墓地远胜于直接将他们葬在教区中。不过单独的隔离中心或隔离医院的概念却未被英国人广泛采纳。[36]但也有例外，伍斯特市就更广泛地启用了隔离医院，有25%的死者是在隔离医院去世的。不过根据保罗·斯莱克的估算，在1665年鼠疫期间，伦敦的5个隔离中心收治患者总数不超

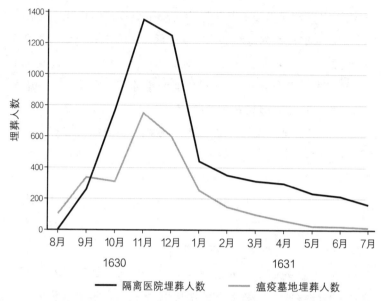

图表4.1　佛罗伦萨的鼠疫埋葬人数：隔离医院和瘟疫墓地，
1630年8月至1631年7月

过600人。要知道，伦敦直至今日都是英国最大的城市。[37]

　　图表4.1清晰地显示了佛罗伦萨鼠疫埋葬体系的运作方式。在8月疫情初期，绝大多数鼠疫死者直接被埋在城外的墓地中，这反映出人们在那时仍对这种疾病是否真的鼠疫存有疑虑。也正因如此，官方在过了一段时间后才开始建立隔离医院。这其中埋葬人数最多的是圣米尼亚托隔离医院，不过数据也包括邻近的圣方济各隔离医院、佛罗伦萨城北侧的巴迪亚·菲耶索拉纳隔离医院，以及博尼法齐奥隔离医院的埋葬人数。图表4.1显示，鼠疫埋葬体系一旦开始启动，尤其是启用圣米尼亚托隔离医院之后，隔离医院登记的死亡人数就开始上升，而埋在城外墓地中的人数则相应

下降。9月时，43%的鼠疫死者被葬在了隔离医院，其余的57%葬于城外墓地；而到了10月，这种占比就颠倒过来了，有71%的死者葬于隔离医院，只有29%的人葬于城外墓地。这一趋势在随后数月一直延续。

佛罗伦萨隔离医院（而不是城内）的死亡人数占总死亡人数的67.5%，这一比例要高于许多意大利北部和中部城市。在这次疫情期间，皮斯托亚的隔离医院死亡人数占比（66%）与之相近，但附近普拉托（27%）的情况就有所不同。类似地，在1656—1657年鼠疫期间，罗马隔离医院内的死亡人数也占到了61.8%。[38]在1575—1577年那场极为严重的鼠疫期间，威尼斯隔离医院中的死亡人数占总死亡人数的41%，而在帕多瓦，这一比例介于24%—30%。当鼠疫在1630—1631年再次席卷威尼斯时，这一比例却降到了15%。对此，简·史蒂文斯·克劳肖解释说，这是因为一年内增加了大量患者，但隔离医院的收治能力却已经接近饱和。[39]

尽管当时有些人强调隔离医院混乱无序，里面的病房也拥挤不堪，但人们还是普遍相信隔离医院对患者和整个城市而言都大有裨益。事实上，就像我们将要看到的那样，对近代早期的佛罗伦萨以及其他意大利城市而言，这种信任是这些医疗机构能在鼠疫防治中起到核心作用的基础。佛罗伦萨的相关数据表明，这一整套诊断病人、运送患者以及埋葬死者的防疫体系，在当时的确行之有效。

有关隔离医院的运作方式，病患、医护以及其他医院工作人员的遭遇，我们将在第六章展开详细讨论。不过值得一提的是，当时一位不具名的评论家对隔离医院的收治能力和死亡率做过评述。他估计隔离医院和隔离中心共有12500张病床，大多由贵族阶层资助，尤其要感谢"最尊贵的费迪南德大公的慷慨无私"。[40]但根据塔尔焦尼的说法，人们对圣米尼亚托隔离医院的死亡人数存在一些分歧，有人说那里死了很多人，但也有人持相反意见。根据他的记录，10月和11月的死亡人数最多，其中最严重的是11月11日，那一天仅在圣米尼亚托就有106人死亡。[41]巴尔迪努奇在11月23日的日记中也写道，从8月到现在，已经有5000人死亡，并且（截至其提笔时）平均每天约有70人死于鼠疫。在第六章，我们会重新评估这些数据的准确性，但对当时的人来说，记录下这些数据本身就蕴含着重要意义。通过这种记录，人们可以及时了解疫情的发展变化。实际上，到了12月初，多数评论家都注意到疫情已经有所缓解。卫生委员会的数据也表明，10月和11月的死亡率的确居高不下，但到了12月初，死亡人数已略有下降。我们从第一章的图表1.1中也可以看出这种变化趋势。记录这些数据的另一个重要原因是，官方希望能借此向世人证明大公国已经成功抵御了鼠疫的侵袭。

隔离与城市

为确保感染率和死亡率继续下降，卫生委员会考虑实施一项新政策，即对所有居民实施全面隔离。12月，官方已经对部分居民实施了隔离新规，规定妇女和13岁以下的儿童须关在家中隔离，这样至少能阻止一部分人传播疫情。基于同样的理由，从7月中旬开始，博洛尼亚对妇女和儿童实施了相同的隔离政策，并在此基础上不断加强管控力度。他们认为妇女和儿童更有可能离开房间，[42]当然也可能是认为这类人群的经济生产效率较低，[43]因此没有外出活动的必要。1630年12月，官方对佛罗伦萨城部分及全面隔离期间最需要经济支持的群体展开过一项调查，现存的部分调查结果也反映出这类群体（妇女和13岁以下儿童）在经济上确实更为脆弱。这项调查结果唯一保存至今的部分是关于圣斯皮里托区的。[44]该区一直是佛罗伦萨最贫穷的地区之一，在当时全区1912个家庭中，有将近一半（44%）都收到了救济金。这份详尽的调查清晰地反映了该区的社会构成：较富裕的街区不需要救济金，比如马吉奥大街；而在该区最为贫穷的街区之一——卡马尔多利街，则有超过50%的家庭都接受了经济援助。居住在这些较贫困街区的家庭几乎都是女人当家，她们的丈夫要么生病了，要么不在本地，还有许多家的户主是穷困潦倒的寡妇（17%）。[45]迪安娜·萨尔迪·布奇对1630年夏天送往圣米尼亚托隔离医院的女性病例的来源地的分析显示，这些女性大多来自上述较为贫困的街区。[46]安·卡迈克尔对15世纪（尤其是1430年大流行期间）圣斯皮里托区鼠疫死者的地理分布也做过研究，结果表明，贫穷和高死亡率之间长期以来就有着密切联系。[47]

官方调查揭示了1630年12月佛罗伦萨居民的贫困状况。调查报告中强调，在过去几个月中，疫情让那些本已因经济衰退而陷入贫困的居民的生活雪上加霜。在当年8月进行过卫生调查的贵族对此感到震惊："在卡马尔多利街，所有（房子里的）居民都没有工作，作坊主因害怕布料传染而不再提供工作机会。如果人人都能如愿有份工作，那么政府要支出的救济金就会少很多。"[48]到了12月，当人们讨论是否应该在佛罗伦萨实施全面隔离政策时，工作和贫困问题仍然是话题的焦点。虽然实施全面隔离政策可能耗资巨大，但人们对彻底消除鼠疫的渴望也同样强烈。

疫情初期人们对这种疾病的临床表现和类别属性争论不休，

到了1630年12月，和其他城市无异，佛罗伦萨人又对是否应该在市内实施全面隔离政策展开了辩论。这涉及当时人们对政府防疫措施总体效果更广泛的看法。[49]龙迪内利详细记录下了这场关于全城隔离的讨论，并列举出了辩论双方的主要论点。反对隔离的观点有：

> 一些人谴责这种做法是有害的，因为如果将这么多人长时间封锁在充满恶臭空气的小房子里，他们很容易就会被感染……如果一人不幸感染，那么几乎肯定会传染给其他人……也有人认为，若在40天的隔离时间里充分满足穷人的所有需求，就会使他们变得懒惰并失去工作的欲望……还有人对政府竟然能够在如此长的时间内养活整座城市的居民而感到惊讶……另外还有一些人也认为隔离措施是徒劳无功的，这是一项新政策，过去没有采取类似的做法，人们也成功消灭了多种瘟疫。[50]

尽管对佛罗伦萨而言这可能是项"新政策"，不过在1630年9月，博洛尼亚实施全面的隔离政策时，也遇到了类似反对的声音。这些反对者引用了欧洲北部城市管理者的经验：

> 那些经常受瘟疫困扰的德国和法国城市，通过丰富居民膳食，严格将感染者和可疑病例隔离开来，并且将这两类人与健康民众也隔离等方式，来抵御这一灾害。他们甚至都没有考虑采取全面隔离政策……毕竟，他们是知道那些曾采取类似措施的意大利城市是遭受了多大的损害的。[51]

反对隔离的游说团体还清晰地列出了一系列医学和经济方面的论据，以支撑他们的观点。这其中就包括"污浊空气的恶臭成分会愈加滋生"的说法，这也是疫情初期人们的普遍观点。当时，所有人都认为这种疾病不是鼠疫，但这一观点强调，无论是何种疾病，腐败的空气都能成为传播疾病的媒介。在经济层面，这些反对者认为，全面隔离政策会助长穷人的懒惰，每天给他们提供食物还会产生巨额开销。

但其他意大利城市因实施隔离政策而遭受种种不幸的传言，并没有打消支持者的念头。他们称这是最好的治疗方法，"因为经验表明，传染病是因人们聚集在一起而传播的，所以通过消除直接诱因，就可以切断疾病传染的根源"。但是他们也意识到，封锁在狭小空间内会导致空气"毒性增强"，因此如果实在无处可去，居民可"在窗户旁、露台上或屋顶上呼吸新鲜空气"。[52]

龙迪内利把更多的篇幅留给了反隔离阵营，这表明他可能也并不赞成实施全面隔离政策。然而，作为记录这场流行病的史官，他不得不支持最终的隔离决定："支持隔离的人们最终获胜了。因为这一政策不但有充分的论据支持，而且也是大公的意思，他极度渴望把这种疾病从自己的国家彻底清除。"[53]考虑到龙迪内利的记述为官方记载，这样写也可能是为了歌颂年轻有为的费迪南德大公。最终，大公决定留在佛罗伦萨城内（或附近），并且走街串巷，为那些被迫要困在家中40天的可怜臣民们给予鼓励和支持，他因此在疫情期间树立了令人仰慕的美誉。

全面隔离于1月20日开始在佛罗伦萨及其周边所有地区执行，这一天也是庆祝战胜瘟疫的圣徒圣塞巴斯蒂安的节日。[54]从龙迪内利的记述中我们大致可以看到，当时多数人的自由活动立即受到了限制。他们被要求在自家房屋中待满40天，违者将公开处以鞭刑。每天会有人把食物、水和柴火送到家中,以保证他们的基本生存。然而,从龙迪内利的记载中也能看出,这其实并不是真正意义上的全面隔离,在执行过程中,人们也会因为不同的社会和经济地位而被区别对待。在隔离政策正式实施的前几周,任何在乡下有别墅的人都可以离开佛罗伦萨,前提是他们要事先通知卫生委员会并且留在那里不四处走动。[55]不过根据巴尔迪努奇的记录,当时更普遍的情况是,那些14岁以上、未领取每日食物补助的男性,只要不进入任何房子内部,都可以获得通行证在城内的街上行走。[56]巴尔迪努奇就是那些可以在佛罗伦萨四处游荡的人之一。他记录道,自己在全城隔离的第一天就被震撼到了,特别是在"看到街上和教堂里空无一人时,感到非常沮丧"。作为一名虔诚的天主教徒,尽管弥撒每日仍会在有可移动祭坛和神龛的街道上进行,巴尔迪努奇还是会因为教堂里阒无一人而悲痛万分。[57]

隔离法规对富裕人群开了许多特例,比如允许他们搬到城内或公国内的其他住所。施行隔离的第一天(1月20日),大公的一名财政官弗朗切斯科·迪·乔瓦巴蒂斯塔·奇内蒂就被准许搬进费迪南德大公在岑达屋洛街的宫殿里。[58]其他一些人也获准离开佛罗伦萨,例如著名的宫廷画师潘多尔福·萨基于1月23日获准前往梅佐蒙特别墅。这座别墅刚被红衣主教乔瓦卡尔洛·德·美第奇购入,主教委托他用壁画装饰别墅内的走廊,这些壁画也一直保存至今。[59]第二天,林博蒂·宾博蒂骑士的妻子卡泰丽娜也获准离开佛罗伦萨,前往她母亲玛丽亚·巴尔多维内蒂夫人的家中。这位夫人长期受着某种未知疾病的折磨。不过按规定,卡泰丽娜应在卫生委员会代表的陪同下坐轿子出行。显然这也是特殊情况,因为正如卫生委员会长官所指出的,这种做法违反了当时禁止妇女离开住房的隔离法令。[60]此外，巴尔多维内蒂家族的权势定是强大到足以影响卫生委员会的地步，因为廖内洛·巴尔多维内蒂在2月底获得特别许可，准许他的姐姐韦尔吉尼娅·巴尔多维内蒂和洛伦佐·弗莱斯科尔迪于3月初举行婚礼，这对新婚夫妇可以在两位贵妇人的陪同下，在圣洛伦佐教堂举办婚礼。[61]

尽管给富裕阶层"法外开恩"，准许他们离家甚至举行婚礼，但为确保穷人留在家中，官方为隔离政策的实施做了周密部署。大公任命阿方索·布罗卡尔迪对隔离政策的实施与管理进行全面监督，10年前正是这名大臣主持修建了慈善救济院。当时布罗卡尔迪以行事严谨、管理高效而著称，且不受同辈欢迎。虽然他并非出自名门望族，却受到了统治者的庇护和提拔，尤其是在费迪南德二世尚未成年时，他的母亲——大公夫人玛丽亚·马达莱娜就对这位大臣青睐有加。[62]在建立慈善救济院之前，布罗卡尔迪就支持将穷人封锁在某个固定区域。因此，他强烈赞成全面隔离政策也就不足为奇了。考虑到此人在宫廷中的权势，他可能对隔离政策的正式通过起到了决定性作用。[63]

那些被全面隔离的区域某种程度上可以被认为是更大规模的慈善救济院。很巧的是，当时德·卡斯特罗医生也把这座城市比作一家医院。[64]在全面隔离政策下，每个家庭中只有一位男性可以得到出门购买食物的通行证，所有妇女和14岁以下的儿童都必须留在家中。[65]这是一项浩大的工程，也对组织调配工作提出了更高的要求，因而政府又雇用了1100人。[66]两座大型储货仓库随后建成，一个在阿诺河以北的圣克罗切修道院，另一个在南岸圣母马利亚·戴尔·卡尔米耐修道院。这两个仓库负责向城内各区的小货栈发放物资。[67]所有区的总体管控权交给了大区总长（Caporione），此人代表大公，并有权对任何违反隔离法规的人进行处罚。[68]

　　总长下面有30位富绅受其指挥，他们在1631年1月的上半月对佛罗伦萨各区居民进行了详细调查，来确定需要供餐的人数和居住地点。这项任务定是艰巨而繁重的，因为根据当时的官方记录显示，市内总居住人口为61408人，其中有30452人符合领取救济食物的标准。[69]此外，这30位富绅还负责安排将食物运送到每区的小货栈，那些持票的人每天都会来这里凭票领取定量的口粮。不过，他们也会安排将食物送到那些妇女当家的家庭，因为她们被禁止离开住所。塔尔焦尼记录道，大公和其他人向这群富绅总共提供了300辆手推车，帮助运送食物和柴火，使穷人免受饥寒之苦。在无法通过充足的身体活动来取暖的情况下，这样做尤其必要。[70]巴尔迪努奇1月20日的日记对分配的口粮提供了更为准确的信息，其中包括面包、葡萄酒、油、肉和食盐，营养品则有香肠、茴香、迷迭香、米、蔬菜沙拉和糖果。[71]

　　巴尔迪努奇并不是负责调查居民人口和在街道发放食物的富绅之一，因此他可能是从同住在吉诺里街上的两个邻居乔万巴蒂斯塔和乔瓦尼·吉诺里那里收集到了这些信息。[72]一份当时的官方记录可以为巴尔迪努奇的记述补充更多细节，其中说道"这样下去我们可以满足隔离期间居民们的饮食需要"。[73]官方按日轮流定量发放食物和饮品，每人每天都会得到两条面包和约半升葡萄酒；每周日、周一和周四送一次肉；每周二则会发一根由纯猪瘦肉、胡椒、茴香和迷迭香制成的香肠；此外，如有米和奶酪，则在每周三、周五和周六发放；每周五还会发放混有苦味和甜味蔬菜的沙拉。这种均衡的饮食搭配是卫生委员会医学顾问安东尼奥·佩利奇尼医生的建议，实际上比穷人们之前的日常饮食要丰富得多。[74]

官方之所以向穷人发放丰富的食物供给，除了不想让他们忍饥挨饿之外，也是为了解决人们在疫情初期就意识到的另一个重要问题。当时的人们认为，穷人的不良饮食习惯导致他们体内的体液腐坏，进而散发出腐败空气，而这是最终导致鼠疫暴发的原因之一。佛罗伦萨并不是唯一一个在疫情期间给穷困阶层提供丰盛饮食的城市。1576—1577年，意大利北部暴发了鼠疫，当时的人们对米兰、帕多瓦和威尼斯等地城市当局的慷慨大方有过类似的描述。而且毫无疑问，这些政策背后也有类似的多重动机。[75]

在全面隔离期间，全市约有一半的人口都不得不留在家中，但从事某些特定行业（尤其是纺织业和食品销售）的人仍可以出门工作，前提是他们不能回家，只能住在作坊或店铺里。此外，与当时贵族的情况类似，隔离法规面向这些人也时有破例。一些其他行业的人也获准继续工作。例如，只要不会导致大量人员聚集，铁匠可以继续在作坊劳作。葡萄酒商人也可以继续出售烈酒，但不能贩卖食品。[76]一些个人也得到了许可，有三名建筑工就被允许在佛罗伦萨圣母领报大殿继续施工，还有斯特凡诺·迪·巴斯蒂亚诺·托里切利师傅获准在某间房子里工作一天。[77]不过，更多的特许被授予跟医药相关的人员，以及民间郎中（barber-surgeon）等当时工作需求量巨大的人士。仅在2月1日这一天，就有23人获准在有需要的地方工作。[78]

所有这些特例情况，无论是群体性的还是个人的，都在某种程度上反驳了反对隔离者阵营的观点。他们担心不工作可能会让人们愈加懒惰，但实际上，正如前文提到的，甚至在全面隔离前，大公就亲自安排了一些男性雇工在达巴索古堡和波波里花园从事体力劳作，并组织了一些妇女有偿纺丝和纺麻。在隔离期间，大公继续聘用这些工人，且因为天气寒冷，还给他们每人额外配置了一件深色大衣，让他们能在波波里花园进行室外工作时穿。与纺织业和食品业的从业人员一样，对于这些工人来说，唯一的不利因素就是他们必须要住在花园内而不能回家。[79]

这不禁会让人觉得，在全城隔离期间，大公的英雄形象被过分渲染了。例如，大公的兄弟红衣主教乔瓦尼·卡洛亲王在1631年3月17日写信给他们的兄弟马蒂亚斯亲王，形容费迪南德大公是在向他的臣民展示"过度的爱和仁慈，以及最崇高的灵魂"。[80]费迪南德在整个鼠疫期间一直住在佛罗伦萨附近的贝洛斯瓜尔多，他当然不必这么做。如前文所述，他不仅给穷人提供了工作，还为抵御鼠疫特别是实施隔离政策捐献了大量个人财产。与当时的许多记述无异，乔瓦尼·巴尔迪努奇着重描绘了这位年轻的大公在隔离期间如何在数位大臣的陪同下走上街道视察情况，以向穷人们表达支持。巴尔迪努奇记录道，大公与被封在房子里的人们交谈，还耐心聆听他们的需求，这"对穷人来说确实是最好的慰藉，对全世界而言都是令人振奋的模范举止"。[81]

年轻的费迪南德公开表现出对穷人窘境的关切，既遵循了美第奇大公家族从科西莫一世以来的慈善传统，也令自己在整个托斯卡纳地区美名远扬。的确如一位不知姓名的编年史家所写，"人们没有在街上看到尸体，过去疫情期间发生过的恐怖的事情这次也没有出现"。[82]

在这种情况下，我们很容易完全相信这些官方的英雄主义修辞，却忽略了全城隔离政策对居民所产生的负面影响。下面这首作者不详的十四行诗就很好地向我们揭示了人们的真实想法，他们不再对这些限制人身自由和经济活动（尤其当狂欢节暂停举办时）的新隔离政策抱有幻想：

这些狡猾的人衣冠楚楚，
他们脚穿丝袜，手拿鲜花，戴着手套，
有一千名卑鄙的医生，
还有一千位富人家的男爵。

谁不会坐享其成？
谁不会吹嘘自己家财万贯？
我们可不会给你钱，
懒骨头们，你们应该死去！

我看到了一个男人
穿着不属于他的披风，
戴着刚刚从矿中挖出的钻石。

穷人死于痛苦，而这些人却在享受：呸！
因为我如此愤怒。
唉，一个好人不能沉默！[83]

如果说一些人将自身利益和财富的获得建立在他人痛苦之上是薄伽丘《十日谈》中再熟悉不过的话题，那么疫情期间穷人们的悲惨处境则是前工业化时代所有大流行病记录中亘古不变的主题。毫无疑问，即使给居家隔离的居民们提供了食物，他们仍有非常多的不满。这也反映在违反卫生委员会法规事件的数量及类型上。对此，本书在第七章中会有详细讨论。

隔离与乡村地区

到目前为止，我们已经讨论了全面隔离政策对佛罗伦萨城的影响，但正如龙迪内利所言，这座城市始终和周边城郊地区休戚与共。卫生委员会也对农村地区的情况忧心忡忡，根据圭多·阿尔法尼的说法，意大利农村地区的死亡率可能与城市一样高。[84]因此，卫生委员会决定在城外5英里范围内的区域实施相同的隔离政策。他们还任命了两位负责人：帕内圣斯泰法诺教区的神父卢卡·米尼负责监管和城北接壤的农村地区，大教堂的一名教士尼科洛·奇尼负责监管城南以外的地区。这两人负责监督隔离政策的执行情况，并安排教区神父和当地教区长提供有关病人和农民生活状况的报告，这些报告中也须清楚记录接受治疗者、被送往隔离医院者，以及被埋葬的死者的姓名。

另一项艰巨的任务是对所有被关在家里且无法工作的贫苦农民进行统计调查，以保障他们每天都可以领到定量的救济面包。[85]从奇尼在1月28日上交卫生委员会的报告中可以看出，他们在执行这项任务时相当严肃认真：

> 如所附便笺所示，昨天清晨，我开始在4个区域为这些穷人发放面包。出于对尊贵的老爷们的敬爱之情，我觉得应亲手向穷人们分发所有东西……我填写了表格，然后把领取凭证给了他们。之后，我又仔细检查了每户家庭，以确保救济名单中不会多出任何可以自行谋生之人。[86]

尽管有奇尼的这段记述，但这项任务不可能仅由米尼和奇尼单独完成。事实上，他们把自己监管的区域分成了数个较小的片区，并将调查和分发食物的任务委派给了其他人员。古列尔莫·阿尔托维蒂·迪·利马乔在1631年1月24日的报告中就清晰地证明了这一点：

> 关于向农村地区的佃农和其他有需要的人分发面包的问题……我负责从圣尼科洛门外到阿诺河之间的所有区域，以及马埃斯特拉·阿雷蒂娜整条街，这些地方都在之前划定的5英里范围之内。具体详见附录中有关10个教区的描述，这是我们在助理神父、教堂主管和其他相关人员的帮助下编写完成的……我负责的区域每天须至少分发291条面包，费用为38斯库多和16先令。[87]

古列尔莫·阿尔托维蒂还对隔离期间需要食物救济的人群做出了详细说明："我列出的救济人口只包括佃户和那些无法自己谋生的人，比如小孩，还有某些之前靠给城里人浣洗衣物或到城里售卖货物为生的妇女们。"[88]从卡诺尼卡·迪·菲耶索莱的教区长汇编并上报的65位寡妇的名单中也可以看出，当时城郊各个地区的救济标准大体相同。[89]我们已在前文讨论过，寡妇通常是社会中最脆弱的群体，尤其是在疫情这样的危机时刻，按照隔离规定，城郊与佛罗伦萨城的所有往来全部被切断，这些人赖以生存的工作也无法继续下去。

　　这项救济行动意味着每天要发放1800条面包，可谓耗资巨大。即使在隔离期结束后，对穷人的救济也一直持续到6月中旬，但范围有所缩小，每天只给生活在佛罗伦萨城外10英里范围内的乞丐每人一条面包。[90]从1631年2月2日的这些记录中，我们可以大致了解到面包在各区的分配情况：

佛罗伦萨城外，圣乔瓦尼区附近：

塞斯托：531；菲耶索莱：602；圣斯泰法诺：2189；卡来奇：750。

佛罗伦萨城外，圣斯皮里托区附近：

贝洛斯瓜尔多：600；阿莱·罗塞：1214；焦齐：431；安泰拉：297；里波利：291[91]。

与对佛罗伦萨城情况的评价一样，龙迪内利对整个城郊乡村地区的隔离体系也是赞美有加，且将其归功于费迪南德大公的慈善鼓舞了人心。须再次指明的是，尽管不能否认大公在食物供应上的慷慨大方，但实际情况有所不同。正如教区神父、教区长，以及奇尼、米尼和其他当地官员的报告中所反映的，这种隔离对农民流动和就业的限制所带来的负面影响也绝不能被低估。这些报告中有一些令人痛心的记述，其悲惨程度简直可比肩圣米迦勒修道会成员们在1630年8月进行城市卫生调查时的所见所闻。

隔离开始后的前10天，也就是隔离体系还尚未完全建立和运行时，出现了一些很严重的问题。很多报告对此也有所提及，直言那些可怜的农民们生活在极其恶劣的环境中，并且实际上有很多人正在挨饿。[92]尽管那些有田地的农民获准可以继续在自家地里种庄稼，但佃户们就只能完全依靠前者的施舍或者官方分发的救济食物维生。

相关负责人和教区神父的报告里都对农民的悲惨处境有过描述。例如，1631年1月24日，位于佛罗伦萨以西和拉斯特拉-阿锡尼亚之间的圣皮耶罗-阿索里奇亚诺教区的助理神父塞巴斯蒂亚诺就致信卫生委员会：

作为教区神父，我有责任尽我所能向诸位告知隔离期间许多佃户和教区内乞丐的悲惨遭遇和不幸。如果他们遵守了尊贵的大老爷们的命令（封禁在家中）却得不到补贴，就肯定会死于饥寒交迫和物资匮乏。因为现在这些人既无法出门行乞，也无法通过其他方式自救。[93]

塞巴斯蒂亚诺的这段文字提醒我们，在1631年1月，全面的隔离只是威胁农民生命的众多因素之一。毕竟在过去6个月中，除了最严格的全城隔离，官方还采取了其他一系列措施来遏制疫情，控制人员流动，同时尽量减少病患和死者对其家庭成员和当地社区的影响。除此之外，正如塞巴斯蒂亚诺及其他一些人所记录的，寒冷的天气使情况变得愈发糟糕，数周之内的强降雨和洪水更使农民们的处境雪上加霜。[94]

隔离措施限制了人员的正常流动，由此引起失业，这是隔离导致的最严重的问题之一。很多地方特派员和教区神父的报告中都提及了失业给当地居民生活所带来的严重影响。城郊特派员寄希望于说服地主们帮助佃户，继续给他们提供耕作的机会。1月21日，弗朗切斯科·玛丽亚·马莱贡内来在报告位于城墙以北的蒙杜齐的圣马蒂诺教区的情况时，特意提到了贫困潦倒的劳工乔瓦尼·本托里尼，这个人有5个年幼的孩子。马莱贡内来建议让林博蒂骑士雇用乔瓦尼种地，以获得收入。[95]

并非所有的房东和地主都愿意帮助佃户。1月29日，奇尼在对罗马纳路和基安蒂路之间地区的调查中强调说，"农场佃农们正处于极大的痛苦之中，他们的主人即便很有钱，也根本不想去关照他们。我觉得没有办法能帮助他们摆脱不幸了，因为没人愿意救济这些可怜人"。[96]两天后，菲利波·卡波尼在对圣尼科洛城门到阿雷蒂娜街之间区域的调查报告中写道，还有其他一些农民的处境更是艰难，甚至没有雇主或地主愿意施舍给他们一份工作。[97]

根据居家隔离政策，对货物及人口流动管控的实施，也直接产生了其他一些问题。一个名叫罗伯托·佩皮的负责人居住在佛罗伦萨以北的贫困山区穆杰洛，他报告说这个小镇已因隔离政策而遭到重创，可能是因为该地和其他地方相比离佛罗伦萨较远。佩皮于1月26日致信卫生委员会，通报了瓦利亚和圣皮耶罗-阿谢韦当地居民朝不保夕的处境。[98]瓦利亚的"贫困状况极为严重"，因为那里没有人帮扶穷人，而且一些家庭甚至没有成年男性，妇女们不得不往佛罗伦萨运送木材，这也是该地区的人们主要依赖的生存手段之一。但在隔离期间，由于官方禁止人员自由流动，她们的这条谋生之路也被迫中止了。佩皮恳求卫生委员会给这些人另寻生计，并提醒他们否则可能会出现"混乱"。实际上，两天前这位负责人已经向卫生委员会写过一封信阐述了当前的情况。但后来，一个可怜的寡妇带着她年纪尚幼的孩子们找到他，向他哭诉自己的处境，并请求他可以倾听她的"苦难"。[99]因此，佩皮不得不再次动笔致信卫生委员会。在信中他还强调，穆杰洛山区的迪克马诺小镇同样处于食物匮乏的状态，尤其是此时当地居民赖以生存的羊毛纺织业也被迫停止。因此，佩皮请求卫生委员会给两名当地的面包师发放特殊许可证，让他们能每周去一次罗马涅，在那里买50蒲式耳小麦，使当地居民不至于饿死。[100]

在一些情况下，急于获得救助的地方民众也会以上书请愿的形式向费迪南德大公求助。比如说菲耶索莱北面蒙泰莱齐的村民就在2月3日向大公呈交了一份请愿书，里面写道："不仅在我们这儿，而且在方圆几英里范围内都找不到一份工作，那些能提供一点面包吃的店铺和旅馆老板也不招工。我们这些穷人家快要饿死了。"[101]因此，"我们低下头恳求，看在基督耶稣的分上，希望您能对我们施以援手"。他们上书请愿也因为救济物资分配不均，居民们希望能一样分享到"和菲耶索莱、塞迪尼亚诺和其他许多教区相同的慈父般的恩泽"。[102]也许是为了做出让贫民满意的答复，大公决定任命他的两位亲属——红衣主教乔万·卡尔洛和唐·洛伦佐在城外5英里半径范围内的乡村地区走访调查，"向那些穷人询问他们的待遇，看看分发的面包是否合口，上级命令是否得到正确执行，以及有无发生骚乱"。[103]

佛罗伦萨以南的一些城郊地区也十分贫穷。因为离城市近，这里的某些行业很依赖佛罗伦萨，但隔离政策给它们带去了沉重打击。例如，在皮亚诺·迪里波利朝向巴尼奥阿里波利和利马乔的地方，住着很多以给市内家庭洗衣为生的妇女，但现在她们都不能进城了，于是也就失去了收入来源。[104]奇尼尤为关心的是位于佛罗伦萨以南的因普鲁内塔，因为此地恰好就在5英里之外，超出了指定发放补给物资的范围。1月28日，奇尼写信给卫生委员会："因普鲁内塔有很多贫穷的可怜人，他们的遭遇折磨着我，令我悲痛万分，因为这看起来就像是我在发放食物时偏心一样……他们太痛苦了，简直活不下去了。我想当地陷入这种处境的民众至少超过400人。"[105]2月4日，他在报告中再次提到了这一问题，着重指出因普鲁内塔教区的苦难，而该教区实际上离佛罗伦萨只有7英里。"这里的很多街道上都挤满了人，他们搜刮爱神木的果实、橡树果和杂草果腹，简直如行尸走肉一般"。[106]

与歌颂全面隔离的积极影响相比，在历史资料中找到强调消极影响的内容要容易得多。奇尼、米尼与卫生委员会的通信大都在反映他们所管辖的城郊地区的悲惨境遇。不过我们也可以看到，卫生委员会确实认真聆听了他们的诉求，并采取了相应行动。1月29日，穆杰洛山区的坎波米利遥镇传来消息，官方运来了可供妇女编织的亚麻，当地居民为此还举办了盛大的庆祝活动。[107]1月25日，另一个振奋人心的消息从塞斯托传来。当地负责人报告说，塞斯托居民目前可以通过织羊毛、领取每日救济和在农场中劳作这三种方式谋生。[108]到了2月，当隔离体系开始步入正轨后，城郊农民对食物不足的抱怨似乎有所减少。但其他的问题仍然存在，其中一部分原因在于农民自身。比如2月初，住在卡来奇圣乔瓦尼教区的人们无视隔离法规，依然在挨家挨户串门走动。[109]

到了2月，更严重的问题出现了，鼠疫开始在农村地区持续蔓延。穆杰洛首先暴发了疫情，后来蔓延到圣洛伦佐镇和斯卡尔佩里亚。[110]距离佛罗伦萨更近的滨齐迪蒙黛村也出现了新病例。这个村位于佛罗伦萨和普拉托之间。对此，圣洛伦佐镇教区长菲利波·加比亚尼在2月9日写道：

> 上帝正按自己心意，以传染病为长鞭，来惩罚我的人民。他们随意就重新封锁了4栋房屋，其中2户家庭已经没有面包来维持生存了。教区中的其他人也被劝阻不要出门，并禁止前往教堂、街道、工作地以及其他一切危险的地方。我将自己置身于上帝的怀抱中，竭尽全力帮助穷人，并且不顾危险给病人送去食物，以确保他们能在身体和心灵上得到慰藉。最后，看到活着的人和死人都一样遭人反感，我决定自己修一座小公墓，让这个教区的死者能得到应有的公平和尊重。[111]

作为整个全面隔离政策的缩影，从中可见隔离政策引发的困境：疫病、给被隔离者供应食物，以及死者的丧葬问题。除去规模存在大小差异外，与佛罗伦萨相比，滨齐迪蒙黛村的不同之处在于，那里的神父没有司法部门协助执行法规，也难以对煽动聚众闹事者给予打击。

隔离政策又继续执行了一个月。在此期间，卫生委员会和大公继续给城市和乡村地区居家隔离的穷人提供补贴。在隔离之初，财务官和负责仓库管理的官员就已经计算出，光佛罗伦萨市每天就要消耗2000蒲式耳的谷物，这还不包括给居家隔离的居民定期提供其他消耗品的费用。[112]在成本方面，一本关于这场鼠疫的匿名史书（有可能是卫生委员会大臣富尔维奥·朱贝蒂撰写的）中曾估算，仅用于全城隔离的总支出就高达约24万斯库多，而算上从1630年8月疫情开始到1631年2月8日该书撰写时的这段时间内的其他防疫及抗疫费用，佛罗伦萨的总财政支出已高达约50万斯库多。[113]

不过这些都被认为是值得付出的代价。因为整个1631年春天，死于鼠疫的人数持续下降，到了夏天，当地已经不再出现死亡病例。卫生委员会2月27日的记录显示，那时城内的疫情就已经逐渐好转，而一份3月4日的记录也说明，农村地区的死亡病例也在减少。[114]到了3月末，除了最大的圣米尼亚托和圣方济各隔离医院外，佛罗伦萨附近的其他隔离医院和隔离中心全部关闭了。[115]正是圣米尼亚托隔离医院院长发送的报告和数据给了卫生委员会希望，也印证了他们之前较为乐观的推测。另一方面，圣米尼亚托隔离医院院长的报告也为卫生委员会的对外声明提供了依据。2月8日，他在信中写道，"昨天，我们去康复中心认真巡视了一番，里面有115名妇女和儿童，还有92名成年男性"，他们都已经康复了。[116]而在18日，他又报告说"病人们的病情正在好转"。26日的报告中写道，情况仍在好转，仅仅是"一些身上还有肿胀和炎症的人，以及一些盲人和绝症患者，他们在这里已经待了好几个月了"。[117]两天后，院长异常兴奋地表示，自圣米尼亚托隔离医院启用以来，这里第一次出现当日无死亡病例的情况。[118]在整个1631年春天，当死亡率稳定下降时，每一位相关人员都密切关注着死亡人数的变化（见图表1.1）。疫情期间慈爱会成员们发挥了核心作用，他们亲身参与对病人和死者的记录，因此但凡有好消息传来，他们也会举行仪式庆祝。比如5月5日，"这一天没有出现一例死者，早上，弥撒的颂歌在慈爱会唱响"。[119]

正如塔尔焦尼记载，卫生委员会采取的所有措施（包括隔离）都是基于"鼠疫在人与人之间传播"的理念："卫生委员会的官员们都知道，当人们聚集在一起时会造成多大的灾难。"不过我们也应看到，这一观点还反映出当时的人们认为鼠疫是通过腐蚀性气体在人与人之间传播的，[120]这也是当年狂欢节停办的原因。对此，龙迪内利几近遗憾地写道："没有人踢足球，没有人戴着狂欢节面具走在街上，没有上演过任何类别的喜剧和演出，那些欢快的盛会都停办了……到了夏天，可能会造成大量人员聚集的赛马节*也没有举行。"[121]而虔诚的巴尔迪努奇似乎更忧心于隔离期间宗教活动的缺席，当时官方禁止人们去教堂或参加弥撒，也禁止在街上参加宗教游行。不过对于那些被封在家中隔离的民众来说，他们仍然可以定期通过"便携式圣坛"参加弥撒（参见第五

---

* 赛马节（意大利语：*Palio*）：每年夏天在意大利多个城市举办，尤以托斯卡纳地区的锡耶纳赛马节（*Palio di Siena*）最为有名。

章）。直到1631年6月19日基督圣体节＊游行时，民众才终于可以走上街头，感谢上帝消灭了鼠疫。[122]

隔离结束后，相关的限制措施也开始逐渐被解除。佛罗伦萨各区在四天内纷纷解禁，先是圣斯皮里托大区，然后是圣克罗切，最后是新圣母马利亚和圣乔瓦尼。从圣灰日（复活节前的第七个星期三）起，所有成年男性和10岁以上的男孩都可以自行离开住所，去作坊里工作，但这些手工业者除了因工作需要之外，还不能随意到别人家中做客。到了狂欢节最后一天，所有旅店和酒馆都开张了，但在同间房屋内同时就餐的人数不得超过4人。[123]其他在这一时期仍在实施的规定包括对妇女和儿童活动的限制，他们继续留在家中领取救济。[124]那些不需要救济的富裕妇女，则被允许乘坐马车在城中行动。[125]但赤贫之人就没那么幸运了，因为此时仍禁止行乞，违者要么被赶出城外，要么被关在圣奥诺弗里奥。在那里，他们"像囚犯一样"，被强制劳作——男人从事体力劳动，女人则负责织布。[126]

在本章中，我们对卫生委员会和大公应对鼠疫时所采取的主要措施展开了研究。这些措施得到了医院、隔离医院和众多慈善组织的支持，其中最重要的就是宗教团体（尤其是慈爱会）。当时有许多人对年轻的费迪南德二世的英明领导和身体力行歌颂不已，并赞扬官方在进行调查和给穷人分发救济时尽职守则。考虑到当时本已非常低迷的经济状况，以及应对疫情所产生的巨大资金压力，官方和大公本人有如此表现实属不易。当然，我们不可否认的是，尽管所有这些抵御鼠疫的参与者都有出于维护社会稳

＊ 基督圣体节（Corpus Christi）：亦称"耶稣圣体瞻礼"，是天主教规定的敬拜"耶稣圣体"的节日。

定和防止暴动发生的需要，但背后的慈善和宗教动机也绝不能被低估。因此在下一章，我们将对宗教问题展开进一步讨论。人们曾屡次向上帝和圣徒代祷者们祈祷，起初是期盼遏制鼠疫的蔓延，后期则渴望减轻疫情对人们的影响。我们不能忽视的是，在巴洛克时期的佛罗伦萨，人们普遍认为精神信仰的力量要远胜于政府采取的任何实际措施。

第二部分

宗教、隔离与生存

第五章 疫情时期的宗教

有一位医学作者说过，鼠疫是"因毒气入侵而导致的心脏感染"；有人认为鼠疫是一种传染性疾病，主要由腐蚀性气体或腐败物质引起；有人认为鼠疫是上帝的天罚或宣战，而人类在这场战争中必败无疑；还有一些人认为，鼠疫其实是一种在空气中滋生的毒气，会削弱人们的精气。[1]

上文节选自佛罗伦萨卫生委员会大臣富尔维奥·朱贝蒂写于1630年秋的论文，文中记录了当时社会上关于传染病病因的各种观点和一些"为保持人们身体健康和防止鼠疫传播"而采取的措施。其中，基督教的传统观点认为，鼠疫是上帝出于愤怒对人类降下的天罚。这一说法广受推崇，在历史上可以追溯到欧洲中世纪黑死病甚至更早时期。本章将主要探索基督教会为防止鼠疫暴发和后期缓和疫情影响而采取的各类措施。当今人们认为，在近代早期的托斯卡纳地区，世俗社会与基督教会之间一直以来是对立冲突的，但可以说，在鼠疫来袭时，佛罗伦萨教会与政府之间进行了强有力的合作，修正了政教对立这一普遍观点。[2]除此之外，本章也将探讨鼠疫对于艺术创作和视觉艺术的影响。

鼠疫来袭：教会的预防之法

1630年8月，鼠疫逐渐迫近佛罗伦萨城。佛罗伦萨大主教亚历山德罗·马尔齐·美第奇颁布了一系列教令，希望能借此确保整座城市的精神健康，并尽可能地减轻上帝之怒对人们的威胁和不利影响。[3]他下令，所有主要宗教团体的代表每周日都应在佛罗伦萨圣母百花大教堂内主持布道，一同向上帝忏悔人类的罪恶，正是这些罪恶导致上帝降下鼠疫。第一场布道由耶稣会神父阿尔比齐主持，根据塔尔焦尼记载，这场布道"真正揭示了什么是罪恶，并通过教义向民众宣告了他们所犯下的罪孽。阿尔比齐宣称，当下意大利正在遭受的战争是对狂妄自大之徒的惩罚，饥荒是对敛财无度之人的惩罚，鼠疫则是对我们这个时代那些荒淫无度、得意忘形之人的惩罚。人们已经不知廉耻，且对上帝毫无敬畏之心"。[4]

此外，受到《圣经·旧约》中犹太人借约柜得神庇佑这一典故的启发，佛罗伦萨人也开始在圣物上找寻慰藉。圣物将在佛罗伦萨圣母百花大教堂的主祭坛上摆放一整年，它也是基督教"四十小时祈祷会"的核心环节。顾名思义，这一仪式要求祈祷者向圣物连续祈祷四十小时。这种"四十小时祈祷会"也是随后佛罗伦萨全城所有教堂、修道院、宗教集会和兄弟会等共同举行的敬拜活动。显然，对于当时的民众，尤其是那些因高失业率而处境艰难的穷困群体而言，这类向上帝祈祷国泰民安和五谷丰登的敬拜活动具有巨大的影响力。[5]

之后大主教又下令，圣母百花大教堂和市内其他所有教堂也应每日为念诵《圣母经》鸣钟15—20次。这是一项相对新颖的宗教敬拜活动：当钟声响起时，民众随即开始为炼狱中所有受苦的灵魂吟诵《哀悼经》。据卢卡·塔尔焦尼记载：

当听到钟声时，无论贫穷还是富有，无论身在何处，所有人都必须同时跪地，忏悔所犯罪恶，并向上帝祈求从苦难中得到救赎。在当时的佛罗伦萨，街道上和商铺中确实是有大量祈祷活动。每当听到教堂钟声时，人们就要就地跪拜行礼，祈求自己可以从正在经历的苦难中得到解脱。[6]

随着鼠疫开始逼近佛罗伦萨，这些祈祷活动并未安抚上帝的怒火，于是大主教下令进行另一项敬拜活动——祈求圣母马利亚为佛罗伦萨市民向上帝代祷。鉴于市民对圣母领报大殿（见图12）中《圣母领报图》的极其尊重，大主教代表全城向圣母马利亚起誓，从8月15日圣母升天节开始，之后的一年中，每家每户都要每周安排一人斋戒一日，以示尊崇。随后，一位"德高望重的神父"在大教堂的公开布道中明确宣布了这些指令。[7]

在结束布道之后，教会和公国政府的所有主要成员组成一列队伍，从佛罗伦萨圣母百花大教堂出发，"所有圣职人员，我们最虔诚的佛罗伦萨保护人费迪南德（托斯卡纳大公）及其所有亲属，以及政府的重要官员（'四十八人议会'成员）和卫生委员会的所有长官"，一同游行至圣母领报大殿。然而，这些措施似乎并未帮助到大主教自己，在身患重病数日之后，他于8月13日去世。在8月16日，也就是游行的第二天，人们为他举办了一场浩大的公共葬礼，很多民众都参与了葬礼的全过程。人们抬着他的遗体穿过城市街道，最后送到了大教堂，将其安放在主灵柩台上，周围按照马泰奥·尼盖第的精美设计摆满了蜡烛，随后大主教被葬于教堂中圣安东尼诺小圣堂旁边。马泰奥·尼盖第是一位服务于佛罗伦萨大公家族的杰出建筑师和雕刻家，其代表作品包括圣母领报大殿的小圣堂，以及位于佛罗伦萨圣洛伦佐教堂里的王子小圣堂，也就是美第奇家族的墓地。[8]

即便佛罗伦萨大主教并非死于鼠疫 —— 根据巴尔迪努奇的记载，他死前患高烧约12日[9] —— 但其葬礼那天恰为圣洛克节，而圣洛克又是一位瘟疫守护圣人。两天后，一位赤足加尔默罗修会的修士在大教堂主持了一场公开布道。他宣称，大主教的死是上帝对佛罗伦萨人所犯罪行的惩罚。实际上，如塔尔焦尼所言，上述说法似乎得到了证实，在大主教死前短短数日之内，这种"传染病"就已经在特雷斯皮亚诺暴发了。[10]

疫情高峰期的宗教活动

以上这些活动都是教会开出的"属灵处方"，主要是一些公开的忏悔仪式，人们聚集在一起，通过集体祷告，请求上帝阻止瘟疫的侵袭。政府应对鼠疫的政策可分为预防性措施和疫情在城内暴发后的应对方案，类似地，教会的措施也可以分为这两个方面。自8月中旬疫情在佛罗伦萨暴发后，卫生委员会便立即下令禁止举行任何公众集会活动，以免加速疫情传播。卫生委员会还干预了一些本应属于教会负责的事务，例如禁止在俗的兄弟会举行集会。乔瓦尼·巴尔迪努奇在10月28日的日记中这样写道："卫生委员会禁止了圣乔瓦尼诺教堂的圣伊亚迪奥修会和贝亚托·伊波利托修会的集会"，这样"已感染鼠疫的人就不会混入人群中"。[11]作为贝亚托·伊波利托·加兰蒂尼的热心追随者，巴尔迪努奇特别注意到了这一点。贝亚托·伊波利托·加兰蒂尼死于1621年，他生前创立了基督教教义修会，主要给工匠，尤其是丝绸织工，提供宗教方面的指导。[12]

很显然，巴尔迪努奇对这类禁令颇感不安。作为一名虔诚的在俗信徒，被禁止与兄弟会会友参加定期的礼拜仪式和弥撒，让他们失去了精神寄托。这条规定仅有的例外对象是圣米迦勒修道会和慈爱会，正如前文所言，这两个团体在疫情期间都为公国做出了重要贡献。圣米迦勒修道会调查了佛罗伦萨的卫生状况，给穷人提供帮助和救济物品，延承了自古以来佛罗伦萨兄弟会团体的虔诚和仁慈的传统。教皇乌尔班八世（1623—1644年在位）在疟疾康复后把教皇之荣耀献给了圣米迦勒，因此圣米迦勒与抵御疾病间存在着特殊又重要的关联。[13]慈爱会成员在运送病人和死者的工作中发挥了巨大作用，他们与圣米迦勒修道会成员都在城中四处奔波，某种程度上也会增加自己感染和传播鼠疫的风险。但是，必须得有人来完成这些任务，令他们坚持下去的不懈动力源自作为基督信徒的慈善使命和在服侍病人中完成的自我救赎。

新任大主教科西莫·巴尔迪·德孔蒂·迪·维尔尼奥继续强调加强卫生委员会防疫政策力度的重要性。[14]据塔尔焦尼记载，大主教显然是实践出真知。他去过许多已受到鼠疫侵袭的地方，也亲眼看到官方为保护民众身体健康而采取的措施，这都促使他有更多理由与卫生委员会密切合作。受卫生委员会法令的启发，大主教下令，任何人若被发现进入可能已被鼠疫感染的房屋中行窃，都将被逐出教会。他还规定，除了两个侧门之外，大教堂的其他大门都应该锁上，以防止人群聚集。大主教对忏悔仪式也做了特别规定，要求神父与信徒保持一定距离，忏悔室周围还应安装木栏杆，并在内部挂上羊皮纸帘，以在神父和祷告者间设立一道物理屏障。罗马在1656—1657年鼠疫期间也采取了相同的措施。[15]人们希望以此防止病人通过呼吸将疾病传染给其他忏悔者。

葡萄酒也被认为与空气有类似的性质，会传播疾病。而在当时，领受圣餐者往往用同一个圣杯饮酒。大主教因此特意颁布了一项命令，禁止向领取圣餐者提供圣餐酒。[16]卫生委员会在9月颁布的一项法令中也提到，葡萄酒可能有害或传播毒质，新制的葡萄酒还可能通过产生腐蚀气体而导致胃部肿胀。因此卫生委员会下令，所有新酿的葡萄酒都必须用水稀释，来"清除可能会使身体染毒的毒质"。[17]

作为民众的主要精神寄托，教区神父在与鼠疫这一无形敌人的斗争中常常处于非常艰难的境地。他们不仅要聆听民众的忏悔，还要负责为自己教区内的病人主持圣礼，并与其他神职人员一起在普通医院和隔离医院服务。1630年夏天，大主教向教区神父下达了一系列指示，强调他们应尽的义务和采取预防措施保护自身安全的必要性。[18]他首先强调神父须在"目前的疑似传染病时期"继续生活在他们所负责的教区内，并接受人们忏悔、准备圣礼、给临终者敷油和施行浸礼。另外，即使担心与病人接触可能会威胁到自己的生命安全，他们也绝不能拒绝举行忏悔仪式，或者拒绝聆听鼠疫患者和疑似患者的忏悔。[19]

此外，佛罗伦萨大主教参考了米兰鼠疫期间大主教卡洛·波洛梅奥和1575—1577年鼠疫期间曼托瓦公国主教马尔科·贡萨加的建议，制定了详细规定，以尽可能降低神职人员在履行宗教职责时所面临的风险。[20]大主教对神父们生命安全的担忧体现在后者的着装规定上。当时有人这样写道："为方便被识别出来，神父们手持白色手杖，手杖最上方镶有一个小十字架。像内科医师、外科医生和药剂师一样，他们也穿着涂过蜡的红色长袍，这种长袍可以抵御传染病。"[21]如图6中瘟疫医生的形象一样，神父身穿红袍行善一方面可能象征着基督受难的场景，另一方面也是以此表达对上帝的爱。但在巴乔·戴尔·比安科的那幅描绘鼠疫期间慈爱会行动的油画中，神父都身着黑衣，那些穿红色衣服的似乎是平信徒。因此这些神职人员到底会在何种情况下穿红袍，仍需进一步考证。

基于对鼠疫的医学病因和传播方式的理解，大主教在颁布教令时既考虑到了应为民众提供充足的精神寄托，也考虑到了保护神职人员安全的重要性。与17世纪罗马鼠疫暴发时的情况类似，人们也担心用于弥撒仪式的物品可能会传播鼠疫。[22]因此在教堂发放圣餐时，神父须手拿一块布遮在面前，并始终站在两根点燃的黄色蜡烛之间，以净化空气。在圣餐仪式结束后，神父还须用醋给手指消毒。在给临终者敷油时，神父的动作要"简洁迅速，并在保持一定距离的情况下使用工具"，给病人的一只眼睛、一只耳朵、鼻子、嘴巴和一只手涂抹圣油。在完成后，为避免任何疾病传播的风险，他还必须立刻烧掉敷油时用的药棉。[23]

出于对瘟疫毒气的担忧，大主教在11月底的深秋又颁布了另一项教令，禁止在佛罗伦萨城内的任何教堂中进行布道。因为这时人们已经意识到，鼠疫不仅会因人群聚集而传播，病人呼出的气体也可能是有毒的。[24]此外，神父必须要身穿上过蜡的衣服，因为据传它有驱除腐蚀性毒气的作用，这种腐蚀性气体被认为含有鼠疫的毒质。教堂忏悔室前也须挂上羊皮纸，以阻断教区居民在忏悔时可能呼出的危险气体。这两种措施，都是因为人们相信被感染的空气中有弗拉卡斯托罗所谓的"瘟疫毒种"，这种"毒种"有黏附性，因此很容易附着在衣服和皮肤上，进而感染人类宿主。[25]

尽管采取了种种预防措施，但在整个疫情期间，一些神父和修士也因不可避免地与病人发生接触而最终丧命。第六章中我们也会看到，在隔离医院工作并负责日常事务的修士们的死亡率似乎最高，首当其冲的是方济各嘉布遣会修士，在佛罗伦萨的38名修士中，有12人因感染鼠疫死亡。为了增加基层教区的服务人员，修会神父和教区神父都承担了至关重要的宗教使命。例如，圣洛伦佐教堂安排了2名神父和2名修士负责照料病人，其中2人死亡；瓦隆布洛桑修会在圣潘克拉齐奥教区和圣斯皮里托教区服务，而米尼米神父修会则负责聆听圣安布罗焦教区病人们的忏悔；这些都是疫情最严重的地区。在整个疫情期间，至少有20名神职人员在佛罗伦萨去世。[26]

大主教的教令获得了卫生委员会法令的支持，这也凸显出危机之下教会和世俗政权之间的密切合作。在其他城市，比如1575—1577年鼠疫期间的米兰和1656—1657年鼠疫期间的罗马，也出现过类似的情况。[27]但是，正如我们将在第七章中详细讨论的，规定和执行并不总是一致，也并非人人都遵守法律。卡洛·奇波拉在对1630—1631年托斯卡纳鼠疫的研究中发现，当时官方遇到的一件麻烦事是，因为各个法令中都有针对神职人员的豁免条款，所以起诉他们是相当困难的。[28]本书第七章对那些违反卫生委员会法规案例的分析也充分证明了这一点。有一次，一位神父被发现在全城隔离期间纵酒狂欢。他和他的两位姊妹本应待在各自家中，却在半夜聚在一起弹吉他唱歌。与其亲属的结局不同，审判记录中没有提及神父姓名，神父也并未受到惩罚。[29]

奇波拉提到，教会和政府当时还可能在其他方面产生冲突。例如当卫生委员会征用修道院建筑作为隔离医院，或者教会在佛罗伦萨城进行安抚游行时，这种冲突就无法避免。[30]即便官方将防疫法规强加于宗教团体，也无法阻止某些神职人员无视并践踏这些法规。在1656年罗马的夏天，为防止人们接近还愿像，政府被迫关闭了教堂。但在疫情期间，这些还愿像在民众心中的地位是难以取代的。[31]当圣母马利亚神职修会继续开放他们在波尔蒂克的圣母马利亚修道院时，政府和宗教领袖便联合起来采取了强硬措施。教皇亚历山大七世封锁了这座修道院，把还愿像和神职人员都转移至另一座教堂中，并遵循罗马教廷的誓言重建了修道院的教堂。教堂旧物被搬到了另一个新地方，在它们四周安装了乔瓦尼·安东尼奥·德·罗西设计的大型雕塑框架，以防止公众与他们所敬拜的圣物发生接触。[32]类似的冲突同样发生在托斯卡纳地区，如蒙特卢波小镇的教区神父安东尼奥·邦塔迪尼组织了一场宗教游行，并在队伍中抬着教堂的大型耶稣受难像。用卫生委员会代表的话来说，这样做已经足够恶劣了，他居然还邀请了周围民众参加，实在是无视佛罗伦萨政府对该镇实施的隔离措施。[33]

尽管这些冲突或多或少不可避免，但如前文所述，佛罗伦萨大主教和卫生委员会都在想方设法尽量防止人们聚集在一起。双方也一致同意，在12月5日，即圣安东尼诺节那天，举行一场贯穿佛罗伦萨城的大规模宗教游行。

庆祝圣安东尼诺节：疫情有所缓和

随着隔离医院内死亡人数逐渐下降，卫生委员会认为此时疫情正趋于缓和，佛罗伦萨城的情况也正在好转，因此此次游行才得以举行。人们抬着佛罗伦萨15世纪的大主教、多明我会修士圣安东尼诺完好无损的圣体，从圣马可教堂到圣母百花大教堂，沿拉尔加大街庄严游行。[34]圣体之前一直保存在圣马可多明我会小圣堂中，朱贝蒂形容圣马可教堂是"由美第奇家族和红衣主教安东尼奥·萨尔维亚蒂建造的奢华教堂"，至今仍存留于世（见图21）。[35]这座小圣堂是由詹博洛尼亚及其同伴在1579—1591年设计并建造的，也是圣安东尼诺封圣仪式的最终体现。封圣由教皇阿德里安六世于1523年提出，随后由美第奇家族的教皇克雷芒七世公布于众。[36]

圣安东尼诺被视为这座城市的守护者，他会为他的臣民代祷，以平息上帝对佛罗伦萨降下的怒火。从1622年饥荒开始，人们就以这种公开的方式向圣安东尼诺求助。[37]这在巴乔·戴尔·比安科的画作《圣安东尼诺保卫佛罗伦萨城》中有清晰的展现，而这幅画的创作可能也与1630—1631年的鼠疫有关（见图15）。[38]在这幅画中，安东尼诺端坐在云彩之上，飘浮在佛罗伦萨的上空，张开双臂和斗篷来保护这座城市。他与大公的直接联系体现在画中左下方手持大公王冠的裸体小孩上，而画面右侧对应的则是佛罗伦萨城的两个标志——佛罗伦萨雄狮和拟人化的阿诺河。这幅画中的其他元素体现了世俗力量和宗教力量在面对这场鼠疫时的联合行动，比如作战大炮和天国的小号，此外我们还可以清晰地看到佛罗伦萨大教堂和领主宫（佛罗伦萨市政厅所在地）。

在1448—1449年鼠疫期间，安东尼诺积极照顾患者，为他们提供各种物质上和精神上的帮助，这是后来他被封为瘟疫守护圣徒的重要原因。[39]圣马可修道院中圣安东尼诺回廊的半月形廊顶壁画就描绘了他的这一形象。廊顶所有壁画的绘制始于17世纪初期，并于同一世纪的最后10年完成（见图16）。[40]尽管彼得罗·丹迪尼直到1693年才绘制完成壁画《圣安东尼诺与佛罗伦萨1448—1449年鼠疫》，但考虑到圣安东尼诺拯救鼠疫病人的圣徒传统，在壁画构思之初，画家丹迪尼很可能就已经想到了这一主题（见图17）。在17世纪90年代，这一主题仍然非常流行。因为当时的佛罗伦萨正流行因饥荒而导致的严重"发热"病，人们都非常担心疫病会再次来袭。[41]

尽管几个世纪以来，这处壁画因潮湿而受到了损坏，壁画中间又有门廊廓穿过，但上面的主体内容仍清晰可见——圣安东尼诺正向垂死的鼠疫患者提供临终圣餐。壁画下方的题跋则凸显了他的精神象征与慈悲心怀："他主持圣礼，并慷慨无私地救济那些需要帮助的人。"[42]从这里我们也能看出，圣安东尼诺还特别关注羞于上街乞讨的穷人的生存状况，为此他在15世纪40年代建立了圣马蒂诺兄弟会。[43]

自特兰托大公会议以来，圣徒主持垂死之人的临终圣礼成为与瘟疫相关的艺术创作的经典主题之一。对圣礼的重新重视也反映出当时罗马天主教会遭到了新教的挑战，一些新教徒反对许多传统圣礼，天主教会不得不为此展开更大范围的宣传活动。[44]1630年秋，大主教科西莫·德·巴尔迪颁布的法令强化了教区神父行圣礼的职责，从中我们可以看到特兰托会议对佛罗伦萨教会产生的实际影响。除了通过描绘圣礼来展现圣徒对病人的关怀，丹迪尼壁画的另一特点是，其背景都是露天环境，神职人员将临终圣餐送到垂死挣扎的鼠疫患者那里，无论病人是在大街上，在家中还是隔离医院里被发现的。[45]在壁画中，病人瘫倒在一堆稻草上，这可能就是他的草席或床垫。如前文所述，这是当时社会底层人民的典型生活环境，也是1630年8月佛罗伦萨卫生调查所关注的问题。

不过，关于这一主题最著名的还是以圣卡洛·博罗梅奥为主人公的大量画作。圣卡洛·博罗梅奥是16世纪后期的米兰主教，他因在1576—1577年米兰鼠疫期间为穷人和病人提供生活物资和精神上的慰藉而闻名于世。1602年，作为博罗梅奥封圣仪式的一部分，米兰大教堂特意委托绘制了20幅大型绘画（*Quadroni*），这些作品在很大程度上也影响了后来对博罗梅奥在鼠疫期间形象的刻画。这些画均由米兰当时一位绰号为"小公爵"（il Duchino）的著名艺术家卡米洛·兰德里亚尼构思，但并不是由他全部亲自完成。在这20幅绘画中，有4幅详细展现了博罗梅奥在鼠疫期间的活动。[46]其中最具价值的是《卡洛·博罗梅奥向鼠疫患者发放圣餐》。这幅画影响了后世对博罗梅奥及其他圣徒为类似主题的创作。丹迪尼的壁画构图大体上基于"小公爵"的画作，在每幅画中，圣徒都位于左侧，向垂死之人分发圣餐，助手则围在他的身边。但他描绘病人的方式却与"小公爵"有所不同，丹迪尼壁画中的病人像是看到了某种幻象，用右手抚摸自己的心脏部位，双目向上凝视。壁画右侧则体现了救赎的主旨，一个垂死的女人正凝视着圣安东尼诺，以期得到他的关注，来通过圣礼得到灵魂的救赎。

丹迪尼壁画最显著的特征之一便是对鼠疫患者左腋下大块棕色横痃的描绘。尽管到了17世纪，鼠疫患者身上基本已经不会出现这种横痃了，但此种表现鼠疫病状的绘画方式却有着悠久的传统。[47]之所以描绘鼠疫病人的症状，以及神职人员与病人的近距离接触，则是出于教化目的，强调神职人员确实在冒生命危险照顾病人，而"圣洁的医治者"耶稣也用神力护佑着人们；尽管安东尼诺和他的同伴都知道病人呼出的毒气会传播鼠疫，但他们仍毫无畏惧地靠近病人身侧。因此当时有人相信，是宗教使他们克服了恐惧，并让其免受鼠疫的侵害。[48]

宗教游行也是这一时期城市生活中的大事。以下的讨论基于我们在前文中已经比较熟悉的几位人物——卢卡·乔瓦尼·塔尔焦尼、卫生委员会大臣富尔维奥·朱贝蒂和弗朗切斯科·龙迪内利的亲身经历。与其他任何时期特定事件的亲历者一样，其中有些描述较为详细，而有些则相对更侧重某些方面。

意识到精神健康和身体健康需要保持平衡的重要性，教会和公国官员决定共同精心筹备一场宗教游行。有人因此开始担心，由于"佛罗伦萨人对基督耶稣的虔诚"，届时大街上可能会有很多人，而这"在传染病流行期间被认为是一件危险的事"。[49]随后，官方对参加游行的人数进行了限制，仅允许教会和公国政府的主要成员参加。

民众被禁止进入拉尔加大街以及游行经过的圣马可修道院和大教堂前面的广场，这样他们就只能从与这些街道和广场交会的街角处远观。骑马守卫的士兵也严阵以待，防止人群因过于激动而发生骚乱。不过当时似乎并没有发生任何意外，我们的几位见证人也称人人都严格遵守了规定。不过，从卢卡·塔尔焦尼的记录中，我们还是能看出当时人们的激动表现：

> 几乎所有人都想方设法目睹圣体经过……人们拥挤在街道的街角处，然后被守在那里的警卫拦下。尽管如此，当游行队伍经过时，人们仍非常清楚地看到了。在上帝的庇佑下，尽管受之有愧，但我也很清楚地看到了圣安东尼诺的圣体两次。[50]

人们所看到的是一场规模浩大、精心策划的宗教游行。弗朗切斯科·龙迪内利的记载也补充了一些细节，将这场游行还原得更为立体生动。[51]像纪念其他宗教节日一样，沿途宅邸的窗户上都垂着挂毯，拉尔加大街和马尔泰利路上撒满了芳香四溢的药草，街边屋子里也散发出阵阵燃烧的香料味，用于净化周围空气。沿街宅邸的房主们享有特权，他们可以和仆人一起手持火把，从大门处观看游行。显然，眼前的景象和满街香气给龙迪内利留下了深刻的印象，他形容这场游行是他此生"所见过的最美丽的场景"。[52]

在游行队伍的最前面，有4个人手持蜡烛，高举大型的耶稣受难像，随后是圣安东尼诺的7名后人、多明我会修士和神职人员——他们在行进过程中吟诵纪念圣徒的祷文。接下来就是圣安东尼诺的圣体，大致上与多梅尼科·克雷斯蒂（也叫帕西尼亚诺）于1589—1591年创作的壁画《圣安东尼诺身体的转变》中所描绘的场景相同。这幅壁画位于圣马可修道院的圣安东尼诺小圣堂内，在画中，游行队伍已经离开教堂，正经过一座修道院（见图18）。[53]圣安东尼诺的圣体由达官显贵列队轮流抬运。尽管在壁画中其尸体被展示在灵柩台顶部，但在1630年12月的游行中，他的尸体实际上是被装在覆有玻璃盖子的石棺中。包括大主教在内的6名主教将他的遗体从教堂内抬到广场上，之后便由大教堂的教士接过。比起主教们，年轻力壮的教士们更能抬得动石棺。朱贝蒂对于圣体的出场尤为惊叹：

> 美轮美奂的镀金石棺出现了，上面覆盖着透明的玻璃，还有金色织物和银色锦缎的装饰物。我们最荣耀的圣徒就躺在里面，他的圣体边上摆满了玫瑰和百合。他就这样安详地睡着，穿着主教的衣服，好像仍在世一样。[54]

尽管在帕西尼亚诺的壁画中，是由4位身着仆衣的年轻人手持华盖，但在1630年的游行中，实际上是由12名圣马蒂诺兄弟会成员护送圣体。圣安东尼诺在15世纪40年代创建了这一兄弟会，旨在接济佛罗伦萨城内的穷人，尤其是那些所谓的耻于上街乞讨的"害羞的穷人"。与慈爱会类似,圣马蒂诺兄弟会也历经变革,佛罗伦萨民众对其有一种别样的情愫。大公费迪南德也在游行队伍中,他跟随在圣体后面,身旁是他的亲属和政府主要官员,所有人手里都拿着点燃的蜡烛。然后,伴随着大教堂钟声响起,游行队伍所经之处,所有人都跪地向他们的瘟疫保护圣徒祈祷,以感激疫情的缓和,并祈求这场鼠疫可以最终消失。

队伍到达大教堂后,圣安东尼诺的遗体便被抬进教堂,安放在架起的唱诗班站台上,周围是闪闪发亮的银烛台和点燃的蜡烛,与围绕着唱诗班的无数蜡烛交相辉映,"所有台阶上都闪烁着烛光,蜡烛多到不计其数"。[55]随后,大公和3名男性亲属将白布华盖放在圣体之上。一些骑士、富绅、侍从们和12名圣马蒂诺兄弟会成员向前献上蜡烛,紧随其后的是身着深红色长袍的议会议员。[56]

政府和教会的最高级别代表都参加了这场华美且复杂的仪式。所有祭品准备就绪后,大主教便开始主持弥撒。接下来的环节也再次凸显了世俗政权和宗教社会的合作,将这场仪式真正带到了民众面前。在大主教示意后,大教堂的钟声开始响起,紧接着佛罗伦萨城内的所有教堂也都敲钟回应,随后城外各要塞处也传来阵阵炮声。这些都是在向民众释放信号,因为按照大主教的命令,无论男女,听到响声后都应就地跪下并向上帝祈祷,口念三遍"我们的天父"和"万福马利亚"。也正是在这一刻,圣体被抬出大教堂,送回其位于圣马可教堂的"安息之处"。[57]

一位当时在场的亲历者这样评价道:"这场游行是我此生见过的最绚丽的节日活动之一,以至于很难用言语去描述当时人们的深情与哀伤。我见到有人痛哭,他的眼睛可能已经因为失去了挚爱的人而干涸。"[58]这里还应强调的是,举行这样一场仪式也是为了让民众重拾对官方抗疫的信心。大公在整场仪式中都发挥了积极作用，而且他确实在整个疫情期间都没有离开过佛罗伦萨，这极大地提高了他在民众中的威望。但作为一场宗教活动，这场游行最大的作用是让佛罗伦萨人相信，通过圣安东尼诺传递的神圣力量一定能终结这场鼠疫。此外，虽然游行队伍本身只允许一小部分权贵人士参与，但所有佛罗伦萨人都感觉身临其境，这凸显了"信仰"作为一种精神寄托的力量。人们可以从远处看到游行队伍，每个人也可以（用自己的方式）回应大教堂和城内其他各教堂的钟声，以祈求圣安东尼诺的庇佑。

在当时，人们深信上帝已经听到了他们的祈祷并做出回应。据朱贝蒂记载，这场宗教敬拜仪式过后，天朗气清，雨也停了，疫情的蔓延也有所减缓。[59]关于圣安东尼诺的力量令奇迹产生的故事开始流传。按一位修女的话来说，有400位染上鼠疫的人痊愈了，并且存放圣体的圣马可教区只有1人死于鼠疫。尽管根据文献记载，修士们纷纷以圣安东尼诺为榜样担负起照顾病人的职责，[60]但如何来解读他们的这些话是相当困难的，尤其是当这些数字可能只是四舍五入得来的概数。不过，从圣米尼亚托隔离医院院长当时的记录来看，医院内的死亡人数确有下降。不过埋葬在城外墓地中的总人数直到1631年1月（见图表4.1），也就是在圣安东尼诺游行之后许久才开始下降，这可能与天气逐渐变冷有关。

鼠疫、宗教与大公家族：对多梅妮卡·达·帕拉迪索的崇拜

圣安东尼诺在佛罗伦萨民众对抗鼠疫的过程中扮演着重要的精神角色，而另一位本地圣徒真福多梅妮卡·达·帕拉迪索也

被民众祈求施以神助。不过这更多是私人崇拜，尤其与大公家族有关。[61]

多梅妮卡·达·帕拉迪索（1473—1553）原是多明我会的第三会会友，据称在佛罗伦萨100年前发生的那场鼠疫中发挥了重要作用（见图19）。据当时的编年史家洛伦佐·塞尼记载，在1527年佛罗伦萨疫情最严重之时，多梅妮卡请求上帝"将佛罗伦萨的所有灾祸都汇集到她的体内，吸走她所有的血液，她愿献出所拥有的一切作为交换"。[62]多梅妮卡所在的拉·克罗切塔修道院院长的话也佐证了这一点："她向上帝祈祷，请求惩罚自己并吸走她而不是民众的血液。在这之后她就生病了。"[63]

多梅妮卡祈求将所有同胞的罪恶扛在自己肩上，并请求上帝惩罚她一人而饶过其他人，这不禁让人想起基督耶稣被钉在十字架上的一幕。正如圣安东尼诺的遗体保存于圣马可教堂，多梅妮卡死后也被安葬在拉·克罗切塔修道院。在此种情形下，政府和教会首脑决定再次联合起来推动封圣，希望新的圣徒可以为民众提供庇护并减轻鼠疫所带来的影响。即使距离多梅妮卡的祷告已有百年，但这一次佛罗伦萨人还是选择了她。须注意的是，与意大利北部情况不同，佛罗伦萨在1527年后的整整一个世纪里都没有出现过鼠疫。

尽管早已尘封在修道院的历史记忆中，但当佛罗伦萨在1630年夏天面对鼠疫威胁时，多梅妮卡再次被搬上了历史舞台。原本于1624年开始的封圣仪式也加快了步伐。[64]正如朱莉娅·卡尔维在其《瘟疫年的历史》一书中的记述，1630年6月7日发生了一件大事。这一天，教会和政府的主要成员都来到了拉·克罗切塔教堂，来瞻仰多梅妮卡的陵墓，有医师学院任命的著名内科医生、数位托斯卡纳地区的主教、佛罗伦萨市政检察官和大公费迪南德本人。作为一项重要环节，这些内科医生查看了多梅妮卡的遗体，以验证其奇迹般地完整保存了下来。对此，安东尼奥·德·美第奇写道：

> 我已经看过并检查了尸体……也仔细查看了她身上破损的衣服。这些都没有任何气味，而且除耳朵外，我没有看到她身上的其他部位有被人触碰过的迹象……检查过埋葬场所后，我认为里面并未放过任何人工装置来抑制恶臭气味的积聚……尸体上除了一些裂口外并无任何感染或腐蚀的迹象。不过，我不觉得尸体左侧的红色斑点是正常现象。[65]

医检官中出现这样一位姓氏为"美第奇"的医生绝非偶然。对此，卡尔维的观点颇富说服力，她认为大公家族是推动多梅妮卡封圣的主要因素。多梅妮卡从开始就与美第奇家族关系密切。在罗马发起多梅妮卡封圣程序的大公夫人洛林的克里斯蒂娜，也意识到自己作为摄政者统治托斯卡纳大公国容易让人联想到多梅妮卡对拉·克罗切塔修道院的精心管理："我们非常钦佩这位慈母谨慎的态度。我们认为她的审慎已超越凡人，虽然她既不是贵族也不是文人……对于所有那些认真对待（我们也确实经常这样做）由她发起实施的规定和管理条款的人来说，这实在是难能可贵。"[66]

在委托著名画家雅各布·维尼亚利绘制多梅妮卡的肖像之后，大公家族（尤其是大公夫人洛林的克里斯蒂娜）与多梅妮卡和拉·克罗切塔修道院之间的关系就更紧密了。这幅画在1631年完成，付给维尼亚利的费用是从封圣费用中支出的。肖像画在完成后便交给了克里斯蒂娜夫人。[67]在画中，多梅妮卡被描绘为佛罗伦萨城的守护者。她伸出右手指向画面背景中的城市，双眼则朝着天空的方向望去，在那里她看到了圣母马利亚紧握着愤怒的基督的手，而此时的基督耶稣正要惩罚佛罗伦萨的民众。很明显，维尼亚利的这幅画所指的正是肆虐佛罗伦萨的鼠疫。[68] 不过乔瓦尼·帕加鲁罗指出，画中的多梅妮卡健康而又美丽，与传记作家伊尼亚齐奥·戴尔·南特所呈现的多梅妮卡形象大相径庭。戴尔·南特于1625年这样描述道，多梅妮卡曾专门祈祷，请求上帝带走她的美貌，因为它会分散自己的注意力。结果，"之前体态丰腴、精力充沛且身体健美的多梅妮卡变得疲惫不堪，毫无生气，以至于看起来就像是用空气做成的一样"。[69] 实际上，戴尔·南特的描述与传统的圣徒画像相吻合，多梅妮卡也将那些圣徒视为自己一生的榜样，比如锡耶纳的圣凯瑟琳。不过戴尔·南特用更多篇幅来描写了多梅妮卡的遗体，而这些信息主要源于封圣过程中医生对其尸体的检查记录。有趣的是，在戴尔·南特的这本传记的卷首插图中，多梅妮卡的形象介于维尼亚利的绘画和传记中的文字描述之间（见图19）。这张卷首画被认为是多梅妮卡的"真实写照"：虽有高颧骨，但看起来疲惫不堪、气色全无。这幅画亦呼应了传记中多梅妮卡的形象，修女模样的她左手拿着百合花缠绕的耶稣受难像，代表着她的谦卑和忠诚。

多梅妮卡封圣的各个环节有条不紊地进行着，但加快这一进程的还是多梅妮卡本人。由于此时正值疫情期间，她与鼠疫的关联重新被人们提起。在11月疫情高峰期时，尤其对于那些鼠疫患者来说，多梅妮卡的圣体开始发挥奇迹般的治愈效果。这可以从阿尔比耶拉·德·圭杜奇在11月26日的记录中看出。当时，他的女儿科斯坦扎已经患病：

我派我的仆人玛丽亚去了拉·克罗切塔修道院。在那里，善良的修女们要她背诵七次《又圣母经》。然后她们送给她一片面包和一个红色小十字架，据修女们说，它们都已经触碰过多梅妮卡的圣体。仆人回家后把十字架交给了我的小女儿，之后女儿就说感觉好些了，并在病了很长一段时间后终于可以迅速起身。我做了一些肉汤让她搭配面包吃，她的身体状况逐渐好转，现在已经完全康复了。我觉得这是神圣的恩典，尤其是考虑到当下这样鼠疫肆虐的危险时期……甚至连医生都认为她必死无疑。[70]

与大多数版本的神迹故事一样，在医生无法医治后，病人的亲属转而求助于圣徒的神力，后者则成功将重病患者治愈。这时，属灵疗法的力量就对病人起了作用，正如之前求助圣安东尼诺护佑佛罗伦萨城一样。那些获得多梅妮卡神助最多的家庭可能都和大公家族关系紧密，与圣安东尼诺的公开游行相比，对多梅妮卡的崇拜更具个人化和家庭化的特点。[71]

尽管从新年起死亡率开始逐渐下降，但对圣安东尼诺的求祷并没有完全应验，因为死于鼠疫的人数实际上仍在增加。为了应对疫情，政府继续实施全面隔离政策。和大公一样，佛罗伦萨大主教也支持这项政策，但他相信继续向上帝祈祷也很重要。

宗教与隔离："为精神健康做准备远比为身体健康做准备更重要"

在研究佛罗伦萨全面隔离期间所采取的宗教措施时，卢卡·塔尔焦尼对于用属灵疗法医治鼠疫的评述一直以来都是学界参考的主题。[72]这种属灵疗法于1月20日开始，也就是纪念伟大的瘟疫守护圣徒圣塞巴斯蒂安节的那一天。大主教意识到在这一非常时期，确保教众的精神健康很重要。在这期间，人们不能离开家门，更无法像往常一样去教堂。因此，他便替佛罗伦萨人向教皇乌尔班八世索要赎罪券和"神的恩典"。对于那些在隔离期间无法离开家门的教众来说，念一句"*the Corona del Signore*"（主的冠冕）就相当于参加弥撒仪式了。[73]人们需要按指示整饬自己的精神世界——忏悔、在隔离前领取圣餐、在前一周周六禁食，"以让上帝看到我们已准备好，并且再无罪孽和污秽缠身，将我们从传染病中拯救出来"。[74]

龙迪内利记录道，在卫生委员会针对普通民众颁布法令后，大主教对所有修道院神职人员和修女也制定了严格的规定，命令他们不准离开修道院，[75]但教区的神职人员例外，他们获准可以和神父一起在教区内四处走动，以向教民履行职责。这些人会在隔离期间的每周六或宗教节日的前一天夜晚站在人们房前的道路上或房门前，聆听民众的忏悔。

大主教还获得了教皇许可，可以在佛罗伦萨城的街道上主持弥撒。不过乔瓦尼·巴尔迪努奇也指出，"那些能出门的人实际上也可以去教堂参加弥撒"。他这样说是因为卫生委员会的确在当时颁发了一些健康通行证，有人可以凭此出门工作，有人则可出门领取每家的口粮。[76]每个大区都分配了两名咏礼司铎，由他们决定祭坛摆放的位置。通常祭坛都设在街角处，这样可以最大程度上让更多的教众听到弥撒。考虑到此时正值寒冷多雨的时节，祭坛上面还特意安装了一个起到遮盖作用的小型华盖。周围的居民用各种方式竞相装饰它，使其成为附近地区内最美丽的祭坛。

龙迪内利对此也有类似描述，"有一个'小屋子'保护着（祭坛）……有些是用石膏或其他材料制成，并饰有金色檐口"。[77] 巴尔迪努奇也在日记中记录了从吉诺里街上的自家窗口看到的情景："今天是1631年2月2日，全城隔离仍在继续。听说弥撒会在城内的所有街道上举行。像之前所说的那样，一些街道上有3个祭坛，而在我居住的吉诺里街有2个，一个位于马奇内街角，另一个在吉拉尔迪先生家门口。"[78]

每周日清晨，举行圣礼所需的物品都会被带到在街角临时搭建的祭坛处。为了提醒民众弥撒即将开始，还有人专门沿街摇响手中的铃铛，这时所有人都会拥到窗前和前门处。弥撒结束后，神父吟诵赞美诗《天堂之星》和圣母马利亚的祷文，民众听到后也会回应。除了每周日的弥撒，每天在街角处的祭坛也会有神父念祷《玫瑰经》。居民们通过跪在窗前或门前的方式参与，并"一同大声地附和"神父的颂词，结束时还要口念三遍"我们的天父"和"万福马利亚"。[79]这一空前壮观的景象定是感动了参与其中的众人，从弗朗切斯科·龙迪内利对这一场景的评述中便可以看出：

> 整个佛罗伦萨城都在一起祈祷，就像是由虔诚的信徒组成的唱诗班一样。那温柔的歌声让人难以抑制眼中的泪水……在一些穷人住的街道上，每扇窗户里都闪烁着烛光。这是多么美好的场景啊！到处都回响着对圣母马利亚的赞美声。常言道，穷人比富人多拥有两种品质——正义与虔诚，现在看来果真如此。[80]

为期40天的隔离于3月5日结束，这一天对于公共卫生体系和宗教领域来说都意义非凡。通常而言，40天在宗教意义上代表基督耶稣在旷野的时间，而当时的人们认为它也代表诺亚在方舟中度过的时间，这样就将鼠疫和洪水联系了起来。此外，就像圣塞巴斯蒂安节（教会年历中的重要节日）标志着隔离开始，结束时也恰好是大斋节的第一天。但从巴尔迪努奇3月5日的日记来看，隔离期间一些主要规定，如禁止人们外出和集会等，则一直延续到了当月的15日。

尽管全城隔离结束了，但佛罗伦萨的宗教活动仍然受到诸多限制。弥撒继续在各街角处举行，当神父在大斋节第一天上街撒灰时，走到每户门前都会停下。这时仍禁止布道，因此虔诚的乔瓦尼·巴尔迪努奇十分担心大斋节期间是否还有讲道。此外，狂欢节也被迫取消了。但在"肥胖星期四"（也就是大斋节前的最后一个星期四），市内举行了新圣母马利亚教堂的圣母马利亚祭坛像全城游行。据巴尔迪努奇记录，这幅祭坛像通常悬挂在教堂管风琴的下方。在接下来的周二，市内又举行了另一场宗教游行，这次巡游位于最前方的是白衣十字架，它是1399—1400年整个托斯卡纳大公国进行白衣宗教敬拜游行*中的圣物，后来可能存放于圣米迦勒·维斯多米尼教堂。在之前的那场游行中，男女老少都走上街头，祈祷上帝保佑他们不要在世纪末暴发社会危机，以及免受当时正在整个意大利肆虐的鼠疫。[81]这两次游行都向圣母马利亚和基督祈求庇佑。[82]

随着疫情的好转，对宗教仪式的限制也逐渐解除。巴尔迪努

---

* 白衣宗教敬拜游行：指1399年夏天在亚平宁半岛上的多个城市举行的为期数月的大规模宗教敬拜游行，以祈求社会和平与安康。因为游行的人多身着白衣（*bianchi*），这场游行因此得名。

奇记录道，6月14日，所有教堂的圣水钵里都换上了新圣水，自上一年秋天起就禁止聚会的兄弟会也获准举行集会活动。当然，作为宗教团体的狂热追随者，巴尔迪努奇对是否可以举行集会活动尤为关注。[83] 数月后，他在8月18日记录道，"从大教堂到圣母领报大殿沿途举行了宗教游行，所有长官、大公……菲耶索莱的主教都在其中，游行队伍唱着《圣灵之歌》，并再次宣布要每周实行一日斋戒，一直到1632年3月25日的圣母节……为了感谢我们的天父耶和华，是他出于怜悯让我们的城市不再受鼠疫侵害"。他还强调，人们应该有更多理由感激上帝，因为相比于意大利北部，佛罗伦萨的疫情要轻很多，"如果在我们的城市有100人死于鼠疫，那么在北部伦巴第的一些地方，可能已经死去1000人了"。[84]

圣母领报大殿与鼠疫

在1630年8月至1631年8月间，圣母领报大殿在佛罗伦萨抵御鼠疫的精神之战中发挥了重要作用。它是佛罗伦萨城内在圣母升天节举行公众向圣母马利亚许愿仪式的中心场所，上文提到的由教会和政府主要成员参加的宗教游行也以它为起点和终点。那些从鼠疫中康复的患者也将圣母领报大殿作为进城朝拜的第一站。一群曾感染鼠疫的男男女女组成游行队伍，从圣米尼亚托沿山路蜿蜒而下，向佛罗伦萨城行进。进城后他们首先前往圣母领报大殿感谢圣母马利亚让他们得以康复，之后才回到各自家中。每个人都身穿白色衣服，象征着他们已经摆脱了和鼠疫有关的罪恶，此时正以洁净健康的身体和心灵回到城中。这场盛大的公众活动意在表明，在应对鼠疫的过程中，医学治疗和圣母马利亚赐予的属灵力量相得益彰。这类活动在意大利的其他地方也出现过，例如在1575—1577年鼠疫期间的帕多瓦。从更广的时间维度来看，这种仪式遵循了欧洲中世纪释放囚犯时的传统。[85]

圣母领报大殿和瘟疫之间的联系由来已久。根据费迪南多·戴尔·米廖雷*在1684年的说法，圣母领报大殿里的圣塞巴斯蒂安小圣堂内的祭坛上存放有圣塞巴斯蒂安的一只手臂。[86]小圣堂中央是帕拉约洛兄弟安东尼奥和彼罗所绘的塞巴斯蒂安初次殉教的场景（见图20）。正如《金色传奇》所描绘的，画中戴克里先皇帝一声令下，塞巴斯蒂安就被乱箭刺穿了身体。然而，他之所以为人所知，是因为他并没有被箭射死，而是之后又被石头砸死而殉难，尸体也被扔进了阴沟。由于他这般顽强的生命力，人们逐渐将塞巴斯蒂安与瘟疫联系在了一起。乱箭象征着瘟疫，也代表着突然侵袭的腐蚀性毒气和上帝的愤怒。

然而在17世纪最初的几十年里，整个意大利反而更关注塞巴斯蒂安的第二次殉教。在1608年左右，当圣塞巴斯蒂安小圣堂的赞助人普奇家族着手重新装饰小圣堂时，他们委托乔万·巴蒂斯塔·帕吉在小圣堂内左侧墙面上绘制了塞巴斯蒂安第二次殉教的主题。根据巴尔迪努奇的说法，这幅画展现的是"在暴君的命令下，神圣的殉道者被铁棍毒打而死"。[87]选择这一主题可能是因为普奇家族不想再重复第一次殉难的画面，从而避免被别人拿来比较。据龙迪内利记载，在1630—1633年鼠疫期间，圣母忠仆会的修士们正是在这个小圣堂的祭坛前定期主持弥撒来对抗鼠疫的。[88]

除了在抵御鼠疫过程成为佛罗伦萨民众重要的精神支撑

---

* 费迪南多·德尔·米廖雷（Ferdinando del Migliore）：意大利17世纪的历史学家。

外，作为城内主要的圣所之一，朝拜圣母领报大殿对信徒们来说仍有着传统的"医治"作用（见图12）。信徒中既包括社会底层的贫苦之人，也有像美第奇家族成员和外国显贵等富人阶层。而圣母领报大殿的这一角色客观上也给所有信徒们提供了捐献的机会，权贵们可以委托他人修缮教堂，而穷人也可以通过购买现成的还愿小物件进行捐助。[89]

从1621—1690年在圣母领报大殿发生的"神迹记录"中可以看出，对圣母领报大殿的私人还愿行为持续了整个鼠疫期间。尽管这个登记册的内容很不完整，并且似乎记录更多的是那些留下了大量银质还愿物的人，但其中也有这一时期被圣母马利亚治愈的事例。[90]多梅妮卡·达·帕拉迪索赐下的治愈神迹发生在秋天，而这里提到的少数几例最早也是在冬末，这可能是因为早前官方为防止疫情传播而限制民众朝拜圣所。登记册中第一次提到鼠疫是在1631年3月6日，也就是佛罗伦萨解除隔离的第二天，人们已可以在市内自由走动；而这一年中其他9例鼠疫获得治愈的神迹，多半发生在接下来的2个月。[91]

几乎所有曾向圣母马利亚祈求神助的人都接触过鼠疫患者，其中很多就是这些患者的家人。他们有的已经被传染上了鼠疫，但是圣母马利亚的代祷帮他们消除了身上的横痃和痈肿。[92]莱桑德拉·卡尔迪·奇沃利夫人就是这种情况。尽管她所住的房子里已有7个人因感染鼠疫死去，而且她和她小儿子的身上都长了横痃，但因最后求助了圣母马利亚，他们幸免于难。[93]

还有一些人尽管与病人有过接触，但没有被传染。来自比萨的科尔索·科西为了照顾已经病倒的年幼的儿子，贴身陪床了三个晚上。科尔索和家人都害怕染上这种疾病，便向圣母马利亚祈祷。最终除了小男孩，其他人都安然无恙。为表达对圣母马利亚神助的感激，科尔索带着全家10口人（包括一个仍在襁褓中的婴儿）一起前往圣母领报大殿，留下了一组带支架的10个银质奉献物。此外他们还向圣母马利亚献上了5具婴儿塑像，并另向圣洛克和圣塞巴斯蒂安献上了5个类似的还愿物。所有还愿物都用银制成，这不仅反映出这个家庭的富足，还表明他们对属灵疗法的力量深信不疑。[94]另一个名叫文森迪奥·塞尔瓦的医生曾在鲁夏诺别墅的隔离中心工作过16个月，他"用自己的双手照料并医治那些感染鼠疫的病人"，但身体一直无恙。为表示内心的感激之情，他委托了一位名叫奥塔维奥·万尼尼的著名宫廷画师作画，将画作为还愿物，"这是一幅自然主义的布面油画，镶有黑色边框"。[95]

实际上除了文森迪奥，很多医生都对领报大殿的圣母马利亚表达过感谢，感恩其保佑自己幸存下来。他们能安全度过这场劫难尤其值得记录，因为这足以证明圣母马利亚护佑力量的强大，此外他们留下珍贵的银质还愿物，甚至委托著名艺术家来创作画作。

根据当时圣母忠仆会的费迪南多·曼奇尼神父的记载，修士们会定期清理还愿物，并于1631年春天决定开展一场大清扫。从曼奇尼在1650年的记录中我们可以看到，这些还愿物已经使教堂的墙壁和天花板不堪重负：

> 不过说起粉刷过的镶板：这类还愿物的数量如此之多，以致教堂的所有墙壁上都挂满了这些物件。里面的所有立柱从顶到底都杂乱无章，教堂所有的门上，不管是内侧还是外侧，也都挂满了这些东西。在许愿回廊上，除了那些杰出画家创作的部分（如壁画），剩下的空间也都被

它们占据了。在铁架和立柱拱门的链子上甚至都满是还愿物。我数了数，总共有3600个镶板。[96]

虽然清理这些还愿物本应属于修士们的日常工作，但有趣之处在于，这次大清扫发生在鼠疫大流行期间。[97]从非常实际的角度来看，全城隔离客观上可能为整理这些危及教堂结构的还愿物提供了便利，因为那些平日里挤在教堂的民众此时都被困在家中。[98]比如1656年罗马当地的官员也曾设法阻止大批民众在圣殿中聚集，以防止疫情大规模传播。尽管曼奇尼没有明确表明这次春季大扫除与人们对鼠疫的恐慌有关，不过从他之后的一份清单中所列举的各种物品不难看出这种心理。主要有四种还愿物须清理：用蜡和其他材料制成的大型雕像，它们都是"真人大小甚至更大"；小幅油画；用纸胶混合物制成的黄色物件；银质物件。[99]对这些还愿物的担忧反映出当时人们相信鼠疫的毒种会附着在这些物体上，尤其是像木头、蜡制品和纸胶混合物这样的多孔材料。此外，将银器高温熔化对教堂来说是可观的资金来源，尤其是当修士们必须对因悬挂物件而受损的教堂墙壁和屋顶进行维修之时。

由于在1630—1631年鼠疫期间扮演了重要角色，与佛罗伦萨的其他许多教堂相比，圣母领报大殿从捐献人那里得到了更多惠益，这种趋势甚至延续到了疫情结束之后。在历史上，美第奇家族和圣母领报大殿间的联系由来已久，自大公国成立以来，这种联系变得愈加紧密，他们也曾自掏腰包修缮了教堂的里里外外。[100]不过，考虑到这座圣殿在佛罗伦萨人心中的地位，我们可以很容易理解为何美第奇家族想方设法加强对它的控制。

美第奇家族的影响有时也会以非常具体的形式体现，比如他们委托别人制作了精美的还愿物件和烛台。从1600年起，美第奇家族委托金匠埃吉迪奥·莱吉制作了一块大型银质匾额，上面描绘了当时仅有10岁的科西莫·美第奇二世（也就是后来费迪南德大公的父亲）跪在祭坛前感激上帝令其免遭曾夺去父亲生命的"高烧"和"黏膜炎"的折磨。[101]历任大公及他们的夫人也会向教堂慷慨捐献，不仅有银质品，还有昂贵的珠宝，最华丽夺目的是一具由伟大的洛伦佐·美第奇依据建筑师马泰奥·尼盖第的设计委托制作的银质圣体柜。这个圣体柜"是一层阶梯的模样"，位于柜子中央的是安德烈亚·戴尔·萨尔托于一个世纪前创作的画作《圣面》。[102]

　　1630—1631年的这场鼠疫也再次充实了教堂的内部装饰。1632年3月25日，大公夫人洛林的克里斯蒂娜为圣母节委托他人制作了四个烛台和一个由尼盖第设计、彼得罗·塔卡制作的耶稣受难像。[103]根据奇内利在1677年的描述，"其中有四个烛台和一个巨大的镶金水晶十字像"，与圣母领报大殿中保存至今的三件做工精美的礼仪物品相一致。[104]位于一侧的圣母小圣堂里还留有一些没那么气派的物品，其中一些是银质的许愿灯，同样价值不菲。1632年（月份未知），安德烈亚·戴尔·西尼奥雷·菲利波·马努奇先生捐献了一盏重达13盎司18打兰的灯。而在1633年7月—9月期间，修道院的捐献记录册中这样写道："最虔诚的法国王后玛丽亚·美第奇的秘书阿斯特鲁巴雷·圭里尼阁下留下遗赠，其继承人在他死后将6盏重50磅的银灯献给圣母领报大殿。"之后的1635年，当费迪南德二世从巴尼-迪圣菲利波返回佛罗伦萨时，他坚信自己是依靠圣母马利亚的神助而从病中痊愈的，因此留下重69磅4盎司12打兰的银器。这在当时可谓是一笔巨款，总价值达1370达克特*。后来，根据马泰奥·尼盖第的设计，这些银器被铸为一个还愿灯。[105]

尽管其他捐献者的还愿物在大公家族面前堪如九牛一毛，但是大量价值、体积和材质（如银器和蜡质物件）各异的还愿物足以说明圣母马利亚的信徒之广泛，当时的人们普遍相信她能够治愈包括鼠疫在内的各种疾病。

其他一些大家族也热衷于在疫情期间（或结束后不久）在圣母领报大殿留下自己的印迹，其中最重要的一项工程是重建中殿左侧破旧的圣洛克小圣堂（见图13）。当时由于小圣堂上方的部分结构也刚刚整修过，所以重建后的规模因空间限制而有所缩小。在1630年12月20日（鼠疫期间），圣母忠仆会的修士将圣洛克小圣堂的资助人资格给了威尼斯商人雅各布·帕里，他也是当时整个圣母领报大殿的赞助人之一。根据菲利波·巴尔迪努奇的记载，雅各布·帕里早年在威尼斯发迹。[106]帕里委托雕塑家巴托洛梅奥·罗西为祭坛设计并制作了精美的新古典主义画框，并随后委托当时的最负盛名的画家之一——切萨雷·丹迪尼创作主祭坛画，也就是《圣母升天、圣雅各与圣洛克及佛罗伦萨城全景图》。[107]

在1631年3月，帕里和圣母领报大殿的修士们最终订立了重建小圣堂的合约。小圣堂于1632年12月18日修建完成，[108]这一日期也记录在祭坛下方的碑文中："*Dei Gratiam. Terra Marique Expertus. Jacopus Pallius. Ann. MDCXXXII.*"（神的恩典。海陆通

---

* 　达克特（ducat）：中世纪后期至19世纪欧洲流通的金币，其中认可度最高、适用范围最广的是纯度为98.6%的威尼斯达克特金币，1枚达克特可兑换124枚索尔多。

鉴。雅各布·帕里。1632年）丹迪尼于1631—1632年绘制的《圣母升天》就放在祭坛上，并一直存留至今（见图14）。这是一幅巨型画卷，尺寸约为285厘米×1856厘米，摆放在教堂中显眼的位置，位于刚刚清理翻修过的管风琴下方和主祭坛左侧。这块区域本就和瘟疫有着紧密的关联，因为这座小圣堂正是献给瘟疫保护圣徒圣洛克的。在这幅巨型祭坛画中，圣洛克位于圣母马利亚的右侧，人物特征符合他的经典形象，即手握权杖并有爱犬相伴。他持跪立姿态，斗篷披在身后，左腿上恰好露出一处鼠疫肿疮。位于圣母左侧的是圣雅各，也暗示着资助人雅各布·帕里。根据合约的规定，这两位圣人都要被描绘成"正在将位于画面下方的佛罗伦萨城托付给圣母马利亚"。[109] 在这一情景中，圣母马利亚扮演着代祷者的角色，祈求上帝减轻鼠疫给人们带来的灾祸，并不再为了人类所犯下的错误而发怒。佛罗伦萨三处圣洁的建筑——大教堂、洗礼池和旧宫塔楼，在整幅画中格外显眼。

从1632年起，亚历山德罗·德·美第奇委托大公国建筑师马泰奥·尼盖第新建了一间圣器室，这是圣母领报大殿的另一重要工程。[110] 这些年来，尼盖第的创作一直集中在领报大殿，他负责设计了圣器储藏室华丽夺目的大理石门，拱门装饰着美第奇家族徽章的大理石雕塑，两侧则是弗朗切斯科·莫基·迪·亚历山大及其父亲维塔莱设计的坟墓。[111] 按照设计，圣器储藏室里有一个祭坛，由颇受欢迎的画家雅各布·维尼亚利来绘制祭坛画。选择他是再合适不过的，因为在过去的10年中，维尼亚利的作品大多与自然灾害相关，涵盖的主题也包括大饥荒和大流行病等。[112] 他的这幅画名为《圣斯特凡诺、圣亚历山德罗、圣格利高列·塔乌马杜尔哥、圣瓦伦蒂诺和圣阿涅塞的升天》，于1635年完成。[113] 不管是对这幅画的赞助人还是观赏者来说，圣母马利亚与公元3

世纪的圣人格利高利之间的联系都无法被忽视，因为人们相信两者都有阻挡和击退疾病的能力。[114]圣阿涅塞节就在圣塞巴斯蒂安节的后一天，而圣阿涅塞也与奇迹般的治愈故事有关，这样的组合或许并非巧合。[115]

17世纪30年代初，圣母领报大殿的内饰逐渐丰富起来，主要都是圣母小圣堂的委托创作，以及领报大殿内其他与鼠疫主题相关的区域的修缮。这其中最重要的部分当属圣洛克小圣堂，以及前文提到的其内部由帕里委托丹迪尼创作的主祭坛画《圣母升天》。在疫情肆虐的时候，画室或工作室不得不关闭，与鼠疫相关的艺术作品的委托创作也可能因此耽延，但这些作品通常会在疫情逐渐消失后问世，以感激灾难的结束。我们从17世纪30年代美第奇家族对领报大殿内圣母马利亚小圣堂的赞助修缮就可见一斑，而且这与意大利其他城市的情况并无二致。其中最著名的建筑之一就是位于威尼斯的安康圣母大殿，它正是在1630年这场肆虐于意大利的鼠疫结束后作为还愿物而修建的。[116]

从17世纪30年代初至中叶，社会各个阶层——从富有家族到不甚宽裕的蜡质还愿物的捐献者——都在一直参拜圣母领报大殿和佛罗伦萨周边地区的其他教堂，许多专门委托创作的艺术作品也都与鼠疫主题密切相关。这类艺术品的流行也反映出在那些年间，鼠疫一直困扰着这座城市及周边地区。佛罗伦萨民众在1631年9月庆祝了鼠疫的消散，但好景不长，鼠疫于次年6月—10月底再次席卷而来，并持续到1633年1月。不过这次的死亡率要远低于3年前。[117]虽然圣安东尼诺和圣母领报大殿中圣母马利亚奇迹般的圣像在1630—1631年的鼠疫中扮演了关键角色，但到了1633年，佛罗伦萨民众转而向城市中其他众多圣像寻求帮助，尤其是另一传统圣像——因普鲁内塔圣母像。

1633年，因普鲁内塔圣母像与鼠疫卷土重来

当鼠疫在1633年春天再次侵袭佛罗伦萨时，教会开始组织使用"属灵疗法"以配合政府的防疫举措，弗朗切斯科·龙迪内利的记录为我们提供了最为详尽的描述。[118]首先，佛罗伦萨大主教组织了四次全城规模的宗教游行，但与之前不同的是，这四次游行中的前三次在地理范围上较为有限，不经过圣马可教堂和圣母领报大殿。游行的目的是请出之前尚未求助的圣徒。与1656—1657年罗马鼠疫时期的情况类似，这一次佛罗伦萨并未采取任何措施限制城内所有圣所周边的活动，仅建议民众谨慎行事。[119]因此，4月22日，圣扎诺比的头颅从佛罗伦萨大教堂被抬到了圣马可教堂，然后又送往圣母领报大殿。但为了确保尽可能减少直接参与的人数，游行队伍中只有大教堂的教士和神父。他们一大早就从大教堂出发，这次没有钟声来提醒尚在熟睡中的人们一起祈祷。第二周，圣徒普雷帕拉塔的圣物从大教堂运至新圣母马利亚教堂；第三周，圣徒塞巴斯蒂安的圣物从大教堂运到了圣克罗切教堂；最后一次游行是将圣乔瓦尼·巴蒂斯塔的圣物从大教堂运至圣斯皮里托教堂。与前三周不同的是，最后的这次游行更为公开，大主教将圣物箱藏在了一面华盖底下，这样"当队伍在每条街的尽头停下时，他便可以为之祈福"。[120]

四次游行都是从市中心出发，分别朝着佛罗伦萨的四个主要区域行进，这样在大教堂内的圣物便可以向整座城市施以神奇和拯救之力。这四次游行的终点都是城内主要的几家托钵会教堂，它们囊括了所有当时参与抵御鼠疫的主要修会。值得一提的是，当圣扎诺比的圣颅经过佛罗伦萨城北地区时，它既被带至圣母领报大殿，也被带到了属于多明我会的圣马可教堂，这两地也是

1630—1631年游行和庆祝活动的中心。

人们对于属灵疗法的热衷远未就此结束。虽然担心人群聚集会导致死亡率有所上升，但在1633年春天，佛罗伦萨城内还是出人意料地举行了大量宗教活动。[121]颇令人惊讶的是，各宗教团体可以自行决定并组织宗教类的活动，而不再由大主教自上而下地周密安排。因此，在3月25日圣母领报节的那天夜晚，成群结队的神职人员与平信徒向圣母领报大殿进发。之后在5月1日，巴尔迪努奇所在的伊波利托教义会开始赤脚游行，他们遮挡住面部，头顶荆棘冠，脖子上缠绕着绳索，身背耶稣受难像。这种赎罪游行不但能够激起旁观者的热忱，也在试图向人们证明这种属灵活动对减缓疫情作用非凡。

其他参加敬拜活动的人员还包括圣马可教堂的修士们，他们每周五都会念诵《玫瑰经》，然后去圣米迦勒祈祷室十字圣像前默诵耶稣受难的经文，这里也是圣安东尼诺曾经祈祷过的地方；斯波达教派的修士们手持不断带来神迹的十字圣像，赤脚向领报大殿行进；而圣马可教区的教众则再次向圣安东尼诺发愿，并拿着他的主教法冠环绕教区游行。[122]

和上次疫情暴发时一样，卫生委员会这次依旧限制了部分居民的自由行动。根据卫生委员会的规定，从1633年4月末起，妇女和未满12岁的儿童须在自家房屋中隔离约一个月。[123]不过，由于这期间有圣灵降临节，所以有三个晚上在各教堂门口临时搭建的祭坛处会举行弥撒，这样，被关在屋里的妇女和孩子也能从窗户或大门处观看，因而"不会被剥夺在精神上获得慰藉的权利"。[124]之后从5月一直到10月中旬，教会每天晚上都举行面向公众的《玫瑰经》诵读活动。虽然有感染鼠疫的风险，但这时的属灵疗法显然被认为是对抗鼠疫的重要手段。大批成年男性聚集在街道上或光芒四射的祭坛附近，一些路上还有人演奏音乐或布道。到了8月中旬，外出限令进一步放宽，教皇允许所有民众在8月15日，也就是圣母升天节当天去自己所在的教区教堂忏悔并领取圣餐。[125]

1633年4月下旬，大主教意识到目前采取的措施已无法抑制疫情进一步恶化。因此在4月25日，他咨询了许多神学家，后者的普遍意见是有必要"废除这些已经被滥用的措施"，并开展比之前范围更广的宗教敬拜活动。[126]其中一位神学家，即耶稣会修士科西莫·德·帕齐建议将因普鲁内塔的圣母像运至佛罗伦萨城，这一提议得到了包括大公在内的所有人的支持。[127]

尽管教会和政府对于民众敬拜的态度比两年前更为灵活，但双方在起草宗教游行规定时却更为谨慎了。他们都担心，大批民众聚集起来敬拜圣母马利亚可能会威胁佛罗伦萨的公共卫生安全。因此，卫生委员会规定，公众必须与游行队伍保持100米的距离，且每个街角最多只能有10人聚集观看，任何人不准进入存放圣母像的教堂内部。[128]

采取了上述这些预防措施后，宗教游行定于5月21日开始，从周六到周一，为期3天。所有当时记录下这次游行的人都强调了它壮观迷人的场面，以及因普鲁内塔的圣母像在缓和疫情方面所起到的重要作用。根据雅克·卡洛在1622年对因普鲁内塔集市的全景描绘，我们可以想象此次游行在出发时也必定人声鼎沸（见图22）。除了弗朗切斯科·龙迪内利的官方记载外，朱利亚诺·迪·切塞里·切基尼也对此做了非常详尽的描述——他是卫生委员会遴选出来治疗鼠疫患者的外科医生之一。此外，与圣母马利亚联系紧密的圣伊拉里奥兄弟会也编写了一份篇幅较短的《纪实信息录》。这两份记录均在1714年由乔万巴蒂斯塔·卡索蒂编入他的《关于因普鲁内塔圣母像的历史记忆》中并印刷出版，但目前尚不清楚这两份记录的原稿是否保存了下来。[129]

为了迎接即将到来的盛大游行，所有住在游行路线两旁的居民都按指示清扫自家房前的街道，扔掉所有垃圾。这不禁让人想起1630年8月疫情初期佛罗伦萨进行卫生调查的那一幕。此举不但能保持街道卫生，同时也有精神层面的考虑 —— 参与者不会被臭气熏天的垃圾所散发出的腐败气体感染，也不会冒犯到对圣母马利亚的宗教感情。此外，与1630—1631年终点为圣母领报大殿和圣马可教堂的游行一样，这次居民也必须留在家中，只能从自家窗户和房门处远远地目送游行队伍。他们还将根据指示斋戒并向圣母马利亚祈祷，以祈求她祛除鼠疫。[130]

从因普鲁内塔出发时，为防止所经之处街道两旁狂热的群众靠近游行队伍，有"骑兵与中尉"专门护送圣母像前行。出发时的游行队伍就已经非常庞大，其中有本地教堂的神父以及200多名负责协调的兄弟会成员，他们均身着"土耳其布衣"并手持火把。[131]在抵达佛罗伦萨前，他们要先经过加卢佐修道院，在那里与另一支圣伊拉里奥兄弟会会合。有位兄弟会成员在日记中这样写道："夜里10点30分，圣伊拉里奥兄弟会携带着圣加焦修道院的华盖，出发前去与圣母像会合。他们共有224人，人人手举火把，还配有一个由20名乐师组成的唱诗班。在到达卡尔特修道院的神父花园时，等候多时的神父们从修道院走下来，每人手持一盏烛灯。"[132]

从这里开始，圣母像便继续向佛罗伦萨行进，其间在锡耶纳大街上的圣加焦修道院过夜，这个修道院坐落在圣皮耶尔·加托里尼城门外的小山顶上。圣母像可在此地停留片刻，等待第二天接受佛罗伦萨众多敬奉者的朝拜。但需要休整的不仅仅是圣母像，还有那些搬运它的人们。切基尼记录道："那些搬运神龛的苦修兄弟会成员都说它非常重。对此我深信不疑，因为神龛又高又宽，很难穿过教堂正门。而深紫色天鹅绒材质的巨型华盖由8位贵族扛着，这在佛罗伦萨还是第一次。"[133]紫色是有特殊寓意的，它代表着赎罪。这不仅体现了兄弟会的宗旨，也反映了整个游行的目的。[134]

第二天，圣母像沿赛奈塞大街被运至圣皮耶尔·加托里尼城门（也就是今天的罗马门）。在那里，人们将圣像放在一个专门搭建的有蜡烛和鲜花装饰的大型平台上，并鸣枪以示圣母像已经抵达。收到这一信号后，佛罗伦萨城周围各要塞"欢欣鼓舞地"发射大炮，随后城内所有教堂的钟声开始响起——这显然也是由佛罗伦萨政府和教会共同策划协调的。对切基尼来说，"这就好像幸福地打开了天堂的大门"。[135]这一次，世俗社会和宗教系统的合作尤为明显，城内的神职人员、修士和兄弟会成员都陆续加入了游行队伍，大公和大主教也一同走在缓慢行进的游行队伍中，最终在新圣母马利亚教堂停下——圣母像将在这里过夜。[136]

翌日，圣母像在佛罗伦萨北城游街展示，从多明我会的新圣母马利亚教堂出发，经过圣乔瓦尼区，最终抵达圣母忠仆会的圣母领报大殿，之后再从这里被带至大教堂，直到第二天清晨。大教堂中央立起一个大平台，四周被蜡烛包围，光芒万丈。整个教堂内部，包括唱诗席、穹顶露台和中殿，都被烛光照亮。由四个火把摆成的巨大火炬置于教堂外穹顶顶部的十字架上，[137]熊熊燃烧的火光令佛罗伦萨居民从远处也能望见。这一次，依循前几次游行时的防疫措施，居民依旧不能随意外出，他们只能从自家窗户和房门处向外张望。不过根据切基尼的记录，当时共有约20人因违反了该法令而被逮捕。[138]

到了第三天，圣母像被运送出城，途经方济各会的圣克罗切教堂。这样就确保圣像不仅到访过佛罗伦萨宗教权力的中心——大教堂，还经过了全部四个城区的主要托钵会教堂。[139]据切基尼记录，圣母像离开佛罗伦萨时的欢送仪式和数日前抵达时一样热烈：

> 当队伍走出城门时，枪声此起彼伏……许多人或站在窗前，或在屋顶上，或在店铺门口，任何能看到游行队伍的地方都有人的身影……所有人都向圣母像祈求宽恕和赦免，并恳求她将人们从这场鼠疫的灾难中拯救出来。[140]

当时人们都相信，有明显迹象表明因普鲁内塔的圣母像回应了人们的祈祷。当圣母像抵达圣皮耶尔·加托里尼城门时，天气大变，暴雨顿时倾盆而下，阵阵冷风袭来。结果这一整天都在下雨，直到圣母像抵达新圣母马利亚教堂时，雨才停了下来。尽管一路上泥泞不堪，神父和大公鲜艳的服饰都被雨水浸透，但这也被认为象征着圣母听到了他们的祷告，因为之前这座圣母像经常被人们请到佛罗伦萨城，以祈求她能结束干旱或洪水灾害。更令人感到欣慰的是，仅10天之内，疫情确实有所缓和。很少再有患者被送到隔离医院，死亡人数也减少了。这时，官方解除了对居民活动的限制，许多人自行或以兄弟会成员的身份前往因普鲁内塔。6月12日，卫生委员会的长官们到访因普鲁内塔，并在圣母像前留下了1万银币，捐献用作穷人家女孩儿们的嫁妆。12天后，184名康复期病人的身体完全康复，并回到了家中。[141]

圣母像如此"神奇"的力量也给存放她的圣所带来了巨大收益。切基尼这样记录道："因为圣母像，教堂里堆积了许多还愿物和华盖，各种银器（包括烛灯台、花瓶、盥洗盆），以及其他弥撒用品及蜡制品……这些物件的价值足有数千英镑。"[142]龙迪内利在其《传染病报告》中用两页的篇幅列出了圣所内那些"最珍贵的礼物"，包括大公、美第奇家族成员、佛罗伦萨贵族、修道院及众多兄弟会捐献的物品。它们种类繁多，其中有费迪南德大公的"由金色棉线织成的圣坛布、两件水滴状的纯银饰品和一块精美绝伦的织布"，也有诸如银圣杯和"为圣母像量身定做的织有金色花朵的罩布"。但其中最耀眼夺目的，当属1633年10月12日的捐献物。这一天，费迪南德、克里斯蒂娜和家族内的其他王子们参拜了圣母像，并留下了"一具耶稣受难像，上面饰有四盏水晶烛台，并以黑檀木作底。此外还留下了两个饰有相似花纹的银花瓶，以及一个非常漂亮的银质圣骨匣，里面安放着已殉难的教皇圣西斯托的圣颅"。[143]

直至今日，许多当时的捐献物仍保存在因普鲁内塔圣母马利亚教堂一侧的博物馆中，这当中包括由神职人员及众多兄弟会和贵族家庭留下的15个祈愿瓶。[144]其中一个来自新圣母马利亚医院的白衣耶稣受难会，上面刻有"1633年"的字样。[145]在龙迪内利列出的清单中，一对烛台底座上刻有铭文"GINEVRA CARNESECCHI MOZZI 1633"（日内瓦，卡尔内塞基·莫齐，1633）。[146]1633年，与大公夫人奥地利的玛丽亚·马达莱娜关系甚密的贝亚托·伊波利托教义会也捐献了一只优雅别致的圣杯。[147]尽管这些物件都非常贵重，但花费最高昂的还是教堂正面门廊的修缮。该门廊于1634年完工，由当时最著名的建筑师之一盖拉尔多·希尔瓦尼设计（见图23）。这项工程也与美第奇家族密切相关，因为工程款是由佛罗伦萨的圣方济各·迪斯蒂马特兄弟会负担的，而这一兄弟会就在圣洛伦佐区的美第奇教堂集会，他们以此来表示对疫情结束的感恩。[148]

　　佛罗伦萨城内及周边存有圣像的教堂都从这次鼠疫中获益匪浅，人们留下金钱和价值不菲的还愿奉献物，令教堂变得非常富有。和圣母领报大殿的情况类似，许多教堂不但借此机会翻修了小圣堂，还在教堂正面大做文章。但从规模上看，这些都无法与17世纪其他意大利城市内的教堂修整相提并论。除了威尼斯的安康圣母大殿，1631—1634年摩德纳也修建了誓言教堂，罗马坎皮特利区的圣母堂也因为要存放新运来的圣母像而进行了修缮。[149]除了将新建教堂作为还愿奉献物，以示对鼠疫消退的感恩之情外，人们还出于其他目的修建了一些教堂。如那不勒斯在这一时期新建了一座非常小的圣母堂，是为了帮助1656年鼠疫逝者的亡灵可以顺利通过炼狱。[150]

　　虽然意大利各城市在建筑上对鼠疫主题的呈现异彩纷呈，但在宗教领域的行动则基本趋同，这也体现在这一时期的艺术作品中。多数城市都特别敬拜了自己的主保圣徒和相关圣像，并组织了宗教游行、公开祈祷和斋戒。人们普遍意识到民众参与这些活动的重要性，不过参与程度也因不同城市而各有差异。普遍来说，在鼠疫死亡率居高不下时，地方政府会设法限制民众参与宗教活动。[151]但也有例外，如1576年米兰圣卡洛大瘟疫期间，米兰大主教就说服了卫生委员会，在10月疫情还在不断恶化的时候组织了三次宗教游行。詹·巴蒂斯塔·戴拉·罗韦雷在其1602年的《卡洛·博罗梅奥的圣钉游行》中对此大加赞扬。[152]80年后，也就是1656年，当另一场鼠疫席卷那不勒斯时，当地官员公开向圣母马利亚许愿，请求她来帮助抗击鼠疫，并在疫情最严峻的时候也鼓励民众参与进来。[153]

　　意大利中部一些城市在这方面的行动则更加谨慎一些。在

1630年8月的博洛尼亚，执政者也公开向玫瑰圣母、圣依纳爵·罗耀拉和方济·沙勿略许愿，祈求他们代祷。但直到疫情结束，他们的愿望似乎才得以实现。12月27日，在圣约翰节这天，博洛尼亚在全市范围内组织了一次面向公众的宗教游行，著名画家圭多·雷尼为此还专门创作了《许愿祭坛画》。[154]正如我们所看到的那样，佛罗伦萨也在8月和12月分别向圣母马利亚和圣安东尼诺祈愿。但这两次的意义并不相同：第一次是在疫情初期，人们寄希望于圣母马利亚可以帮助遏制疫情的蔓延；第二次是为感激圣安东尼诺成功击退了疫情。与那不勒斯不同，佛罗伦萨和博洛尼亚的大主教与卫生委员会对宗教活动都十分谨慎，他们认为只有当死亡率下降时才能举行游行仪式。除此之外，这两个城市还都严格限制了游行人数，只有教会和政府的主要人物才能参加，而其余民众只能站在窗旁、门口和街角远远观看。[155]

从佛罗伦萨这一时期的许多公共和个人庆祝活动中，我们能看出美第奇大公家族在该地区的强大影响力。年轻的费迪南德在整个疫情期间都是人们关注的焦点，他选择留在佛罗伦萨城内或附近地区（而不是躲在乡下的别墅里），因而成了君主的楷模，也进一步巩固了他在民众心中慈悲爱民的形象。乔瓦尼·巴尔迪努奇极力赞扬大公："他不遗余力地救助他的子民，帮助他们度过当前的灾难和困苦。他还亲自在全市范围内走访，尤其是那些穷人居住的街道，竭力满足他们的各种需求，耐心检查那些分发的面包和其他救济物品是否无恙。"[156]这的确称得上是基督教传统中慈善的典范了。因为当时的人们相信，穷人肮脏的生活环境所产生的腐败毒气可能会导致他人感染鼠疫。此外，大公还为纺织业的失业者们提供了工作。佛罗伦萨的纺织业在疫情前就已开始萎缩，鼠疫暴发后更是雪上加霜。

费迪南德的女性亲属，如大公夫人克里斯蒂娜在疫情期间也发挥了巨大影响力，这一点从她在多梅妮卡·达·帕拉迪索的封圣仪式中所起的作用便可看出。当时全社会对多梅妮卡的敬拜已经成为神迹显灵的关键。这些影响在后期也有非常具体的表现。美第奇家族不但出资修缮了圣母领报大殿，也赞助了多梅妮卡所在的拉·克罗切塔修道院的扩建，还通过家族主导的兄弟会支付了因普鲁内塔圣母马利亚教堂前门廊的建造费用。鼠疫也推动了私人领域委托作画、修建小圣堂以及捐献较小还愿物的行动，并且和过去每次瘟疫大流行时一样，疫情过后，关于瘟疫的艺术创作主题也有所变化。例如，相对于描绘圣塞巴斯蒂娜被利剑刺穿身体的第一次殉难，在对圣塞巴斯蒂安的第二次殉难、善良的撒玛利亚人*和多俾亚**的艺术呈现上，艺术家们不再关注疾病本身，转而聚焦圣徒的神奇治愈能力。[157]

佛罗伦萨人在呈现瘟疫和瘟疫保护圣徒方式上的变化，是其在人们心中形象变化的真实写照，也与意大利各城市在宗教领域的活动相辅相成。本章认为，在近代早期的托斯卡纳地区，教会与政府通常在制定政策时有非常密切的合作。但如前文所述，摩擦与冲突也时有发生，例如蒙特卢波的神父们就在全城隔离期间组织了宗教游行，罗马的神职修会也坚持将他们的门廊圣母堂的修道院大殿对公众开放。

---

* 善良的撒玛利亚人：基督教传统中的著名典故，意为"好心人""见义勇为者"。源于《圣经·新约》中的一则寓言，耶稣借此说明鉴别人的标准是人心而非身份或地位。

** 多俾亚：源于天主教《旧约》的一则寓言。恪守律法的多俾亚因为行善变成了瞎子，遭受了严厉的折磨。后来，上帝从困苦中解救了多俾亚，让他复明，重见天日。

学界近来对近代早期意大利瘟疫史的研究也同样关注疫情期间政府与教会的合作。塞缪尔·科恩对1575—1576年鼠疫期间米兰和帕多瓦的研究就很好地证明了这一点，乔瓦尼·菲利波·因格拉西亚在其论文中对巴勒莫的记述也与此相关。[158]同时期的威尼斯也同样有政教合作的情况。在1656—1657年的罗马，卡斯塔尔迪枢机主教甚至主导了整个罗马城的抗疫行动。[159]正如我们前文所讨论的，大主教们不仅要组织宗教游行，还要确保神职人员能够满足其信众的精神需求。在下一章中我们将看到，诸如嘉布遣会这样的宗教团体在隔离医院中孜孜不倦地奔忙，为病人提供精神上的救助。

1   2

3

1. 圣加洛门是佛罗伦萨市最靠北的中世纪城门，相传1630年8月鼠疫正是由此门传入佛罗伦萨的。

2. 尤斯图斯·苏斯特尔曼斯的《年轻时期的费迪南德二世》绘于疫情暴发的两年前。画中的费迪南德大公只有18岁，他身穿盔甲，脖子上套着一个大领子，目光中却透露着一丝不安。作为一名军事领袖，他面临的第一次大考验就是应对此次鼠疫。

3. 近代早期佛罗伦萨犹太人聚居区模型，向我们展示了市中心住房的密度。当时的人们认为疫情的传播与此有关。

4a. 斯特凡诺·邦西尼奥里的《佛罗伦萨城地图》展示了圣加洛路上的梅塞尔·博尼法齐奥医院。这是佛罗伦萨市区的第一家隔离医院。

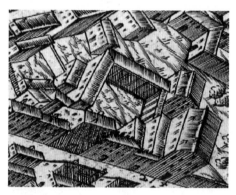

4b. 疫情期间，圣奥诺弗里奥修道院被卫生委员会征用，先是作为隔离中心，后来用作监狱。

4c. 新圣母马利亚医院是佛罗伦萨市中心最大的医院，在1630—1631年鼠疫期间负责收治非鼠疫患者。这是家名副其实的大型医院，从邦西尼奥里的图中我们能看到位于广场北侧的用于收治男性患者的十字形病房区，而位于广场南侧的就是收治女性患者的船形病房区。

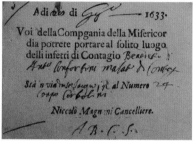

5a

5b

6

7

5. 从卫生委员会长官给慈爱会的这两张病情通知单中我们可以一窥当时确认鼠疫患者的过程。这两张病情单分别列出了两个需要被带去隔离医院的患者的姓名和详细住址，一位是可能已经死去的妇女，而另一位是男性。上图是寡妇利萨贝塔女士，家住莫罗大街，日期为1633年6月16日。图中的十字符号意味着她已死亡。下图是贝内代托·迪·安东尼奥·孔福尔蒂尼，住在科波里尼小广场圣雅各路，日期为1633年6月28日。病情单上描述其为"患有传染病的病人"。

6. 这名瘟疫医生身上的所有地方都被覆盖起来，以免受瘟疫毒气的侵害。他穿着一件皮衣，头上戴着皮面罩，一个鸟喙状的装置里装有药草来净化空气，镜片用于保护眼睛，脚上穿着长筒靴。

7. 在路易斯·鲁耶的这幅反映1657年罗马鼠疫的版画中央，我们能看到烟熏工正全力从一栋已经被感染了的屋子里向外扔东西，并用小推车将这些物品运走，但不清楚这其中有多少会被消毒或被焚烧。

VNGVENTO.

Recipe Cera nuoua, Olio comune, Olio laurino, Olio di saso, Erba d'Aneto, granelli di Lauro num. 6. con vn poco d'Aceto, facendolo tanto bollire, che si riduca in forma d'Vnguento, col quale si ungono le narici, i polsi delle mani, e le piante de piedi.

Li Signori Taratori del Magistrato dell'Arte de' Medici, e Speziali della Città di Firenze hāno tarato la Poluere, cioè, che si venda soldi otto l'oncia, e l'Vnguento soldi sei l'oncia, come apparisce nella loro taratura sotto dì 11. di Settembre 1630.

IN FIRENZE,

Per Gio: Batista Landini. 1630.
Con licenza de' Superiori.

NVOVO,

E VERO MODO

Di preseruarsi, e curarsi dal mal Contagioso.

Prouato, & esperimentato con vtile di chi l'hà preso.

Prouato, esperimentato dall'Autore Caualiere, C. C. S.

IN FIRENZE, Per Zanobi Pignoni. 1630.
Con Licenza de' Superiori.

8. 一份治疗鼠疫的药膏处方传单（1630）。

9. 一份预防和治疗鼠疫的小册子（1630）。

10. 路易斯·鲁耶的这幅版画显示了罗马一家主要隔离医院的入口。这座隔离医院位于罗马台伯河中央的圣巴尔托洛梅奥岛上，一层层的高栅栏和大门都是为了限制人员的出入。

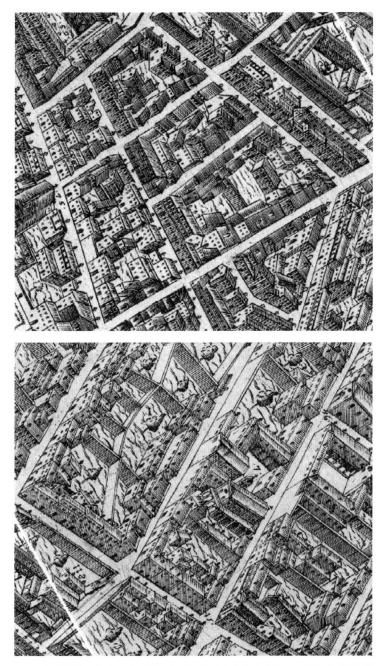

11. 圣洛伦佐教区的这两个区域（上图为教区内靠北的街区，下图为南部街区）展现了佛罗伦萨城这一地区的房屋密度，疫情最严重的街道也在这里。

12

13

14

12. 圣母领报大殿的小圣堂和圣物箱。这里是朝拜充满神奇力量的圣母的中心。从掌权的美第奇家族到社会底层民众，都会在这里留下还愿物，以感谢圣母马利亚帮他们度过了1630—1633年的鼠疫劫难。

13. 雅各布·帕里是一位富有的威尼斯人，他重建了小圣堂。此小圣堂在圣母领报大殿中的地位非常重要。它于1630—1631年鼠疫期间重建，是专门献给瘟疫保护圣徒圣洛克的。

14. 这幅由切萨雷·丹迪尼创作的巨幅主祭坛画是小圣堂的中心，展现了圣母与另外两位圣徒圣洛克和圣雅各升天的场景。在画中，圣洛克持跪立姿态，斗篷披在身后，左腿上露出一处肿疮。圣雅各则是资助人雅各布·帕里的守护圣徒。

15. 在路易吉·巴乔·戴尔·比安科的这幅画中，圣安东尼诺端坐在云彩之上，飘浮在佛罗伦萨上空，张开双臂和斗篷来保护这座城市。

16. 圣马可修道院的圣安东尼诺回廊。拱形长廊内以壁画的形式展示了圣安东尼诺的生平事迹。这些壁画的绘制时间横跨了整个17世纪。

17. 彼得罗·丹迪尼的《圣安东尼诺在1448—1449年佛罗伦萨鼠疫期间探视病人》，绘于圣安东尼诺回廊。注意图中病人左臂下方那处明显的横痃。

18. 帕西尼亚诺的壁画《圣安东尼诺身体的转变》（1589），圣马可修道院的圣安东尼诺小圣堂内。在这幅壁画中，教会和佛罗伦萨政府的主要成员抬着圣徒未腐烂的尸体正经过一处修道院，尸体被放在一个灵枢台上。

19

20

21. 这幅 17 世纪卷首插图中的多梅妮卡·达·帕拉迪索，手里拿着缠绕着百合花的十字架，象征着谦逊与奉献。

20. 这幅画最初在圣母领报大殿的圣塞巴斯蒂安小圣堂，它展示了圣塞巴斯蒂安第一次殉难的场景，当时他被乱箭射死，象征着鼠疫通过空气传播。

21. 专为存放圣安东尼诺遗体而修建的圣马可教堂的小圣堂由詹博洛尼亚设计，并由亚历山德罗·阿洛里等多位艺术家装饰。

21

SERENISSIMO COSMO MAGNO DVCI ETRVRIÆ

22. 雅克·卡洛的《因普鲁内塔集市》向我们展现了广场的面积之大，因此人群能够跟着因普鲁内塔圣母像的宗教游行队伍一同行进。在这张图的左侧，我们可以看到一位犯人被悬吊在半空中，正在受吊刑。

23. 在这幅因普鲁内塔圣母教堂的照片中，我们可以看到为感谢圣母阻止了1633年佛罗伦萨疫情复发而修建的门廊。

24. 这幅版画展现的是1630年米兰"涂油者"接受惩罚并被处死的场景。

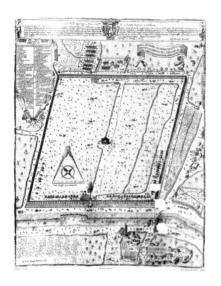

25. 这幅米兰隔离医院的示意图，中间是一个非常开阔的广场，四周是用于安置瘟疫患者的面积不大的病房。不过在1630年，随着疫情不断恶化，米兰临时修建了一处简易房区用于收治患者。注意，位于广场中央的是圣卡洛小圣堂，这样设计是为了让每个人都能看到弥撒仪式。

26. 托马索·波尔卡基亚的这幅1572年威尼斯地图展示了威尼斯两个主要隔离医院的位置。旧医院位于地图的东南方向，而新建的隔离医院位于地图上的东北角。与其他陆地城市相比，把隔离医院建在潟湖中的岛上有很大优势，旧医院里的瘟疫患者和新隔离医院里的密切接触者都可以被更好地隔离起来。

27. 圣米尼亚托教堂的前面即为本笃会修道院，当时被用作佛罗伦萨的主要隔离医院。它坐落于佛罗伦萨城南一座小山的山顶上，因而提供了天然的地理屏障和新鲜空气。

28. 圣方济各教堂的一侧。起初它被指定为隔离中心，但很快随着疫情不断恶化，成为佛罗伦萨的另一家隔离医院。

29. 鲁夏诺别墅是佛罗伦萨最大的隔离中心，位于圣米尼亚托的东侧。

30. 从菲耶索莱眺望佛罗伦萨城的景色。菲耶索拉纳修道院是佛罗伦萨城北最大的隔离医院，位于照片右侧中央；圣多梅尼科·迪·菲耶索莱是城北主要的隔离中心，位于照片左侧中央。

31

32

31. 通往圣米尼亚托要塞和修道院的入口，病人正是从这里被抬进隔离医院的。

32. 从圣米尼亚托教堂的内部，可以看出其中殿的规模。在鼠疫期间，这里摆满了病床来安置患者。

33. 斯特凡诺·邦西尼奥里的《佛罗伦萨城地图》（1584）展示了圣米尼亚托教堂和修道院及其布局，整组建筑俯瞰着佛罗伦萨城。

33

34. 圣方济各教堂内部。尽管它比圣米尼亚托小,但也腾出了相当多空间用于摆放病床。

35. 连接圣米尼亚托隔离医院和圣方济各隔离医院的小路,可以看出两者距离很近。

第六章　隔离医院与隔离政策：恐怖甚于死亡？

> 如果没有一个地方可以接收感染者，那么再完备的防疫政策都只是纸上谈兵。[1]

上文是英国女王伊丽莎白一世的意大利医生切萨雷·阿德尔马雷1563年向英国枢密院谏言时说过的很重要的一句话。与当时其他人一样，他认为一国政府应对瘟疫的关键在于修建隔离医院。实际上这种医院在南欧尤为常见，最早出现在意大利文艺复兴时期的城邦国家中。不过，历史上第一个隔离机构是1377年在拉古萨（今克罗地亚的杜布罗夫尼克）诞生的，这座城市在1357年脱离威尼斯王国取得了独立。拉古萨政府将到达此地的人按所使用的不同交通方式——海路或陆路分成两类，在米尔坎岛和附近的卡福塔特镇分别修建了两处隔离中心。[2]总体来说，长期以来，历史学家认为检疫和隔离是过去公共卫生领域应对流行病肆虐的关键环节，对于近代早期西欧社会鼠疫的消失至关重要。[3]

相比之下，意大利文艺复兴时期的隔离医院的特别之处在于，它们规模庞大，而且大多由砖或石头建造而成。不过各隔离医院所占用的建筑物类型也不尽相同。在疫情期间，许多城市只是简单地通过征用现有建筑作为隔离医院，比如修道院、行乞者救济院或是贵族的私人别墅等。

意大利最大的永久性隔离医院之一位于米兰，是一个368米×370米的巨大方形庭院，其设计颇具现代感（见图25）。这座医院是连续的单层建筑，由280个小房间组成，每个房间的面积约为8平方米，里面置有一张床、壁炉和马桶。病房的窗户朝向庭院，院中央是一个四面开放的小圣堂，这样病人就可以从病房看到弥撒，如此设计意在依靠上帝强大的属灵力量来医治瘟疫。隔离医院周围有一条壕沟，以防止人们进入。在1630年鼠疫期间，这所隔离医院一共收治了超过1.6万名患者，其中很多人都被安置在临时搭建的病房中。意大利作家曼佐尼在《约婚夫妇》中生动再现了这一场景。[4]

米兰的这座隔离医院始建于1488年，是当时规模最大的单体结构的专门性隔离医院，而威尼斯隔离医院系统的历史则更为悠久一些。威尼斯的第一座隔离医院于1423年建成，这主要是因为威尼斯是连接西欧和东方世界的贸易中心，在约60年后，威尼斯又建立了第二座隔离医院。虽然特殊的地理位置使威尼斯更易受瘟疫侵袭，但整座城市都位于海面之上也是一种优势，这样便可在潟湖的岛屿上修建隔离医院。威尼斯隔离医院的设计构造大体上与其他地方无异，内部建有庭院，设男女分住的病房，还有小圣堂、墓地以及医院员工的住所。通常，隔离医院四周会有高高的围墙，以防止病人逃走或外部人员随意进入。[5]第二座隔离医院投入使用后，建于1423年的首座医院用于隔离和治疗瘟疫患者，而新医院则用来安置已经康复的患者。托马索·波尔卡基亚在他的《世界著名岛屿》一书中附有威尼斯地图，从中可以看到位于威尼斯东南方向的旧医院和位于东北角的新建医院（见图26）。

1575年，威尼斯暴发了历史上最严重的一次鼠疫。当时两座隔离医院都人满为患，政府因此不得不征用了一列确实可被称之为"大型"的海上舰队充作隔离医院。该舰队由停泊在海上的3000艘战舰组成，疫情期间收治了约1万人。[6]

16世纪初，意大利北部的另一座港口城市热那亚也专门修建了一座隔离医院，取名"戴拉·福切"（意为"入海口"），位于城中心的外侧。1537年，历史学家阿戈斯蒂诺·朱斯蒂尼亚尼对此描述道："这个庞然大物外观呈四边形，主要由回廊和数量众多的手术室构成，后者专门用于治疗那些'感染了瘟疫类疾病'（*morbo pestifero*）的病人，并在必要时为他们提供完善的医疗保障。"[7]但当热那亚遭受厉疾侵袭时，这座隔离医院力不能胜，因此政府又临时征用了其他一些建筑作为隔离医院。[8]在1656—1657年的热那亚鼠疫中，热那亚宽慰修道院被征用了。修道院院长安特罗·圣博纳文图拉神父曾详细描写过这座修道院，形容其"在远离热那亚的高山之上，正面迎着从北方吹来的寒风，因而可以涤清病人们呼出的有毒气体"。[9]不过，虽然地理位置尚佳，但圣博纳文图拉神父在书中对修道院恶劣条件的描述，让人看后不禁毛骨悚然。这也是为何人们都将这座"宽慰修道院"称为"忧郁修道院"。

像威尼斯和热那亚这样的城市是重要的区域性贸易中心。即便疫情结束，人们仍把这些隔离医院用作隔离中心，来存放那些从疫区运来的货物。[10]距佛罗伦萨较近的港口城市利沃诺就是一个典型例子。在费迪南德一世的要求下，利沃诺于1590年在港口区修建了一座隔离医院——"圣洛克医院"（取自瘟疫保护圣徒圣洛克）。此时的托斯卡纳地区并未暴发鼠疫，该隔离医院只是用于隔离那些来自潜在疫区的货物。[11]

显然，其他地区也相继效仿隔离医院的模式。1575年巴勒莫鼠疫期间，主治医生乔瓦尼·菲利波·因格拉西亚曾建议巴勒莫政府修建新的收治机构，并称这是效仿米兰和威尼斯的模式。[12]因格拉西亚在其《关于瘟疫和传染病的信息》一书中讨论了1575年巴勒莫专为病人开设的各类医疗机构，其中包括7家医院、1座新建的隔离医院和3所康复医院。[13]这座新建的隔离医院名为"库巴"，因格拉西亚对其日常运作情况的描述非常详尽，向我们展示了其内部空间是如何根据性别和病情阶段（即患者和康复者）做出划分的。他还对各功能区的面积大小、通风窗的位置，以及用于举办宗教活动的小圣堂的修建等都提出了建议。[14]在18世纪约翰·霍华德对隔离医院展开深入探讨之前，因格拉西亚的著作确实可以被视作历史上第一次针对隔离医院的设计而展开的理论论述。[15]

但像威尼斯、热那亚和利沃诺等港口城市的隔离医院并不能代表整个意大利。当大瘟疫暴发时，许多内陆城市都选择改建现有建筑，如修道院、军事基地等。如简·史蒂文斯·克劳肖所述，这些地方通常空间开阔，且多位于城市郊区。[16]罗马则因地制宜，依靠本地的水资源辅助隔离，将台伯河中央的圣巴尔托洛梅奥岛改建成一处隔离中心。疫情期间的这座河中之岛也出现在了路易斯·鲁耶的版画中（见图10），这件作品是《瘟疫期间罗马城的命令和措施》这一著名系列画中的一幅。短短数年后，另一展现1665年伦敦大鼠疫的系列版画也呈现了类似主题。圣巴尔托洛梅奥岛位于该系列画第二页的上方，岛的两侧分别有桥梁与陆地相连，教堂和修道院则位于岛中央，这样可以最有效地管控进出岛屿的人员和物资。[17]

15世纪90年代中期，尽管佛罗伦萨也专门修建了一座隔离医院，但规模非常小，里面只有26张床位。因此在16世纪20年代佛罗伦萨暴发鼠疫时，它所起到的作用非常有限。[18]不过政府在佛罗伦萨城外建造了一片棚户区，作为1522—1523年和1526—1527年两次鼠疫暴发时所采取的权宜之计。100多年后，当鼠疫再次侵袭佛罗伦萨时，人们似乎已经忘记这座破旧的老医院了，佛罗伦萨政府开始征用一些现有的世俗建筑和宗教建筑。

在1630年8月之前，此次疫情尚未蔓延至佛罗伦萨，与其他城市类似，佛罗伦萨城外的老圣马可教堂及修道院那里也有一座用于隔离可疑货物的隔离中心。5月底，卫生委员会向大公提交了一份请愿书，其中提到尽管隔离中心的现有空间可以存放"可疑物品"，但还不足以"容纳那些需要被隔离消毒的人员"。随着越来越多"疑似感染者"的出现，这显然成为一个日趋严重的问题。[19]随后，大公的主要建筑师朱利奥·帕里吉和诸多官员一同视察了老圣马可教堂，筹划改建以满足收治病人的需求。回城后，他们向卫生委员会展示了改建计划，建议将教堂内的房间单独隔开，此外还须修建一个敞廊，用来对那些已被感染的物品进行通风消毒。帕里吉被任命为这项工作的负责人，但卫生委员会将最初1000斯库多的预算削减到500斯库多。这一改建项目在5月30日获得大公的批准。[20]

最初的尝试：梅塞尔·博尼法齐奥医院

尽管穷人对隔离医院的内部环境心存恐惧，但当时大多数人仍寄希望于它们能发挥积极的作用。弗朗切斯科·龙迪内利等当时的写作者也认同隔离医院是防疫政策的重要组成部分。然而，当权贵生病时，他们却不去圣米尼亚托隔离医院，这和威尼斯的情况有所不同。在威尼斯，即使是名门望族，感染后也会被送去隔离医院，只不过会和穷人分开住院治疗。[21]马里奥·圭杜奇在写给年轻的费迪南德二世大公的颂词中，赞扬后者将圣米尼亚托要塞改建为隔离医院的举措，还将此举与战争的意象联系在了一起：

> 城市要塞的建造是为了防御敌人和保卫国家。因此在必要时期，人们也会将这些要塞改建为坚固的封闭中心，来抵御人类的主要天敌，以使城市免遭残酷的杀戮。[22]

这实际上才是人们心中隔离医院所扮演的真正角色。当时人们认为，将那些患者和垂死之人送到那里就可以控制住死亡率，使佛罗伦萨城免受鼠疫的折磨。本章将在佛罗伦萨卫生委员会应对鼠疫的背景下，探讨隔离医院所起的真正作用。在本章中，一个长久以来的难题再次摆在我们的面前，那就是"为达到目的究竟是否可以不择手段"。在这次疫情的一年里，佛罗伦萨共有1万多人被送进隔离医院。为分析这一问题，我们将尽可能全面地考虑到不同观点，其中不仅来自那些"自上而下"领导抵御鼠疫的人，还包括医疗机构中的工作人员，以及患者群体本身。

学界尚未对任何时期内隔离医院对佛罗伦萨所起的作用进行过详细研究，但现存记录为我们提供了极为详尽的史料。通过分析这些隔离医院院长和卫生委员会官员的信件往来，我们可以从微观角度上分析这些医疗机构内人们的生存状态。这些历史文件几乎记录了里面每一天（经常都是令人心痛）的情况，不禁让人想起在加缪的小说《鼠疫》中，伯纳德·里厄医生对那场虚构的

　　　　　从瘟疫中幸存的佛罗伦萨1630—1631

1947年鼠疫的描述。

我们将首先介绍佛罗伦萨的第一家隔离医院——梅塞尔·博尼法齐奥医院的情况，这将有助于解释为何没过多久，一些新的隔离中心和隔离医院就取代了它的地位。其中最重要的当属位于阿诺河以南的圣米尼亚托隔离医院和圣方济各隔离医院、鲁夏诺别墅隔离中心以及阿诺河以北的老圣马可教堂、菲耶索拉纳修道院和圣多梅尼科·迪·菲耶索莱医院。本章将主要探讨这些开阔的空间是如何用于对病人进行医学和精神治疗的。我们将考察在这些与世隔绝的隔离医院内的日常考验和磨难，以及相比于"死亡本身"，病人是否真的更害怕被"囚禁"在这里。[23]

本书第三章介绍过，佛罗伦萨的隔离医院与整座城市的应对疫情的方针是相辅相成的。在鼠疫暴发之初，第一批患者被送到新圣母马利亚医院，死者也被埋葬在了那里。但不久之后，所有疑似感染者都被送往新指定的位于圣加洛路的梅塞尔·博尼法齐奥隔离医院。等人们意识到这场鼠疫的严重性时，博尼法齐奥也已经不堪重负，因为那里只有74张病床。[24]到了夏末，那里的物资使用几乎到达极限。从8月29日到9月7日，每天约有17名病人入院。[25]即使每张病床都是多人共用，但仅仅10天内就新入院了174人，让其愈加拥挤不堪。[26]

医院院长、主治医生与卫生委员会的定期通信能帮助我们更详细地了解到一些关于博尼法齐奥的情况。8月23日，保罗·佩肖利尼医生向卫生委员会报告了15名女性患者的症状。据他描述，她们中的多数人正在发烧，同时还有和"传染病"相关的特殊症状：

> 第一例病人于今日中午12点开始发烧并伴有头痛，但

都不太严重，也没有明显的身体疲惫。今晚，此人的发烧症状有所减轻。

第二例病人从周三晚上开始发病，一个膝盖上有两个脓包，且目前高烧不退。但患者的抵抗力很强。

第三例病人从周六开始发病，其左肩上出现了痈斑，直到今天白天症状都很严重。今晚，患者的病情有所好转，痈块也得到了抑制。

第八例病人从今天开始发病，右臂下方有横痃，发高烧，右腿上有一处痈斑。

第十一例病人于周日发病，发高烧，腹股沟处分别有一处痈斑和横痃。她全身都感觉不舒服。[27]

佩肖利尼在诊断病人时非常谨慎，还对发烧病人和有其他症状的病人做了区分。他清楚地记录下了每个病人病情的变化。比如对第一例病人，他就曾在中午和晚上两次问诊，发现她的发烧症状有所减轻。但大多数患者同时还伴有其他更为严重且与鼠疫相吻合的症状。这些症状与当时许多鼠疫论著中的描述一致，佩肖利尼应该对此也早已熟知。他还区分了皮肤上的不同发病症状，其中包括"脓包""痈"和"横痃"。此外，他还详细地记录下了出现脓肿的身体部位，如"右臂下方""右腿上""腹股沟处"，这些也都是当时鼠疫论著中所指出的常见发病部位。

虽然在8月23日，佩肖利尼医生尚有闲暇对每个患者的症状进行详细描述，但到了月末，随着病人数量增加，这可能就变得非常困难了。8月29日至9月1日，博尼法齐奥共新收治了70名患者。[28]该医院接纳能力有限，到了9月中旬，随着入院病人仍在持续增加，医院工作人员的压力也越来越大。从9月12日到9月18日这一周内，博尼法齐奥的主治医师尼科洛·焦瓦尼奥利与卫生委员会的通信中我们可以明显看出这一点。在每封信中，焦瓦尼奥利医生都会谈及运来的患者数量和医院内死者人数在不断增加，以及护理人员不得不在如此恶劣的环境下工作所带来的诸多问题。他在9月16日的报告中这样写道：

> 我在9月12日抵达博尼法齐奥……昨天和今天我发现有很多人患上了瘟疫热，并且要么伴有体内肿瘤，要么有皮肤脓包，每天我都会发现更多此类症状的患者。现在，我手下有4位身体尚无恙的女性护工，还有7名男性护工，他们到目前为止也还都健康……我已经多次向来博尼法齐奥视察情况的卫生委员会长官们提过，我们需要额外增派的人手来照顾病人：白天需要2名护工，夜里需要4名护工，还需要另派2人负责医院内的清洁工作。此外我们也需要更多的掘墓工，因为现在医院内的掘墓工都已经死去或是病倒了……还有2名神父卧病在床，另有1位神父身感不适……实际上，我自己也感到身体不舒服。我发烧了两个晚上，并一直打哈欠，浑身发抖……上帝在上，我希望这不是"传染病"开始的迹象。[29]

正如焦瓦尼奥利所说，"这个地方的感染情况已经严重到所有人甚至身体健康的人都染上了病"。[30]他继续强调说，之所以会造成如此大面积的传染，是因为隔离医院是一个封闭空间，空气变得"恶臭不堪，即使我们已经烧了药草来净化空气也无济于事"。[31]

在接下来的一个月中，关于院内不洁环境和传染病间的关系一直是隔离医院和卫生委员会官员通信时的主题。医院院长乔万巴蒂斯塔·博纳尤蒂修士在9月30日致信卫生委员会，其中写道："朋友和所有医生都劝我现在不要回去……因为所有人都觉得待在医院会有生命危险……尤其我的卧室很狭小，恰有一名医生因感染鼠疫死在那里，许多和他接触过的人也出于相同原因死去，而且我的房间就位于两个病房之间。"[32] 所有人都认为博纳尤蒂修士的房间非常危险，须除掉屋内的泥灰并长时间熏蒸以消毒。在这种情况下，他便请求卫生委员会官员准许他住在隔离医院外的一间房子里。[33]

斯特凡诺·邦西尼奥里在1584年绘制的博尼法齐奥实地勘测图，能帮助我们大概了解医院的整体布局（图4a）。用于收治男性患者和女性患者的两个主病房相互平行，与连接圣加洛路的门廊贯通。乔万巴蒂斯塔·博纳尤蒂的卧室就位于两个病房之间。当他离开自己的房间时便会遇到患者，因为病人会从病房进进出出。当然，他还有可能会遇到接触过病人的工作人员。医院员工的生活区就围绕在病房四周，因此很难避免吸入从病房释放出来的"瘟疫毒气"。在这种情况下，焦瓦尼奥利医生也就自然会对当时医院的环境感到恐惧。其他医务人员（如内科医师和外科医生）的宿舍应该位于二层。

邦西尼奥里的勘测图还显示，医院主楼的后面有一片菜园，工作人员通常会在里面种一些蔬菜，来供应所有人的日常饮食。那里还有一块区域被划为墓地，用于埋葬在博尼法齐奥去世的病人。在平时死亡人数较少的情况下，这块墓地应该足以埋葬故去的工作人员、患者、精神病人和流浪汉。

但到了1630年夏末和秋天鼠疫汹涌来袭时，情况就大不相同了。就像上文中主治医师所抱怨的那样，被送入隔离医院的病人数量急剧增加，而且很多病人刚送来就死了。8月20日，卫生委员会命令博尼法齐奥医院院长往城墙方向再挖一些瘟疫墓坑，这样就可以远离葡萄藤边上的医院建筑。墓穴的深度不得浅于三臂长，尸体上要撒满生石灰，以加快其分解过程。这种处理鼠疫死者尸体的方法尤为重要，因为人们认为正是这些尸体散发出的臭气传播了鼠疫，尤其是在炎热的夏天。[34]

医院内提供门诊服务的具体位置尚无法得知，因为在疫情暴发前，博尼法齐奥已经不再是一家普通医院了，而是一所治疗精神类疾病的疗养中心。[35]与近代早期佛罗伦萨的其他医院一样，博尼法齐奥也有一家药房，药剂师会根据医生的处方配药。药房通常位于门廊一端的前侧。[36]疫情期间，博尼法齐奥聘用了一名叫作多梅尼科·瓦塞利的药剂师，不过大公的制药室同样会为医院提供治疗鼠疫的特定药物，比如瓶装的退烧液。[37]他们向博尼法齐奥的医生们配送了四瓶退烧液以及配方，并建议这种退烧液应单独服用。因为据观察，这种退烧液单独服用时的治疗效果最佳。[38]

如此谨慎地治疗病人也间接反映出当时佛罗伦萨民众间的一场争论，焦点在于这次的流行病是否近几年（即1620—1621年和1629年）曾两度困扰过佛罗伦萨的疹斑热。争论的双方都给自己留了余地，因为退烧液也可以用来治疗"极为恶性和传染性强"的发烧病症。安东尼奥·里吉医生在其当时的一篇论文中提醒说，不良的饮食习惯导致穷人体内产生了"大量的腐坏体液"，从而在身体内部滋生了"极为严重的腐烂，不管隔着有多远，不管在任何外部条件下，这都能转化为鼠疫"。[39]因此，正确的诊断和治疗方法非常重要。而且如前文所述，到8月23日，佩肖利尼医生已经在博尼法齐奥的患者中发现了明显的痈疽和横痃病状。

除了焦瓦尼奥利医生在9月16日描述过的人满为患、空气恶臭以及人员不足等情况外，隔离医院内还存在工作人员行为不当的问题。就在焦瓦尼奥利医生汇报后的第二天，有一份关于马埃斯特罗·莱安德罗·奇米内利一案的记录颇具戏剧色彩。此人是一名在博尼法齐奥工作的医生，来自那不勒斯或是西西里。因为另一位学者朱莉娅·卡尔维曾详细讨论过针对他的众多指控，在这里我仅略作概述。[40]对奇米内利的指控中最恶劣的一项是他在患者的饮用水中加入了一种神秘粉末，据说这导致多人死亡。不过，没有人知道这种粉末究竟是什么，这就让该事件更具神秘色彩。而且他被捕当天人们对其财物进行搜查时，还发现他藏有与巫术相关的书籍，这让他显得愈加十恶不赦。据称，他还暴力攻击同事，他被指控曾两次拳殴药剂师多梅尼科·瓦塞利，还用棍子狠狠地打了马鞍制造商雅各布的仆人。更可恶的是，他还被指控从垂死的病人那里偷钱，送给两名外科医生和药剂师一只鸡，药剂师不久后就死了。[41]

莱安德罗被指控犯有多种罪行，其中最令人发指的便是用神秘粉末或腐烂的鸡肉毒害患者和同事。他是否真的犯下过这些罪行仍需进一步查证，但他确实是一个容易与他人发生矛盾的人。同一时期内，米兰鼠疫中"涂油者"的"投毒"行径更为人熟知，曼佐尼在《约婚夫妇》中对此有过令人印象深刻的描述，塞缪尔·科恩也在近期对此讨论过。[42]所以，当我们从莱安德罗的审判记录序言中看到"或许他来医院工作之前就已经在全城散播了鼠疫"的时候，也就不足为奇。[43]此外，他似乎还同时卷入了另一同事的阴阳账目案。在这起案件中，贝内代托·贝托尼被指控低价购买劣质肉制品以供医院患者们食用，然后以高价记账，从而私吞差价。[44]但在出庭时，他指证莱安德罗也参与了这起案件。贝托尼轻而易举就把后者拖下水，因为莱安德罗所犯下的罪行远不止这些，莱安德罗是外地人的这一情况也对贝托尼十分"有利"，一是因为莱安德罗不太可能找得到本地保人为其辩护，二是外地人经常被指责传入并散播了鼠疫。

虽然很难确定莱安德罗究竟犯下了多少重罪，但从这件事我们足以感受到这场危机给人们造成的巨大心理压力。莱安德罗显然不是一个心胸宽广之人，而且看起来很可能是出现了病态心理，使他欺压同事去做他认为他们应该做的事情。在承受巨大压力的情况下，所有人都大发雷霆并相互指责，某种程度上这不难理解。此外，他们一直都担心自己会染上这种"传染病"，也很清楚（在隔离医院工作）吸入患者或其接触者呼出的"有毒气体"会有怎样的下场。这些都加重了他们内心的消极情绪。

人们对于传染病的恐惧也从根本上促使政府相应调整了防疫政策。从前文龙迪内利的记载中可以看出，将博尼法齐奥用作隔离医院一事得到了人们越来越多的关注。[45]到了11月中旬，莱安德罗·奇米内利医生又重新回到了医院工作，他给卫生委员会撰写了一份题为《博尼法齐奥的杰出医生莱安德罗的意见》的报告，[46]在其中指出了一系列问题。他提到，鼠疫已经在修道院的修女中间暴发，而博尼法齐奥和修道院实际上就在同一个地方。在报告中，他说几乎所有修女都已染病，并且在过去4天中已经有9人死亡。

莱安德罗认为，这次疫情暴发的原因在于隔离医院和外界交往过于密切。说得更具体一些，那就是，他认为修道院的建筑结构使其易受鼠疫侵袭，其正面面向圣加洛路的一侧有几处入口，修女们可以站在栅栏一侧与访客交谈，还有一扇门甚至直接通往医院内的花园。在分析医院现状时，他还强调，鼠疫感染人数与日俱增，这在医院工作人员间也造成了恐慌，甚至有人因此逃走，这"进一步加剧了疫情以及人们对被瘟疫毒气侵害的恐惧"。[47]

多种迹象表明，这场流行病远非依靠佛罗伦萨现有医疗体系就可以应对的"普通疾病"。实际上，根据卫生委员会的决定，博尼法齐奥医院并未在9月份关闭。[48]即便如此，在城墙外修建新的隔离场所也是当务之急。当时之所以没有更迅速地修建新的隔离医院，可能是因为鼠疫对于佛罗伦萨来说已经有些陌生了，毕竟鼠疫已有一百多年没有直接侵扰过这座城市了。

全新的隔离中心

在1630年秋天，也就是疫情最为严重的时候，佛罗伦萨城周围共新建了14家医疗中心，既有收治确诊患者的隔离医院，也有用来隔离康复患者和密切接触者的隔离中心——这些人须在其中隔离40天。[49]与威尼斯和米兰等城市不同的是，佛罗伦萨的这些隔离医院都不是专门修建的，而是由一些修道院或私人别墅改建而成。如地图3.1所示，这些建筑物都位于城外的山丘上，从那里能够俯瞰佛罗伦萨全城。这意味着它们离城市并不远，从而便于接收患者和密切接触者，而且与佛罗伦萨城保持了一定距离，足以保证病人不会传染城市居民。据当时统计，整个隔离系统为鼠疫患者和密切接触者提供了2500多个床位。[50]

弗朗切斯科·龙迪内利在官方记载中写道，修建隔离医院的倡议是由费迪南德大公发起的，他下令拆除圣米尼亚托要塞，并把整个区域扩建为佛罗伦萨城的主要隔离医院。圣米尼亚托的位置非常合适，它坐落于佛罗伦萨南部的低山之上，可以俯瞰全城。[51]圣米尼亚托隔离医院（图27）于9月8日开放，用于收治已经被确诊的妇女和儿童，附近的圣方济各修道院和教堂（图28）则于9月26日开放，专门收治成年男性患者。[52]之前住在圣方济各修道院的都是方济各会修士，他们中有很多人选择留下来照顾病人。

有意思的是，尽管龙迪内利可以参阅官方文献，但他的记录中仍然掺杂了一些不准确的描述。同时期的乔瓦尼·巴尔迪努奇在日记中写道，虽然要塞已经被拆除，但最开始的隔离场所其实是由圣米尼亚托教堂和修道院提供的："教堂作为医院专门收治成年男性，要塞的食堂和军械库用于收治妇女，奥利韦托山的僧侣们曾住过的宿舍也被征用了。"[53]之所以这样安排，是因为16世纪中叶要塞建成后，僧侣们就不住在这里了，教堂和修道院实际上已被废弃并一片荒芜。[54]但颇为有趣的是，当时似乎并未有人质询过，在未经教会许可的情况下是否可以或应该征用这类宗教建筑。直到第二年春天，教皇才对此提出了抗议，不过他大概是在事情发生很久之后才获知的。[55]

毗邻的圣方济各—阿尔蒙特则"用教堂和一楼房间用于收治成年男性，把修道院留给了女性患者"。[56]位于佛罗伦萨北城墙外的老圣马可修道院和教堂，则被指定用来安置那些接触过鼠疫患者的人，尤其是那些生活极为贫困或卫生条件不佳的人。[57]

实际上，从疫情暴发初期开始，就有记录显示有患者康复了，为此，官方还修建了一些特殊的隔离中心。在那里，康复者可以与密切接触者一起疗养。这些隔离中心很多都是被征用的别墅，像圣米尼亚托一样，坐落于城墙外的高地上。这样的地理位置便于疏散病人产生的"瘟疫毒气"，也方便他们呼吸"最新鲜的空气"。[58]此外，官方还采取了其他预防措施，以防止附着在他们身上的"瘟疫毒气"扩散到隔离医院之外。在康复者离开之前，医院会用醋将其身体充分洗净。[59]妇女和儿童在病愈后会被送往阿诺河南岸的鲁夏诺别墅隔离40天（见图29），接着再送去皮耶韦阿里波利待8—10天，而成年男子则须从谢里斯托里别墅前往皮安·德·朱拉里的圭恰迪尼别墅继续隔离。在佛罗伦萨北城墙外，菲耶索莱纳修道院被征用为隔离医院，附近的圣多梅尼科教堂和修道院则充当妇女和儿童的隔离中心，成年男子被安置在帕尔米耶里别墅，人们也称这座别墅为"特莱维索人"（I Trevisi）。[60]从这张站在菲耶索莱镇向下俯视佛罗伦萨拍摄的照片中，我们可以看到菲耶索拉纳修道院在右侧，而圣多梅尼科则在靠左的位置（见图30）。

整个隔离系统运作得井然有序，不仅因为官方对此投入了大量的财力和人力，也完全离不开教士、平信徒和医务人员的全身心奉献。龙迪内利和当时医生的论著中都强调了隔离医院的必要性及其为佛罗伦萨应对鼠疫做出的重要贡献，不过他们却很少记录这些隔离医院内部的实际情况。本章接下来将主要考察相关医务人员和行政人员的陈述，因为正是他们在与卫生委员会定期的信件往来中为我们留下了非常珍贵的史料。虽然从这些信件中我们只能推测患者当时的心态，但他们的病情是被如实记录下来的。从庭审记录中，我们可以看到那些试图从医院逃走的病人和工作人员，当被迫封闭在一个恶臭空间时最真实的态度和反应。

隔离医院：形式与功能

隔离医院的空间结构和各功能区的实际用途能帮助我们重现当时病人和工作人员的日常生活场景。整个要塞不但为圣米尼亚托隔离医院提供了充足空间，也天然地切断了与外界的往来，为控制人员进出提供了便利。这样，除了圣米尼亚托教堂及修道院之外，一同被封闭起来的还有旁边建于13世纪的主教宫。它曾经用作西班牙士兵的军营，科西莫一世也曾将政府的主要财政部门总储蓄银行移至此地。外号叫"圣马力诺人"（Il San Marino）的乔万·巴蒂斯塔·贝卢齐改建了这座原本由米开朗琪罗设计的建筑，将大殿的围墙拓宽，从外部将圣方济各教堂（也就是今天的圣萨尔瓦多-阿尔蒙特-阿莱-克罗奇）围了进来。[61]

圣米尼亚托的位置定是符合富尔维奥·朱贝蒂对隔离医院的要求的："它们必须被围墙或沟渠包围，这样里面的人就不能随意离开。如果本来没有围墙，就应专门修建一道。隔离医院可以改建自现有建筑物，也可以在田间空地上搭建一些临时茅草屋来当病房。"[62]

卫生委员会有充分的理由选择在此处改建，而不是在别处新建一些隔离医院。和米兰、热那亚、巴勒莫等其他意大利地区的情况类似，这个地方离佛罗伦萨城区有一定的距离，但也不太远，人们步行就能把病人从城里运来。[63]从斯特凡诺·邦西尼奥里于1584年绘制的佛罗伦萨地形图（图33）上也能看出，早期对要塞及其外墙的修缮极大增强了建筑整体的独立性和防御性。要塞的正面俯瞰整座城市，与大庭院呈直角分布，主教宫则位于要塞前方，与一些向西面延伸的建筑相连接。教堂前是一个大广场，炮台上摆放着大炮。这个位置也是进出医院的通道，这在瘟疫期间和战时都至关重要。位于炮台下方的就是所谓的"急救门"，一些病人是通过该入口进入隔离医院的。保留至今的主门位于钟楼西侧，这里是病人被抬进来的另一入口（图31）。圣方济各教堂距这里只有几步之遥（见图35）。在"圣马力诺人"对此处重建后，这部分区域与佛罗伦萨城其他地方相隔绝的状态在邦西尼奥里的绘图中也有清晰的呈现。到了19世纪，朱塞佩·波吉又对这片区域进行了重新改造。

下面我们将着重讨论这座建筑的内部结构，来探究一幢教堂是如何摇身一变，被改建成隔离医院的。圣米尼亚托教堂整体来说是一座典型的教堂建筑，中殿的两侧连接着长柱廊和两个侧通道（图32）。此外，该教堂是双层结构的设计，中殿上方是唱诗班，下面则通向教堂的地下室。疫情期间，中殿是安置和收治病人的主要区域。虽然对于我们现代人来说，在教堂里救治病人听起来似乎有些奇怪，但结合邦西尼奥里对新圣母马利亚医院的描绘（图4c），我们可以看出，这些教堂实际的内部空间与大多数中世纪及文艺复兴时期的医院没什么差别。地图中广场南面的长楼是医院的女性病房，这栋建筑建于14世纪初期，具有类似中殿的结构。作为隔离医院的圣米尼亚托在空间布局上与其他医院并无不同，病床沿中殿放置，中殿尽头则像普通医院的病房一样设有祭坛，以方便举行弥撒，为患者提供精神慰藉。与当时的其他医院类似，这里的患者也按性别被分别安置在不同的地方，成年男性患者在教堂，女性患者则主要是在修道院的其他区域，如食堂和修士宿舍，以及圣方济各修道院里的几个地方。[64]

另一相似之处是，教堂中殿和普通医院病房在建筑高度上也比较接近。圣米尼亚托教堂的屋顶构造简洁，为裸露的开放式木质桁架。圣方济各教堂也是如此，病人从圣米尼亚托出院后将被送往此处继续隔离（见图34）。从医学角度看，屋顶高的好处是可以加快空气流通，使患者呼出的气体尽快散开。[65]这不仅符合那些经过专门设计而修建的医院的特征，也是文艺复兴和近代早期的一些人，如巴勒莫的因格拉西亚、热那亚的安特罗神父，以及在维罗纳新建了隔离设施的建筑师等在讨论和设计隔离医院时的建议。[66]

尽管屋顶很高，但医生们还是提醒，隔离医院的主要问题之一就是瘟疫毒气的聚集。正如斯特凡诺·德·卡斯特罗医生在他的研究报告中撰述的，这些地方挤满了"大批病人以及那些照顾他们的人"。他还写道，"有充分的证据表明，所有人应避免吸入医院的空气，因为病人呼出的气体让医院内充满了毒气"。[67]

1630年11月20日，圣米尼亚托隔离医院院长比索尼神父向卫生委员会长官致信，表达了对糟糕的医院内部环境的担忧：

> 昨天我去了圣方济各隔离医院，并查看了它的医疗物资和收治环境，再次印证了我昨天向各位大人们的陈述……令人吃惊的是，在教堂那样一个"大花瓶"中，几乎没有多余空气可供呼吸，因为所有的玻璃窗都被死死钉牢了。[68]

他请求卫生委员会派建筑工人在屋顶上凿出喇叭形的窗户以改善通风条件，而且他估计这项工程最多只用2天就可以完成。"新安装或者修理窗户"似乎是隔离医院的管理者在疫情期间普遍关注的问题。在圣多梅尼科·迪·菲耶索莱隔离中心关闭的时候，其中一份物品清单反映了这一点："在总共53扇窗户中，其中4个没有任何遮盖物，4个被蜡染的布覆盖，另外还有34个小窗户被纸糊住，以及9个大百叶窗和2个用蜡布覆盖的大型窗户。这些窗户的质量参差不齐。"[69]

不过，关于治疗鼠疫感染者的最佳环境以及病房内的加热和空气流通等问题，当时仍存有一些争议。《瘟疫警示录》中写道：

8. 关于隔离医院

　　隔离医院，尤其是收治病人的隔离医院，应烧锅炉使病房内部保持非常高的温度……也应经常清理病床，洗净床单，然后把被褥放在火堆上烤干，每张病床至少每星期都要这样清洁一次。[70]

但一位医师学院的医生反对这一提议，他认为：

　　使高烧患者所待的房间和柴火炉一样保持高温是非常危险的，病人们需要呼吸新鲜空气，这样做的话，还不如将他们直接淹死或扔到阿诺河里。[71]

　　除了这些关于究竟何种环境和温度是最适合治疗鼠疫感染者的争论外，将教堂改造为隔离医院所面临的另一棘手的问题是缺乏器械和设备，而博尼法齐奥作为第一家隔离医院早已配备齐全。根据卫生委员会8月26日的记录，他们订购了100张床板，还有草垫、床垫、床单、枕头和被子，以及"为圣方济各隔离医院订购的25张质量均尚佳的病床"。[72]当圣多梅尼科·迪·菲耶索莱隔离中心关闭时，其中共有"438张质量不一的床单"以及"249张床板"，从中我们可以大约估计出当时在隔离中心的人数。[73]

"药物治疗在这一时期起到了关键作用"

　　现在，我们已经对圣米尼亚托和圣方济各的空间布局与设施配备有了基本了解。这两个地方都有教堂，以及充当工作人员宿舍的附属修道院。这些修道院也会作为备用病房，以安置一些无处可去的病人。[74]本章随后将研究在整个秋天每天都有大批病人被送来的情况下，医院的空间使用、医疗救治情况和内部人员所面临的诸多挑战。[75]

首先，病人是被人用担架或推车运送来的。毫无疑问，这些病人躺在推车中一路颠簸地沿着陡坡向山顶的隔离医院奔去，等到达医院大门口时都已经饱受折磨。除身体虚弱外，他们在心理上也对未来的不确定性充满恐惧。急救门和要塞大门是隔离医院的两个入口，前者如今已经被砖堵住了，而后者至今仍是通向圣米尼亚托要塞内部的主要入口（见上文）。

抵达教堂正门后，病人须经过一系列流程才能入院，这是自文艺复兴时期起延续下来的。[76]11月下旬，一位圣米尼亚托的工作人员对此这样描述道：

> 病人到达隔离医院后，会先被带进一个房间接受圣礼。在他们忏悔的时候，内科医生会走进这间充满恐惧的房间，接替神父的位置，检查病人身体。但是，有很多病人在来之前已经向神父忏悔过，也接受了圣礼，因而不必进入那个房间，但同时也就无法见到医生，拿不到任何药物，最终只能无助地死去。[77]

龙迪内利提到，病人被带到病房的路上，工作人员首先会烧掉他们的衣服，然后根据社会阶层将他们安排在不同区域。富人在极少数情况下才会被送来隔离医院，他们会被安置在一片单独隔开的区域，而穷人们的入住环境则相当拥挤，最多时4人共用一张病床。[78]在1633年鼠疫再度暴发时，嘉布遣会修士到达蒙蒂切利隔离医院后，发现一张病床上竟然挤着四五个人，周围臭气熏天，"肮脏不堪"。他们先是收拾并重新布置了脏乱的病房，然后订购了新床，这样每张床位最多可容纳2名病人。[79]尽管当时的蒙蒂切利医院已经够拥挤不堪了，但在1630—1631年疫情更为严重的时候，圣米尼亚托的拥挤情况要更甚于此。

虽然关于隔离医院设施条件的评价都是负面的，但总体而言，人们依然非常相信在医院内接受治疗的效果，也坚信属灵疗法能对药物治疗起到补充作用。与当时意大利其他地方的隔离医院一样，无论是药物管理，还是最基本的对病人和濒死者的护理与治疗，都需要雇用大量的工作人员。[80]11月10日，圣米尼亚托隔离医院院长向卫生委员会报告了当时医院内的病人和员工数量，根据记录，共有145名工作人员，分别是52名女性和93名男性。其中护理人员就占了很大一部分，共有74名，其中40名是男性，34名是女性。此外还有厨师、负责清理衣服和床单的清洗工，以及掘墓工。[81]医务人员共有11名，包括2名内科医生和9名外科医生。到了12月，当医务人员尤其是外科医生面临巨大压力时，隔离医院又雇用了16名掘墓工。[82]在圣米尼亚托隔离医院启用之初，药品都是从新圣母马利亚医院订购的，但随着疫情恶化，圣米尼亚托这里也建起了一座大型药房，共有包括药剂师和助手在内的6名人员。[83]

看到医院的外科医生承受着巨大压力，圣米尼亚托隔离医院院长比索尼神父在12月5日向卫生委员会报告说，他们刚刚额外雇用了八男八女，共16人。这些人在接受培训后，可以辅助外科医生的工作。8名男性根据知识水平和业务能力被划分为3个等级。比索尼还记录道，8名女性中一位叫玛格丽塔·迪·乔瓦尼·隆巴尔迪的人能"像外科医生一样给病人抽血并切除横痃，因此应比其他7人获得更高的薪水"。[84]在谈及1633年疫情期间圣玛格丽塔·蒙蒂奇街上的托洛梅伊别墅康复中心时，龙迪内利提到了另外一个玛格丽塔（当然也有可能是同一人），此人也可以胜任医生的角色：

> 　　一名外科医生负责治疗男性患者，另一个名叫玛格丽塔的女士则负责治疗女性患者。她的丈夫是一名车夫，在这个康复中心担任管家。这位玛格丽塔真是非常勤奋，而且也能准确无误地治疗病人。因为那名男外科医生病倒了，所以治疗男性患者的重担也落在了她的肩上。她是如此地坦率诚恳，值得被人们记录传颂。[85]

比索尼和龙迪内利都提到了玛格丽塔，这也从侧面反映出女性在隔离医院中承担的重要角色。这一点在简·史蒂文斯·克劳肖对威尼斯的隔离医院的研究中也有讨论。克劳肖还强调，从过去10—15年的研究来看，女性在整个医疗领域里起着核心作用。[86]

尽管招募新的医生和护理人员并不容易，但医务人员的治疗方法仍会受到严格管控。例如，菲耶索拉纳隔离医院的院长、嘉布遣会修士贝尔纳迪诺·达·卢卡曾于1631年2月致信卫生委员会，内容是关于"一个名叫达拉·罗卡的人"。此人是一名外科医生，被派往隔离医院医治病人。院方之所以关注，是因为罗卡称他"打算用自己独特的方式治疗病人，给患者口服药物，并且不使用任何铁制器械切除横痃和肿块。其中有些做法我们的内科医生并不赞成"。[87]当然，内科医生反对的原因在于，这实际上会打破内科和外科医生的主要界限——前者负责提供内服药物，而后者则专攻外用药物。因此，贝尔纳迪诺修士没有允许罗卡采用自己的方法，并称将等卫生委员会长官"告诉他（贝尔纳迪诺）该怎么做"。卫生委员会很快就对罗卡的"新治疗方法"做出了回复。他们要求"他（达拉·罗卡）写下处方以及所要用到的药物，这样我们就可以听听内科医生们的意见，也能正确地配备药物"。[88]

值得一提的是，这件事在某种程度上也反映出隔离医院对医生的需求之大。尽管新疗法须首先得经过医院内科医生的批准，确保这位外科医生得到监管，但达拉·罗卡还是得到特许，可以给患者"口服"药物。不过3天之后，贝尔纳迪诺修士惊慌失措地向卫生委员会报告："那位派来的外科医生乔西蒙内（达拉）·罗卡和（我数天前已向大人们汇报过的）他提供的所需药方已证明了他的专业能力，或者说是渊博知识，但到目前为止，那些被他治疗过的患者都死了，所以我认为本应该解雇他，但我并没有这么做。这太糟糕了，我们必须迅速处理掉这些有毒药物，也不能再使用医院外面的药油和药膏，这样或许可以减轻他给医院带来的不良影响。医院的其他医生也持相同意见。"[89]

对医务人员的审慎管理意味着，即使严重缺少愿意在隔离医院服务的医生，隔离医院也不愿降低治疗水准。这反过来也进一步印证，当时人们深信鼠疫患者能通过医学手段得到治愈。正如圣米尼亚托隔离医院院长比索尼神父所言："在这一时期，药物治疗起到了重要作用。"[90]像所有医院一样，圣米尼亚托隔离医院也制定了治疗的日常标准流程：早上，工作人员首先对患者进行采血，然后为患者提供清凉的苦柠檬甘露或糖浆，并在心脏周围涂抹解毒药膏，以减轻疫病的热毒；午餐和晚餐前的半小时，病人会收到大麦水、解毒药膏、"抗毒油"和另一种含亚美尼亚黏土和铁质黏土的外用制剂。

隔离医院也为在病房工作的医务人员配备了药物，以增强他们的免疫力，防止他们因疫病和毒气而导致体液变质。其中最著名的预防药方之一是服用一种名为"森特比"的利口酒，又称"百味草药"。另一种特效药则是由碾碎的珍珠粉制成，尤其被推荐用于清除鼠疫的毒质。[91] 这些都是人尽皆知的治疗方法，从15世纪起就出现在一些与鼠疫相关的小册子中，安东尼奥·佩利奇尼医生在其1630年的《关于鼠疫传染病的论述》中也推荐过这些药物。[92]

考虑到上述这些成分和药物都出自那些经验丰富的医生的论著，因此有必要研究一下他们的这些建议究竟有多少用于实际治疗。为此我们可以分析隔离医院购买的药物，以及少数尚存的针对特定患者的治疗记录。如前文所述，最早的隔离医院梅塞尔·博尼法齐奥的部分药物来自大公的制药室。有记录显示，在1630年8月中旬，制药室给博尼法齐奥医院准备了四瓶退烧液，用于治疗"那些发烧的病人，尤其是病情严重和复杂的病人"。不过与佛罗伦萨其他大型医院一样，博尼法齐奥也拥有自己设备齐全的药房来配制药品。[93] 在9月初圣米尼亚托医院建成时，也配备了许多用于配制和储存药物的设施，包括50个烧瓶、300个安瓿、300个药用瓶，各种青铜和红铜容器，一套杵和臼，还有100个用于分发药物的玻璃杯。[94] 在疫情初期，由新圣母马利亚医院负责为圣米尼亚托隔离医院提供药物，从前者寄出的一封信中可以看出，到了10月9日，医用物资已经明显供不应求了：

我们获知，现在在圣米尼亚托，病人数量正在成倍增加，已无法再为其提供充足的药物。所以我现在需要约200磅糖浆和许多其他药物……我准备下令搜集药草来熬制新的糖浆……药剂师们也病倒了，其他工作人员生病的情况也屡见不鲜。[95]

一份保存至今的登记表则向我们透露出更多细节。这份文件列出了从1630年12月中旬到1631年2月中旬的这2个月间，圣方济各隔离医院的男性患者所用的药物。这时的圣方济各已经从隔离中心转为隔离医院。[96]每条记录的用药处方都遵循相同的格式：日期、患者编号、姓名、药物成分及用量，在某些情况下还写有"按医生指示"的字样，却都没有注明疾病的类型。在最开始的几页中，解毒膏（*triacha con contraserva*）是最重要的几种药物之一，它与各种植物根茎结合使用后，对于抗毒和催汗有很好的效果。[97]文件中还多次出现了一种很普遍的"排汗汤剂"，可以看出排汗疗法在圣方济各隔离医院中的重要性。不过医师学院的医生们并不认可这种《瘟疫警示录》中提到的排汗方法。

其他大范围使用的药物还包括含漱剂和一种抗毒油，后者可能就是大名鼎鼎的"托斯卡纳大公抗毒油"，在原产于希腊的葡萄酒中加入碎蝎子油，并注入其他一些强效成分，包括解毒药膏、耐毒药剂、芦荟和没药。[98]从12月下旬开始，由于佛罗伦萨已与外界暂停了贸易往来，药品库存逐渐告急，解毒药膏的供应也急剧减少。在来年的2月初，这种强效药的成分被一些以水果为基础的成分取代，例如李子、柠檬糖浆、甜杏仁油、肉豆蔻以及玫瑰蜜（一种玫瑰水和蜂蜜的混合物）。

在隔离医院，改善饮食也被认为是治疗鼠疫的重要举措。这也是平时医生对民众保持身体健康和疾病治疗时的建议。研究过近代早期意大利的隔离医院（无论是在米兰、普拉托还是威尼斯）中患者饮食结构的历史学家发现，患者的日常饮食结构非常相似，有面包、肉和葡萄酒，那些病情严重的患者还会得到鸡蛋和鸡汤。[99]这便呼应了安东尼奥·佩利奇尼医生写给佛罗伦萨卫生委员会的建议，也与全城隔离期间分发给穷人们救济物资一致。[100]佛罗伦萨的隔离医院留存下来的史料也可以证实，从一开始，面包、肉和葡萄酒就是博尼法齐奥医院的主要供餐。[101]到了12月下旬，有记录显示，当时佛罗伦萨最大的两个隔离医院，即圣米尼亚托和圣方济各，每天会分别消耗掉150磅和120磅肉类食品。[102]

1月中旬，圣米尼亚托隔离医院的院长比索尼证实了医学治疗的良好成效：

> 1631年1月12日：其次我还想说，通过多日的观察我发现，将身上的肿块切除后，那些疑似感染者的情况有了很大改观。他们的高烧退了，也服用了清毒药物，之后他们才以更安全的状态前去康复中心隔离。他们看起来面色红润，身强力壮……因为在治疗期间，药物的确起到了重要作用。[103]

因此，正是这种外科（划破病人身上的脓疮）和内科（开具解毒药物）相结合的治疗方法，让比索尼神父深信药物在医治鼠疫感染者中的重要作用。这种传统的鼠疫疗法依旧颇受欢迎。在1631年夏天，也就是这次疫情将要结束时，人称"摩尔人"（Il Moro）的药材商彼得罗·保罗为隔离医院提供解毒药膏和"抗毒油"。到了9月，当收货人姓名被一一列出时，人们发现嘉布遣会的修士们才是最大的购买者。他们有可能需要这类药物来预防被患者留下来的"瘟疫毒气"感染，而这些药物的成分也都是佩利奇尼医生在其预防鼠疫的建议措施中所推荐的。[104]

属灵疗法

此外，与当时意大利所有医院的治疗方式一样，人们认为属灵疗法是对身体治疗的补充。如第五章所述，人们相信，上帝降下瘟疫来惩罚人类的罪过，因此全社会和个人获得治愈的唯一途径就是请求上帝的宽恕，而这可以借由圣徒和神职人员实现。

反宗教改革时期的意大利愈加重视宗教团体在社会中所扮演的积极角色，这些团体都密切参与照顾医院里的贫民。[105]早在16世纪，一些宗教团体就已经开始承担起这样的新角色，照料当时感染了梅毒这种新流行病的患者。这些修会包括耶稣会、戴蒂尼会、嘉布遣会和灵医会，其中灵医会是当时专门为照看罗马圣贾科莫绝症医院中的病人而成立的组织。[106]

因此，当卫生委员会打算任命一位宗教团体成员担任圣米尼亚托隔离医院的负责人，以统筹并监督医院内的重大事项时，灵医会成员自然在他们的考虑范围之内。卫生委员会对候选人的甄选格外谨慎，早在1630年8月2日就已经开始寻找院长的最佳人选。这一时间比（许多史料记载的）他们筹划建立圣米尼亚托隔离医院的时间还要早几周。[107]当时的卫生委员会大臣尼科洛·马格纳尼写信给派驻在罗马的佛罗伦萨外交官尼克里尼，让他请求灵医会主教去试探一下，看是否可以说服修会中层多纳托·比索尼神父接手这项工作。

之所以选择比索尼神父，主要还是因为他在不久之前1624年巴勒莫鼠疫期间积累了宝贵的经验。当时灵医会也被人们称为"善终会"。比索尼接受了这份工作，并在4名灵医会修士的帮助下负责全面管理圣米尼亚托隔离医院。[108]他在那里工作了8个月，在1631年8月疫情即将结束时去世。卫生委员会还曾考虑过另外符合条件的人选——一位方济各会的教省大主教*，但他们的最终结论是"虽然方济各会的神父们位高权重，但我们还不清楚他们能做出什么实际贡献"。[109]但最终还是当时生活在圣方济各-阿尔蒙特的方济各会修士同意接管教堂及周围建筑作为隔离中心，并在11月圣米尼亚托人满为患时将其改造为隔离医院。[110]

方济各嘉布遣会在这场应对疫情的"精神战场"上起到了尤为重要的作用。在托斯卡纳地区，有92名嘉布遣会修士在隔离医院里照顾病人，其中38人在佛罗伦萨，后有12人去世。[111]他们每日忙于为病人提供精神和身体上的救助。圣米尼亚托和圣方济各的工作人员日常条例中都强调基督徒的生活规范，他们必须在每周日和主要节日期间进行忏悔和举行圣礼，每晚聆听《圣母经》时，都须痛悔祈祷。[112]除了承担宗教角色外，修士们还可能兼任护工，这也是16世纪新成立的宗教团体的重要活动之一。[113]不过，他们的主要角色依然是聆听入院患者的忏悔，在患者将死之时施涂油礼。[114]

由于这样的身份，当医院里的病人临死前立遗嘱时，他们也可自然承担起见证人的角色。但到目前为止，现有的在佛罗伦萨隔离医院里立下的遗嘱记录数量较少。同时期威尼斯的情况也类似。[115]不过，有一份记录时间从1630年10月下旬至11月上旬的小册子留存了下来，其中共列出了5份遗嘱，[116]每份都有许多方济各会修士被列为见证人：他们人人都是"助手"，"目前在此地照顾病人"，他们会和医生一起出诊，在某些情况下还会和病房里的护士们一起工作。但到10月28日，也就是疫情最严重的时候，医

---

* 教省大主教（*padre provinciale*）：天主教教会中领导一些地方修会和传教圣部的组织机构的首领，这些机构通常被称为一个"宗教区"（或"宗教省"）。

院里很难再同时找到3名以上的见证人，"因为担心有被传染的危险，他们不想靠近病床"。[117]

圣米尼亚托隔离医院的人员管理条例不仅涵盖了空泛的行政职责，还包括一些潜在的道德规范。修会规定任何人不得有冒犯上帝的行为，如赌博、说脏话和诓骗他人等。[118]此外，条例还严令禁止员工进入与自己性别不同的病房或住所。这些规定都让人不禁联想到罗马的圣贾科莫绝症医院，不过考虑到这家医院长期由灵医会的比索尼神父管理，也就不足为奇了。一张贴在圣贾科莫绝症医院的告示中列出了规范工作人员和病患行为的严格条例，告示最下方还附有一组简易连环画，警示人们违反规定的后果，比如违规的病人将遭受鞭打，然后被无情地逐出医院。[119]制定这样严苛的规定是必要的，因为当时一些有关不道德行径的谣言已在佛罗伦萨大肆流传。11月24日，比索尼神父写信给卫生委员会，提到他曾听人传言，说有位神父在一次布道时污蔑"他的圣所，还说这里的女孩都丢失了贞洁，以及其他一些偏见"。[120]

在本章后面我们会看到，这些传言并非空穴来风。但同时，也有一些积极正面的故事流传开来，试图扭转或已败坏的风气。有一个故事是关于1630年佛罗伦萨的一名妓女，她的举动激励了那些在隔离医院工作的人们：

> 有个名叫玛丽亚·龙嘉·阿·卡加蒂娜的名妓，她把自己的全部物品都分给了穷人，之后还去了圣米尼亚托隔离医院，在那里用她全部的仁爱和耐心照顾女性病人。这是她真正的蜕变。[121]

意大利的其他地方也发生过类似的"皈依故事"。例如，在1630

年夏天的博洛尼亚，已经不做妓女的苏珊娜·里奇去了博洛尼亚的主要隔离医院，她有一项特殊技能——专为那里的女性患者修剪头发。[122]圣奥古斯丁修会的安特罗·玛丽亚·迪·圣博纳文图拉也记录了1656年热那亚疫情暴发时的一些类似事件。他不仅在隔离医院工作过，还详细描述了医院内生活及其亲身经历。[123]例如，他提到有个仆人是位虔诚的基督徒，他把床让给病人，而自己却躺在稻草上睡觉。安特罗神父还列了一些男男女女的名字。这些人来到隔离医院，称自己身怀基督慈悲之心，即使知道这处"绝望之地"的恶劣条件，也想要为病人服务。安特罗神父不仅记录下了这些非凡的基督徒善行，也写下了一些宗教皈依的事例——这也是反宗教改革时期的常见主题。例如，有四个荷兰人皈依了天主教，之后在隔离医院服务。还有一个土耳其人在临终之际皈依了天主教。

在那场面向佛罗伦萨全体市民的以圣母领报大殿为终点的游行中，也出现了鼠疫康复者的身影，他们正走在回家的路上，隔离医院借此机会大肆宣扬属灵疗法的成功。正如我们在第五章看到的，圣母领报大殿在教会和政府所采取的宗教防疫措施中占据核心地位。许许多多的康复者聚集在一起，手拿橄榄枝，身着白色衣裳，象征他们已经恢复了身体和精神健康。进入城门后，他们每人会得到一枚大银币（testone），[124]之后会继续朝圣母领报大殿行进，并在那里向圣母马利亚赐予的医治神迹表达感激。1633年，当疫情再次来袭时，隔离医院又为康复者们组织了一次类似的游行，只不过这次的行程略有延长。他们仍然朝着圣母领报大殿行进，但不进入教堂内部，而是接着去了圣马可修道院和大教堂。在大教堂，他们向神祈祷，接受赐福，然后才返回家中。[125]

在佛罗伦萨面向公众的宗教活动中，圣米尼亚托成为其中必不可少的一部分。例如，在12月5日庆祝圣安东尼诺节的活动中，当圣体在街上游行时，人们在圣米尼亚托教堂前的广场上也发射了烟花和大炮。比索尼神父在写给卫生委员会的每日报告中也对隔离医院参与庆祝活动的情况有过描述。12月5日晚上，"两所医院的康复人员在结束了连祷和烛光游行后，也进城纪念我们最荣耀的代祷圣徒圣安东尼诺，此时烟花和火光照亮了全城。我们希望这不仅是为了赞颂上帝和众圣徒的荣光，也是为我们和这座城市的幸福和灵魂而祈祷，是这里的一切在变好的证明"。神父的报告写道，实际上约有200个"已治愈者"被送到了康复中心。[126]

为探究比索尼神父这些可能过于乐观的报告的真实性，我们有必要以1630—1631年疫情期间的整体死亡率和发病率为基础，深入探讨隔离医院实际的收治人数、死亡人数和存活人数情况。

评估感染者死亡率："恐惧比死亡更可怕"？

在1630—1631年鼠疫期间，佛罗伦萨的四家主要隔离医院的院长负责统计相关数据，并每周汇报给卫生委员会。这些数据真实地反映了这四家医院当时所面临的严重困境。这一年共有10325人被送进隔离医院，其中57%是在疫情最严重的3个月期间（也就是1630年10月—12月）入院的。

佛罗伦萨这四家隔离医院的每月入院、康复和死亡人数汇总图（图表6.1）显示，入院人数在11月达到顶峰（2389人），随后在12月略有下降（2081人）。这2个月的入院人数均高于10月（1429人），而10月的数字几乎是9月的2倍（749人）。尽管12月

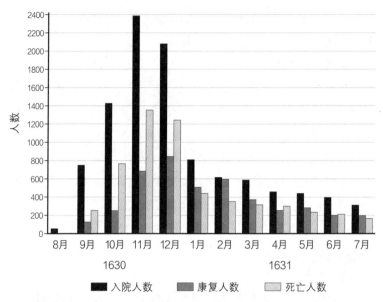

图表6.1　1630—1631年佛罗伦萨主要隔离医院（博尼法齐奥、
圣米尼亚托、圣方济各和菲耶索拉纳）的入院、康复和死亡人数变化

新入院人数有所下降，但死亡率却略有上升（从57%到60%），部分原因可能在于隔离医院在11月（尤其是在月末）接收了大量患者。卫生委员会的医生斯特凡诺·罗德里克·德·卡斯特罗观察说："大多数死者是在入院后不久就命丧黄泉的，而那些活下来的人则一直都病恹恹的。"[127]比索尼神父在11月24日呈交给卫生委员会的报告也印证了这一点，报告中说，圣米尼亚托的医生们发现"几乎所有被送来的妇女都快走到生命尽头了，奄奄一息"。[128]不过12月的另一份报告称，"死者大多数为儿童和幼儿"。[129]巴尔迪努奇则认为，除了鼠疫本身之外，还有其他因素导致了高死亡率，比如对感染鼠疫的恐惧。当时的医学观点认为，消极情绪和

疾病也有关联："许多穷人发现自己竟躺在一张挤满病人的病床上，床头床尾各两人，而且一个死者被运走后，床位上马上又来了新病人。这些恐怖的场景最终把他们给吓死了。"[130]

当时的佛罗伦萨人都强调说，本市隔离医院的死亡率非常高。总的来说，四家隔离医院内的死亡人数占总入院人数的54.5%。从更广泛的范围上来看，这一死亡率与同样经历这次疫情的普拉托（49%）和皮斯托亚（51%）相比，基本在同一水平。不过，即使是同时遭受同一种瘟疫侵袭，不同城市的情况可能也会截然不同。例如在1575—1577年威尼托暴发的那场严重得多的鼠疫期间，威尼斯和帕多瓦两地隔离医院的死亡率分别为77%和50%，而在1656—1657年的罗马，隔离医院的死亡率为63.7%（共8529人入院）。[131]

佛罗伦萨隔离医院的死亡率数据也表明，比索尼神父对12月佛罗伦萨疫情会大幅改善的预判有点过于乐观。但如果仅就存活率而言，他的判断是有道理的，因为11月的康复率仅为29%，而到了12月，这一数字就大幅上升到了40%。这种趋势一直延续到了第二年，且在2月时达到最高，为96%。与此同时，从第二年的1月开始，入院人数也非常明显地下降。康复率的提高也可能与鼠疫本身的毒性减弱有关，比如1485年在米兰发生的那场鼠疫，其毒性就轻很多，因此送去隔离医院的病人有2/3都活了下来。[132]

佛罗伦萨四个主要隔离医院在整个疫情期间的高死亡率，不可避免地造成了巨大的丧葬压力。与城墙外瘟疫墓地的情况类似，圣米尼亚托隔离医院在启用时也新挖了一些大墓坑。但仅仅到了11月15日，比索尼神父就在给卫生委员会的报告中说医院正在新建一座墓地。[133]据龙迪内利的记载，死者将被赤裸着埋入三臂深的墓坑中，再用生石灰和泥土覆盖。[134]但很明显，随着需求量不断增加，墓坑的挖掘标准却相应有所下降。比索尼神父在12月2日写道，他下令新挖的墓坑应至少有一臂半那么深，并强调时间极度紧迫，因为一些墓坑已经被雨水冲毁，尸体开始暴露于荒野，他担心这会引发"一场大病"。[135]事实上，数天前他就已经提醒过卫生委员会，他担心尸体腐烂会诱发或加重疫情，而且那些食腐的野狗还会叼走死者的尸骨，这会让情况更加糟糕。[136]到12月底，同样的问题又再次出现。比索尼在12月29日再次强调，必须想办法将旧墓地中的墓坑重新盖住，那里用于覆盖尸体的泥土甚至都没有一臂深。他认为这是显而易见的危险，特别是如果到了春暖花开时，会让鼠疫卷土重来。比索尼还不忘再次强调，墓坑应重新挖到至少一臂半的深度。[137]

　　入院人数的增加也带来了许多棘手的问题。尽管圣米尼亚托能容纳的人数要远高于早期的博尼法齐奥医院，但即使在两家医院同时开放的第一个月里，病人安置依然是个难题。9月19日，博尼法齐奥的院长托马索·圭杜奇向卫生委员会报告："今天早上已有19名病人被送到了这里，我们不知道能把他们安置在什么地方。"[138]他还抱怨说医院缺少床上用品，尤其是床垫和被褥，并请求尽快给他们配送更多物资。两天后，他再次写信重申了他的诉求，因为"今天清晨，我看到那些生病的男男女女躺在病床上，却没有被子"。[139]又过了两天，他写道，自接受任命以来，已有129名病人入院，其中约有43人死亡，而且死亡人数每天都在增加。[140]

生存、死亡和为穷苦的患者服务："我希望您能为我向上帝祈祷，因为我正在十字架上受酷刑"

病人源源不断地抵达圣米尼亚托，给工作人员带来了更大的压力。尽管有许多雇工，但医院内的工作环境并不理想。比索尼在报告中多次提及，一些工作人员已经去世，剩下的人也疲惫不堪，所以人手一直非常紧张。甚至在9月圣米尼亚托刚启用后不久，他就屡次抱怨，称现有员工数量无法应对如此艰苦的工作，请求派更多人来"为病人服务"。[141]

负责给病人治疗的医生当属最容易被感染的人群。一份10月9日来自圣米尼亚托的报告中称，医院目前急需一位内科医生：

> 里多尔福医生卧病在床，蒂恰蒂医生一个人无法诊治这么多病人，但每天都有病人被源源不断地送来。我们需要这名医生今天就能上岗，晚上与助手们一起出诊。我还要报告关于掘墓工的情况：2个人根本无法完成此项重任，因为我们有13具年轻死者的尸体要填埋……我们的人员缺口很大，每日的工作量也是愈来愈多。[142]

里多尔福医生并不是唯一一个生病的医生。因为3天后，蒂恰蒂医生在这项工作面前也显得力不从心：

> 1630年10月12日：今天晚上，蒂恰蒂医生没怎么休息。他的左大腿上出现了一处横疬，也发烧了，不过现在还不是很严重。今天早上，赫里斯托·科拉菲斯医生的情况似乎非常不乐观，这让我们感到很恐惧。外科医生弗

朗切斯科·科尔蒂贾尼从昨天晚上开始就病倒了，发着高烧，因此只有从博尼法齐奥调来的外科医生加莱蒂能去病房巡诊。焦瓦尼奥利医生昨天因为超负荷工作也病倒了，听说他昨晚一夜未睡，也有点发烧。昨天遴选出来的其他内、外科医生很快就会到岗，这对我们来说很重要。因为今天早上，可怜的病人们都没有医生巡诊，我们对医生的需求是非常紧迫的。[143]

在10月接下来的日子里，圣米尼亚托隔离医院院长与卫生委员会通信的字里行间还是充斥着这种消沉悲观的情绪。[144]而到了11月，情况变得愈加糟糕了。比索尼神父几乎每天都会与卫生委员会通信，信中提及的医院工作人员在面对一些几乎不可克服的困难时所展现出的坚忍不拔精神令人惊叹。为了更好地还原当时的情景，我们将关注整个11月圣米尼亚托医院和圣方济各医院的情况变化，也会对鲁夏诺别墅略做讨论。在11月10日圣米尼亚托医院院长写给卫生委员会的报告中，各隔离医院的物资和空间压力可见一斑。他列出了圣米尼亚托、圣方济各和鲁夏诺别墅的工作人员和患者的人数。这三个地方都被视为应对患者、垂死者和康复者的救护体系中不可或缺的一部分。[145]圣米尼亚托共有724名患者（312名男性和412名女性），死亡率仍不断攀升，而且每天有25—30名患者被送至此地。这导致医院内空间非常拥挤，每张病床上躺着5—6名女性患者，后来甚至多达7—8人。[146]

圣方济各共收治了660名患者，那里同样拥挤不堪。不过病人中有许多婴儿和儿童，因此尚能应付得过来。虽然鲁夏诺别墅可容纳600—800人，但内部也非常拥挤。在这种条件下，三家机构当时可同时容纳2000多人，相当于佛罗伦萨常住人口的3%。

11月11日，比索尼神父致信卫生委员会：

> 尊敬的大人们，我恳求你们，考虑到患者人数的大幅增加，我需要更多的外科医生。现在医院内共有800名病人，我们至少还需要3名医生。另外，有两三名医生请求调任别处，我们应尊重他们的想法并给他们充足的时间休息。我们目前有3名内科医生，其中1人已经病倒。现在他们无法每天都去巡诊，因为一位内科医生是专为女性患者配备的，而另外一位则专门负责男性患者，而且内科医生没有义务每天去病房巡视2次。我们要求增派10名外科医生和……内科医生，这样他们每天都可以在院内巡诊，其中2人可负责男性患者，3人可负责女性患者，医生数量要是再少我们就坚持不下去了。尊敬的大人们，我或许还应提醒一下，我们还需要香料或木材来燃烧释放有益于健康的香气，因为病人是无法在如此恶臭的环境中生存下来的。[147]

8天后，11月19日，他再次写信给卫生委员会请求帮助，并强调说，"现在亟须更换一批医生，因为每天都有一个医生病倒。昨天不幸倒下的是朱利亚诺·戴尔·托索医生，我们发现他已经感染了鼠疫。现在我们只有4名外科医生了，还有4人躺在病床上"。[148]比索尼神父提议"要给这些斗士们喘息的时间"，医生应该只工作15天，之后由佛罗伦萨城内的同事接替他们的工作。这样就可以建立起来一套轮班制度，避免医生的身体达到极度疲劳的状态，也能避免让他们长时间暴露在感染环境中。[149]

尽管一次次诚恳地上书请愿，但比索尼神父提议的轮班制度似乎并未被卫生委员会采纳。11月24日，也就是男性患者转移至圣方济各的前一天，比索尼再次向卫生委员会抱怨道，负责女性患者的外科医生仍有很大缺口，若再不派来更多医生，大批病人将死去。[150]到了第二天，情况没有丝毫改善："外科医生还没到……这里仅剩下4名医生了，他们在过去的2个月中一直连轴转，没力气再坚持下去了。"[151]从他11月26日的信中也可以看出，比索尼在这个问题上并没有小题大做，当下确实处于一种绝望的境地：

> 很抱歉将这个苦恼的话题摆在尊贵的大人们面前。我之前说过的每件事都是如此令人不悦，也使我的灵魂备受煎熬。昨天，倾心救助穷人的博内利医生再次病倒了；今天早上，巴乔·法焦利尼医生也染上了鼠疫；从罗马涅地区派来的外科医生死了；同蒂诺·巴尔吉略医生正在垂死挣扎。其他一些人也躺在病床上——一名来自新圣母马利亚医院的神父，一个来自多索的人，一个博洛尼亚人，还有两人几乎被吓到半死，但还能忍受下去。今天清晨有400多人（或是500多）都没有得到药物。这几乎是对患者的一次大屠杀。[152]

比索尼神父写信给卫生委员会要求更换医务人员，他称医生太少，不可能应付得了数量如此庞大的患者，最终只会让大多数病人的病情再度恶化，无奈死去。[153]到11月底，这一严峻局面仍未得到改善，而比索尼再次向"尊贵的大人们"写信，"从最前线是不会传来什么好消息的"，[154]在这种情况下，一些医生自然不再愿意留在医院工作了。他写道："之前我在信中提到过的那些外科医生只愿意每周进两次病房，这对于那些穷苦的病人来说无疑是毁灭性的打击。"[155]

这时生不如死的不只是医务工作者，神职人员也面临着相同的困境。11月25日，比索尼神父写信给卫生委员会，请求派遣更多神父来为病人主持圣礼，因为康复者须转移至圣方济各医院，那些曾照顾过这群人的神父很可能会一同前去。而那些还在圣米尼亚托的神父忙于照顾女性患者，因此需要更多神父来主持圣礼。[156]38位曾支撑患者灵魂的嘉布遣会修士中，有12人死亡，死亡率为32%。尽管他们的主要工作地是圣米尼亚托，但也会去佛罗伦萨城内及周边地区的其他隔离医院工作，例如菲耶索拉纳隔离医院和新圣母马利亚医院。[157]

弗朗切斯科·龙迪内利也为我们讲述了许多在隔离医院服务的神职人员的生死故事。这些片段清晰展现了嘉布遣会修士无私奉献的精神。就比如这位来自比萨的当时仅约30岁的因诺琴齐奥修士：

在听说修士们将被派往菲耶索拉纳为病者服务后，还发着烧的因诺琴齐奥内心受到极大鼓舞，决定为此献身。刚到隔离医院不久他就痊愈了。这位修士悲天悯人，心无城府，不停地把患者从一处搬至另一处，用自己特殊的方式日夜照顾他们，但他最后还是不幸感染了鼠疫。他请求为他举行所有的圣礼仪式，这一愿望得到了满足。当被问及是否想按惯常做法向圣灵祷告时，他回答说自己已经对圣母马利亚和圣方济各祷告过了，并且得到了两位圣徒的回应。听到因诺琴齐奥的这句话，神父们请求他说出圣徒们是何时并且以何种形式现身的，但他提醒他们"*Sacramentum Regis abscondere bonum est*"（此乃主之秘密），还说这些都已经不重要了。最后，因诺琴齐奥拿起一个十字架，先是保持沉默，然后痛哭流涕，在喃喃自语中死去了。[158]

尽管卫生委员会未能对比索尼神父增派人员的请求做出适当回应，但一直以来都对圣米尼亚托的运作情况持续关注。他们曾试图解决另一主要问题，即如何处理这些病人在室内释放出来的恶臭气体——这些"毒气"在当时被认为是造成鼠疫的原因。11月20日，卫生委员会的一位长官乔瓦尼·诺比利先生通知比索尼神父说，美第奇侯爵以大公的名义命令清空圣米尼亚托，并把所有病人转移至圣方济各医院。比索尼神父当天就回复了大公的这一计划，虽然他承认这是个"上佳的决定"，但还是"谦虚而又真诚地"说，这个命令执行起来非常困难，因为在圣米尼亚托有约900名患者。[159]他强调说，这实际上也是不切实际的，因为圣方济各内部已非常拥挤，而且两家隔离医院的接纳能力也有很大差异——圣方济各只能容纳400名病人。

比索尼建议，因为男性患者较少，所以可将他们转至圣方济各，而女性患者继续留在圣米尼亚托。他还向大公保证会对圣米尼亚托做好消毒："最尊敬的大公，如果您信得过我，15天内我们将完成清洁和消毒工作。到那时，佛罗伦萨将没有其他医院能像圣米尼亚托这般干净，他们都会对我们羡慕不已，因为我们的清洁工每天都会对医院里的部分区域清洁消毒。"11月24日，比索尼神父再次致信卫生委员会，通知说这些男性患者将在第二天转移至圣方济各，并提到所有送来的女性患者都已经"奄奄一息"。[160]

这样一来，圣方济各原有的那些尚在隔离中的疑似病例就不得不为从圣米尼亚托转来的患者腾出空间，于是他们被送往鲁夏诺别墅隔离中心。即便鲁夏诺别墅可容纳600—800人，但此次大规模转移对早已拥挤不堪的隔离中心提出了更严峻的挑战。11月23日，别墅的负责人温琴佐·塞尔瓦忧心忡忡地写信给卫生委员会，谈及这里"人满为患"的情况，"我们这里空间非常狭小，因而无法接收如此多的从圣方济各来的患者"。[161] 所有人不久后都将可能处于危险之中，因为"我对卫生委员会实话实说，这里很快会被感染，到时候可就麻烦了"。[162] 他还强调说，天气状况使本就艰难的处境雪上加霜："尊敬的各位大人……此外持续降雨和空气潮湿也带来了问题，人们无法在户外行走，只能留在湿气阵阵的房间内。现在离传染病传到这里的那一天也不远了。"[163]

到了12月20日，虽然患者和死者人数都在下降，但圣米尼亚托医院的院长仍抱怨道，像鲁夏诺别墅这样的隔离中心还是人满为患，因此那些在隔离医院里身体好转的病人不得不继续在那里待更长时间，"上帝知道这就是穷人蒙受灾难的原因，他们在康复后又被迫留在重病患者的病床上，因而身体上又出现了小横痃"。[164]

鲁夏诺别墅还面临着另外一个问题，那就是转来的"康复者"中其实有一些并未完全康复。"康复者在漫长的转院途中疲惫不堪，他们身上还有刚切除脓疮的痕迹，有人身上有红肿，有人则在出发当天切除了横痃，还有一些人没怎么接受过规范的治疗"，所以"看起来，我们必须要极为谨慎地对待这种情况了，否则会前功尽弃，让大家面临生命危险"。[165] 为此，"每天我都会派人用担架将这样的人抬回圣米尼亚托。他们身上有肿胀或是发炎，从那里出发时就还病着。有些人带着未长好的脓疮，而还有人身上的脓疮仅切除了一小部分"。[166] 这一情况得到了外科医生的确认，为此他们也曾多次抱怨。他们还面临药品短缺的问题，尤其三种被认为是治疗鼠疫的主要药物：抗毒油、铁质黏土和解毒药膏。[167]

这些问题并非只发生在鲁夏诺别墅，误诊事故似乎也是当时整个医疗系统内的共病。就在同一时期，圣米尼亚托的比索尼神父抱怨说，一些从城内或鲁夏诺别墅送到这里的人并没有染上鼠疫，有时只是发烧。龙迪内利进一步证实，这确实是一个普遍存在的问题："让一个未感染鼠疫的穷苦人躺在病床上，和那些感染者天天待在一起，无疑是将他推向死亡的深渊。"[168]

这种情况的发生，可能是缘于医生的懒惰，但更有可能是迫于卫生委员会的压力——卫生委员会要求，任何有轻微感染迹象的病例都必须迅速处理。鲁夏诺别墅的负责人也曾抱怨过，一些送来的所谓"康复者"实际上都是提前出院的。在另一处隔离中心谢里斯托里别墅，据称有些送来的人身上还有"明显的横痃"，[169]因此又被谢里斯托里别墅的工作人员再次送回隔离医院，但这也可能出于巨大的资源紧缺压力，因为他们不得不接收从圣方济各医院转来的大量患者。这些来自城内和隔离中心的双重压力，导致圣米尼亚托在短短一周内就接收了头部有伤口的病人、梅毒感染者，还有身上有不可治疮疤的人，而这些人本应在其他医院接受治疗。[170]有个名叫安娜的女孩也被误诊过，关于她有较多信息留存至今。她的母亲是尊贵的P. D. 洛伦佐家族中的奶娘。很明显，安娜的母亲为自己女儿的事找过洛伦佐先生，而后者也向医院写信询问过安娜的情况，并收到了专门的答复。这在当时是很不寻常的，说明洛伦佐拥有很高的社会地位，安娜也因此获得了专门的治疗：

> 她是昨天晚上到的，我们让她独自睡在一个房间里……

今天我去查看了两次，还和医生一起检查了她的病情。我们发现她被误诊了，医生不该把她送到这里……除了有一点发烧和舌头轻微发炎外，她没有任何其他病状。她绝对没有感染鼠疫。[171]

安娜的例子和其他那些头部有伤口或者身染梅毒的人一样，都是比索尼神父到了12月下旬还在不停地抱怨的一种情况，即这些病人本应通过其明显的症状被确认为非鼠疫感染者，但他们仍被源源不断地抬到隔离医院。在某些情况下，无论在佛罗伦萨城内还是隔离医院，那些负责诊断鼠疫的医生内心非常焦虑，他们多是想迅速将责任转移至其他地方，而不是尽心尽责地给病人检查。

在接下来的几个月中，那些由于误诊、医护人员不足、环境普遍拥挤潮湿而造成的问题仍旧存在。此外，圣诞节后天气逐渐转冷，比索尼因此强调，由于没有足够厚的衣服，那些正在恢复期的女性患者的身体状况再度恶化。[172]但值得一提的是，这时的疫情在整体上已经有所缓和，12月初，比索尼神父和卫生委员会频繁的通信往来中已出现积极信号，情况有所好转，死亡人数也在下降。

12月2日，比索尼报告说，"有个好消息……今天早上内科医生在圣方济各进行了全面巡诊……发现男性患者中绝大多数都没有发烧"。[173]到了13日，他再次写道，"从昨天到今晚，在总共362位患者中，只有6人死亡，而且这几个人从城内运来时就已经奄奄一息了"。[174]尽管从以上内容我们并不能总结出，这时的隔离医院已经没有物资和人员短缺的问题了，但比索尼在其每日报告里列出的这些数字无一不在说明死亡人数正在下降，如他所言，这确实是值得庆祝的好消息。12月5日晚上，各隔离医院也加入了佛罗伦萨庆祝圣安东尼诺节的队伍，"这被视作疫情好转的标志和见证"。[175]

对于隔离医院的负责人来说，除了要感谢圣安东尼诺的神圣庇护之外，他们也坚信医学治疗是有效的。正如我们在前文中讨论的，这种治疗方式结合了内科和外科的方法——前者给患者服用特制药物以降温，后者负责割破病人身上的横痃和肿胀处。[176]到第二年1月中旬，比索尼记录道："在治疗期间，药物的确起到了重要作用。"[177]不过，也并非所有事情都在朝着积极的方向发展，有些还是每况愈下。这段时期，比索尼甚至开始不停抱怨，日常汇报那些坏消息对他来说已经成了负担，他因此写道："我厌倦了总是写这些千篇一律的事情。"[178]

这时的问题不仅是传染病本身了，那些康复者和尚在疗养期的人如今还要遭受寒冷天气的煎熬，因为没有足够的厚被子来保暖，他们又病倒了。[179]到了2月底的时候，比索尼神父的心态再一次变得积极起来，称情况已持续好转，最后留在圣米尼亚托的只是"一些身上还有肿胀和炎症的人，以及一些盲人和绝症患者，他们在这里已经待了好几个月了"。[180]

在评价圣米尼亚托时，我们不能忘记这家隔离医院是整个佛罗伦萨城外隔离防疫体系的一部分。圣米尼亚托、圣方济各和附近的鲁夏诺别墅是紧密而又相互依存的关系。当病人从隔离医院转至隔离中心时，正常情况下他们的身体状况已有所好转。但正如我们刚刚看到的，事实并非总是如此。此外，我们还要知道，即使这时整个佛罗伦萨的关注焦点——圣米尼亚托的情况看起来确有改善，但其他隔离机构的处境依旧非常艰难。老圣马可隔离医院负责人在1631年3月与卫生委员会的往来信件中就反映出这一点。[181]在3月11日，廖内院长报告说："我们唯一一个内科医生没有给那些可怜的病人看病。我不知道为什么，但他和我们这里的护士开始有分歧，病人因此无法接受治疗，更别说服用糖浆类的药物了。"[182]

当廖内在3月15日再次致信卫生委员会时，情况已经恶化："昨天男男女女共有6个病人被送至这里，其中1人直接死在了慈爱会运送病人的筐子中。我们这里的人都十分震惊，过去的两天里，患者们的病情越来越严重。"他尤其担心没有足够多的神父来主持圣礼，因为"有个穷困的女人还未忏悔或领圣餐就死去了"。他写信给嘉布遣会修士们抱怨此事，而后者在回信中说神父现在还无法前往，因为他们的首要任务是去菲耶索拉纳隔离医院。[183]

5天后，廖内再次写信抗议："这里所有的神父都渴望自由并希望获准离开，因为就在这几天内，已经有4位神父和1位助手去世了。"因此，他首先要求派来一名新内科医生，并配送更多的急需物资，尤其是体弱者需要的鸡肉和神父们需要的肉类。他最后还说道，比起其他隔离医院，老圣马可隔离医院的处境更糟，因为这里连足够的鞋子和一些其他生活必需品都没有。[184]

隔离医院里的生活：工作人员的视角

到目前为止，本书对隔离医院和隔离中心内生与死的讨论基本都是从管理者的角度出发，其中相当大的篇幅聚焦于圣米尼亚托医院的院长——比索尼神父。他在"名副其实的抗疫战争"前线持续发回的报告，展现了他在这场几乎不可能战胜的灾难面前锲而不舍的精神。作为一名善终会修士，他的言谈也反映出该修会的使命，因此在措辞中难免有很强的宗教色彩。例如，11月12日，他在给卫生委员会的信中这样说："我希望您能为我向上帝祈祷，因为我正在十字架上受酷刑。"[185]

在1630—1631年的秋冬季节，这些隔离机构内的生活百态也可以透过工作人员的不同视角一探究竟。当然，在病重和惊恐的患者中间工作，还要忍受拥挤、恶臭和危险的环境，对谁来说都不是件容易事。比索尼和其他隔离医院或隔离中心负责人在强调问题的严重性时，往往都是从管理者和组织者的角度出发。即使他们在谈及工作人员特别是医务人员的问题时表现出极大的同理心，但严格意义上来说，那些仍是自上而下的看法。底层工作人员可能有不同视角。通过其他史料，我们可以了解他们的想法，例如隔离医院工作人员的个人请愿书，以及那些违反规定的人或试图通过盗窃来改善经济状况的人的庭审记录。

目前我们更多看到的是医生在隔离医院工作时遇到的问题，但为患者主持圣礼的神父也经历了类似的困境。例如，在一封10月14日递交给卫生委员会的请愿书中，方济各会的尼科洛·达·波诺尼亚诺修士写道，他已经在圣米尼亚托工作了36天，如今已精疲力竭，"这些工作让我身心俱疲，我感觉再也无法继续在这里服务下去了，我的身体正一天不如一天"，最后的结果"几乎可以肯定，就算我不会感染上这种疾病，我也会因为它而被一点点消耗殆尽，离开人世"。因此，尼科洛修士请求批准他离开圣米尼亚托40天，去另外一家隔离中心休养，他保证40天后还会回到圣米尼亚托工作。[186]

11月25日，一位已经在圣米尼亚托工作了50天、"负责向贫穷的感染者主持最神圣的圣礼"的神父也向卫生委员会提出类似的请求："那几天我感染了鼠疫，有发烧和肿胀的症状，不过后来这些症状消失了。内科和外科医生都对我说，我可以获准去隔离中心，因为要是继续留在这里的话，我很可能将再次患病。"[187]

在秋季死亡率最高的那几个月中，波诺尼亚诺修士和这位神父都在竭尽全力地照顾病人。在请愿书中，两人都没有提出想彻底离开隔离医院，而仅仅是想休息一段时间，以便在身体和精力恢复后再回去照顾那些"贫穷的感染者"的灵魂。

当然，修士们终其一生都在追求精神世界的升华，通过在隔离医院服务，他们也就履行了当初进入修会时所立下的誓言。但护理人员就不一定有如此高的道德和职业标准了。从圣米尼亚托的护士奥拉提奥·博尔西的故事中可以看出，这些人往往有更加复杂的家庭生活。奥拉提奥在11月18日向卫生委员会递交了请愿书。

他在请愿书中写道，自从进入隔离医院工作后，他就无暇顾及留在城里的妻子安里奥拉和岳母卡泰丽娜了。但卡泰丽娜因进过一间被感染的房子而被送到了圣米尼亚托，家中便只剩下了他的妻子，孤苦伶仃又难堪重负，尤其她还在"尚未成熟的年纪"，只有20岁。奥拉提奥向卫生委员会请求，应让安里奥拉离开家和住在奥尔巴泰罗女子宿舍的姐姐玛格丽塔住在一起，直到他回家为止。[188]

从这份请愿书我们看到，在隔离医院工作可能会对其中一些人员的家庭产生一些影响。而且，隔离医院实际上也并未完全与外界"隔离"，因为内部人员仍被允许与城内的人通信交流。在圣米尼亚托工作期间，奥拉提奥显然一直与家人保持联系，他担心年轻的妻子也情有可原。在信的最后，他还声称等妻子安里奥拉到达奥尔巴泰罗宿舍后，他会把工资寄给她；如果他去世了，"我将把她托付给上帝"。想必如果她已经住进了那个宿舍，就能够一直住在那里。

这些请愿书展现出的往往是申请者的善意，而审判记录则从负面直接揭露了某些员工的违法行为。对于这些违法行为，法庭会进行起诉，当事人也得出庭，这也是鼠疫期间佛罗伦萨本地居民违法违规的一个缩影，对此我们将在第七章详细讨论。这些行为包括盗窃商品，在本应待在家中隔离时外出，出售被感染了的布料等。

在1630—1631年，自秋天至来年初春时节，圣米尼亚托、圣方济各和鲁夏诺别墅共发生了15起诉讼案件。应注意的是，这仅仅是最后走到法庭审判这一步的案件数量，其他各种违规情况很可能直接当场处罚了，比如鲁夏诺别墅负责人在1631年1月22日的报告《关于各时期鲁夏诺隔离中心管理者和员工的违规行为备忘录》里提到的那些情况。对此我们在下文再做讨论。[189]

大多数庭审案件都与从隔离医院或隔离中心向城内转移人员及物资有关，违法者多为隔离医院的工作人员。卫生委员会尤为关注这些人在将物资偷偷运入佛罗伦萨城时，他们及其运送的物品可能构成在城内加速疫情传播的潜在威胁。主要被偷窃的物品是食物和布料（包括衣服和床褥之类）。正如我们在前几章看到的，衣服和床褥都被认为可以吸附毒种，进而导致鼠疫在人与人之间传播。

还有一些案件是隔离医院的工作人员出逃回家。例如10月15日，玛丽亚·迪·马泰奥·波尔塔因擅自离开圣米尼亚托而被捕。在接受审讯时，玛丽亚称自己已有3个月身孕，还要养育两个11岁和6岁的孩子，"他们在大街上游荡却无人看管"。据她说，在隔离医院工作了8天后，她向护士主管请假要求离开，但遭到了拒绝。不过，她称自己当时已经下定决心，于是"在一天晚饭后，当房门和大门都敞着而且周围没人的时候，我离开了，沿着运送病人的那条路走到了圣米尼亚托的出口，这期间我没有跟任何人说过话"。当进一步询问时，她回复道："除了护士，在那里我没有跟任何人说过话。感谢主耶稣帮我照顾两个年幼的孩子。那里弥漫着恶臭的空气，我实在没办法继续待下去了。"她的这番话定是说服了法官，因此她可以继续待在家中。[190]

此案还展现出了审判法官的人道主义精神，他选择相信玛丽亚对自己两个孩子的担忧。但他的进一步讯问也反映出他对玛丽亚可能在城内传播鼠疫的风险而忧心忡忡。不过，与此同时，如果她说的都是实话，这一事件也揭露出隔离医院的警戒性不足，因为房门和大门竟然都无专人看守。

另一个在离开圣方济各隔离医院后被捕的人则似乎更加不满。在1630年12月30日接受审问时，这个外号叫"饭桶"（Tamburlano）的雅各布·迪·巴斯蒂亚诺非常气愤，他说自己在那儿是被强迫工作的："我是圣方济各医院的厨师，后来作为康复患者被送到鲁夏诺别墅时，负责人温琴佐神父强迫我工作。"他还抱怨那里缺少食物，并说他有次不小心打破了一口炖锅，就被关进了监狱。尽管他从那里逃了出来，但之后又被关了进去。[191]

其他一些被捕的人则同时触犯了法律和卫生委员会的法规。有许多人在隔离医院盗窃物品时被捕，这也就意味着他们可能已经被物品的原主人感染了。圣米尼亚托的一位掘墓工，奥拉提奥·迪·西莫内·里斯托里尼就是名惯犯。"当他在隔离医院挖墓坑时，总是穿着病人和死者的衣服"，甚至还可能从死者那里偷了一些值点小钱的东西。审判时的笔录清晰列出了搜查他时发现的以及他当时身上穿戴的物品：

两枚像是金制的戒指，一枚镶有红宝石，另一枚镶有绿松石；

一枚银质骑士勋章，以及一枚刻着耶稣名字的金质印章；

一个由黄铜制成的基督小像，还有一枚刻有耶稣受难像的铜牌；

一枚圣母马利亚的勋章和圣像；

两把折叠刀，每把上面有三个圆环；

一个镶银的星状石头……

一顶红骨冠，上面有基督像；

四枚勋章和一块布匹；

一本《日课经》，一枚威尼斯金币和一枚勋章；

两条手帕，上面有两个纽扣，一个是黑色的，另一个是金色的；

还有28里拉，1索尔多和8德纳里。[192]

奥拉提奥·迪·西莫内应该已经在圣米尼亚托工作了一段时间，并翻遍了死者的衣服。很明显，这些物品是病人带至隔离医院的，其中也有一些价值不菲的财物，可能主人担心如果把它们放在家里会被偷走。这些物品可能还充当了护身符，因为其中不少都是由贵金属制成的宗教信物，包括基督和圣母马利亚的圣像等。比起偷窃行为本身，卫生委员会更担心此举可能带来的健康风险，因为"在他（奥拉提奥）偷这些物件时，可能就已经在传播这种传染病了"。奥拉提奥·迪·西莫内因此被收押入狱。

即使这一案例有些特殊（主人公是隔离医院内的偷窃惯犯），但小规模的偷窃行为也并不鲜见。简·史蒂文斯·克劳肖在研究威尼斯的隔离医院时也提到过这一点。[193]如今看来，这些人更像是投机取巧，他们会偷一些食物和饮料，而且地点也不仅限于圣米尼亚托。有人会从圣多梅尼科·迪·菲耶索莱隔离中心偷东西，有两个人一起从圣奥诺弗里奥监狱偷走了一张床并送给了一名妓女，还有一个名叫唐娜·南妮娜的妇女在1月中旬被抓到从斯特罗兹尼别墅隔离中心偷拿了面包。[194]

从另一起卡泰丽娜·迪·巴托洛梅奥·达·雷杰罗的案件中可以看出，此类指控并不总是有确凿的事实依据。卡泰丽娜曾探访过莱尼亚隔离医院的一个人，后在返回途中经过圣弗雷蒂亚诺城门时被抓到，当时她手里正提着鸡蛋、面包和油。她随即被指控是从隔离医院偷走了这些东西，但卡泰丽娜定是说服了法官，因为她之后就被释放了。她称自己在去莱尼亚的途中顺便去了趟市场，因为不想先回家放下这些东西，所以就提着它们去了医院。[195]

对于这些违规行为记录最全面的当属上文所提到的，由鲁夏诺别墅负责人在1631年1月22日汇编而成的《违规行为备忘录》。[196]其中的很多案例在其他地方也很常见，例如偷窃衣服和食物，但尤为特殊的是，这份《备忘录》还记录了大量由个人组织的团伙盗窃案件。这些团伙不仅行窃，还对所盗物品进行再加工和售卖。比如一些护士和女助手联合偷走了许多床上用品和衬衫。外号"马车手"的多梅妮卡·迪·亚历山德罗·法布里尼就把一些衬衫缝在披风里偷走了。[197]原来，多梅妮卡与保罗·迪·兰多·兰迪有私情，保罗之前在圣米尼亚托担任警卫，如今是鲁夏诺别墅的地窖副管理员。在《备忘录》中可以明显看出，当多梅妮卡离开保罗的时候，保罗非常伤心，为此流下了泪水，但我们不清楚保罗是因为对多梅妮卡还心存爱意，还是因为多梅妮卡在保罗毫不知情的情况下把偷来的东西带走了。

在这份《备忘录》中，保罗的名字不止出现了一次，我们发现他不仅偷窃，还与其他女人有染。奥雷利娅·迪·米凯莱·戴尔·布里诺和泰代斯基尼医生的女仆卢克雷蒂娅都与保罗发生过性关系，他甚至向后者求过婚。这样看来，他发展这些情爱关系很可能只是为了方便行窃。但更令人唾弃的是，在意识到走私赃物可能会被发现后，像多梅妮卡案一样，保罗会说服同伙将偷来的物品藏在他们自己身上。[198]

说到这里我们就不得不提到另外一个名字，这个人也是保罗犯罪网络的一环，他就是乔瓦尼·鲁比那伊。这个人负责看管地窖，之前是一名裁缝。[199]保罗给了他很多新床单，他随即将它们裁剪成各式各样的织品，有围裙、大衣、袜子和裤子等。当被审讯时，刚刚失去妻子的乔瓦尼坦白，是奥雷利娅让他这样做的，而且作为交换条件，奥雷利娅还许诺会嫁给他。此外，利用职务之便，乔瓦尼还曾把奥雷利娅带进了地窖，并在那里多次"秘密用餐"，但也屡次被别人发现。

保罗应该就是整场密谋的策划者。因为奥雷利娅的房间被发现是用来储存赃物的，所以很明显，保罗对于偷窃后的下一步行动也是精心策划过的。他们从奥雷利娅房间的窗户向楼下等待着的雅各布·埃尔米传送赃物，接着雅各布带着这些东西进城，并送到在戈拉大街的墓地附近居住的保罗妻子那里，从而完成偷窃。此外，保罗还密谋从鲁夏诺别墅偷走了2瓶橄榄油、15磅的蜡烛、一些葡萄酒和鸡蛋，并同样交到住在城内的妻子手中。这是保罗精心设计的计划，设法利用一些妇女并说服她们为他工作。不过奥雷利娅在与乔瓦尼的交易中采用了与保罗相似的手段。乔瓦尼会剪裁布料是这个计划的重要一环，这样从别墅向外走私衣服就容易多了。同时，因为乔瓦尼当时负责看管地窖，她还能得到免费食物。显然，奥雷利娅是整个偷盗网的关键人物之一，她以狡猾的计谋成功诱骗了一位孤单的鳏夫，使其做出一系列非法行径。

当时，保罗并非唯一一个谋划这类团伙作案的人。甚至有一位名叫雅各布·博内蒂的药剂师也在利益的驱使下，联合另一个也叫雅各布的搬运工偷运物资，其中包括一些珍贵药材，例如给鼠疫患者使用的"抗毒油"。[200]不过，规模最大的偷窃案是由5名警卫犯下的，这5人都是鲁夏诺别墅警卫队的下士，《备忘录》里也列出了他们的名字。其中的"西班牙人"（the Spaniard）安东尼奥从"卷毛"（Il Riccio）厨师巴托洛梅奥那里偷走了一些空瓶子和两小桶鲱鱼，这只是安东尼奥众多欺诈行径的冰山一角，他还偷走了大量的衣服，之后将其送往城内的一个染工家。根据资料描述，这位染工身材矮小，留着棕色的胡子，家住佛罗伦萨的阿诺广场。此外安东尼奥还顺走了别人留给拖鞋制造商里科尔伯利的一口大麻袋，里面装着更多财物。[201]

就这样，这些警卫建立起自己的同伙网络，从鲁夏诺别墅的雇工，到搬运工雅各布，再到住在阿诺广场的染工。染工收到这些物品后就藏起来，或帮忙贩卖出去。参与偷窃的鲁夏诺别墅防卫人员如此之多，使得偷窃行为变得更肆无忌惮，这样安东尼奥就能将偷来的物品先放在警卫室，等确保不会被发现时再将它们运走。

多亏搬运工雅各布的供认，我们才能看到如此丰富的案件细节。对于每起案件，他都承认自己参与其中，但始终坚持自己只是遵循他人指示行动，而非主谋。正是从他的证词中，我们得知了染工的外貌特征，以及这位臭名昭著的"西班牙人"安东尼奥，他过去在圣米尼亚托和圣方济各偷窃欺诈的历史已为人所知，这样就更容易找到整个团伙的罪魁祸首，从而追踪到被盗的物品。

对于官员来说，能找到搬运工雅各布这样的人也许是种幸运，而雅各布也做足了揭发犯罪同伙的准备，以期可以从轻处罚。作为历史学家，我们也是幸运的，因为这让我们看到了不同于隔离医院院长与卫生委员会之间的官方通信的另一种现实，再现了那些负责照顾病人和看守各类设施的工作人员的真实情况。

这些鲜活生动的事例表明，有些人在疫情期间试图规避卫生法规，并想方设法从紧急措施所带来的混乱中谋取好处。讨论到这里，我们也不禁有一个更大的疑问：隔离医院的人员到底"被隔离"到何种程度？从更广泛的层面来说，这也回到了我们在本章开始时提出的中心问题，即隔离医院在整个公共卫生政策的大背景下的地位和作用。隔离医院须向外界开放，因为要收治确诊感染鼠疫的病人；隔离中心也须不断接收那些病人的接触者们。当病人康复后被送到其他地方疗养时，在这些机构间就产生了人员流动。

最终，这些康复者列队回到家中，并在途经圣母领报大殿时向神龛朝拜——人们相信圣母马利亚对他们的康复至少起到了一定作用。此外，隔离医院和隔离中心的工作人员间也相互流动。强调禁止员工进入他人负责的病房的这一规定也表明，这些机构的内部空间可能比想象中更具有流动性。当医院的工作人员死亡，城里会派人来补上他们的位置。毫无疑问，这些隔离机构也是食物和药品的主要消耗者，需要外部不断供给。尽管在空间布局上，隔离医院比城中心的医院更为分散，但这些隔离医院也并不是孤立存在的。

另一个能证明这些机构对人员管控不严的事实是，这些隔离医院允许亲属探望病人。这是很令人惊讶的，因为这与当时一直强调的要将病人和健康的人隔离开的宗旨背道而驰。在威尼斯，探访者首先必须获得卫生委员会的许可，而且不能登上那些隔离机构所在的小岛。[202] 在佛罗伦萨，探望亲属也要获得许可。事实上，圣米尼亚托隔离医院院长在11月19日特意写信给卫生委员会，称因为一项新命令的颁布，驻守在圣米尼亚托大门的警卫不再允许任何人进入，这让很多人倍感绝望，以至于要爬墙翻入。因此，院长决定亲自向这些人发放准入许可，但范围仅限于病人近亲，如妻子、子女和父母等。这无疑让看守的警卫如释重负。[203]

虽然这些隔离医院并非与外界完全隔离开来，但我们也不应否认，根据他们自己的统计数字，隔离医院确实在源源不断地吸收城中持续增加的患者和濒死之人。与隔离医院内的死亡人数相比，埋葬在城外瘟疫墓地的死者人数不断下降，这就是一种佐证。当时的评论家，尤其是像龙迪内利这样的官方史官，或是卫生委员会在其他各国的联络员，都认为隔离医院的设立是项伟大的成功举措。如本书第四章所言，与其他城市相比，佛罗伦萨有更高比例的鼠疫感染者被送进了隔离医院。这一体系的成功也可能直接导致佛罗伦萨的死亡率较低（12%），而相比之下，博洛尼亚和普拉托的死亡率都约为25%。不过，这个话题仍值得进一步讨论，需在不同的时空维度下进行更多的比较研究。

当时的人们认为，隔离医院的药物与属灵疗法相结合的疗法，是佛罗伦萨在近代早期意大利的这场对抗鼠疫的战争中取得胜利的至关重要的一环。一些当时的专著作者，无论是医学大家还是政府人员，都持以上观点。[204] 他们认为自己看到了这些机构与城市之间的紧密关联——医院隔离了那些生病的穷人，从而使佛罗伦萨城能够摆脱传染源。但归根结底，隔离医院究竟被视为"恐怖甚于死亡"之地，还是在应对鼠疫中取得了"巨大成功"，取决于评论者的社会和政治地位。对于像弗朗切斯科·龙迪内利这样的史官来说，整个过程只是更加证明了年轻的大公费迪南德二世的远见卓识和慈悲心怀。

而那些工作人员的经历向我们描绘的则是另外一幅画面。仍值得商榷的是，在这些医院工作的医生们是否真的认可隔离医院带来的好处——不论是对自己还是对那些没有感染鼠疫却也被送来的人。受雇于卫生委员会的里吉医生曾评价道："比起死亡本身，每个人都更害怕被送到隔离医院，葬身于那里。"[205]但里吉这里提到的"每个人"并不包括王公贵族，而是那1万多名被带到隔离医院的普通百姓。试想疫情最严重时的情况，所有身处隔离医院的人难免会产生恐惧感，并希望能逃离这个地方。

为了更好地理解这两种对隔离医院截然不同的态度，我们应意识到，修建隔离医院只是托斯卡纳公国在近代早期针对穷人阶层不断演变的主要政策之一。在当时的整个欧洲，穷人被日益边缘化，日常活动受到了严格控制。在像传染病大流行这样的危机时期，全社会对他们的偏见更加严重，当时的医学作者也将鼠疫的传播归咎于穷人。不过这也可能反映出当时过于非黑即白的社会控制观念。近期的一些研究强调这些机构更为积极的作用：制定缜密的政策来扩大医疗服务范围；依照科学食谱辅助治疗，并尽全力治愈鼠疫患者。这些研究都是对文艺复兴时期医院内部运营及其在社会中的角色更为全面的评估。[206]简·史蒂文斯·克劳肖在她关于威尼斯隔离医院的书中提出过一个很有说服力的观点："高昂的管理成本本身就表明政府是在诚心实意地救治瘟疫患者。"[207]

与整个托斯卡纳公国一致，这时隔离医院所采取的政策措施也是基督教慈善事业和反宗教改革运动在公共领域的直接体现。他们用强大的道德标尺来规范人们的行为，也激励了在隔离机构工作的神职人员。这场应对鼠疫的战争对公国来说也是一项了不起的成就，尤其是政府和年轻的大公本人须担负巨大的支出，从国库支付给工作人员报酬，以及养活数千人。正因如此，费迪南德被认为展现了其"英雄般的美德"，并在卫生委员会的帮助下最终英勇战胜了"鼠疫之魔"。

我们也不应忘记那些管理隔离医院或在其中工作的人们的奉献精神和非凡勇气：疫情初期坚持在博尼法齐奥工作的焦瓦尼奥利医生等人；顶着巨大压力，坚定不移地为圣米尼亚托尽心竭力的善终会修士比索尼神父；以及某些女性，比如上文提到的曾被人称为"小荡妇"（La Cazzettina），自愿在圣米尼亚托服务的妓女玛丽亚·龙嘉。如果说反宗教改革的神圣微光帮我们打破了当时社会对穷人不宽容的刻板印象，那么从佛罗伦萨鼠疫期间超过500起违反卫生法规的案件以及对其相对宽松的处理方式中，我们也能看出，所谓的社会控制在实际操作过程中要灵活得多。我们将在下一章中检视这一点。

在一座城市或一个国家这样的大背景下制定并实施政策，必须要以强有力的社会控制为基础。类似地，一个小团体或机构也必须要纪律严明。但佛罗伦萨隔离医院背后的故事更加复杂，其中也有许多相互矛盾的因素。在评估隔离医院在这场"战争"中所扮演的角色和具体贡献时，我们应记住，隔离医院从未完全与其服务的城市隔离开来，工作人员和病人仍不断流动，还有人非法贩卖盗来的物品。这些机构内部的环境有时令人极为恐惧，甚至连医生也害怕与患者接触。然而，这终究不仅是关于穷人被社会边缘化的故事，也是关于无私奉献和非凡勇气的故事。历史会永远铭记在这些地方工作的人们所付出的巨大努力。

第七章 瘟疫生存指南

在前面几章中，穷人通常是官方记录或医学著作的客体，而非历史叙事的主体。当时的许多文献常用非常负面的角度来记录他们，甚至将他们视为引发这场鼠疫的根源之一——无论是因为一些故意导致疫情扩散的行为，还是仅仅因为他们相对脏乱的生活条件。但我们也看到，随着防疫政策的相继实施，这种偏见有时也出现了缓和，比如那些参与相关政策执行的宗教慈善团体、教会成员，以及亲自去穷人家中探访的富绅，他们对穷人的看法就有所不同。即便如此，在这种自上而下的叙事框架中，个体仍然是隐而不现的。因此，本章试图寻求一种平衡，将视角更多聚焦在疫情期间城内居民的日常生活上，而不再是城外的隔离医院和隔离中心。本章希望能在贵族和政府官员留下的文献基础上，更为多面而详细地展现社会贫困阶层的想法和应对措施。

尽管佛罗伦萨的穷人阶层并没有留下任何书面文献，但从当时的庭审记录中，我们能一窥他们面对鼠疫的反应。佛罗伦萨的整个刑事司法系统平时是由佛罗伦萨八人司法团负责，但在疫情期间，卫生委员会也设立了自己的特别法庭。[1]本章将以朱莉娅·卡尔维的《瘟疫年的历史》一书为基础，对1630年9月至1631

年7月在卫生委员会法庭开庭审判的约566起案件进行分析。[2]虽然可能并非所有的庭审记录都保存了下来，但现有的资料已非常详尽，能够让我们将具体案件与法庭的判决对应起来。这也帮助我们进一步了解这些法令的实际执行情况。

到目前为止，在关于意大利近代早期瘟疫（以博洛尼亚、米兰和那不勒斯为例）的研究中也有一些对各类违法案件的概括性讨论，但本章将创新性地对与瘟疫相关的案件进行详细的定量分析。[3]研究米兰和博洛尼亚瘟疫史的历史学家们认为，研究这段历史所面临的问题，一是档案材料的不完整和不系统，二是资料的解读与处理困难重重。[4]例如，在博洛尼亚，托罗内刑事法庭的档案收录了包括违反瘟疫法规在内的各类起诉案件，仅在1630年就有103本、每本长达300—1200页不等的案件记录册。[5]

尽管将审判记录作为史料存在很多问题，但这些资料确实可以帮助我们了解那些被起诉者的不同社会阶层和职业类别。在法庭上，被捕者和证人生动且时而纷乱的应答记录也表明，整个疫情期间，生活在佛罗伦萨城的居民并非被动地接受所有法规。在一个卫生委员会拥有绝对权力的城市中，许多民众过去想当然享有的自由和特权都不复存在。而那些卫生委员会认定的违法者，有时并非故意为之，而只是想在物质和精神上寻找可以生存下去的办法而已。[6]比如坚称自己无辜的卢克雷齐娅·迪·弗朗切斯科·比安奇，她在1631年1月22日——佛罗伦萨开始实行全面隔离政策的两天后——被捕入狱：

> 卢克雷齐娅·迪·弗朗切斯科·比安奇："我从11月1日万圣节到今天都一直住在坎帕奇奥。约一个月前，为了不在全城隔离期间独自待在家中，我回到了在戴拉·萨尔

维亚大街的碾磨工洛伦佐的家里。

"除她家（碾磨工洛伦佐）之外，我没有登记去过任何人的家中。今天早晨，经过此地的来自巴尔翟罗的格拉索下士说我不应该出现在这里，而应留在我于万圣节离开的那处住所。之后他便带我回到那间房子，但后来我自己又回到了坎帕奇奥。但因为在那里我不认识任何人，也不想独自待在家中，所以我又来到碾磨工的妻子这里。她是我的朋友，我也并不认为我做错了什么，这一家都是善良的人……"

法官："你认为自己为何被捕？"

卢克雷齐娅·迪·弗朗切斯科·比安奇："要我说的话，我实在不知道，我想是因为那个下士想找我麻烦。因为有一天，有个来自辛加内利的年轻人想娶我，而这个下士逮捕了他。就因为这件事，我觉得他在故意刁难我。"

随后她被押回了牢房。

碾磨工玛丽亚·迪·洛伦佐女士，家住戴拉·萨尔维亚大街。

法官："从什么时间开始妓女卢克雷齐娅又回到了您那儿？"

碾磨工玛丽亚·迪·洛伦佐女士回答说，她（卢克雷齐娅）是6天前回来的。在全城隔离期间，另一位妓女安焦拉也回来了，而且就住在卢克雷齐娅隔离期间登记的住处旁边。趁此机会，卢克雷齐娅多次隔着窗户请求，想在此期间回来和洛伦佐女士一起住，而这位女士也喜欢卢克雷齐娅。[7]

这起案件笔录涉及生活中的孤独问题，是在官方文件中很少出现的，此外，还涉及正常的经济活动被迫中断，人们对有违道德的行为心生恐惧以及这些妇女之间的私人社交网络和情谊恩怨等话题，而法律在她们的友谊和感情面前就变得不那么重要了。很显然，卢克雷齐娅和起初逮捕她的格拉索下士的关系远没有笔录里呈现得那么简单，后者明显是因为听说卢克雷齐娅已经公开接受了别人的求婚而心生嫉妒。不过，这个故事也很符合人之常情，碾磨工为了自我开脱而解释说，是卢克雷齐娅一再恳求之后，她才允许其和自己住在一起的，而且说她是个称职的好朋友。

这例审判向我们揭示了当时社会网络和私人友谊的强大力量。如果把它和本章提及的其他案件放在一起来看的话，它们共同印证了在地中海社会，来自家人、朋友、邻里的支持和帮助是至关重要的。许多违反卫生法规的人，有的是因为经济困难，有的只是因为和家人（或独自一人）被关在狭小的房间内而倍感压抑，还有人是因为在亲属被送至隔离医院后，为了防止他们留在家中的私人物品丢失，试图前去帮忙将其取走。

为了进一步探究这些话题，本章将首先概述卫生委员会在疫情期间的司法体系，其次分析这些诉讼案件的整体时间和空间分布。在此基础上，我们将思考这些纸面上的严刑峻法在实际执行过程中的具体情况。这些介绍性的部分将为后面分析罪行的主要类别、犯罪人群及其在整个瘟疫年的犯罪动机，提供背景和框架上的支持。

鼠疫与法律

在前几章的讨论中我们看到，在疫情初期，佛罗伦萨颁布了一系列法令来规范和限制人员的流动，以防止疫情蔓延。为方便下文讨论，我们有必要在这里重新回顾一下这些法令和规范。[8]首先，按照规定，户主必须要向卫生委员会报告任何疑似或死亡病例，卫生委员会随后会派外科医生前去诊断户主上报的病人或死者是否确实感染了鼠疫。紧接着，病人或死者会被运走，而他们的共同居住者要么被送去隔离中心，要么会被封禁在屋子里，但无论哪种情况，他们都必须被隔离40天。卫生委员会还会雇用锁匠在房门上钉一根铁棍，卫生委员会官员则每天对这些被锁上的房屋进行检查，以确保在此期间无人进入或离开。最后，病人接触过的任何物品（衣服、床上用品）将被带走消毒或烧毁。多数违法行为触犯了以上这些规定。

许多历史资料都涉及对于违反卫生委员会法规的惩处措施。大公亲自为几种违法行为（例如以欺诈手段获取或伪造健康通行证等）制定了处罚办法。当然，这些刑罚措施都是几个世纪以来佛罗伦萨在司法实践中不断发展完善的结果，并在多位大公的统治下逐渐正规化。[9]这些惩罚措施种类繁多，既有最普遍和最常见的罚款（因为可以为国家创造收入），也有像鞭打甚至吊刑*这样的体罚措施。尽管与17世纪的米兰和罗马等城市相比，死刑在鼠疫期间的佛罗伦萨非常罕见，但吊刑已经算是非常严酷的刑罚了。实施吊刑时，囚犯的双臂会被绑在身后，绳子从其腋窝下缠绕，

---

*　吊刑（Strappado）：又称为*fune*或*corda*，直译为"绑在绳子上"。

然后将他们拉到空中后再松开，当他们重重摔向地面的过程中，双臂会脱臼。[10]

18岁以下的年轻人所受的处罚较轻，只须当众受两记鞭刑。擅自离开被封锁房屋的成年男性会被发配到大公在利沃诺的舰队上做苦工，妇女则会被送进位于斯汀凯的集体监狱。若向大公请愿，所有这些处罚都可减为200斯库多的罚款。[11]但这可不是一笔小数目，相当于一个劳动力6个月的薪水，只有有储蓄的富人才能负担得起。[12]不过，若在给大公的请愿书中对自身的贫困状况做出解释，罚款也有可能获得减免。这一特赦特别针对老人、病人或那些拖家带口之人。

疫情暴发后，卫生委员会在以前的圣奥诺弗里奥修道院修建了监狱，这里原本是卫生委员会的法庭所在地（图4b）。[13]从1630年8月起，卫生委员会规定，凡是瞒报病人或死者的人将被处以监禁。虽然这些规章法令中包含针对各种重罪的严厉处罚，但仍有许多惩处未被明文列出，尤其是针对那些种类繁多的轻罪。这些惩罚都由卫生委员会裁定，在法律的适用和解释上，尤其是体罚和罚款措施的适用性上，具有一定的灵活性。[14]

整个司法流程中的关键人物是卫生委员会大臣。其主要职责如下：

> 大臣须明白如何对使居民生命健康受到威胁的欺骗行为和不服从管理者启动司法程序，还得在必要时向卫生委员会的长官们提出切实合理的建议与计划，因为负责案件审理的都是卫生委员会的这些长官，最后大公来批准他们的惩处决定。[15]

负责具体执行卫生委员会法规的是卫生委员会的警卫（ *birri* ），其任务包括收集信息并逮捕他们所认定的犯罪分子。1630年9月末以来，随着疫情逐渐恶化，卫生委员会获准自行在巴尔翟罗增设7名警卫。[16]但11月初，卫生委员会发现相关岗位的人手仍然不足：

> 我们的长官看到，卫生委员会的工作在许多方面都日渐繁忙，因此诸位尤其要勤勉尽职，这样才能发现和惩戒那些违反法令之人，进而避免这些行为再度发生。要知道，这些犯罪行为可能会给社会造成许多其他问题。[17]

卫生委员会大臣在11月1日批准任命了以下人员：雇用奥塔维奥·迪利真蒂［外号"帽匠"（Il Cappellaio）］为上尉，他之前在佛罗伦萨八人司法团服役，每月薪水为15斯库多；雇用13名员工，每人每月薪水为3斯库多；一位名叫弗朗切斯科的中尉，每月薪水5斯库多；下士2名，每人每月薪水4斯库多；此外还有一名下士，每月仅拿24里拉。

这些人一方面被雇来看守监狱，同时也要在街上巡逻并逮捕那些已被发现违反卫生委员会法令的人。通过一些所谓的"秘密朋友"暗中告发，警卫们建立起了一套侦查和群众举报并行的体系。此外，官方还鼓励民众匿名举报任何违法乱纪之人，若最后查明确有此事，揭发者将会获得10斯库多的奖励。这对举报者是非常有吸引力的，因为在充分就业的前提下，10斯库多相当于一个充分就业*的劳动力约9周的收入，或者一个充分就业的熟练泥

---

* 充分就业（Fully employed）：也称作完全就业，即一个想要工作的劳动力，在条件允许的情况下工作足够长的时间所获得的合理薪水。

瓦匠6周的薪水。[18]

这一奖惩机制源于中世纪和近代早期意大利已经非常成熟的匿名举报体系。[19]它已经成为执法工作的重要组成部分，甚至有时街坊邻居间都会相互举报对方。[20]通常情况下，若犯罪的人揭发了同犯，并且法庭最后成功宣判，那么这个揭发同伙的人将获得豁免。[21]

在整个疫情期间，卫生委员会的工作人员数量一直有增有减，反映出这场危机的不同阶段。相应地，案件数量和罪行类别在不同时间段也存在差异。图表7.1显示出全年诉讼数量有相当大的变动，1630年秋天有所增加，9月为最低水平（16起），到10月翻倍，后在11月（117起）和12月（105起）达到峰值。在这一时间段，诉讼数量的变化趋势和佛罗伦萨的鼠疫死亡率（见图表1.1）呈正相关。这表明当时卫生委员会加强了立法和执法力度，而随着越来越多的人被送到隔离医院和隔离中心，客观上也为不法分子在无人看管的房屋中行窃提供了条件。

在接下来的7个月中，诉讼数量和死亡率整体均呈下降趋势，尤其是在此次疫情的最后阶段——5月（21起）、6月（7起）和7月（19起）。不过在1631年的前几个月里，诉讼数量和死亡人数并没有完全遵循之前的月度变化规律。1月，尽管佛罗伦萨的鼠疫死亡率与上月同比大幅下降了60%，但法庭起诉数量仅略有减少（从12月的105起到第二年1月的97起）；到了2月，尽管死亡人数进一步下降，诉讼数量也未有明显减少（62起）；3月和4月的诉讼数量变化则恰好与死亡率变化相反，被逮捕人数先是从62人减半到31人，而后又增加到57人。

图表7.1列出了所有犯罪类型随时间变化的情况，在一定程度上可以解释2月和4月诉讼数量增加的原因。在"犯罪"数量最多

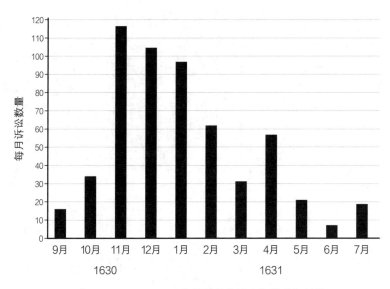

图表7.1　1630—1631年佛罗伦萨城内与鼠疫相关的
诉讼数量变化

的月份——11月、12月和1月，诉讼类别主要与居民住宅有关，人们因擅自离开或闯入被封锁的已被感染的房屋而被捕。相反，在1631年2月和4月，诉讼案件则更多与人们所从事的工作有关。

其中，2月的情况与其他任何月份都不同，因为有近40%的案件都涉及男子离家并重返工作岗位。这既在一定程度上反映出他们对和家人被关在狭窄空间内隔离40天的不满，也反映出这些人对回到店里工作以此获得收入的渴望。因为在疫情暴发前，就已经有很多人过得十分贫苦了。有些诉讼最终不了了之，因为只要纺织工人不回家，他们就被允许在全城隔离期间继续在作坊里工作，而其他一些工作，如买卖二手衣服，则被认为十分危险。

在分析这些案件时，我们发现的另一个特征是明显的性别差

表7.1 1630—1631年诉讼类型的差异情况

		秋	冬	春	夏	总计	百分比
城市：进入或离开	**1**	14	13	13	10	**50**	8.83
街道	**2**	8	81	3	0	**92**	16.25
住所：进入或离开	**3a**	58	78	35	2	**173**	30.57
藏匿病人或死者	**3b**	5	3	1	3	**12**	2.12
破门而入或偷窃	**3c**	16	22	0	1	**39**	6.89
卫生委员会：工作人员犯罪	**4**	5	1	5	0	**11**	1.94
在房子里	**4a**	8	7	0	1	**16**	2.83
在隔离医院中	**4b**	4	9	11	1	**25**	4.42
医务人员	**4c**	9	2	3	0	**14**	2.47
工作	**5**	5	18	2	0	**25**	4.42
纺织业	**5a**	23	16	16	4	**59**	10.42
饮食行业	**5b**	3	9	8	0	**20**	3.53
未知	**6**	9	5	12	4	**30**	5.30
总计		**167**	**264**	**109**	**26**	**566**	100.00
百分比		29.51	46.64	19.26	4.59	100	

* 其中1631年夏仅包括6月和7月。

异。如图表7.2所示[22]，有78%的案件被告为男性。这与当时刑事诉讼的整体性别比例一致，而且反映出了佛罗伦萨成年男性的社交活动与职业分布特征。我们将在下文对此展开讨论。然而到了1月，被告为女性的案件数量略有上升，达到了男性案件数量的1/3。不过真正反常的是3月，被告为女性的案件数量甚至超过了男性。这可能与此时女性普遍懊恼烦躁的状态有关，因为尽管在3月初的圣灰日这天佛罗伦萨的全面隔离政策已经撤销，但妇女和10岁以下的儿童仍被要求待在家中隔离，并一直延续到4月22日。[23]

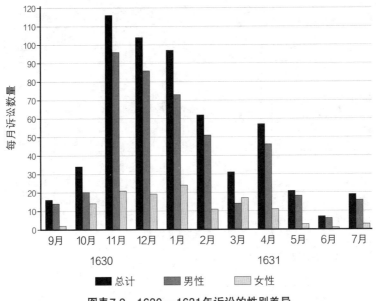

图表7.2 1630—1631年诉讼的性别差异

惩罚与执行

如前文所示，在疫情初期，佛罗伦萨制定了一套严厉的惩罚措施，包括监禁、当众鞭刑和流放等，甚至死刑。[24]这些措施尤其针对那些离开被封锁的房屋或挪开前门上的木闩让外人进入的人。表7.2分析了566起案件的处罚类型，以评估它们的具体执行情况。

与疫情初期所制定的那些严刑峻法相比，实际上有相当一部分案件在实操过程中是从轻处罚的。从表7.2中，我们可以清楚地看到这一点。第一类（逮捕/无罚款释放）处罚占总数的60%。如果加上第二类，即缴纳罚款后获得释放的人数，占比将上升到

表7.2　1630—1631年的处罚类别

	惩罚类型	男性	女性	总计	男性%	女性%	总计%	女性/男性
1	逮捕/无罚款释放	251	89	340	44.35	15.72	60.07	35.46
2	缴纳罚款后释放	51	13	64	9.01	2.30	11.31	25.49
3	监禁	43	5	48	7.60	0.88	8.48	11.63
4	当众鞭刑	3	0	3	0.53	0.00	0.53	0.00
5	骑驴示众	5	5	10	0.88	0.88	1.77	100.00
6	隔离医院	4	2	6	0.71	0.35	1.06	50.00
7	吊刑	64	7	71	11.31	1.24	12.54	10.94
8	流放到利沃诺战舰上服役	12	1	13	2.12	0.18	2.30	8.33
9	绞刑	1	0	1	0.18	0.00	0.18	0.00
10	未知	6	4	10	1.06	0.71	1.77	66.67
		440	126	566	77.74	22.26	100.00	28.64

71%。这是中世纪和文艺复兴时期欧洲非常普遍的惩罚方式，在这一时期，长期监禁非常少见，犯人通常最多被关押6天。[25]

在法庭的审判笔录中，法官经常称罪犯在被关押时吃尽了苦头。这表明他们也意识到，由圣奥诺弗里奥修道院改建而成的卫生委员会监狱拥挤不堪，被监禁其中是令人难以忍受的。在监狱里被关押的罪犯，既有在错误的时间和地点不小心触犯了法律、相对无辜的人，也有投机取巧的盗贼和重案犯。

例如，在下面的三起案件中，被告最终都被释放，因为法官认为他们已经在监狱中饱受折磨。第一例是一对同居情侣，玛格丽塔·迪·韦托里奥和建筑工乔万巴蒂斯塔·迪·朱利奥，两人于11月9日出庭受审。他们被捕是因为出于同情而照看了同一栋房子里两个失去父母、无人看管的女孩。卫生委员会起初怀疑这两个女孩可能感染并传播了鼠疫，但最后发现她们并未染病，这对照顾她们的情侣随后就被释放了。[26]

另外两起案件则都与工作有关。其中一起案件的当事人是蜡烛商斯特凡诺·迪·洛伦佐·本克拉奇，他在离开自己在卡乔旅馆附近的住处去作坊制蜡烛时被捕，但随后因证据不足在11月6日被释放。[27]第三起案件则更为复杂一些，是关于印染工西莫内·迪·皮耶罗·乔蒂的悲剧故事。他在11月4日因仍坚持去印刷铺工作而被捕，当时他的4个孩子有的已经死去，有的被送去了隔离医院。他被关押了8天，但在庭审后被判无罪释放。因为检查过孩子们的尸体后，医生断定他们并不是死于鼠疫，而是浑身散发着"蠕虫的味道"，最终因"大量蠕虫"入侵而死。玛格丽塔教区的神父允许将这3个未感染鼠疫的孩子葬在教堂里。即便如此，从监狱获释后，西莫内也被要求在家隔离10天。[28]

第三类"监禁"作为一种惩罚方式所占比例更小，仅有9%。这表明在当时，监狱的主要角色是临时羁押中心，而非一种惩戒手段，不过法官也常提到被羁押者在里面饱受痛苦。[29]因此，若将这一数字也归入前两类，那么被捕后释放的比例将高达80%。17世纪博洛尼亚和热那亚鼠疫流行时，当地对于违反防疫法规的轻罪也都采取宽大处理。不过从一些二手文献中可以看出，米兰、那不勒斯和罗马在处理此类问题上则要严苛许多。[30]

对于某些犯罪行为来说，"监禁"这一措施太轻了一些，其他惩罚方式包括不同形式的羞辱、死刑，或者两者结合。11月5日之前，卫生委员会在巴尔翟罗某地执行了吊刑。但卫生委员会的长官在写给大公的请愿信中抱怨说，巴尔翟罗的地方官员反对卫生委员会使用他们的行刑设施，请求大公授权卫生委员会在巴尔翟罗对刑事犯施行吊刑。最终，卫生委员会在佛罗伦萨老市场的大圆柱上对罪犯执行了吊刑，这一问题得到了解决。老市场一直以来都是执行吊刑和鞭刑的地方，乔瓦尼·斯特拉塔诺的绘画《老市场广场》就描绘过这样的场景。[31]

在公开场合执行这些刑罚被认为可以起到强有力的震慑作用，以提醒其他心存侥幸之人，若违犯大公国的法令，等待他们的将是怎样的结局。让罪犯蒙羞是许多中世纪和近代早期惩罚制度的出发点。[32]在佛罗伦萨这次疫情期间，只有10人（占总数的2%）被判处羞辱性的骑驴示众。根据判决，他们要反坐在驴背上，并且在脖子上挂一个纸板，上面写着他们所犯下的罪行。他们会被牵着游街示众，可能还要面对围观群众的谩骂，甚至会被扔烂水果和蔬菜。如果是卫生委员会的工作人员被捕，那么卫生委员会甚至整个佛罗伦萨城都会将其视为耻辱，尤其是当他被指控受贿解封已被感染了的房屋时。[33]

当时，佛罗伦萨的一些掘墓工被指控利用职务之便，偷走并转售死者的衣服和贵重物品，在意大利近代早期的其他城市，如米兰、威尼斯也有类似案件。这不禁让人联想到佛罗伦萨在黑死病后颁布的一项法令：限定掘墓工的收费额度。[34]1630年11月30日，慈爱会雇用的掘墓工安德烈亚·迪·斯特凡诺·博奇尼·达·莱尼亚被指控脱下一名疑似感染鼠疫而死的人的衬衫，并带到城里准备转手卖掉。[35]另一名圣米尼亚托医院的掘墓工奥拉提奥·迪·西莫内·里斯托里尼被人发现偷走了一名在隔离医院去世的男性身上的一件厚外套和其他贵重物品，并把它们都带入了佛罗伦萨城。他被判处骑驴示众，脖子上挂着一张布告，上面列着从那位死者身上偷走的所有物品的名称。[36]这起案件恰好发生在佛罗伦萨开始全城隔离后不久，所以他的行为触犯了当时的多条法律——盗窃疑似已被感染者的衣服，在城门紧锁的情况下设法溜进佛罗伦萨城内，在街上四处游荡。

值得注意的是，尽管被判罚骑驴游街示众的人并不多，却有一半是女性，而在前文中我们已看到，在566起诉讼案件中仅有22%的被告为女性。实际上，这些女性大多是妓女，她们的行为被视为玷污了这座城市的道德。这也是中世纪和文艺复兴时期人们广泛关注的。[37]一个很典型的例子是朱莉娅·迪·菲利波一案，她有两晚离开哥米多洛·代劳洛街上已被封锁的房子，去了代拉瓜路拐角处的另一间房子。[38]有两个人怂恿并帮助了她。其中一位男性帮她从外面抽掉了门上横插着的木闩，而另一名妓女弗兰切斯卡·迪·皮耶罗·博尔塞利则在自己的房子里接待了这位"男性友人"和朱莉娅。实际上，弗兰切斯卡居住的这间房子也因为里面曾有人生病或死亡而被封锁了。[39]正如我们在前几章里所看到的，官员们对于疫情期间妓女的活动尤为敏感，他们认为妓女的淫乱之恶也是令上帝用鼠疫来惩罚这座城市的原因之一。此外，妓女的营生早在8月疫情初期就受到了限制，按照规定，她们和客人都不准在晚上离开自己的住处。因此朱莉娅·迪·菲利波一案在当时受到了特别关注。[40]

另一起案件共牵涉6个人。在佛罗伦萨全面隔离期间，他们并没有按规定老老实实待在住处。卫生委员会官员察觉到了此事，因为这群人在他们的住所附近制造出大量噪声，就像"半个妓院一样"，可能是一个爱管闲事的邻居或一个"秘密朋友"向卫生委员会举报了这一情况。这些人于1月26日出庭受审，并当众挨了鞭刑。[41]

面临着更大的生命危险的是那几个被押至隔离医院服劳役的

罪犯，这种做法在当时意大利各城市中并不罕见，他们所犯的罪行大都是从被封锁的房屋内破门而出，或是把里面的物品带了出来。[42]然而，尽管人们普遍认为隔离医院"比死亡本身更可怕"，但被发配到隔离医院或隔离中心服务在人们看来似乎也不是一项特别严苛的惩罚。正如我们在上文中所看到的，也许是因为比起法律规定，这些机构在实际运作过程中对人员进出的管理多有疏漏，为不法分子有组织地盗窃病人和医院的财物提供了机会。

有一个外号叫"水沟"（Il Fosso）的烟熏工和他的妻子及岳父一同被发配到鲁夏诺别墅隔离中心，因为他们无力支付罚款，"他们太穷了，连在监狱里的基本生活开支都负担不起"。[43]在下面这起11月4日发生的案件中，两名男子也被判处去隔离医院劳作。文森迪奥·迪·乔万巴蒂斯塔·罗马诺和乔万巴蒂斯塔·迪·韦托里奥·迪·巴尔多因以乞讨为名实施诈骗而被捕。他们打扮成隐士的模样，说服人们亲吻一个耶稣受难像，并为所谓的圣徒奉献财物。[44]

吊刑是最严酷的刑罚之一，我们可以从雅克·卡洛的油画中看出。这幅画的左侧真实还原了因普鲁内塔圣母教堂前的广场上正在发生的吊刑场景（见图22）。在前文中我们提到，吊刑是用绳子缠绕过腋窝处，将罪犯吊至高处后再让其坠落，这样会令其手臂和肩膀的脱臼。重复这一过程的次数取决于犯人所犯罪行的严重程度。

当时受过这一酷刑的人数占罪犯总人数的12%，即71人。一些人因团伙作案而被捕。例如在11月10日，有二女五男共7人在阿诺河南岸的蒙蒂切利镇的街上被逮捕，他们被发现离开了一间因出现过疑似病例而被封锁的房子。[45]显然，这种刑罚旨在起到警示效果，以威吓民众在鼠疫死亡率最高的时期要服从法律。

有些单独作案的人也受过吊刑。例如面包师洛伦佐·迪·拉法埃洛，他在佛罗伦萨实施全城隔离后不久就被捕并出庭受审。他被指控是因为卫生委员会委托他制作面包并发放给穷人，他却偷工减料，每条面包的重量比标准重量轻了3盎司。他曾两次当众受吊刑。受刑时为让其感到羞耻，人们还在他的脚上绑了一条面包，这类羞辱的做法在中世纪和近代早期的欧洲很普遍。[46]

　　还有人则因隐瞒或未及时上报家庭成员的病情，或从那些已被封锁的房屋内偷盗并出售衣物而受到惩罚。这些人从事着各种各样的职业，包括4位旅馆老板、2名面包师和2名二手衣物小贩。人们认为这4位旅馆老板比其他人更容易成为鼠疫的传染源，因为他们会一直与不同的人打交道。而从疫情开始暴发起，二手衣物商贩就被禁止进行交易活动，因为政府担心他们会买卖感染鼠疫者的衣物。

　　不过最令卫生委员会感到震惊的是，竟然有自己的工作人员将已无人居住的房屋抢劫一空，或许诺不上报病例而向民众索取贿赂。在圣迪·乔万巴蒂斯塔一案中，他原本负责前去检查那些已有上报病例的房屋，根据指控，他从一位妇女那里收了2斯库多的贿赂，该妇女因而没有被送去菲耶索拉纳隔离医院。2斯库多在当时相当于一个劳动力约一周的工资。这起案件的处理结果是，钱被退还给那位妇女，乔万巴蒂斯塔则被绑在施行吊刑的木架上示众半小时，脖子上挂着告示，上面写着"因收受贿赂受刑"，此外他还挨了两记鞭刑。[47]

　　在审讯中，吊刑通常也是一种逼供的手段。在佛罗伦萨的这场鼠疫期间，用吊刑逼供最典型的例子是对巴托洛梅奥·迪·尼科洛·法尼的非法交易展开持续调查的案件。巴托洛梅奥是一名负责在疑似被感染的房屋内消毒的烟熏工。他的名字在12月13日的案件记录中第一次出现，当时他因在检查和消毒房屋时偷走了一瓶"抗毒油"而被捕。[48]3天后，他被带到法庭上，在漫长的审判过后最终获释。然而他身上的疑点并未因此散去，在接下来的数月中，他的许多同事都被逮捕，并受到严刑拷问。他们也都和法尼一样，被指控在给房子消毒时行窃，而法尼很明显就是他们的头目。在12月21日，巴乔·达阿尼奥洛·巴西尼被讯问是否曾在和法尼一同给一间房子消毒时偷走了一枚戒指和其他物品。12月23日，另外两名同伙贝尔纳多·迪·多梅尼科·巴奇和乔万巴蒂斯塔·迪·万杰利斯塔·龙迪内利也因其他盗窃案而接受审讯。然而，法庭始终没有找到确切的证据，甚至当法尼因盗窃再次被捕并受酷刑时，他仍坚称自己是无辜的，法庭无奈只好放了他。[49]

最后，卫生委员会针对众多罪行的另一项令人闻风丧胆的处罚方式是发配罪犯到停驻在利沃诺的战舰上服劳役。但实际上接受如此命运的只有13人，占总数的2%，且他们后来都获得减刑，被流放到其他地方。受此种刑罚的前两个人在卫生委员会担任要职，这种惩罚措施也旨在对其他工作人员起到重要的威慑作用。第一位是亚历山德罗·韦斯特里，他是佛罗伦萨外城北侧主要的隔离医院菲耶索拉纳的副院长，被指控犯有欺诈罪，因为他向卫生委员会索要的医院员工工资额高于员工实际拿到手的钱。[50]第二位是弗朗切斯科中尉，巴尔翟罗人，人称"月亮"（Il Luna），于11月1日任职于警卫队。他被指控批准数名妇女在2月23日（尚在全城隔离期间）乘马车穿城而过，去参加一场婚礼。婚礼的举办地是格拉希诺的家中，此人是佛罗伦萨丝绸工艺行会的成员。同时被捕的还有两个人，其中一名是"月亮"弗朗切斯科在巴尔翟罗的同事，外号"软柿子"（Scottino）的乔瓦巴蒂斯塔下士。

经调查，此三人和这些妇女分别为夫妻关系，他们在妻子面前被带走受刑，而妇女们仅仅被关押了几天。[51]

若是按照自上而下的阶层往下数的话，在隔离医院副院长和警卫队中尉之后，被发配到利沃诺服役的还有屠夫乔万巴蒂斯塔·迪·克里斯特凡诺·卡尔德里纳。他住在一间已被鼠疫感染了的房子里，不但违反规定去了妻子家中，而且还抬着一个可能也已被污染的床垫走在街上，他甚至还去了城门外的市场。当时已是1631年的7月初，虽然疫情正在逐渐消退，但对离开佛罗伦萨城的限制仍旧存在。因此，他只能是在行贿后得以出城门，打算把床垫抬到市场上卖掉。乔万巴蒂斯塔被判处在战舰上服役20年。不过在多次向大公请愿后，他被减刑至两年，最后仅须服役一个月，期满后在利诺沃被流放了两年，因为他"年事已高，已经60多岁了，而且体弱多病"。[52]

所以总体看来，防疫法规在具体执行过程中有一定的灵活性，但对被判吊刑者除外。在向民众宣传哪些罪行属于严重危害公共利益的时候，吊刑起到了必要的警示作用。如上文所述，瘟疫年间的司法体系与中世纪和近代早期整体上的情况类似，与男性相比，受指控和刑罚的女性占比要小得多，为22%（总数中不包括最后判决结果未知的那1%的男性和3%的女性）。[53] 如表7.2显示，女性相对来说更容易得到宽大处理，有85%的女性被告都被判了前三类较轻的处罚（罚款、监禁并罚款、监禁但无罚款），而男性罪犯的这一比例为78%。因此，接受严酷刑罚的女性罪犯比例较低，没有人被施以吊刑，只有一人被流放，而受吊刑的男性罪犯相比之下则要多得多。唯一男女人数相同的惩罚方式是骑驴游街示众。接受这一惩处的多是妓女，旨在羞辱这些被认为让这座城市蒙受耻辱的人。当时的人们普遍认为佛罗伦萨正因这些罪恶而受到上帝的惩罚。

卫生委员会在疫情暴发的初期宣布，任何试图非法进入佛罗伦萨城及周边领地的人都将面临死刑，但实际上最终只有一桩案件中的当事人被执行了这一最严厉的刑罚。[54]被绞死的是21岁的年轻园丁安德烈亚·迪·多梅尼科·卡斯尼亚尼。他曾两次愚蠢地闯入同一间被锁的房屋并偷走里面的物品，接着去犹太人聚居区转卖。对他的惩罚之所以毫不留情，可能是因为官方想在11月初死亡率开始上升时树立一个反面典型。毕竟安德烈亚接触了病人或死者的物品，并违反了在疫情期间严禁进入已被封锁的犹太人聚居区的规定——这些行为都增加了传播的风险。[55]

针对故意传播鼠疫的行为，佛罗伦萨的做法借鉴了1630年米兰对"涂油者"的审判和处罚方法。当时的作家如朱塞佩·里帕蒙蒂对米兰鼠疫中的"涂油者"有过描述，后来更因曼佐尼的《约婚夫妇》而为人所熟知。[56]尽管历史记录并不完整，但塞缪尔·科恩最近通过研究大量不同的资料，大致确定了实际有多少所谓的"涂油者"被带到法庭上并被判处决。与当时人们粗略估算约有1500名"涂油者"被捕形成巨大反差的是，根据科恩的计算，最后被处决的人数还不到100人。[57]图24详细展示了米兰对这些"鼠疫传播者"的严厉惩罚。而佛罗伦萨卫生委员会仅指控过2名"涂油者"，在本书前面的章节中已有提及。第一位是来自布加诺镇的巴斯蒂亚诺·迪·吉罗拉莫·詹内利，他于9月1日在沃尔泰拉被捕。[58]他被指控在大教堂的圣水里投毒。这件事反映出在一场瘟疫刚开始流行时，人们普遍非常恐慌，甚至开始怀疑所有的外邦人。詹内利来自托斯卡纳北部地区，是一名四处行骗的江湖游医。第二起投毒案中的罪犯也是一名与医药相关的从业人员，名叫马埃斯特罗·莱安德罗·奇米内利。他曾在佛罗伦萨的第一家隔离医院梅塞尔·博尼法齐奥工作。根据历史记载，他是一名来自那不勒斯或西西里的内科医生。更有传闻说，他在来博尼法齐奥工作之前，就已经在全城范围内投放了毒药。但最后的结果是，他和巴斯蒂亚诺都没有被处决，只在监狱里关了一段时间后就被释放了。莱安德罗甚至作为一名值得信赖的员工，重新回到隔离医院工作。[59]我们将在下文中看到，有很多案件都与买卖或搬运鼠疫患者（或死者）留下来的物品有关，这些人涉嫌传播鼠疫，但他们未被称为"涂油者"。在这场鼠疫中，只有园丁安德烈亚·迪·多梅尼科·卡斯尼亚尼被处以死刑。

人们经常会把"外邦人"的身份和传播鼠疫联系在一起。例如在米兰，人们认为法国人散播了鼠疫，他们这么做是为了削弱敌方政权以便入侵。[60]而在那不勒斯，罗马教廷大使朱利奥·斯皮诺拉甚至于1656年蛊惑普通百姓，称是西班牙政府和那不勒斯的卫生委员会联手传播了鼠疫。这一说法遭到那不勒斯政府反驳，他们将故意传播鼠疫的矛头指向法国人和本地一个曾在9年前煽动过叛乱的流亡团体。朱莉娅·卡尔维指出，因为那不勒斯疫情最严重的3/4区域与叛乱地区恰巧重合，让人们心生怀疑，便将鼠疫暴发和暴动联系在一起。[61]尽管米兰的现存庭审记录中没有出现过外国"涂油者"的名字，但在那不勒斯，有一些北欧人因涉嫌故意传播鼠疫被捕并接受审讯。[62]

当时在意大利各城市散布的这种通过涂抹有毒物质而故意传播鼠疫的荒唐传闻，反映出人们对威胁社会稳定的一些因素普遍担忧的情绪。在1575—1576年的米兰和维罗纳，坊间就有传言称会发生起义或暴动，在给失业者发放食物救济后才得以平息。[63]在接下来的一个世纪，1656年的那不勒斯鼠疫期间，死亡率最高的地区就与1647年由马萨涅洛领导的起义的爆发存在一定联系。

而在1631年意大利北部的巴萨诺地区，工匠们因没有工作而发动了起义，并宣称"与其等着饿死，还不如去四处劫掠"。[64]

如果说在米兰和那不勒斯有更多针对"涂油者"的指控，在一定程度上源于对境外势力的恐惧，那么不同地区间的政治环境与政体差异也可以用来解释为何各个地区在对待违法犯罪分子所采取的不同处理方式。在1656—1657年鼠疫期间，罗马实行了严格的惩戒体系，对被捕者频繁地施用酷刑，并残忍地当众处决。[65]不过罗马毕竟比较特殊，政府和教会联合起来的威慑力是其他城市无法比拟的，更何况罗马的卫生委员会就是由教皇统领的。教皇国的卫生委员会负责人、枢机主教吉罗拉莫·卡斯塔尔迪在具体执行惩处时，强行加入自己对公平和执法的刻板理解，因此就连那些从隔离医院逃走的人都可能被处以死刑。[66]

当然，米兰和罗马的这些严酷刑罚可能只是少数的例外情况，而并非普遍施行的规则。在那不勒斯，尽管官方会对违反卫生委员会法令的人，尤其是对"涂油者"或擅自离开被封锁房屋的人判以重刑，但实际上只有少数几次真正执行了。[67]此外，根据亚历山德罗·帕斯托雷的研究，在17世纪博洛尼亚和热那亚暴发鼠疫的时候，判决和执行整体上也相对较为宽松，[68]他将热那亚和罗马的这种政策差异归因于前者地方政权的薄弱和分化。[69]

与博洛尼亚和热那亚类似，佛罗伦萨在执行处罚时多从轻处理也可能与其自身的政治环境有关，反映了大公的态度和倾向。如本书前文可以看到，费迪南德二世在鼠疫期间一直留在佛罗伦萨及其周边地区，而且在穷人当中不断宣传自己慈悲为怀的形象。一个直接例子就是，任何死刑的宣判都要经过他的同意。此外，他还认为在控制人口流动、灵活执行判决，以及为穷人提供援助等方面，寻求一种平衡是非常重要的。

从瘟疫中幸存的佛罗伦萨1630—1631

这样，我们就又回到了近代早期对穷人的救济和社会福利，也就是"恐惧与怜悯"这一老话题了。前面章节中已有讨论，人们担心穷人是这场鼠疫的罪魁祸首，对此政府采取了积极的应对措施来改善城内的卫生条件，维持社会贫困阶层的稳定。[70] 从那些不断增多的违反卫生委员会法令的审判记录中也可以看出，在个人层面或总体来说，统治阶级的确存在真实动机（维护社会稳定）和实际应对（改善卫生条件）间的矛盾。通过研究这些受审人员的身份认同和犯罪动机，我们发现，现实中富人和穷人间的对立，并没有医学著作和官方文件中描绘得那么严重。虽然我们可以认为这些法庭最终宣判的犯罪行为威胁了社会稳定，但在大多数情况下，法官相对灵活和富有同情心的裁决也表明，他们并不将这些行为视作暴乱的前兆。许多人是因为私心作祟而违反了法令，并非蓄意煽动叛乱来推翻政权。

在梳理了卫生委员会法庭所设立的处罚类型及其相对宽松的执行情况后，本章接下来的部分将探究法庭诉讼的所有类别，重点详细分析违法行为的具体表现。在这一部分，我们将认真聆听这些被审判者的心声，进一步了解佛罗伦萨疫情期间的众生百态。

诉讼的主要类别

疫情期间的法庭审判有一个共同特征，那就是卫生委员会的官员对于"空间"以及个人和群体在空间内的社交互动格外关注，包括公共空间（如城门、广场和街道）、过渡性空间（如房子的门槛和门阶），以及房屋或作坊内部等更私密的空间。社交互动和个人的感官经验所形成的空间也是学界广泛关注的话题，如乔治娅·克拉克与法布里奇奥·内沃拉于近期汇编的论文集《近代早期意大利的街道体验》。[71]

以下的分析将以566起"犯罪行为"所发生的空间背景为主题展开（见表7.1）。这些空间背景主要集中在以下五个类别：（1）城市：离开或进入。（2）街道：在错误的时间出现在错误的地方。（3）住所：进入或离开已被封锁的房屋。（4）卫生委员会：卫生委员会工作人员违法行为发生的场所。（5）工作：人们违法继续从事正常工作的地方。须强调的是，这里的类型划分并非完全精确，不同类型也不可避免地存在一些交叉重叠，但每人仅被算入一次。例如在提托洛托的旅馆一案中，在旅馆出现死亡病例后，旅馆中的其他住客仍继续外出工作（表7.1的3a和5）。在极少数情况下，证人也与涉案被告划在了一类里，因为两者都被关押在监狱中。

令人惊讶的是，表格中与住所相关的诉讼案件数量最多（类别3），有40%的相关人员被起诉是因为进入或离开了因有住户死亡或感染鼠疫而被封锁的房屋。在这类案件中，有许多乍听上去与"犯罪"并无关系，人们进出只是想拜访亲戚或朋友，或是想和他们待在一起。当然，这类诉讼中还有一小部分是蓄意违法者，他们基本都不是屋主的家庭成员（占总数的7%）。这些人强行进入被封锁的房屋，或者从里面盗取财物。一些对其他地区的相关研究也呈现出类似的分析结果，比如1630年的博洛尼亚和近代早期的英格兰。[72]

其他相对较为常见的违法行为发生在街道上（16%），主要是社交活动，比如在酒馆饮酒或聚众打牌，这些都是法律明令禁止的。有些人被捕只是因为宵禁后仍未回家，还有人是在大街上干违法的勾当，如假意乞讨，本书前文提到的那两名男子即是如此，他们打扮成隐士的模样，并说服人们亲吻耶稣受难像后向他们奉献财物。

前几章中还曾提及，10月17日的清晨，一些负责在夜间排空污水坑的农民明显不耐烦地想从佛罗伦萨的普拉托城门冲进城区。他们推着手推车，使劲撞向城门，不料其中两个大桶受损严重，里面装满的排泄物都流了出来。看守城门的卫兵们称，他们差点要被这臭气熏天的东西害死。这也从侧面反映出当时的人们认为臭气和疾病之间关系密切。[73]

还有很大一部分案件与工作地点有关（共104起，占19%）。这类罪犯大多是被发现离开自己被封锁的房屋去作坊工作的成年男性，且这种现象多涉及纺织品贸易行业。当时，这一行业雇用了佛罗伦萨多达1/3的劳动力，其中很多人从事销售二手衣物。这也说明佛罗伦萨人相信布料是一种非常危险的传播鼠疫的媒介。

从表7.1我们还可以看出犯罪类型在时间上的变化。在秋天（从9月到11月），与住所相关的案件数量最多，到了来年春天，这一类型的占比从47%下降到39%，随后又降到33%。这是因为随着警卫队伍的逐渐壮大，对违法进出被封锁房屋这一行为的监控和报告机制也更加高效。在冬季（12月至次年2月），因在街道上活动而被指控的案件比例从5%大幅增加到31%，几乎和前一类别的33%相当。这可能就是人们对佛罗伦萨全面实施隔离政策的直接反应，当时有很多人（见下文）被抓到爬上屋顶和朋友、邻居或妓女相会。

表7.1中的另一种主要诉讼类型则与工作有关，占总数的18.4%。当然，这种类型在不同季节也有所变化：尽管从秋季到冬季的这段时间内数量略有下降，从18.6%到16.3%，但到了春天，该比例大幅上升到23.9%。出现这种变化可能是因为即使在全

城隔离期间，佛罗伦萨官方也允许部分纺织工继续工作，但前提是他们必须住在作坊里而不准回家。此举旨在确保佛罗伦萨的经济不会完全陷入停滞。然而朱莉娅·卡尔维指出，在某些情况下，一旦在某个家庭内发现了鼠疫患者，家庭成员将会"分开"，成年男性会"偷偷摸摸地"离开家去作坊里工作并住在那里，而女人们则继续留在家中。通常，正是当这些成年男性过后回家查看家人健康状况时，被卫生委员会的官员发现了行踪。[74]

整体而言，多数与工作相关的案件都与交易有关，要么发生在佛罗伦萨老市场、各商铺，甚至大街上，要么发生在家中，比如妓女们在家接客。这其中最大的怀疑对象是那些出售布制品的人，因为人们有充足的理由担心这些布料来自那些已被感染的家庭，这会加速鼠疫的传播。让局面更加复杂的是，虽然全城隔离期间食品须统一从中央储备仓库购买，但许多供应食品的商店仍对外开放。

所有这些均表明，即使在疫情期间，一些个人和家庭仍想继续遵循之前正常的生活方式，并设法保护并增加个人财产。一方面，这类行为和居民责任感的缺失没有什么关系，但有意思的是，尽管鼠疫患者接触过的物品可以传染鼠疫的说法已经在全社会流传开来，这些人却好像一点儿也不担心因处置了这类物品而被感染。本章接下来的部分将对被捕者的作案动机和被捕后的反应提供更多细节，并将详细讨论每种诉讼类别下的一些个例。在此之前，我们首先简析这些诉讼案件类型在性别上的差异（见表7.3）。

在全城隔离期间，很多人只是难忍心中的焦躁与不安而违反了卫生委员会的法规，这可能是因为隔离切断了收入来源，或是因为一直与家人被关在狭窄的房间里，或因独居而产生孤独感。然而在许多案件中，即便面临法律惩处和感染鼠疫的风险，亲属

表7.3　1630—1631年诉讼当事人的性别差异

		女性	男性	总计	百分比	女性/男性
城市：进入或离开	1	11	39	**50**	8.83	28.21
街道	2	22	70	**92**	16.25	31.43
住所：进入或离开	3a	49	124	**173**	30.57	39.52
藏匿病人或死者	3b	0	12	**12**	2.12	0.00
破门而入或偷窃	3c	15	24	**39**	6.89	62.50
卫生委员会工作人员的罪行	4	0	11	**11**	1.94	0.00
在房子里	4a	1	15	**16**	2.83	6.67
在隔离医院中	4b	7	18	**25**	4.42	38.89
医务人员	4c	4	10	**14**	2.47	40.00
工作	5	2	23	**25**	4.42	8.70
纺织业	5a	9	50	**59**	10.42	18.00
饮食行业	5b	1	19	**20**	3.53	5.26
未知	6	5	25	**30**	5.30	20.00
总计		**126**	**440**	**566**	**100.00**	**28.64**
百分比		22.26	77.74	100		

间仍然希望相聚而居，因为家庭成员间的纽带关系能给病人或垂死者提供莫大的精神支撑。

如上文所述，总体而言，女性仅占诉讼案件总数的22%。这与其他对中世纪和近代早期欧洲的研究中所总结的犯罪性别比基本一致。

在某些犯罪类别中，我们甚至几乎看不到女性的身影。例如，没有一位妇女曾被指控藏匿了病人或死者。但或许最令人感到惊讶的是，尽管受雇于纺织业各生产阶段的女工比例都很高，但只有少数妇女因非法从事与纺织品贸易相关的行业而被起诉。根据1632年的人口统计数据，即使在鼠疫结束后，仍有77%的女性户主从事纺织类的工作，而男性户主仅为34%。[75]女性被告比例较低的情况在一定程度上是因为当时官方对女性活动的管控更加严格。我们在前几章已看到，从12月中旬一直到佛罗伦萨解除全城隔离后的很长一段时间里，妇女和儿童仍不被允许离开房屋。

如第六章所提到的，一些在隔离医院中担任行政人员、厨师或护士的女性被指控偷窃医院内的食物或床上用品。整体上这与欧洲中世纪及文艺复兴时期女性犯罪活动的情况是一致的，他们往往是小偷小摸，窃取一些小物件后立刻用掉或转卖出去。[76]这也反映出了另外一个事实，即疫情期间大多数的女性犯罪都与住所有关，如离开或进入被封锁的房屋，这一类别占女性被告总数的51%，相比之下男性的这一比例为36%。从1630年鼠疫期间博洛尼亚的情况来看，这些案件通常涉及家庭财产问题。这些妇女们担心会失去她们认为本应属于自己的财产，因为这些物品原本属于家中已经死去或被抬去隔离医院的亲属，所以她们便计划将这些物品从亲属家中转移，以避免偷盗者有可乘之机。[77]一个很典型的例子便是本书讨论过的一个外号"小残废"的建筑工人的妻子。她曾在姐姐染病后对其悉心照料，但姐姐还是不幸去世了。事后，她将姐姐穿过的衬衫拿回家中，并把它给了自己的女儿，这直接导致了女儿的死亡。龙迪内利详细记录下了这一事件，用以警示人们这类粗心大意的行为会夺去他人生命。[78]

介绍完惩罚和诉讼的基本类别后，本章接下来将详细讨论每种诉讼类别下的审判案例，旨在更清晰地了解个人的犯罪动机，以及他们与卫生委员会雇员或长官的互动情况。[79]

各类诉讼案件：疫情下的生活百态

在上文中我们看到，表7.1和表7.3按空间对不同诉讼类型进行了粗略划分——佛罗伦萨城、街道、住所、卫生委员会工作人员和当地居民的工作地点。接下来的几小节将分别对这些空间范围展开讨论，并通过具体案件辅以说明。

城市：离开或进入

第一类主要是那些试图进入或离开城市的人们。因为害怕从外面传入或向外输出鼠疫，所以鼠疫期间这种行为是被严格管控的。实际上在这一整年中，此类案件相对较少，共发生了50起，占诉讼总数的8.8%。这表明官方控制人员进出城门的措施还是相当奏效的。尽管在这一年中，这类案件数量的季节性分布非常平均（表7.1），但若以月为单位进行分析，结论则有所不同，最高值出现在9月（9例）和7月（9例）（见表7.1和表7.2）。

在疫情初期，人们可能还不熟悉卫生委员会的法令，有时以此作为脱罪的借口。比如9月3日被捕的利萨贝塔·迪·卡米洛尼·迪·雅各布·桑蒂尼，她把健康通行证借给了邻居卡泰丽娜·迪·皮耶罗·本奇尼，但声称并不知道自己违反了法令。这两个人都住在佛罗伦萨城以北帕内地区的圣斯泰法诺教区。在庭审中，卡泰丽娜声称她要去佛罗伦萨城内取些羊毛用于织布，"她不知道这是件坏事，而且她也不想伤害任何人"。很显然，她没有意识到或者故意不愿承认卫生委员会此时对任何一块布料都会产生怀疑。相反，她仍坚持这么做了。尽管第一次试图进城时被拦了下来，但当天晚些时候，她还是成功从城门溜了进去，最终在城内被捕。[80]

两天后，金箔匠雅各布·迪·乔瓦尼·迪·泰拉奇尼·帕莱尔米塔诺在试图通过圣米尼亚托城门进城时被捕。他的庭审记录可谓内容详尽，其中也罕见地有一段对其外貌的生动描述："这个男人又高又瘦，棕色皮肤，头上戴着拿撒勒人的帽子，脚上是白色的袜子，身上穿着一件大外套，还披着黑色的斗篷。"[81]在接受审讯的时候，他称自己被捕前步行穿过了整个佛罗伦萨城（可能是从他居住的圣扎诺比街出发），这样一路走到了圣米尼亚托要塞，到达后在那儿的教堂里休整了片刻。他在山上待了两个半小时，因为那里的空气比较新鲜。进一步询问后得知，原来雅各布·迪·乔瓦尼先前曾为躲避鼠疫逃离巴勒莫，之后为了感谢圣母马利亚的保佑又先后去了罗马和洛雷托。据他所言，他最后在3月抵达佛罗伦萨，是为了游览观光。尽管来自疫区，但当他抵达佛罗伦萨时，这里还尚未采取实际的限制措施。起初，负责抓捕的官员和法官显然都怀疑他是"外邦人"，但即便这时鼠疫的死亡率已开始上升，他还是很快就因证据不足而被释放了。[82]

6个月后，也就是1631年3月，这类案件的数量又略有上升。但其中多位被捕者是同一起案件的参与者，也就是上文提到的婚礼案——这8个人有的是亲自乘马车穿过佛罗伦萨城去参加婚礼，有的是提供便利的共犯。他们于2月23日被捕，当时的佛罗伦萨已处于全面隔离期间，所有人特别是妇女都被严格限制待在家中不得外出。到了这一年的7月，此类案件又有所增加（9例）。人们像是打算在疫情快要结束时铤而走险，比如屠夫乔万巴蒂斯塔·迪·克里斯特凡诺·卡尔德里纳一案。他于7月4日出庭受审，原因是擅自离开已被鼠疫感染的屋子，去了佛罗伦萨城外的一个市场，还从家中把一张床垫转移至别处的一间房子里。[83]

还有两名犹太人于7月14日在犹太人聚居区外被捕，他们分别是萨拉莫内·迪·莫伊塞·卡尔瓦尼和贝内代托·迪·阿布拉莫·达·锡耶纳。这两人违反了卫生委员会对买卖活动的规定——所有犹太人在官方正式宣告疫情结束前都须留在聚居区内不能外出。[84]同一天，两名非本地士兵也因违反卫生委员会的法令进入佛罗伦萨城而被判刑。他们一人来自西班牙，一人来自亚平宁半岛南部的萨莱诺，之前都曾驻扎在伦巴第的日耳曼帝国军营，那里鼠疫正在肆虐，他们南下经由博洛尼亚到达佛罗伦萨。[85]卫生委员会在处理这些案件时毫不手软，他们有的被放逐，有的被判处了吊刑。

城市街道

在前文中我们说到的，第一类诉讼案件（未携带有效健康通行证而试图离开或进入佛罗伦萨城）的数量是相对较少的。如果说这在某种程度上说明城门处的警卫人员能做到恪尽职守，那么控制人们在城内街道上走动明显困难得多，这一类别的诉讼数量（16.25%）确实也是前者的2倍。这类诉讼的当事人要么是在宵禁或全城隔离期间没有按规定待在家中，要么就是参与了一些已被禁止的活动，如在酒馆内聚会或聚众玩乐。当时人们认为，鼠疫更容易在人群中传播，也更容易通过与感染者或是密接接触者交流而传播。

正如我们在前几章中看到的，尽管政府高层和宗教领袖都担心人们在公共场合聚集的危险，但在政策制定上总存在着一些矛盾。11月13日，正值死亡率仍居高不下之时，卫生委员会仍允许小摊贩继续在老市场贩卖蔬菜、肉类和鱼类，但仅限于这家市场。而仅仅两天后，佛罗伦萨城内所有学校关闭，父母也被禁止陪同自己的孩子。[86]在之后圣安东尼奥节的庆祝活动期间，尽管游街队伍里的人都来自上层社会，但普通百姓也可以在街角聚集观看。在佛罗伦萨全城隔离期间，民众虽无法直接参与宗教活动，却能站在自家窗前观看弥撒仪式。

社会上的某些群体被认为更加危险且更易传播鼠疫，比如此次疫情刚暴发时被关在救济院的乞丐和被封禁在聚居区内的犹太人。后来，卫生委员会在11月28日向大公请愿，提议无限期禁止所有妇女和12岁以下的儿童出门。这一提议在第二天就获得了批准。[87]这项提议可能部分出于医学方面的考虑，因为当时人们认为，妇女和儿童的体液是更易被腐蚀的，所以他们更有可能被感染而呼出鼠疫的毒气。但这一提议的主要出发点应该还是为了加强社会控制，这样就可以让至少一半的居民留在家中。曾在8月做过卫生调查的圣米迦勒修道会于12月2日报告说，佛罗伦萨城约有3万名穷人，这其中大概有2.1万人是妇女和儿童。虽然家里的男性都外出工作了，但这群妇女和儿童中仍有很多人申请了食物救济。如果他们留在家中的话，就更容易被找到，也更方便获得定期救助。[88]

卫生委员会此时重点关注的问题之一是防止人们在街上成群集会，当时人们相信，任何感染了鼠疫的人都会传染给其他人。如第三章提到的，这也是禁止一切游戏活动的原因。11月中旬，卫生委员会通过了一项法令，称"尽管已明令禁止在内罗街拐角处的菜园里和其他地方聚众游戏，但还是听说有很多人聚集在全城多家理发店或其他地方一起玩乐"，因此从本法令颁布之日起，无论在家中还是在商店内，立刻禁止所有游戏活动。[89]龙迪内利记录道，如被发现将会面临100斯库多的罚款，屡教不改者则会被发配到大公在利沃诺的战舰上服劳役。[90]这笔罚款不是个小数目，对于一个充分就业的劳动力来说，这相当于480天的收入。然而大多数被抓到在街上玩乐的人都是穷人，他们根本缴纳不起这笔罚款。从这里我们可以看出，和其他地方一样，佛罗伦萨制定的这类法令通常雷声大雨点小，主要是为了起恐吓和警示作用，而非意在惩罚民众。

卫生委员会后来延长了这项法令的有效期限，这意味着还是有很多人无视法令，即使在疫情期间仍继续聚众游戏。实际上，这类罪行中约有1/5的被捕者都是因为聚众玩保龄球，还吸引了"大量围观者"。这其中主要有三伙人被捕，并分别在12月17日、22日，以及1月9日出庭受审。在12月17日接受审讯的6名男子中有2名理发师，分别是人称"小恶魔"（Diavolini）的弗朗切斯科·迪·米凯兰杰洛和弗朗切斯科·迪·切塞里·凡塔斯蒂基尼，在游戏中负责发球和发牌的是乌戈利诺·巴斯蒂亚诺·伊尔·罗索，其他3人分别是士兵、商店老板和织布工。[91]

以上6个人来自佛罗伦萨的不同地区，应是从四面八方赶来一起玩乐。而在12月22日受审的5个人，则都来自圣安布罗焦教区，他们可能是邻居或朋友，其中1人是船夫，1人是打羊毛工，还有1位园丁及他的助手。"他们在圣克罗切城门附近的一间房子里违法聚在一起玩保龄球游戏，所有人都被抓了个现行"。实际上，园丁桑蒂和他的助手皮耶罗在正要被押走的时候逃跑了，但法官仍判决他们2人是"这起案件的共犯"。[92]

圣克罗切城门处还发生过另一类出奇普遍的案件——人们因在街上与在屋里隔离的人交谈而被捕。例如，有人看到安东尼奥·迪·弗朗切斯科·特拉巴莱西在12月7日那天与玛丽亚女士交谈甚欢。实际上，也正因为安东尼奥被捕并之后被带上了法庭，他的口供才得以留存下来：

"上周三我朝圣克罗切城门的方向走去，在我离大门不远的时候，被卫生委员会封锁在屋子里的寡妇玛丽亚女士向窗外大喊，并询问我过得怎么样。我告诉她我很好。正当我和她聊天时，警卫过来带走了我，并把我关进了监狱。"当接受讯问时，他（安东尼奥）坚称玛丽亚女士朝外说话的那扇窗户在底楼，而当时他正站在街道的另一侧。[93]

　　玛丽亚女士后来又被发现可能传染了一位熟人，因为倘若她那时已感染了鼠疫，那么她呼出的气体也是有传染性的。但显然安东尼奥和她交谈时保持了一定距离，不存在被传染的危险，于是他在接受审讯后被释放了。

　　还有一个人在12月6日被捕，他是裁缝洛伦佐·奥贝托·卡维蒂。他因为把头伸进了坎帕奇奥路上一栋已被封锁的房子的房门洞中而被捕，当时他正和被关在家中的老板交谈。但更糟糕的是，他还被指控从老板那里拿走了几块布。庭审记录里写道，此举严重违反了法令，因此他被带到了监狱。然而在接受进一步审问时，他回答说老板并未给过他任何布匹，这些都是他从店里拿来并打算带回家加工的。从这里我们看到，当时人们不仅害怕潜在感染者可能会呼出"毒气"，也担心布料可能已被感染，因而在搬运过程中四处散播疫情。[94]

　　在这两起案件中，卫生委员会的官员们虽然确实可算恪尽职守，但可能有些过头。因为在进一步调查后，法官判定玛丽亚女士和安东尼奥·特拉巴莱西均未触犯任何法令。但这些官员们的做法原则上是正确的，因为如果居民染上了鼠疫，那么就算是在被锁起来的屋子里和屋外的人交谈也被认为有可能传播疫情。如果被发现深夜在户外和别人聊天，会被视为更恶劣的行为，因为此时所有人都应待在家中。厨师安东尼奥·迪·马泰奥在12月4日接受了审判，因为"他被发现在夜里3点透过一扇没有铁栅的窗户和许多被关在里面的人交谈，窗户离地面大约有2米高。这栋房子位于皮拉斯特里大街，金酒瓶旅馆就在它对面"。[95]在该案和特拉巴莱西一案中，我们可以看到，卫生委员会官员们严格遵照法律条文报告了当事人之间的距离以及窗户离地面的距离。

安东尼奥·迪·马泰奥不应在晚上这个时间与关在房内的人聊天，尤其是因为这些人可能已经感染了鼠疫，他们在呼吸的时候也可能会污染空气。此案发生的地点也很特殊，不仅在一家旅馆对面，而且所在的皮拉斯特里大街也是官方允许妓女可以生活和工作的街道之一，这就为各种非法行径的发生留下了隐患。[96]弗朗切斯科·龙迪内利在讨论为何要严禁人们在街上聚集时指出，这样做不仅是为了避免鼠疫的肆意传播，也是为了防止发生一些"在这些地方已屡见不鲜"的不道德行为。[97]

在佛罗伦萨全城隔离期间，人们也更加意识到了触犯道德规范的危险性。而且在这时，宗教在普通民众心目中的地位愈发重要，由于被禁止进入教堂，人们只能从远处观望弥撒仪式。整个疫情期间，佛罗伦萨共发生了25起与卖淫有关的案件，其中11起都是指控成年男性与妓女交谈或经常发生性交易，其他案件则是针对这些"不良妇女"的指控。然而，这25起案件中有38%发生在全城隔离的那40天内，说明那时官方着力于让那些从事不道德工作的人为自己的所作所为付出代价。对违法活动（如离开家门）的个人举报情况也有所增加，因为大多数人都待在家中，有了更多时间来偷窥邻居的行踪。在全城隔离期间这种情况很常见，被指控在街道上聚众的人越来越多，而政府鼓励举报就是为了防止这种现象。在整整一年中，有近一半的被告（92人中有46人）是因在40天的全程隔离期间待在屋外而被起诉。

对妓女的指控案件大多发生在特定几个区域，无外乎法律允许她们合法从事性交易的那几条街或附近地区。[98]其中一处便是圣安布罗焦教区的本托里尼大街，共有4起案件发生。如上文所示，官方早在10月就已表现出对这类犯罪的担忧，并于当月27日通过了一项法令，将所有住在圣安布罗焦教堂圣米迦勒修道会后面的妓女们驱离。还有另外5起发生在圣洛伦佐教区，距离指定的妓女合法工作地点也不远。[99]

一些案件还涉及在全城隔离期间到妓女住处发生性交易的成年男性，他们甚至毁坏了装在这些可疑房屋外门上的木闩（见下文）。其他则是一些关于在街上攀谈的案件。在1631年1月7日，卫生委员会雇用的一名下士，人称"勇士"（Baldrone）的洛伦佐汇报说，他在夜里2点钟步行在代拉瓜路的时候，注意到有栋房子一楼的一扇房门是开着的。此时已是宵禁后，门本应该是关着的。观察片刻后，他走进这间房，发现朱塞佩·古利和多梅尼科·安德烈乌奇二人正在跟妓女马达莱娜·戴拉·比安卡交谈。他们三人随后都被带走押进了牢房，并接受了相应的惩罚。[100]

在这个月月末的时候，即1月27日，两名妓女——外号为"首领"（La Guida）的卡泰丽娜·布科和马达莱娜被同住在本托里尼大街的邻居卢克雷齐娅举报。事情的起因是马达莱娜向卢克雷齐娅要钱，但被拒绝了，这两名妓女便说了些"非常难听的脏话，完全不尊重年轻女孩和那些受人敬重的妇女"。显然，卢克雷齐娅把她自己算作后者中的一员。[101]这应是她与妓女邻居们长期以来矛盾不断的缩影，而鼠疫期间设立的匿名举报系统则成为她发泄不满的有效工具。这件事反映出鼠疫期间普通人的生活是以何种程度延续的。当然，鼠疫在某种程度上也缓解了一些紧张敌对的关系，这也表明，研究当时的民众对鼠疫的反应时，要将其置于更广泛的社会和文化背景下进行。

自1月22日佛罗伦萨全城开始隔离后，民众被告知，每家每户除一名成年男性可从自家屋子的前门出去领取食物外，其余人均不准迈出家门。不过他们可以通过开窗、站在阳台或屋顶上来呼吸新鲜空气，因为官方认为多人一同被关在屋里也会增加患病的风险。但有些人却好像将此理解为他们可以进行更多活动。在一些法庭记录中，有人被举报爬到屋顶上与朋友相会，甚至在阳台和屋顶上聚众狂欢以消磨时间。

1631年1月，3名男子被捕，他们分别是马泰奥·丹德烈亚·扎卡尼尼、乔瓦尼·迪·尼科洛·佛利亚里和一位名叫乔瓦尼的裁缝。他们"每天都要爬过旅馆老板佩托·苏蒂齐奥的两间房子的屋顶和阳台，和一个名叫萨尔韦斯特罗的人还有他的几个儿子玩牌"。在1月22日这天，据说他们砸倒了玛丽亚·迪·梅尼科和贝妮代塔·迪·弗朗切斯科这两名妓女居住的公寓的房门，这3名男子因而被发现并被关进了监狱。[102]但在接受审讯时，所有相关人员竟相互串通起来蒙骗法官。例如，贝妮代塔这样回答：

> 我不会弹吉他，而且即使我在屋顶上，我手里也没有吉他。马泰奥和那个叫乔瓦尼的人都在他们自家的屋顶上。在旅馆老板佩托·苏蒂齐奥的屋顶上我没看到过任何人。[103]

玛丽亚则提供了更多的信息，并进一步肯定了贝妮代塔的说法：

> 昨天我在屋顶上，而且我看到很多人都坐在自家的屋顶上。但在旅馆老板佩托的屋顶上，除了那栋房子里的住

户外，我没看到任何其他人，也没看见有人在玩耍或做别的事情……[104]

这些人都遵守了卫生委员会的规定，根据指示在所居住的房子的屋顶上呼吸新鲜空气。然而，就像警卫所指出的，如果他们在不同屋顶间爬来爬去，就算是聚众活动了，而这正是实施全面隔离时所禁止的，不但如此，他们还砸倒了贝妮代塔和玛丽亚公寓的房门。可因为这些人在审讯时互相串通，彼此作证，法官也就无法获得直接证据，于是所有人在缴纳一笔罚款后被释放了。很显然，这些妇女的职业引起了卫生委员会的关注，对于他们来说，道德污染会使疫情愈加严重。

许多出现在街道上而被起诉的人都是因为在卫生委员会禁止的时间段内离开了住所，也有一些人则是因为在疫情期间参与了一些被官方禁止的活动，如游戏或宿娼。这与下一类诉讼的发生地住所，不可避免地存在重叠。就像上文所讨论的，发生在住所内的案件比例最高，占到总数的40%。这两者的主要区别在于，在"街道"案件中，主要的违法活动是发生在室外，而从字面意思也可看出，住所类案件关注的则是进入或离开房子的内部空间。

住所

与"住所"有关的这一类诉讼，又有三个子类别（见表7.1），其中最多的是"进入或离开被封锁的房屋"，占566起案件中的30.6%，其次是"破门而入或偷窃"（6.9%）。

第一个子类别占比如此之高，表明卫生委员会极为关注居民住所的出入口（窗户、门、门槛甚至屋顶等），尤其在佛罗伦萨全面隔离期间。多数人因为擅自离开死者或鼠疫患者居住的房屋，或宵禁时仍留在街上而被抓。大多数此类案件都发生在死亡率最高的那段时间（11月至次年1月），到了1631年2月，死亡率有所下降。这说明在全面隔离期间，相关法规被更好地执行了。

有些案件乍看起来和"犯罪"根本扯不上关系。例如，寡妇桑德拉·迪·马泰奥在1月23日被捕，原因是她"走出屋子捉了一只门外的母鸡，之后立马就回到了屋里，但她还是被捕并进了监狱"。此时，佛罗伦萨的全城隔离才刚刚开始，所以官员们可能正值过度警惕的时候。不过，她很快就被释放了。[105]

卫生委员会对城内各空间的关注，也让我们有机会了解到更多关于街坊邻居、家庭纽带、日常人际关系和居民生活习俗等相关信息，而这些通常是不会被专门记录下来的。例如，专门从事羊毛纺织的贝塔·丹东尼奥女士在11月8日被捕。根据她的法庭陈词，我们得知其被捕是因为：

> 今天早上，我用绳子吊着一个篮子从我楼上的窗户那儿放下去，因为我儿子要我修补一条裤子。我把篮子放下去，这样他就可以把裤子放在里面给我，因为他被锁在楼下的屋里隔离。结果就在这时，卫生委员会的一位先生走到楼下，看到了这个篮子，就把我关进了监狱。[106]

这番解释显然足以让人认为她是无辜的，她也因而获准返回家中。上面这些略显重复性的证词应该就是她当时在法庭上的原话。实际上，根据龙迪内利的说法，隔离期间人们是获准从露台上放下拴着绳子的篮子的，这是为了给那些被关在屋里的人送食物。[107]但此案的特别之处在于，贝塔女士是要把一条需要修补的裤子让楼下的儿子传上来，而当时人们对于任何疑似携带着鼠疫的毒种的衣物都非常警惕。

　　在某些时候，尤其是全城隔离期间，由于无法再像往常一样出门，来往密切的家人会因无法彼此见面而感到焦虑不安。在以下这起三姐妹和她们的神父兄弟的案件中，就反映出这一点。他们在半夜聚会游戏，被卫生委员会认定行为不当而被捕。不过很明显，像其他案件一样，这桩诉讼在审讯过程中也有越来越多的细节浮出水面。皮耶罗·达尔·蓬特·阿谢韦的一份报告这样说道：

　　　　根据巴尔翟罗警卫队的上尉皮耶罗·达尔·蓬特·阿谢韦的报告，本月24日夜里，他手下的武装差役和下士在圣加洛路上巡逻的3个小时期间，在一间屋子里发现了来自恩波利的玛丽亚·迪·乔万巴蒂斯塔、弗朗切斯卡·迪·洛伦佐和劳拉·迪·斯特凡诺3名女士。

　　　　当时和她们在一块儿的还有一位神父，他戴着面具，手里拿着吉他。

　　　　3名女士说她们原本是想去一个邻居家的，下士在记下她们的名字后就放了她们。这件事就算是解决了。

　　　　后来，这3名女士还是因为那天凌晨的事被逮捕了，并被关进了一间秘密监狱。她们因违犯了卫生委员会的法令而接受惩罚。

在这名下士出具证词后，三姐妹中也有一人提供了相关证词：

　　玛丽亚·乔万巴蒂斯塔："我住在桑德里纳对面的代拉瓜路上。大概10天前，他们在我兄弟的房子里逮捕了我。

我兄弟住在圣加洛路，枢机主教先生的养马场对面。"

法官："你为何会在你兄弟的房子里面？"

玛丽亚·乔万巴蒂斯塔："我身体不舒服，他（我兄弟）就向罗莫利先生和……卫生委员会的两个小伙子说了。这两个小伙子当时正推着小推车经过，里面装的全是要被烧毁的衣服。他们陪我……

"昨天晚上门是开着的，屋里除了我们三姐妹和我们的神父兄弟多梅尼科·凡蒂尼以外没有其他人。为了打发时间，我们给兄弟戴上了面具，一起舞蹈。而当他以这般打扮站在楼梯上时，下士正好经过此地并听到了我们的笑声。他朝房门走来，想看看房子里的我们当时都在干什么。"[108]

在这起案件中，这伙人不幸没有关上前门，所以当警卫队下士经过圣加洛路时，就被屋内的欢声笑语吸引了过去，还发现了戴着面具站在楼梯上的那位神父。这几位女士显然都因为离开自己家而违反了法令，这在全城隔离期间是被明令禁止的。在审讯过程中，法官还发现玛丽亚实则犯下了双重罪行——她此时已经生病了，所以本应被送到隔离医院，而不是半夜里还在和家人一起游戏。这起案件的另一个关键点是，即便行为不端且事发时没有关上自家前门，但神父本人显然并没有被捕。这可能是因为神职人员享有豁免权。[109]

这些案件让我们看到了家庭成员和朋友之间的亲密关系。当人们因为正常的生活节奏被防疫法规打破而感到孤独和无望时，身边人能提供情感支持是至关重要的。还有些情况是一些人因亲属被带去隔离医院，留在家中无人陪伴。住在戈拉街上一间底层公寓的两个女孩玛丽亚·丹德烈亚和卡米拉·丹东尼奥就被人向卫生委员会举报，并于11月6日出庭受审。她们的母亲在10天或11天前就开始生病了，后被送到了圣米尼亚托隔离医院。有位邻居举报了她们，这个"秘密朋友"说她们经常离开那间已被封锁的公寓，上楼去找寡妇玛格丽特和建筑工乔万巴蒂斯塔·迪·朱利奥。

两个女孩当天刚开始和玛格丽特、乔万巴蒂斯塔以及玛格丽特的女儿们一起跳舞就被举报了，随后卫生委员会的官员立即赶到了这里。据记录，玛格丽特和乔万巴蒂斯塔被关进了监狱，这样他们就不会将潜在的鼠疫传染给住在那栋房子里的其他人。在法庭上，玛格丽特不出意外地将矛头指向了两个女孩。据她所言，当两个女孩出现在她的公寓里时，她对她们说："喂，叛徒们，瞧瞧你们都做了什么？"玛丽亚·丹德烈亚承认了她们的错误，并向玛格丽特道歉，还将这件事归咎于自己"做事不周全"。[110]

这里，我们看到了鼠疫在非常个人层面的影响。一家之主被带去了隔离医院，留下了两名少女在家中。显然这些天她们已经习惯了和楼上的朋友一起玩耍，因此不假思索便去找他们，很可能是因为她们自己被关在家中而感到寂寞和懊丧。在她们的母亲被送到隔离医院后，卫生委员会在她们房门外设置的门闩应该也被人砸坏了。在这起案件中，我们能清楚地看到不同住户在鼠疫面前的不同做法。举报了这件事的"秘密朋友"，这样做既可能是因为担心女孩们会威胁公共卫生安全，也可能是将举报所得奖金当成了一种赚钱的方式。其他人如玛格丽特和乔万巴蒂斯塔，虽然像朋友一样招待了这两个女孩，但他们在出庭受审时并不承认。

对于那些在隔离医院工作的人来说，会非常担心留在城内的家人们的生命安危。其中一个例子就是本书第六章曾提到过的护士奥拉提奥·博尔西。在11月18日疫情最严重的时候，他在圣米尼亚托隔离医院向卫生委员会写了一份请愿信，信中表达了他对独自留在家中的妻子安里奥拉的牵挂，因为"她的母亲不在，我可怜的妻子吃尽了苦头，再说她还只是个20岁的女孩啊"。[111]

　　这些记录向我们展现了当时亲戚朋友间的亲密关系，即便面临着违犯大公国法律的风险，以及对自身可能染病的恐惧，人们还是选择为病人或留在家里无依无靠的人提供了情感和经济上的支持。以下为数不多的12起案件（3b类，仅占总诉讼案件的2%）就向我们展示了这些家庭是如何做的——他们试图藏匿或隐瞒不报家里的鼠疫患者或死者，每个人被捕的原因也各不相同，其中也有人故意为之。例如，11月4日，一位老市场的鱼贩乔瓦尼·迪·布鲁诺·布鲁内利因故意隐瞒疫情被捕。他住的那栋房子里有人死于"传染病"，他却没有上报。有人看到他在他人的帮助下，在夜里"偷偷摸摸地"将因感染鼠疫而死去的孙子的尸体从卢奥黛大街运回他自己在圣扎诺比街的家中（见地图4.1）。他解释说，之所以这样做，是为孩子死时所待的那栋房子里的其他住户考虑，这样他们就不会被关起来隔离了。这让人不禁怀疑，他只是在给自己的违法行为找借口，而他随后的一系列行为则印证了这一点。除了将孙子的尸体运回家，"乔瓦尼还继续和许多人聚在一起，尤其仍在老市场卖鱼，他就是在那里被当场逮捕的，他会让鼠疫在整个佛罗伦萨城蔓延开来"。[112]尽管审讯记录没有提供更多细节，但据推测，他这样做的动机是为了能让自己的儿子不被封禁在楼里，好继续工作。不过从他的辩词中我们也能看出，他并没有想过自己的行为可能会令鼠疫在全城范围内传播。

　　受过良好教育的人也会如此行事，比如有人在11月因犯下了一系列轻罪而被提起诉讼。皮耶罗·迪·拉法埃洛·比利家住在瓜尔丰达大街，是海关处的一名抄写员。他的名字第一次出现在庭审记录中是在11月5日，他被一位"秘密朋友"举报，随后因同年8月发生的一起案件而出庭受审。皮耶罗被指控在另外一人的帮助下，把他因患"传染病"去世的侍女多梅尼卡的尸体抛在了新圣母大殿前的老广场上，而这个广场就在他住的瓜尔丰达大街拐角处。之后他像是什么事都没发生过一样，继续上街和别人混在一起，这可能会造成"严重的危害，并有传染他人的风险"。他最后被关押在卫生委员会的圣奥诺弗里奥监狱。[113]

获释后，11月14日，他再次被指控探望了多位已经患病的亲属，但他拒绝承认违法事实，法官最终也无奈放了他。[114]12月4日，他以皮耶罗·迪·米凯莱·比利的身份再一次出现在了卫生委员会法官的面前，但实际上就是同一个人。这次他被指控在家里接待了弗朗切斯科·曼佐利的儿子吉罗拉莫，而后者从皮耶罗那儿回家后就因感染"传染性疾病"去世了。在法庭上抗辩时，皮耶罗向法官谈及外科医生是如何治疗这个孩子的："医生在他身上的肿胀处抹了些白百合药膏，并盖上了一块脏兮兮的羊毛布，然后在周三的时候这个医生又从男孩儿脚上抽了血，结果孩子周四下午5点就死去了。"[115]这里他似乎试图通过暗示医生渎职来为自己开脱。但皮耶罗和吉罗拉莫的父亲弗朗切斯科·曼佐利两人还牵涉更大的隐瞒，后者在11月29日被捕，他被指控贿赂了另一位外科医生维托里奥·杰里，请求其不要向上级报告他染了病的儿子。[116]

这三件事都表明，在没有证据能够直接证明有罪的情况下，皮耶罗很擅长找各种理由为自己开脱，并掩盖他的违法行径。不过，他也并不是"特立独行"，比如男孩吉罗拉莫·曼佐利，他去瓜尔丰达大街上的皮耶罗家拜访时就已经生病了。此外，皮耶罗还叫别人来帮他来搬走仆人的死尸并将其丢弃在大街上。

皮耶罗的一些直系亲属也违犯了当时的法律。11月24日，他的妻子巴尔贝拉·迪·皮耶罗被指控曾去探望了一个病了的侄子。她被关进了监狱，8天后获得释放，而她辩称自己从未离开过家门。12月1日，同为抄写员的皮耶罗的内兄拉法埃洛·迪·塔代奥·斯塔迪尼，被指控在学校已经关闭且有亲属生病的情况下，仍在大教堂广场上的一家写作学校工作。对此，他回应称自己并没有在工作，大教堂广场的那间房子是他的住所。法官很可能相信了他的部分辩词，他在圣奥诺弗里奥监狱里隔离观察了20天就被释放了。[117]

对皮耶罗·迪·拉法埃洛·比利和相关涉案人员的审判涉及多重罪名。首先，证据显示，皮耶罗是一系列关系网的中心——无论是曼佐利家，还是皮耶罗自己家。通过曼佐利这条线，皮耶罗还卷入了另一项违法行径。因为弗朗切斯科，也就是吉罗拉莫的父亲，曾故意贿赂医生让其不要上报儿子的病情。其次我们看到，尽管面临在街上抛尸等一系列非常严重的指控，他还是因缺少确凿证据而避免了惩罚。因此很难说这到底是因为他巧妙地隐藏了证据，还是他遭到那些不怀好意的邻居诬陷。

邻里监督是"破门而入或偷窃"（类别3c）的一个重要部分。这类案件占总数的7%，共39起。最早的一例审判是在11月3日，当事人是两位年轻的小伙子。有一位"秘密朋友"在10月31日举报了他们，称他（或她）看到有两个人在卢奥黛大街上瓜达尼家果园的外墙上攀爬。这两个人当时并没有被认出来，但一位女邻居和瓜达尼家的园丁也看到了他们。举报人称，他们曾试图闯入一栋房子，而这栋房子实际上在一位老人去世后已经被封起来了。

卫生委员会接到报告后，由一名官员前去调查。他还随身带了一把梯子，对果园外墙进行了仔细勘察，发现"在那面墙上凿了一个用来垫脚的洞"，这样两个小伙子才能顺利爬上去。[118]

如果说这些记录向我们展示了家庭和朋友关系的强大力量，它们也同样反映出街坊邻里间的"齐心协作"。有很多人都是被"秘密朋友"举报的。像上文中提到的那样，政府鼓励街坊邻里间秘密检举任何违反法令的人。法庭审判实际上仿佛当地社区的"修罗场"，其中还有本地人对外地人持怀疑态度的情况。这种非正式检举当然不是此时的独创，我们经常会在近代早期欧洲的巫术审判中看到这一现象，在指控施行妖术的诉讼中，人们向法庭告发都是因为邻里间的竞争、不满或是源于一点小事的嫉妒。我们也不能忽略当时举报所带来的金钱诱惑，每成功检举一人，举报者都会获得10斯库多的奖励。我们已提及，这笔奖励在当时绝非微薄，相当于一个非技术劳动力45天的收入，或是一个熟练泥瓦匠30天的收入。

有个更"成功"地实施了犯罪活动的，是住在韦基耶门附近的面包师萨尔瓦多雷·迪·温琴佐·托尔托雷利。根据1631年1月的案件记录，他"进入乔瓦尼·迪·雅各布·多尔奇的房子，而这个人和他的妻子以及所有孩子都因患传染病死去了"。[119]萨尔瓦多雷被指控从这间已经被封锁起来的房子里偷走了一些物品，包括数枚戒指和一条项链，不仅如此，他还把这些东西都给了他的妓女。开庭审理时，法官发现乔瓦尼·迪·雅各布·多尔奇实际上就是萨尔瓦多雷的岳父，因此他从一开始就声称这些物件是自家财产，并说是事先得到家人同意后才拿走的。为了证明这一点，他说"我可以向圣石发誓"。

然而，在经过严刑拷问后，他终于招架不住，承认了自己确实是在未经允许的情况下偷窃了这些东西。在非瘟疫期间，仅盗窃这一项罪名就已足够对他提起诉讼，而他此时还冒着染病的危险，在刚有人死去的房子里吸入"鼠疫的腐坏气体"，且是破门而入，法官担心他呼出的气体已有传染性，因而可能已在佛罗伦萨城内传播了鼠疫，还可能通过他偷走的物品和他身上穿的衣服四处散播了鼠疫的毒种。最终结果毫无意外，因为这些行为，他受到了非常严厉的惩罚——25斯库多的罚款以及两次吊刑，致使他的胳膊和肩膀脱臼，他很可能因此丧失做面包的能力。

这些违反卫生委员会法规的不同行为，从情有可原到故意违法，我们能从中看到，人们尚无法适应这些数不清的行动限制，从而采取了各式各样的生存策略。这其中还涉及人们对财产的珍视，以及友谊和家庭关系在鼠疫患者家属和死者间所起到的纽带作用。在这些案件中，有大量的空房子和公寓易于作案，令一些人得以大肆行窃。街坊邻居的角色在这里也非常重要，他们对一些会传播疾病或造成社会混乱的异常举动始终保持警惕。

虽然有些案件是由普通居民直接举报的，但也有很多是卫生委员会雇员上报的，他们在佛罗伦萨街道上巡视的时候，会密切关注任何可疑的举动。但如果这些人有意趁着鼠疫给全社会造成的混乱和恐慌而谋取私利，很明显就可借职务之便充分利用疫情期间的法规。在下节中，我们将看到一些针对卫生委员会成员的诉讼案件。佛罗伦萨当局严惩了这一类案件，并判决当事人受酷刑以杀一儆百。但我们也不必过分解读，因为与本节所关注的违法类型（普通民众离开或进入房屋）相比，针对卫生委员会工作人员的起诉案件相对较少，共66起，占总数的12%。

针对卫生委员会工作人员的诉讼

卫生委员会在疫情期间紧急雇用了很多工作人员，其中既有全职人员，也有兼职工，所以我们无法估算有多少被起诉者是领卫生委员会薪水的。他们的工作充满危险，既面临人们的反对和不配合，也随时有吸入鼠疫腐败气体的风险。卫生委员会向一些工作人员支付了更高的薪水，以激励他们去隔离医院工作，或者去视察那些被感染的房屋，而其中有些人却因此嗅到了赚钱的机会。[120]

卫生委员会工作人员的罪行主要分为四类，其中前两类（4a和4b）与"犯罪"的发生地有关——在房屋和隔离医院里，其余两类为无特定发生地的一般情况（类别4）和最后一类（4c）医务工作者的不端行为——这类案件大多发生在病人家中。

尽管地点和人员有所不同，但违法活动主要有受贿和偷窃这两种。医务人员偷窃的案子相对较少，更多是勾结卫生委员会官员收取贿赂，从而给病人提供治疗，或者许诺不上报病情或死亡病例。当时一份不知出处的疫情简报指出过这类问题的严重性："现在的混乱无序很大程度上源于那些工作人员的贪婪，他们还脱下鼠疫死者身上的衣服，带回自己家中，然后再转手卖掉。"[121]

偷窃主要发生在被封锁的房屋内或隔离医院里。有一个人面临从城内居民家中偷盗的一系列指控，即烟熏工巴托洛梅奥·迪·尼科洛·法尼，我们已在前文中有所讨论。法尼一案——包括指控、证人举证、法尼及同伙申辩等程序——前后共持续了一个多月。从这些记录中，我们能看到其中交织着矛盾声音的生动场面，而朱莉娅·卡尔维在其研究中已经很好地捕捉到了这一特征。[122]

法尼曾是卫生委员会一名值得信赖的雇员，他在12月12日出庭受审时也以此为自己辩护。在疫情初期，他开始负责为城内的一些隔离机构提供床铺，包括博尼法齐奥、圣奥诺弗里奥、塔拉尼救济院，以及贾尔迪诺大街上那些被指定用来安置因父母被送去隔离医院而无人看管的儿童的房子。此后，法尼与另一位卫生委员会官员杜拉兹尼医生共事，一同负责用硫黄给被封锁的房屋消毒。

在杜拉兹尼被任命为莱尼亚和塞迪尼亚诺两家小型隔离医院的负责人时，法尼仍负责这项消毒工作。他手下还有4名同伴，这显然为他行窃提供了便利。[123]12月19日，法庭又接到了针对法尼及同伙偷窃的新指控。织布工皮耶罗·迪·洛伦佐·马亚尼被法官讯问建筑工雅各布家中被盗物品的情况。雅各布住在格拉诺广场，坚称家中的多件亚麻和羊毛制品被这些人偷走了，而不是被带到老圣马可修道院进行消毒和隔离。他还说，家中其他一些贵重物品也不见了。但即便法尼和同伙都被施了酷刑，他们仍坚称自己是清白的。法官后来因为没有得到确凿证据，只能把他们放走了。[124]

在第六章中，我们讨论过圣米尼亚托隔离医院的工作人员有过哪些违法行为，以及他们是如何利用从隔离医院延伸到城内的关系网络来传递和出售赃物的，其中很多是从隔离医院偷来的，如床单、床罩和食物等，而另一些则是从死者那儿偷来的，比如大衣。此外，圣米尼亚托的掘墓工安德烈亚还偷了些贵重物品。[125]

说到盗窃，圣米尼亚托隔离医院并不是唯一的"受害者"。托马索·迪·弗朗切斯科·佩罗尼是莱尼亚隔离医院的负责人，这家医院比圣米尼亚托小很多。他被指控伙同马达莱娜·丹格斯蒂诺·基亚里一起从医院里偷了面包和其他物品。当12月13日在卫生委员会法官面前接受审讯时，法官发现除了偷盗，这两人还发生了肉体关系，并且去了基亚里在城内的家中。因为佩罗尼在隔离医院接触过病人，所以他们的行为也有四处传播鼠疫的危险。[126] 佩罗尼因此受了3次吊刑，而基亚里也被绑在了吊刑架上，但没有被吊起来。

困扰着隔离医院内日常生活的不仅有偷盗，还有欺诈。比如巴迪亚·菲耶索拉纳隔离医院的副院长亚历山德罗·韦斯特里，他从附近地区雇用了许多人来医院挖墓坑，但是他曾经的员工在审问时说，韦斯特里从未付给过工人多少钱。很明显，他没料到会有人来审账目。但负责调查的卫生委员会长官对此高度重视，并拿账本上列出的名义支出款项与所对应的实际收款人进行了核对，结果这些人要么根本没有收到钱，要么就是收到的钱低于账面数字。[127]

收受贿赂是针对卫生委员会工作人员的另一项较为常见的指控。在11月初，两名公务人员——卫生委员会的圣迪·乔万巴蒂斯塔和在海关署工作、人称"红衣人"（Il Rosso）的巴斯蒂亚诺·迪·乔瓦尼——被派去圣皮耶尔·加托里尼路上的一栋房子里，陪同一位妇女和她的家人去隔离医院。但他们说，因为这位妇女非常害怕去隔离医院，所以就给了他们好处，希望自己不会被带到那里。她塞给巴斯蒂亚诺7朱里奥，给了圣迪10里拉，这分别相当于一个劳动力大约4天和8天的报酬。[128] 最终的审判结果是，年纪更大的圣迪受到了严厉的刑罚，当众挨了两次鞭刑。在这之前，他还在吊刑台上被吊了半个小时，脖子上挂着牌子，上面写着他犯了诈骗罪。而法官似乎从轻发落了巴斯蒂亚诺·迪·乔瓦尼，并让他回了家，因为考虑到他不是卫生委员会雇用的工作人员，且实际上也没有证据表明他拿了贿金。他的年龄可能也是一部分影响因素，因为他辩称自己只有19岁，是被长者带上了歧途。[129]

就像我们在弗朗切斯科·曼佐利的儿子一案中看到的，有一些指控针对的是医务人员。他们通过提供虚假的诊断结果来收取贿赂，这样病人就可以不被送往隔离医院。对患者的这种故意误诊，也意味着有人最后被埋在了所属教区的教堂中，而不是那些专为鼠疫死者挖的无名公共墓坑中。例如外科医生切萨里诺，他被卫生委员会任命前往圣乔瓦尼区视察可疑病例，之后在11月的上半月被提审了两次。[130] 在第一起案件中，切萨里诺明显去过拉诺切路上的旅馆，这家旅馆不久前刚刚有人因不明原因死亡。约一个月前，即10月中旬，当旅馆的老板提托洛托去世时，当地的外科医生下令将其尸体埋在所属的圣洛伦佐教堂内。但在调查时，卫生委员会称，这件事如此处理是很危险的，因为其死因"可能是传染病，且可能已经酿成大祸，导致更多人死亡"。[131] 随后，在10月27日（或28日），旅馆中有两名妇女病倒，一位是提托洛托的妻子利萨贝塔，另一位是寡妇弗兰切斯卡。弗兰切斯卡是旅馆的仆人，在老板生病时对其悉心照顾。切萨里诺称她们并没有得传染病，要求带她们去新圣母马利亚医院，那里收治的都是"普通疾病"患者。[132] 两人抵达后，新圣母马利亚的医生诊断她们均染上了传染病，两人随即转院至圣米尼亚托。切萨里诺的诊断令卫生委员会没有封锁旅馆，而住在里面的8个人（或10个人）也继续过着他们的正常生活，其中有一位是羊毛纺织工，还有一个是手套制作工，两人都和布料打交道。因布料被认为可以携带鼠疫的毒种，这两人后来也被视为有传播鼠疫的风险。

随后，一名旅馆内的住客在11月5日死去。死者名为玛格丽塔·迪·皮耶罗·迪·圭多，她的丈夫在佛罗伦萨城外西北方向的一个叫卡尔米尼亚诺的小镇上做工。[133] 尽管她作为鼠疫死者被埋在了城墙外的墓地中，但旅馆仍对外开放，住客们也继续在城内自由活动。在这种情况下，法庭认为旅馆当时的老板安东尼奥无疑是罪魁祸首，因此判决他受两次吊刑，而旅馆里的其他住户则被释放了。[134]

切萨里诺再一次出庭是在11月10日，身份是圣乔瓦尼区的外科医生。[135]这一次，他被叫去了离拉诺切路不远的圣扎诺比街，那里有一些人因患传染病去世。切萨里诺允许将这些人的尸体葬在圣洛伦佐教堂。死者中有另一家旅馆的老板安东尼奥·迪·戈罗，还有他的妻子和三个孩子，而安东尼奥的一个女儿被送到了圣米尼亚托。与之前一样，切萨里诺再一次坚称这些人的死因不是感染鼠疫。而且，他竟然还批准了同住在圣扎诺比街上的安东尼奥的哥哥圭多可以继续去作坊里工作，而他住的这所房子里已经有三名病患——圭多自己的女儿，安东尼奥的两个女儿卡泰丽娜和贝妮代塔。在此案中，我们再次见证了家庭纽带的强大力量，它远胜过人们对大公国法律的畏惧。尽管自己的家庭会面临诸多显而易见的危险，但圭多还是选择照顾了他弟弟的两个女儿。

切萨里诺的"罪行"并没有到此结束。他之后仍继续瞒报鼠疫患者或故意给出误诊。[136]显然，卫生委员会对此非常愤怒，并称"这一切都源于切萨里诺藐视最尊贵的大人们下达的命令"。[137]在一份11月25日的圣奥诺弗里奥监狱文件中，我们看到了切萨里诺的名字，这说明他后来被捕并关在了这里。在25日那天，他被送到了圣方济各隔离医院。[138]回顾前几章，我们从圣米尼亚托隔离医院院长与卫生委员会的往来信件中得知，这一时期死亡率居高不下，外科医生极为短缺。切萨里诺在隔离医院里有了更多自由，但同样也面临着更大的危险。从卫生委员会任命切萨里诺一事可以看出，他们定是信得过他的专业能力，以至于他们这时称呼切萨里诺为"我们的切萨里诺·加尔比尼外科医生"。[139]

从烟熏工，到隔离医院雇工，再到医务人员，卫生委员会工作人员的这一系列案例向我们描绘了当时混乱无序的景象。显然，卫生委员会的长官和法官都非常重视这类"犯罪行为"，而且与许多普通民众在短期监禁后便获得从轻发落不同，一些公务人员受到了严厉惩罚，这样做也是为了给系统内提供反面教材。但我们也不必过度悲观地认为当时的社会已黑白颠倒，或者当权者已失去了对社会的绝对控制。表7.1中的起诉数量能说明问题。在佛罗伦萨这一整年鼠疫期间，针对卫生委员会工作人员的案件仅有66起，占总诉讼数量（566起）的12%。相比之下，因擅自离开或进入房屋而被起诉的情况占总数的40%。

　　当然，这些关于个人"犯罪"的诉讼总数代表的仅是那些被卫生委员会官员发现或被"秘密朋友"匿名举报的违法行为。不过在佛罗伦萨这样的熟人社会，且在官方鼓励所有人都暗中监视他人的特殊时期，这些违法行为究竟能被隐藏多久，值得我们进一步思考。从切萨里诺医生一案可以看出，一旦卫生委员会工作人员被发现有违法行为，他们将被彻查，之前犯下的"罪行"也会一一浮出水面。但事情的另一面是，普通民众也不都是无辜之人，有时他们是贿赂的一方，以求待在家中或将亲属尸体埋在教区墓地里。但在很多情况下，人们这样做是为了让一家人可以聚在一起，并对患病的亲属给予支持。即使在鼠疫期间，这种维持生活常态的期望也反映在本章最后一节所关注的问题，即与工作相关的违法行为中。当时，许多行业都受到了防疫法规的影响，失业率居高不下，在这种情况下，一些个人和家庭试图坚持工作并不令人意外。

工作和生存策略

佛罗伦萨鼠疫期间有近1/5（18%）的诉讼案与工作有关。表7.1特别区分出纺织业和饮食行业这两个诉讼数量最多的行业，其余行业均归入"工作"这一大类。

占比最大的是与纺织业有关的案件，有59起，约占总数的10%。尽管已经处于衰退状态，但纺织业仍是佛罗伦萨的主要雇主。[140]

数量居次席的是"其他行业"，涉及各种各样的职业类型（共25起，占总诉讼数量的4.4%）。这些当事人中有我们在上文提到过的在大教堂广场上的一所学校里的两名老师，一位名叫多梅尼科·萨拉齐尼的鲁特琴制造商，一位书商和两名印刷工，以及从事金属和玻璃制品生产的人员，例如数位锁匠、一名长矛制作工和一位废品回收商洛伦佐·迪·巴尔托洛梅奥·索尔代里——此人被指控背着一个装有废弃酒瓶的麻袋穿过佛罗伦萨城。[141]这其中许多人的工作都是和普通民众打交道，或是向他们售卖商品。但在全城隔离期间，卫生委员会对此类活动保持高度警惕，尤其关注是否有人未关闭房门。例如，"在鲁特琴制造商多梅尼科·萨拉齐尼一案中，他让自己的琴行一直开着门，并在那里工作，而店里还有个名叫乔瓦尼·迪·朱利奥·焦利的人，也在里面拿着把吉他弹奏"。[142]

从记录中我们无法得知这起案件的缘由究竟是因为琴行的门没关，还是乔瓦尼在弹吉他——因为此举会吸引来观众。但实际上，就像我们在第四章中所看到的，就算是在佛罗伦萨全城隔离期间，也并非所有行业都被叫停。卫生委员会官员关心的主要还是防止疫情传播，因此只要不牵涉到城内走动，特别是在全城隔离期间，很多行业仍可继续开工。例如，曾有19个人被发现仍在工作，但都在2月1日被释放了。这些人的作坊其实都在他们住的房子内部，因此他们只要不离开房子的前门，就可以继续工作。这19个人中有4个都住在圣洛伦佐教区的吉略街街角，从事4种不同的职业——鲁特琴制造工、补锅匠、罐头商和修鞋匠。[143]

第三类，也就是诉讼数量最少（19人）的一类，是与饮食供应相关。其中有葡萄酒或烈酒的经销商（7人），他们在卫生委员会严禁酒馆营业的情况下仍继续开门迎客。正如我们在上文中所看到的，官方对此极为不满，因为这会造成人员大量聚集。其他被指控的还有杂货铺店主（5人），在全城隔离期间，所有出售食品和饮料的商店都关闭了，这5人也因为在此期间违规营业而被捕。在这一特殊时期，食品是由大公国的集中粮仓以票据兑换的形式向民众提供的。

2月24日那天，搬水工安德烈亚·迪·巴托洛梅奥·阿利索按隔离防疫要求完成了工作，但在出门买面包时遇到了麻烦。当时警卫上前盘问，指控他用一张与其姓名不符的假粮票来骗取食物。随后，他被关进监狱并缴纳了罚款。[144]而相比之下，另一个名叫巴斯蒂亚诺·迪·桑蒂的理发师就幸运多了。他也在全城隔离期间接受了审讯，被指控通过不正当途径获得了面包、葡萄酒和肉食。控诉他的是一个名叫圭多·科基的人，但此人最后自己反而付了一笔罚款，因为巴斯蒂亚诺向卫生委员会证明了他是有相关票证的。[145]

从与纺织行业相关的诉讼中，我们也可以看到特殊许可和官方豁免的存在。比如，丝绸工获准可以继续工作。联想到当时人们对布料的普遍警惕，此举看起来是很反常的。但另一方面，佛罗伦萨当局同样也为鼠疫造成的失业问题而焦头烂额，因此尽力保证社会上的平民百姓能够维持生计。羊毛织工显然也是被允许继续工作的，这点我们从寡妇唐娜·莱桑德拉·迪·弗朗切斯科一案可以看出。她住在坎帕奇奥路，而这条街所属的卡马尔多利区是佛罗伦萨比较落后的街区。当烟熏工皮耶罗·罗祖奥利给莱桑德拉已被感染的房间消毒时，发现"她正在自己房间外用织布机织布，因此违反了法律"。而根据规定，每个人都应留在自己的房屋内部，以免扩散疫情。[146]

最重要的一点是，卫生委员会把关注点都放在了二手衣物的禁售上，因为它们的原物主可能不久前死于鼠疫。实际上，在"纺织"这一类别的59名被诉者中，有41人都参与过囤积或试图售卖旧衣物。这些人中有床褥制作工，有设法拿着隔离医院里死者的衣服去外面兜售的掘墓工（如安德烈亚·迪·斯特凡诺·博奇尼），还有试图卖掉已故亲属衣服的人。在这次鼠疫初期，也就是9月中旬，卡尔扎约利大街上经营着一家服装店的乔瓦尼·弗兰泽塞，接待了一位来自帕内圣斯泰法诺教区的名叫多梅尼科·罗瓦伊的神父，后者想用其已故母亲的一件无袖长袍置换一件神父穿的特制披风，而这需要乔瓦尼为其量身定制。[147]在受审时，乔瓦尼坚称自己是无辜的，还说从未卖过二手衣服，自己只是个衣领工，经营的是缝纫用品店。原来，这位罗瓦伊神父是乔瓦尼妻子的远亲，所以他完全知晓个中情况，"把他（乔瓦尼）当作朋友一样"请求帮助。此外，罗瓦伊还打消了乔瓦尼的疑虑，安抚他说自己的母亲并不是死于"恶性病"，而是死于肺炎，因为她去山中徒步后"感到浑身冰凉"。在经过一连串的审问后，法官最终相信了乔瓦尼的说法，批准他回家。在这起案件中，我们再次看到了熟人网络在商品买卖活动中的中心作用，这也是鼠疫期间人们心中信赖的关系。另外，从调查神父在城内活动轨迹一事上可以看出，卫生委员会在盘问和审查被诉者时可谓不遗余力。

不过，更常被诉讼的是那些二手衣物商贩，他们从第三方购入衣物后再倒卖，过程中被人发现。安东尼娅·迪·乔瓦尼女士于1630年11月16日被捕，从她的审判记录中我们能看到，禁止二手衣物买卖究竟给人们造成了怎样的影响，而这群人往往来自社会的最底层。法官首先问道：

> 问：您从事什么职业？
>
> 答：纺织、缝纫，实际上任何能赚钱活命的活儿我都做。
>
> 问：那昨天晚上你在做什么？
>
> 答：昨晚我在斯特罗齐广场被捕。因为我没有东西吃，所以拿了两件衬衫去卖。
>
> 问：你家里都有谁？
>
> 答：我有两个孩子，一个儿子、一个女儿，他们都还很小。我丈夫从前靠倒卖二手衣服赚些钱，但现在什么也做不了了。[148]

这就是禁止特定的经济活动给一个家庭带来的困境。一家之主没了赚钱谋生的手段，整个家庭也就被切断了主要的收入来源，在这种情况下，他的妻子打算冒险靠卖些衬衫赚钱。另一个在绝望中挣扎的是人称"大锤子安东尼诺"（Mazzantonino）的木匠皮耶罗·迪·巴托洛梅奥，他在10月28日把一套床罩拆成了几块碎布售卖，因而被判处一次吊刑。[149]

不仅仅是禁止买卖，就连接触旧衣物也是不被允许的。例如在本书第二章，我们讨论过三名来自穆杰洛山区的洗衣妇的案例。三人都叫卢克雷齐娅，她们在12月11日被捕，原因是在犹太人聚居区内的阿诺河河边洗衣服。而在当时，外界任何人都不允许接触犹太人。但因为这三个人显然都非常贫穷，再考虑到12月中旬那难以忍受的严寒，她们最终被释放了。卫生委员会也以捐助善款的形式支付了三位洗衣妇在监禁时的饮食开销。[150]

像其他很多情况一样，在此案中，负责审判的法官也对穷人报以诚挚的怜悯之心。当犯错仅是因为无知而并非故意犯罪时，就算是买卖布匹，当事人通常也能获得从轻发落。在全城隔离结束后，随着死亡率的下降，有关出售二手衣物的禁令似乎也有了松动。从4月起，有很多人被指控在未经允许的情况下擅自存了些衣服，如果这些衣服是干净的，就意味着可能会被卖出去。在托尔纳坤奇街角经营着一间杂货铺的皮耶罗·丹德烈亚·托齐，因存有一双待售的丝袜于4月29日被提审。同一天，阿尼奥洛·迪·乔瓦尼也摆出了一件夹克、一件丝织长袍和一件黑色斜纹风衣准备出售。然而，他们两人均没有获得出售这些衣物的许可。在经过监禁和审讯后，他们还是被释放了，但衣物都被没收了。[151]

到了7月，也就是在此次鼠疫临近尾声时，人员和货物流动有了更大程度上的自由。7月10日，马里亚诺·迪·多梅尼科·马西尼和他的徒弟乔万巴蒂斯塔·迪·西莫内·摩尔莫拉伊前往坎皮村。数天前，他们给那里一位人称"骗子"（la Pugia）的弗兰切斯卡带去了一些用于纺织的羊毛。事实上，弗兰切斯卡当时已经感染了"传染性疾病"，并在他们离开一小时后死去。当马里亚诺得知弗兰切斯卡的死讯后，他又返回村子，拿走了羊毛，并将其分给了坎皮的其他9个人（或10个人）。他的这一做法让这些人也难逃厄运，造成了"极大的危险"。[152] 在审问中，他据理抗争，称自己不知道弗兰切斯卡患了"传染病"，也不知道她住的房子已经被锁起来了。显然此时官方已经允许人们出城做买卖了，也可以将羊毛带到乡下找人纺织。尽管两人极力抗辩，但法庭维持原指控不变，认定他们威胁了公共卫生安全。即便弗兰切斯卡居住的房子未按规定锁起来，但他们也不能忽略另一个事实，那就是她病得很重。最终，马里亚诺因"年岁已高，无法经受得起体罚"为由被罚款100达克特，而他的徒弟则被判决了3次吊刑。[153]

从疫情演变的时间线来看，把马里亚诺一案放在本章最后也是合适的，因为到了1631年7月，佛罗伦萨及其城郊地区的疫情已有所减弱。从此案中我们看到，即使是在疫情的最后阶段，卫生委员会仍保持着高度警惕，担心鼠疫再次在佛罗伦萨城复发及大规模传播。官方的主要关注点之一便是布料所带来的危险，因为人们相信它是鼠疫在人与人以及不同地点之间传播的媒介。另外，官员们还担心许多穷人肮脏的生活环境，如渗漏的污水坑、屠宰畜类的过程，或者羊毛和丝绸生产会产生腐败气体，从而滋生鼠疫。因此，考虑到这些因素，卫生委员会不得不严加控制全市范围内的人员流动，限制人群聚集并密切关注着居民住房的进出口。当房子因内有鼠疫患者而被封锁起来时，卫生委员会就更加警惕。

本章内容的基础是，一些人故意违反了限制人员和物品流动的法令，进而出现了种类繁多的诉讼。这一体系在实际执行中却充满矛盾，但这的确是佛罗伦萨世俗社会和宗教系统在鼠疫期间的真实写照。我们看到，在一些情况下，处罚会非常严苛，特别是当被诉者是卫生委员会工作人员时。在566起案件中，有12%使用了严酷的吊刑。但这是一种相对极端的情况，我们也从讨论中看到了法令在具体应用时所展现出来的灵活性。

马里亚诺一案就体现了这一点。他当然是违反了法令，但法官判决时也考虑到了他的年龄。尤其与米兰和罗马等城市相比，佛罗伦萨的多数案件都从轻处理了。绝大多数被逮捕者在关押数天后就获得了释放，有些人甚至仅须缴纳很少一笔钱，以支付他们在监狱内的花费。虽然罚款被视为支撑各项防疫政策实施的一项重要资金来源，但佛罗伦萨的量刑体系也体现了对社会上庞大的贫困人口最大程度的人文关怀。这些人往往丧失了谋生手段，还因家破人亡而失去了亲属的情感慰藉。就像我们看到的那样，与17世纪发生在米兰和那不勒斯鼠疫期间的种种状况度相比，1630—1631年的佛罗伦萨并不算典型。因为这里既没有出现阴谋论，社会阶层间的对立也较不明显，指控双方在社会上往往都属于同一阶层，而非纵向上的。[154]

这些司法审判过程生动地呈现了当时佛罗伦萨本地居民的内心想法和感受，它们也记录下了个人和家庭是如何想方设法去维持平时所依赖的人际网络的。但当这些生存策略与卫生委员会政策出现冲突，尤其是当一些家庭努力避免成员间的联结中断或家庭财产蒙受损失时，铤而走险的事件就发生了。我们不应低估鼠疫患者被带往隔离医院这件事对其父母、朋友和邻居的影响，更不用说他们本人一想到自己将要面临的死亡，以及可能与许多人最终一同埋在瘟疫墓地中时所感到的恐惧了。[155]

因此，令人毫不意外的是，官方对居民生活的日常干预也会激起民愤，人们从而想出了各种各样规避法令的方式。他们不仅在生活中企图逃避法网，在接受审问时也经常闪烁其词。尽管也有人在受审时直截了当地回答问题，貌似展现了其诚实无伪的一面，但更有一些受审者故意语无伦次，混淆视听，让法官摸不着头脑，以至于很难确定案件的具体细节。当一伙人串通起来相互作证、否认"犯罪事实"时，这种情况就会更甚，到最后法官往往不得已把他们都放走。然而，也有证据表明，在街上巡逻的卫生委员会工作人员或者街坊里的"秘密朋友"为了获得检举成功后的那笔奖赏，有时也会诬告陷害他人。

因此，这些庭审记录所展现的是一个纷繁复杂的世界，真相和半真半假的描述往往难以区分，违法与惩罚相互交错，官员们的办事动机也经常相互矛盾。我们同时看到法律在实际执行中也比想象得更具灵活性。当然，灵活执法的基础是要确保真正的违法活动受到应有的制裁，但同时也展现了对违法者的怜悯与同情。从嫌疑人回答法官审讯可以看出，烦琐的法令早已让他们晕头转向。

尾声　1632—1633年：鼠疫的再度暴发和消退

　　前几章详细讨论了佛罗伦萨及附近地区在1630—1631年鼠疫大流行期间所采取的措施，而本书最后一章将用较短篇幅比较1632—1633年疫情再度暴发时的影响和全城反应，以作尾声。这一章将会探究佛罗伦萨究竟从刚刚过去的疫情中汲取了哪些经验，因为此时的他们已经摸索出并检验过了应对鼠疫的对策，而在1630年的时候，佛罗伦萨人已有一个多世纪没有经历过鼠疫了。

　　鼠疫的再度暴发引起了人们的警惕[1]，这反映在乔瓦尼·巴尔迪努奇的日记里：

　　　　现在是（1632）年1月1日，感谢上帝的仁慈，佛罗伦萨城以及周边地区和公国都丝毫没有了鼠疫的踪影。

　　　　1632年10月10日……自这座城市上一次经历传染性疾病已经过去了6个或8个月，而从5月起，利沃诺出现了疫情，今天在圣弗里亚诺门外的蒙蒂切利镇也出现了，那里已有很多人因此丧生。

　　　　今天是1633年4月20日。当我们认为佛罗伦萨已经完全战胜了鼠疫，并且可以与其他城市重启贸易往来时，这场传染病又回来了。因此他们不得不重新布置隔离医院……这使得全城上下都人心惶惶。[2]

龙迪内利对1632—1633年疫情短暂反弹的记录是最为完整的，乔瓦尼·巴尔迪努奇也提供了一段更简短，却更个人化的描述。[3]正如1630—1631年，龙迪内利通过一个个的故事记录了疫情反弹的整个过程，与两年前一样，这一次他也在记录中加入了自己的道德评判，点出了一些人的姓名和他们的住址，揭露他们不计后果的行为是如何导致鼠疫传播的。这其中的主角便是多梅尼科·维沃奥利的妻子亚历山德拉，她来自佛罗伦萨西南郊区的蒙蒂切利镇。1632年6月30日，亚历山德拉离开家，前往位于利沃诺城外山丘上的蒙太内罗圣母教堂里还愿。一位住在利沃诺的朋友陪她一同前去，两人在接下来的3天内住在一起，而亚历山德拉的儿子塔代奥则在利沃诺城里四处闲逛。由于多位城门守卫人员的懈怠和不作为，亚历山德拉还是想办法回到了蒙蒂切利，但随后她的儿子就因流鼻血过多而去世，接着她的丈夫和另外两人也都去世了。

这个故事的主题无疑就是人们的疏忽大意，不仅是亚历山德拉，还有城门守卫人员，后者明显在上次疫情结束后放松了警惕，这让人想起1630年8月第一波疫情刚开始的情形。这些死亡病例被上报至卫生委员会，但调查报告中显示这些死者的死因并不是感染鼠疫，而是"普通疾病"，诊断结果为"身体不适"和"出血"。[4]事情并没有就此终止，之后蒙蒂切利出现了更多的死亡病例。卫生委员会下令人人都应留在家中。但根据龙迪内利的记载，这一命令并未被遵守，因为人们继续往返于佛罗伦萨。

到了1632年9月8日，疫情再次在佛罗伦萨城内暴发。在通往城门的圣弗雷蒂亚诺街上最先发现了病例，而该城门也是从蒙蒂切利到佛罗伦萨最近的入口，它在两年前龙迪内利对特雷斯皮亚诺的记载中也有出现。龙迪内利写道，来自蒙蒂切利的布料都被运至隶属于劳德西·迪·圣阿涅塞在俗兄弟会的一间房子，里面有3人死亡，紧接着住在附近的一名理发师的妻子和孩子也相继过世。但理发师并不认为这是鼠疫，便将他的一些财物（包括几件大衣）卖给了一位犹太商人，还把一张床卖给了圣莱奥教区的另一位商人，之后这位商人和他的学徒相继死亡。[5]这时，疫情复发的消息已经迅速传播开来，并且正如龙迪内利所描述的，"整座城市都处于惊恐之中"，尤其是当疫情蔓延至阿诺河北岸的新圣母马利亚医院附近时。卫生委员会因此建了一座新的隔离医院，鉴于此时疫情中心毫无疑问是帕拉祖罗大街，10月23日，佛罗伦萨当局决定隔离整条街道，街上的218名居民须全部留在自己家中。之后疫情开始减弱，并在第二年1月初逐渐消失。[6]

　　第一阶段防疫措施所收获的立竿见影的成效，让整座城市沉浸在"极大的幸福"之中，这些举措也呼应了1630—1631年鼠疫期间采用的防控措施——新建一座隔离医院和一处隔离中心，每个区的总长任命数位富绅来对城内街区组织卫生调查，并由慈爱会负责转移病人和埋葬死者。两次疫情的应对上有一处主要区别，即在第二次疫情暴发初期，佛罗伦萨就对一整条街道实施了隔离。即便如此，龙迪内利评论道，"并未完全扑灭的'大火'仍在缓慢蔓延……这样最后就酿成了灾难"。[7]当巴尔迪努奇在其1633年4月20日的日记中记录道，疫情再次开始传播"并引起巨大恐慌"时，他的消息显然非常灵通，他甚至写道，每天有16人死于鼠疫。[8]

　　尽管这些措施得到了人们的普遍支持，但随着疫情在1633年春天再次来袭，作为卫生委员会核心措施之一的隔离医院遇到了巨大挑战。像3年前疫情开始时一样，到了1633年4月，人们又一次对于这场疾病的性质展开了争论。卫生委员会确信暴发的就是鼠疫，但却遭到了各区富绅的反对，后者认为这并不是鼠疫，并主张病人应在自己家中接受治疗，而不是将他们送去隔离医院。卫生委员会承受了社会舆论的巨大压力，特别是来自社会底层民众的声音，因为他们曾说过"绝不想在隔离医院再遭受同样的痛苦"了。大公回到佛罗伦萨后，立即要求争论双方（即卫生委员会和富绅）陈述各自的观点，并须有医学专家的意见背书。显然，这其实是卫生委员会长官和各区贵族富绅间的权力之争，而后者曾有在鼠疫前线应对的亲身经验，很有可能已经被反对将病人送往隔离医院的公众意见说服，以力求避免来自街区民众的抵制。[9]

最终，富绅们赢得了这场争论，"民众因此欣喜若狂"。但这一局面仅仅持续了11天，因为疫情在不断恶化，人们也开始普遍承认这就是鼠疫，并且有必要在蒙蒂切利新建一家隔离医院。最终还是卫生委员会的专业知识胜出，也正如龙迪内利所言，他们因此得以在各城区总长面前重塑权威。紧接着，佛罗伦萨便重新启用了不久前刚刚实行过的那些措施，以防止鼠疫在全城范围内进一步传播。这些措施包括：任何人生病后都应及时报告，由外科医生在保持一定距离的前提下检查病人，并由内科医生将病例上报卫生委员会；禁止出售已感染了的衣服等。污物和疾病间的联系也再次成为关注焦点，所有佛罗伦萨人必须确保彻底清扫过自己的房屋，并将垃圾运出城外。

人们也对空间的潜在危险性重新重视起来。两年前老市场在疫情期间一直开放，而这一次佛罗伦萨关闭了老市场，同时在全城的广场上兴办分散的市集。因为人们观察到，在某一地点聚集

的大量人群"可能将疫情散播到许多居住区"。其他可能会导致
人员聚集的活动也受到了一些限制，特别是那些江湖郎中的活动。
"出于好奇心，一些头脑简单的人或是孩童会去听江湖庸医胡言乱
语，他们站在那里目不转睛，张大嘴巴，观看那些江湖郎中的愚
蠢把戏"。[10]民众的出行也受到了限制。若发现一例病例，那么整
条街道都将被封锁，因为在上一年秋天，这被视为阻止疫情蔓延
"非常有力的补救措施"。[11]在30年后的罗马，这一措施得到了更
大范围的实行，在1656年鼠疫期间，罗马的台伯河岸区全部被隔
离起来，并且在当时的人们和历史学家眼里，正是因为这一举措，
罗马城的鼠疫死亡率才得以下降。[12]

　　与1630—1631年冬春季节一样，佛罗伦萨在1633年春天再次
限制妇女和儿童出行，因为这两类人群被认为更易染上传染病。
当时人们之所以有这种想法，部分原因在于这群人更有可能在城
内四处走动而传播疫情，还有一个原因是医学上普遍认为妇女和
儿童体内的湿度较大，相比之下成年男性的身体更为干燥和健壮，
因而抵御疾病的能力也更强。自4月22日起的10天内，妇女和儿
童被禁止离开自己的住所，这一禁令后来又延长了2个月，直到6
月23日。但这一规定并不适用于富裕阶层的女性，她们仍可以在
一位侍从的陪同下出行。但当时人们意识到，因为这项措施，一
些人无法出门工作，进一步加剧了原本就存在的贫困问题。圣马
蒂诺兄弟会每天都为贫困妇女分发2克拉奇亚*的补贴，但需要特
别提出的是，这对兄弟会来说已是一笔巨大的费用支出了。在短
短两三天内，这一兄弟会就分发了约5000斯库多。[13]

---

*　　克拉奇亚（crazie）：中世纪意大利的一种钱币。

不过，当时人们对属灵疗法、圣物和地方圣徒代祷的信奉达到了前所未有的高度，因此教会和政府官员对于限制市内活动的禁令也灵活处理，并在1633年春天在全城范围内组织了一系列的宗教游行。在城内妇女和儿童开始禁足的那一天，即4月22日，圣扎诺比的圣颅从圣母百花大教堂被抬至圣马可广场，并随后送至圣母领报大殿。这是为期四周的宗教游行的第一周。在四周的时间里，游行队伍会携带珍贵圣物穿越佛罗伦萨城，这样到了第四周，城内的四个主要城区都会参与其中。[14]但与1630—1631年一样，人们依旧担心人群聚集可能会传播鼠疫，因此参加游行队伍的人仅限于大教堂的教士和神父。之后，也就是在5月21日—23日，因普鲁内塔圣母像被带至佛罗伦萨并在全城范围内游行（在第五章中我们已详细讨论过）。在这次游行开始之前，佛罗伦萨民众接到命令，打扫了游行队伍将要途经的街道，并清理掉了任何可能会产生瘟疫毒气的垃圾。与1630—1631年终点为圣母领报大殿和圣马可教堂的游行一样，居民们必须留在自己家中，从窗户或门口观看游行盛况。不过，有更多民众选择站在街角处观看，与游行队伍保持规定的100米距离。[15]当时，人们认为圣母马利亚成功干预了这次疫情的蔓延，因为在10天之内，隔离医院内的死亡人数就已经开始减少。朱利亚诺·迪·切赛里·切基尼记录道，此时官方已经取消了对居民出行的限制，许多人前往因普鲁内塔感谢圣母的帮助，这其中还包括卫生委员会的长官。12天后他记录道，184名康复期患者已经痊愈并返回了家中。[16]

　　这段记载显然过于正面，旨在宣扬属灵疗法的"神力"和因普鲁内塔圣母像的声望。在下文中，我们将会探究1633年隔离医院内的记录，以确认这些关于死亡率出现明显下降的结论究竟在多大程度上反映了实际情况。这一时期的主要隔离医院建在蒙蒂切利镇的戴拉·奎尔乔拉别墅内。与1630—1631年的圣米尼亚托隔离医院一样，这家医院也由宗教团体接管，嘉布遣会的修士们负责具体运营。4月29日，当他们抵达这里时，发现约有400名病患生活在极为恶劣的环境中。更糟糕的是，这里的病房内湿度很大，每张床上躺着四五个人，而且大多数所谓的床都只是直接放在地板上的床垫。修士们见此便立即展开工作，向卫生委员会要来了更多材料以做床架，并且每张床上只安置两人。像3年前一样，隔离医院此时也是佛罗伦萨整个防疫体系中的一环。在这一体系下，患者的密切接触者和已经康复的患者都会被送至特殊的隔离中心，它们均位于疫情最严重的阿诺河南岸：圣母马利亚—阿马里尼奥莱路的圣托洛梅伊别墅，在两年前同样也被征用过的斯特罗兹尼别墅，位于可以俯瞰佛罗伦萨城的贝洛斯瓜尔多丘陵上的波尔盖里尼别墅，可能还有同在贝洛斯瓜尔多的贝尔韦代雷·阿尔·萨拉奇诺别墅。[17]从卫生委员会的记录中，我们可以知晓在这次疫情的中期，蒙蒂切利隔离医院的人数和各隔离中心内的人数。5月20日—25日，蒙蒂切利隔离医院共有207名患者，其中男性68人，女性118人，另有21名婴儿。在波尔盖里尼别墅的康复中心中则有456人，斯特罗兹尼别墅有240人。仅在5月20日—25日这段时间内，隔离医院和各隔离中心的总人数为903人。[18]

正如我们在前面章节中所看到的那样，宗教在这座城市应对鼠疫的过程中起到了至关重要的作用。那些通过切除身上的肿块而痊愈的人列队走向低山上的马里尼奥莱教堂，并吟唱《圣母颂》。[19]康复期患者身上的伤口一旦痊愈，将被送至阿诺河畔另一处离城中心较远的疗养中心，在那里他们"可以恢复精力"。这座中心由两座大型建筑构成，分别用于接待男性和女性隔离者。两栋房子均由木板搭建，每栋有7间或8间房屋，每间房屋中则置有14或16张床铺。因此，假设每张床上可容纳2名隔离者，那么这座疗养中心的总接待能力约为256人。考虑到疾病和腐败气体间的密切联系，当时人们在建造时将重点放在了新鲜空气的流通上。屋顶设大天窗，房间后侧另开有一扇大窗户，屋顶由瓦片铺成，这些都有助于"不良气体"向外扩散。在这里，宗教参与疾病治疗的重要性也被一再强调，两栋房子间修建了一座祭坛，这样病人们就可以参加由嘉布遣会修士主持的弥撒活动。10天后，会有外科医生来检查患者的健康状况。如果医生确认他们可以离开，他们就会被带到有温水、醋和药草的浴池里洗身消毒。随后，他们将组成一列队伍，吟唱《上帝祷歌》，并在回家途中经过鼠疫期间的三处主要圣所 —— 圣母领报大殿、圣马可教堂和大教堂。[20]

　　1632—1633年疫情的复发令佛罗伦萨人恐惧不已，因为此时的他们都认为疫情早已结束。根据当时的记载，无论是1632年秋天还是1633年春夏时节，死亡人数都不及1630—1631年，但这些记录并不能帮助我们更深入地了解疫情再度暴发所造成的实际影响。慈爱会对送至蒙蒂切利隔离医院的病人数目有更为详细的记录。[21]与1630—1631年时一样，他们负责向隔离医院运送疑似患者，并承担埋葬死者的任务。在此次疫情佛罗伦萨城不断有病例确诊的期间，即1633年4月20日至9月2日，共有1735人被送至蒙蒂切利隔离医院（见表8.1）。根据1632年的人口普查，这一数字约占佛罗伦萨居住人口（66056人）的2.6%。与两年前有超过1万人被带至佛罗伦萨各个隔离医院不同，这次疫情所波及的人数要少得多。[22]在这些史料所记录的月份中，5月是蒙蒂切利入院人数最多的月份（共383人），这可能是因为佛罗伦萨城内的宗教游行在4月达到顶峰。尽管6月的入院人数有所下降（311人），但直到

表8.1　1633年4月20日至9月2日蒙蒂切利隔离医院的
收治人数和死亡人数

1633年	感染人数					
	男性	百分比	女性	百分比	总计	百分比
4月	186	15.62	158	13.27	344	28.88
5月	194	16.29	189	15.87	383	32.16
6月	152	12.76	159	13.35	311	26.11
7月	59	4.95	58	4.87	117	9.82
8月	16	1.34	19	1.60	35	2.94
9月	1	0.08	0	0.00	1	0.08
总计	608	51.05	583	48.95	1191	100.00

1633年	死亡人数					
	男性	百分比	女性	百分比	总计	百分比
4月	95	17.46	93	17.10	188	34.56
5月	92	16.91	82	15.07	174	31.99
6月	55	10.11	64	11.76	119	21.88
7月	20	3.68	34	6.25	54	9.93
8月	6	1.10	3	0.55	9	1.65
9月						
总计	268	49.26	276	50.74	544	100.00

4月的数据仅为4月20日—30日。
9月的数据仅为9月1日—2日，且仅有感染人数数据。

7月，这一数字才大幅减少（117人）。

蒙蒂切利医院内的总死亡率（31.35%）也反映出，此次鼠疫的威胁性远不及两年前，当时圣米尼亚托隔离医院的死亡率高达

55%。在这几个月中，死亡率整体呈下降趋势，疫情开始复发的4月最高，随后便逐渐下降，从5月的32%下降到6月的21.9%，并在7月和8月继续下降，从9.93%落至1.65%。

与两年前一样，在1632—1633年鼠疫期间，佛罗伦萨当局——无论是以费迪南德大公还是卫生委员会官员的名义——为应对鼠疫投入了大量资源。资金用于救济贫困人口，向在家中隔离的民众发放补贴或粮食，给防疫政策的执行人员支付薪水，并修建和运营了多处隔离医院和隔离中心。这些支出对公共财政和已然衰退的地方经济造成了巨大压力，而穷人阶层也不得不面临失业率上升和物价上涨的困境。[23]当时有人计算过，在1631年2月，隔离医院的运营成本高达26万斯库多，此外，佛罗伦萨政府还将24万斯库多分发给了那些在隔离期间关在家中的穷人们。[24]这笔款项大部分来自慈善典当行。这家典当行成立之初是为手工艺者提供贷款，后来成为一家储蓄银行。据估计，慈善典当行在1630—1631年鼠疫期间共承担了80万斯库多的支出。[25]

鼠疫对商贸和就业也产生了深远的影响，而且中断与受疫情影响的国家间的贸易往来也加速了某些商品的市场萎缩。[26]受影响最严重的行业之一便是纺织业。过去，纺织业为佛罗伦萨多达1/3的人口提供了就业机会。商人们也遭受了巨大的损失，因为当工人出现发病症状时，他们住所内的货物也要被销毁。因此，就像我们看到的那样，大公通过开展一系列的公共工程创造就业机会，例如波波里花园和达巴索古堡的修葺工程。此外，政府还向羊毛和丝绸商人提供了18个月共15万斯库多的免息贷款，并向亚麻商提供了4万斯库多的贷款供其继续生产及给纺织工发放薪水。[27]

从当时人们的评价来看，这些用于防疫的巨大花费和资源投入都是值得的，人们认为两次疫情因此在1631年和1633年夏天停止了蔓延。卫生委员会通过定期详细分析各隔离医院和中心负责人上报的数据，仔细关注着这些政策措施的成功落实。从一些法庭记录中，我们能看到这些措施对佛罗伦萨人的影响，它们也揭露了穷人们为求生存和获得内心慰藉而采取的一些合法或非法的手段。

本研究的另一相关主题是重新评估1630—1633年两次鼠疫期间参与防疫人群的动机。纵观全书我们知道，在任何危机面前，精英阶层的行动和反应是非常复杂的。我们已经在前文强调过，要撇开立法者和管理者的言论，以评价他们制定的法律和规定在实际执行中的情况。从中我们看到，医学论著和官方史学家的记载仍停留在穷人阶层和富人阶层的传统对立上，而穷人们因为生活方式和所做之事经常被指责诱发了疫情。他们在城内四处走动，并经常参与纺织生产和二手衣物买卖，这些都被视为可能传播鼠疫的行为。立法者的举措也致使乞丐、妓女和犹太人的活动受限，措辞中也充斥着近代早期社会典型的针对贫困阶层和社会边缘群体的蔑视态度。

另一方面，参与人口和卫生调查，运送和治疗疑似鼠疫患者，以及向病人和垂死者提供精神疗法的群体，在看到社会贫困阶层的生活状况和他们在隔离医院或隔离中心的困境时，内心既充满了同情，也难免会产生恐惧。隔离医院内的宗教团体、医务人员和行政人员也竭尽所能，在极度困难的情况下给病人提供了在当时被认为是最佳的治疗。在第七章中，我们分析了佛罗伦萨针对鼠疫期间违法行为的惩罚措施，它们非常生动地反映了执法者在面对贫困阶层时的实际变通。与其他在17世纪经历过鼠疫考验的意大利城市（如米兰、罗马和那不勒斯）不同的是，佛罗伦萨几乎没有人被判决死刑，而且绝大多数人在被捕入狱几天后就获得释放，甚至经常不用缴纳罚款。

在强调这些参与应对鼠疫的执法层的同情心时，我们也不应低估佛罗伦萨这场鼠疫给无论是像巴尔迪努奇、龙迪内利这样的记录者，还是成千上万与家人、邻居分离并被带至隔离医院的普通人所带来的恐慌和震动。在这些拥挤不堪、充满痛苦和死亡的医院里，或是被关在一间已有亲属或邻居死亡或感染鼠疫的房间中，人们必定是惊恐万分。不过，当时流行的那句"恐惧比死亡本身更可怕"，终归可能有些夸大其词了。

致谢

我对瘟疫方面的研究可以追溯到许多年前。在佛罗伦萨的欧洲大学学院卡洛·奇波拉教授的亲切指导和激励下，我在撰写博士论文期间对瘟疫产生了浓厚的兴趣。这本意义非凡的书便诞生自历史研究所的城市历史研究中心，在这里我与德里克·基恩（Derek Keene）共同主持了由ESRC资助的关于近代早期英国和意大利瘟疫的研究项目（编号：R000231192）。德里克对于这本书的最初构想及贾斯廷·钱皮恩（Justin Champion）对于本人观点的完善起到了很大的帮助作用，钱皮恩后来还发表了关于1665年伦敦鼠疫的开创性研究（请见参考书目）。我的贡献是勾画了佛罗伦萨圣洛伦佐教区和建筑环境之间的关系。研究成果在本书中及其他地方均有呈现。

这项研究曾得到过许多人的建议和帮助，从德里克·基恩到佛罗伦萨大学的加布里埃拉·奥雷菲切（Gabriella Orefice），再到科林·罗斯（Colin Rose）和尼克·特普斯特拉（Nick Terpstra），以及最近一段时间内剑桥大学的斯塔夫鲁拉·克图姆皮（Stavroula Koutroumpi）——他投入了大量时间来绘制本书第四章中的地图。剑桥大学文学与语言研究中心的前任主席约翰·道森（John Dawson）多年来在帮助我整理、统筹、分析佛罗伦萨和圣洛伦佐教区瘟疫期间的相关数据方面发挥了不可替代的作用。他还非常慷慨地帮助我校对手稿并编制索引。我还要感谢弗拉维娅·曼塞尔维吉（Flavia Manservigi），她对书中多处意大利语段落的翻译进行了仔细检查。

这一研究项目随后在许多层面都得到了进一步发展，因此本书从不同的角度出发，探讨瘟疫问题，以期呈现出对这一主题的综合性研究。我要感谢多年来与我交谈过的来自各个学科背景的专家与学者，以及那些发人深省的对话：剑桥大学人口史与社会研究小组的罗杰·斯科菲尔德（Roger Schofield）、理查德·史密斯（Richard Smith）、吉姆·奥彭（Jim Oeppen）和罗斯·戴维斯（Ros Davis），给我提供了非常宝贵的建议；感谢意大利籍学者朱莉娅·卡尔维（Giulia Calvi）和亚历山德罗·帕斯托雷（Alessandro Pastore）；英国的萨姆·科恩（Sam Cohn）、克里斯托斯·林德利斯（Christos Lynteris）和卢卡斯·恩格尔曼（Lukas Engelmann），他们由 ERC（European Research Council，欧洲研究理事会）资助的剑桥大学艺术、社会科学与人文科学研究中心的"瘟疫可视化"项目，以及在沃尔夫森学院共同享用的多次午餐，令我尤为受益；通过与伦敦大学伯贝克学院历史、古典学和考古学系同事与朋友的交谈，我也学到了很多东西，他们经常为我的研究注入新的观点。多年来，从剑桥、伦敦、牛津、格拉斯哥、华威，到巴塞尔、比勒菲尔德，再到墨尔本和悉尼，我从众多学术研讨会的听众反馈中汲取了很多营养。本书的部分章节早先以期刊论文或编著章节（在参考书目中列出）的形式发表，因此我也感谢耶鲁大学出版社允许这些材料的再次出版。此外，我还得到了许多朋友及同事的反馈和评论，他们在本书出版前已经阅读了部分或全部内容，他们是乔纳森·纳尔逊（Jonathan Nelson）、弗雷迪·雅各布斯（Freddie Jacobs）、希拉·巴克尔（Sheila Barker）、瓦伦丁娜·齐夫科维奇（Valentina Zivkovic）、希拉·奥希尔维（Sheilagh Ogilvie）和为书中插图提供了宝贵建议的乔瓦尼·帕里奥洛（Giovanni Pagliuolo）。耶鲁大学出版社的两位审稿专家对本书的内容和结构提供了非常详尽和宝贵的建议，从根本上改进了书稿的质量，对此我深表感激。

我还要感谢佛罗伦萨的各位朋友和同事，以及这些年他们的款待和与他们的学术交流：马尔科·德·菲利卡亚和焦万纳·德·菲利卡亚夫妇（Marco and Giovanna Geddes de Filicaia），佛朗哥·卡尔内瓦莱和玛丽亚·卡尔内瓦莱夫妇（Franco and Maria Carnevale），救护与卫生史文献中心的埃丝特·黛安娜（Esther Diana），对我热情款待的保罗·皮里洛（Paolo Pirillo）和伊莎贝拉·沙博（Isabella Chabot），以及分享对瘟疫研究以及托斯卡纳温泉浴场的钟爱的朱莉娅·卡尔维。多年来，佛罗伦萨的多位历史学家给我提供了许多非常有价值的意见，包括已故的卡洛·科尔西尼（Carlo Corsini）和洛伦佐·戴尔·潘塔（Lorenzo del Panta），他们非常热心地讨论我的研究，并与我分享自己的见解。近期我和安德烈亚·扎利（Andrea Zagli）关于近代早期托斯卡纳流行病的问题进行了颇具成效的讨论。此外，我还从专攻经济史的朱塞佩·帕里吉诺（Giuseppe Parigino）那里学到了很多相关内容。

我还要特别感谢佛罗伦萨的各家学术机构和团体，它们在资金和史料方面给予了我巨大的帮助。在莉娜（Lina）和安娜·佩尔蒂莱（Anna Pertile）的关怀下，我很荣幸在2013年秋季成为哈佛大学佛罗伦萨文艺复兴研究中心（Villa I Tatti）的客座教授，在那里我完成了本书的前三章。我还曾担任历史与文明系的访问学者，这为我的思考和研究提供了绝佳的学术环境。近期我参与了佛罗伦萨的美第奇家族档案项目，阿莱西奥·阿索尼蒂斯（Alessio Assonitis）和其同僚们为进一步推动近代早期托斯卡纳史的研究创造了可喜的条件。在过去三年中，我还有幸成为莫纳什大学（包括墨尔本和位于意大利普拉托的莫纳什中心）的客座研究教授，这让我有足够的时间和空间完成此研究项目。通过与澳大利亚和意大利各个同事和朋友的交谈，尤其是与彼得·霍华德（Peter Howard）的紧密合作，我受益匪浅。我还要将此书献给克里斯蒂安妮·希尔（Christianne Heal），她在这个项目逐渐成形的数年中给予了我非常坚定的支持。

此外，我还要向佛罗伦萨各档案馆和图书馆的工作人员表示感谢，他们所提供的帮助自始至终都是无价的。这其中包括佛罗伦萨国家档案馆、哈佛大学佛罗伦萨文艺复兴研究中心、艺术史研究所、马卢切利亚纳图书馆、美第奇·劳伦奇亚纳图书馆，以及佛罗伦萨大主教档案馆。其中我要特别感谢佛罗伦萨慈爱兄弟会档案馆的档案管理员，是他们让我能够得到独一无二的档案资料：感谢弗雷斯托·尼科莱先生（Foresto Nicolai）的热情欢迎，以及芭芭拉·阿佛尔塔（Barbara Affolta）和劳拉·罗西（Laura Rossi）后期的慷慨帮助。

同时我很幸运地迅速得到了复印并使用本书部分图片的许可，对此特别感谢：哈佛大学佛罗伦萨文艺复兴研究中心的乔瓦尼·巴里奥洛，圣马可博物馆的玛丽莱拉·塔马西亚（Marilena Tamassia）博士，佛罗伦萨都会区、皮斯托亚和普拉托省的考古、美术和自然景观部的玛丽亚·毛杰里（Maria Maugeri）博士，令人尊敬的佛罗伦萨慈爱兄弟会档案馆，美第奇家族档案项目的加布里埃尔·曼库索（Gabriele Mancuso）博士。最后，我要感谢耶鲁大学出版社伦敦分社的工作人员对此项目的热情：初期与罗伯特·鲍多克（Robert Baldock）以及后期与希瑟·麦卡勒姆（Heather McCallum）的讨论，玛丽卡·利桑德鲁（Marika Lysandrou）和佩尔西·埃格勒（Percie Edgeler）关于本书插图非常专业的建议，以及雷切尔·朗斯代尔（Rachael Lonsdale）和克拉丽莎·萨瑟兰（Clarissa Sutherland）对手稿的精心编辑。

附录A　资料来源：图片、地图、图表和表格

图片

1　Porta S. Gallo, the northern-most medieval gate of the city of Florence. Photo: Author.

2　Justus Sustermans, *Ferdinando II de' Medici as a Young Man* (1628). Palazzo Pitti, Florence.

3　A model of the ghetto in early modern Florence. By permission of the Ghetto Mapping Project and the Eugene Grant Research Program on Jewish History and Culture in Early Modern Europe, Medici Archive Project, Florence.

4　Stefano Bonsignori, *Map of the City of Florence* (1584). Details: a. Hospital of Messer Bonifazio; b. Convent of S. Onofrio; c. Hospital of S. Maria Nuova. By permission of DECIMA.

5　Tickets sent by the Sanità to the Misericordia. a. Monna Lisabetta vedova; b. Benedetto di Antonio Confortini. AVamfi, Morini C 253, under dates 16 and 28 June 1633. By permission of the Venerabile Arciconfraternita della Misericordia di Firenze / Photo: Author.

6　Louis Rouhier, *Fumigators Disinfecting Household Objects*, from *The Diligent Orders and Measures Undertaken in the City of Rome during the Plague* (Rome, 1657). Wellcome Collection.

7　*A Physician Wearing a Seventeenth-century Plague Preventive Costume* (*c.* 1910). Wellcome Collection.

8　A handbill with a recipe for an unguent against plague (1630). ASF, Miscellanea Medicea 389, XVIII, 3.26. By permission of the Ministero per i Beni e le Attività Culturali / Archivio di Stato di Firenze, Prot. N.1233/CL 28.28.01/1184 / Photo: Author.

9　A pamphlet with recipes for preserving against and treating plague (1630). ASF, Misc. Medicea 389, XXX, 3.28. By permission of the

Ministero per i Beni e le Attività Culturali / Archivio di Stato di Firenze, Prot. N.1233/CL 28.28.01/1184 / Photo: Author.

10 Stefano Bonsignori, *Map of the City of Florence* (1584). a. Northern sample block of roads in parish of S. Lorenzo; b. Southern sample block of roads in parish of S. Lorenzo. By permission of DECIMA.

11 The chapel and shrine of the Madonna, SS. Annunziata. By permission of the Soprintendenza Archeologia, Belle Arti e Paesaggio per la Città Metropolitana di Firenze e per le Province di Pistoia e Prato / Photo: Author.

12 Relics of S. Antonino, Cappella Salviati, S. Marco. By permission of the Soprintendenza Archeologia, Belle Arti e Paesaggio per la Città Metropolitana di Firenze e per le Province di Pistoia e Prato / Photo: Author.

13 The façade of S. Marco seen from Piazza S. Marco. By permission of the Soprintendenza Archeologia, Belle Arti e Paesaggio per la Città Metropolitana di Firenze e per le Province di Pistoia e Prato / Photo: Author.

14 Cappella Salviati, 1579–91, S. Marco. By permission of the Soprintendenza Archeologia, Belle Arti e Paesaggio per la Città Metropolitana di Firenze e per le Province di Pistoia e Prato / Photo: Author.

15 Luigi Baccio del Bianco (?), *Sant'Antonino Protects Florence* (1630–3). Biblioteca Marucelliana, Florence, Dis. Vol. D 113. By permission of the Ministero per i Beni e le Attività Culturali / Biblioteca Marucelliana, Prot. N. 689; Class. 28.13.10/3.1 / Photo: Author.

16 S. Antonino Cloister, S. Marco, showing frescoes in the lunettes of scenes from the life of S. Antonino. By permission of the Museo di S. Marco, Ministero per i Beni e le Attività Culturali, Polo museale della Toscana / Photo: Author.

17 Pietro Dandini, *S. Antonino Visiting the Sick During the Plague in Florence in 1448–9* (1693), Chiostro di S. Antonino, S. Marco. By permission of the Museo di S. Marco, Ministero per i beni e le attività culturali, Polo museale della Toscana / Photo: Margaret Bell.

18 Domenico Cresti (Passignano), *Translation of the Body of S. Antonino* (1589), Chapel of S. Antonino, S. Marco. By permission of the Soprintendenza Archeologia, Belle Arti e Paesaggio per la Città Metropolitana di Firenze e per le Province di Pistoia e Prato / Photo: Margaret Bell.

19 Frontispiece depicting Domenica da Paradiso in Ignazio del Nente, *Vita e costumi et intelligenze spirituali della gran Serva di Dio, e Veneranda*

Madre Suor Domenica dal Paradiso fondatrice del monasterio della Croce di Firenze dell'Ordine di San Domenico (Venice, 1664).

20 Antonio del Pollaiuolo and Piero del Pollaiuolo, *The Martydom of St. Sebastian* (1475). National Gallery, London.

21 Cappella di S. Rocco (Palli), SS. Annunziata, restructured by Jacopo Palli (1631–2). By permission of the Soprintendenza Archeologia, Belle Arti e Paesaggio per la Città Metropolitana di Firenze e per le Province di Pistoia e Prato / Photo: Author.

22 Cesare Dandini, *The Assumption of the Virgin and Saints Jacopo and Rocco with a View of the City of Florence* (1631–2), Cappella di S. Rocco (Palli), SS. Annunziata. By permission of the Soprintendenza Archeologia, Belle Arti e Paesaggio per la Città Metropolitana di Firenze e per le Province di Pistoia e Prato / Photo: Author.

23 Jacques Callot, *The Fair at Impruneta* (1622). Rijksmuseum, Amsterdam. a. General view; b. Detail of the *Strappado*.

24 The church of S. Maria Impruneta. Photo: Author.

25 Giovanni Francesco Bonetti, 'Plan of the Lazaretto in Milan', from *Vero dissegno con le misure giuste del grande lazaretto di S. Gregorio di Milano, come si trovava nel tempo della gran peste l'anno 1630*. Wellcome Collection.

26 Louis Rouhier, 'Isola of San Bartolommeo', from *The Diligent Orders and Measures Undertaken in the City of Rome during the Plague* (Rome, 1657). Wellcome Collection.

27 Thomaso Porcacchi, *L'isole più famose del mondo* (Venice, 1572). Wellcome Collection.

28 The façade of the church of S. Miniato al Monte. Photo: Author.

29 Side view of the church of S. Francesco al Monte. Photo: Author.

30 Villa Rusciano, the largest quarantine centre in Florence. Photo: Author.

31 The view from Fiesole towards the city of Florence. Photo: Author.

32 Stefano Bonsignori, *Map of the City of Florence* (1584). Detail showing the church and convent of S. Miniato al Monte. By permission of DECIMA.

33 The entrance to the Fortezza and the monastery at S. Miniato al Monte. By permission of the Soprintendenza Archeologia, Belle Arti e Paesaggio per la Città Metropolitana di Firenze e per le Province di Pistoia e Prato / Photo: Author.

34 The path connecting the Lazaretti of S. Miniato al Monte and S. Francesco al Monte. Photo: Author.

35 Interior of the church of S. Miniato al Monte. By permission of the Soprintendenza Archeologia, Belle Arti e Paesaggio per la Città

Metropolitana di Firenze e per le Province di Pistoia e Prato / Photo: Author.
36 Church of S. Francesco al Monte interior. By permission of the Soprintendenza Archeologia, Belle Arti e Paesaggio per la Città Metropolitana di Firenze e per le Province di Pistoia e Prato / Photo: Author.
37 Anon (Orazio Colombo), *Punishment and Execution of Untori or Plague-spreaders in Milan* (1630), after engraving by 'Bassano' or 'Francesco Vallato'. Wellcome Collection.

地图

3.1 Location of Lazaretti and quarantine centres around Florence.
4.1 Parish of S. Lorenzo: total infected with plague, October–December 1630. Source: ASF, Uffiziali di Sanità 463. Drawn by Stavroula Koutroumpi.
4.2 Parish of S. Lorenzo: plague burials, October–December 1630. Source: AVamfi, Morini C 259. Drawn by Stavroula Koutroumpi.
4.3 Parish of S. Lorenzo: total infected with plague, October 1630–September 1631. Source: ASF, Uffiziali di Sanità 464. Drawn by Stavroula Koutroumpi.

图表

1.1 Plague burials in Florence, 1630–1. Source: Anon., 'Letter to Francesco Rondinelli', Library of Carlo Cipolla.
1.2 Burials in the parish of S. Lorenzo, 1630–1. Source: Biblioteca Medicea Laurenziana, Archivio Capitolare di S. Lorenzo, 'Libri dei Morti', 46.
1.3 Burials in the parish of S. Lorenzo, 1620–39 (monthly burials and annual average). Source: Biblioteca Medicea Laurenziana, Archivio Capitolare di S. Lorenzo, 'Libri dei Morti', 41–8.
2.1 Parish of S. Lorenzo: numbers infected (1630–1) and sanitary survey (August 1630). Source: AVamfi, Morini C 258; ASF, Compagnie Religiose Soppresse da Pietro Leopoldo, 1418.
3.1 Admissions to hospitals and Lazaretti, 29 August–30 September 1630. Source: AVamfi, Morini C 258.
4.1 Plague burials in Florence: Lazaretti and Campisanti, August 1630–July 1631. Source: Anon., 'Letter to Francesco Rondinelli', Library of Carlo Cipolla.

表格

附录B 货币、重量和计量单位

货币

1斯库多=1弗洛林（*fiorino*）=6里拉

1里拉（*lira*）=20索尔多

1索尔多（*soldo*）=12德纳里（*denari*）

1克拉奇亚=1索尔多8德纳里

1朱里奥（*giulio*）=13索尔多4德纳里

重量

1磅（*Libbra*）=约为1/3千克

1盎司（*Oncia*）=1/12磅

容积

1斗（*staio*）谷物=18-20千克

1麻袋（*sacco*）=3斗

1摩桥桶（*Moggio*）=24斗或585升

1圆桶（*Barile*）=20广口瓶（fiaschi，油或葡萄酒）

长度

1卡纳（*canna*）=2.92米

1臂长/深（*Braccio*）=0.583米

参考F. Diaz, *Il Granducato di Toscana — I Medici* (Turin 1987), p. ix。

1630—1631年的收入水平

非技术性工人：每天25索尔多

技术性工人（熟练工匠）：每天40索尔多

参考<https://www.nuffield.ox.ac.uk/people/sites/allen-research-pages/>:
cells L354, K354。

注释

前言 欧洲及意大利的瘟疫与公共卫生状况

1 M. Guiducci, 'Panegirico al Serenissimo Ferdinando II Duca di Toscana per la liberazione di Firenze della peste' in F. Rondinelli, *Relazione del contagio stato in Firenze l'anno 1630 e 1633* (Florence, 1634), p. 123.

2 F. Giubetti, *Il cancelliero di sanità, cioè notizie di provisioni e cose concernenti la conserva- zione della sanità contro al contagio della peste cavate da suoi authori* (Florence, 1630), p. 3.

3 C.M. Cipolla, *Cristofano and the Plague: A Study of the History of Public Health in the Age of Galileo* (Cambridge, 1973), pp. 15–21; L. Del Panta, *Le epidemie nella storia demografica italiana, secoli XIV–XIX* (Turin, 1980), pp. 158–9; 以及最近发表的 G. Alfani, 'Plague in Seventeenth-century Europe and the Decline of Italy: An Epidemiological Hypothesis', *European Review of Economic History*, 17 (2013), pp. 408–30。

4 A. Tadino, *Raguaglio dell'origine et giornali successi della Gran Peste ...* (Milan, 1648), pp. 26, 77, as in Cipolla, *Cristofano,* pp. 15–16; Fondazione Treccani degli Alfieri, *Storia di Milano* (Milan, 1957), vol. 10, pp. 503–5.

5 关于其他国家对英国瘟疫政策影响的讨论，可参见 P. Slack, *The Impact of*

Plague in Tudor and Stuart England (London, 1985), pp. 207–19。

6　译自Giovanni Boccaccio, *Decameron* in *Giovanni Boccaccio, Tutte le opere*, ed. V. Branca (Florence, 1969), pp. 69–70。

7　请参见Daniel Defoe, *A Journal of the Plague Year*, ed. P. Backscheider (New York, 1992); 以及 Alessandro Manzoni, *The Betrothed and the History of the Column of Infamy*, ed. D. Forgacs and M. Reynolds (London, 1997)。

8　G. Alfani, 'Plague in Seventeenth-century Europe', pp. 408–30.

9　例如, I. Fosi, ed., *La Peste a Roma (1656–1657)* (Rome, 2006)。

10　National Archives (NA), London, SP 12/75/52.

11　Slack, *The Impact of Plague*, pp. 207–19.

12　关于意大利应对瘟疫措施的演变，详见A. G. Carmichael, 'Plague Legislation in the Italian Renaissance', *Bulletin of the History of Medicine*, 57 (1983), pp. 208–25, and G. Benvenuto, *La peste nell'Italia della prima età moderna. Contagio, rimedi, profilassi* (Bologna, 1995)。

13　National Archives (NA), London, SP 16/533/17, ff. 100r–104r, 110v–111r, 114r; discussed in H. Trevor-Roper, *Europe's Physician. The Various Life of Sir Thomas de Mayerne* (New Haven and London, 2006), pp. 306–11。

14　可参见Slack, *The Impact of Plague*。

15　L. Brockliss and C. Jones, *The Medical World of Early Modern France* (Oxford, 1997), p. 351.

16　另可参见W. Naphy and A. Spicer, *The Black Death and the History of Plagues, 1345–1730* (Stroud, 2000)。

17　M. Harrison, *Contagion: How Commerce Has Spread Disease* (New Haven and London, 2012), ch. 2.

18　G. Restifero, *Peste al confine. L'epidemia di Messina del 1743* (Palermo, 1984).

19　A. Corradi, *Annali delle epidemie in Italia dalle prime memorie al 1850* (Bologna, 1865–94, 1974 repr.); C. Creighton, *A History of Epidemics in Britain*: *From AD 664 to the Extinction of Plague* (Cambridge, 1891).

20 ‘Rapporto della Commissione sulle memorie presentate intorno alla peste orientale’, *Atti della Sesta Riunione degli Scienzati Italiani tenuta a Milano nel settembre MDCCCXLIV* (Milan, 1845), pp. 728–37, esp. p. 730.

21 B. Zanobio and G. Armocida, ‘Alfonso Corradi’ in *Dizionario biografico degli Italiani*, vol. 29 (Rome, 1983), pp. 313–15.

22 另可参见G. Cosmacini, *Storia della medicina e della sanità in Italia. Dalla peste europea alla guerra mondiale, 1348–1918* (Rome-Bari, 1987), pp. 349, 358–64。

23 C. Pogliano, ‘L’ utopia igienista (1870–1920)’, in *Malattia e Medicina. Storia d'Italia. Annali* 7, ed., F. Della Peruta (Turin, 1984), pp. 589–631, esp. pp. 592–9, 602–4, 613. 概述可见M. Pelling, *Cholera, Fever and English Medicine, 1825–1865* (Oxford, 1978), pp. 295–310, and ‘Contagion/Germ Theory/Specificity’, in W.F. Bynum and R. Porter, eds, *Companion Encyclopedia of the History of Medicine* (London and New York, 1993), ch. 16。

24 Corradi, *Annali*, vol. 3, p. 71.

25 S. Cohn, ‘The Black Death: End of a Paradigm’, *The American Historical Review*, 107.3 (2002), pp. 703–38, and *The Black Death Transformed: Disease and Culture in Early Renaissance Europe* (London, 2002).

26 Creighton, *A History of Epidemics*.

27 Zanobio and Armocida, ‘Alfonso Corradi’.

28 Creighton, *A History of Epidemics*, vol. 1, 174–6.

29 同上。

30 同上。

31 M.D. Grmek, ‘Les vicissitudes des notions d'infection, de contagion et de germe dans la médecine antique’, *Mémoires de Centre Jean Palerme*, V (Textes Medicaux Latins Anti- ques) (Sainte-Étienne, 1984), pp. 53–70; V. Nutton, ‘The Seeds of Disease: An explanation of contagion and infection from the Greeks to the Renaissance’ in V. Nutton, *From Democedes to Harvey: Studies in the History of Medicine* (London, 1988), pp. 15–34.

注释

32　M. Echenberg, *Plague Ports* (New York, 2007), 书中前两部分讨论了远东和印度次大陆历史上第三次大鼠疫的起因和传播，并请参见 C. Lynteris, *Ethnographic Plague: Configuring Disease on the Chinese-Russian Frontier* (London, 2016)。

33　Echenberg, *Plague Ports*, p. 11.

34　同上, Part 2。

35　可参见A.G. Carmichael, 'The Last Past Plague: The Uses of Memory in Renaissance Epidemics', *Journal of the History of Medicine and Allied Sciences,* 53.2 (1998), pp. 132–60。

36　Cipolla, *Cristofano*; C.M. Cipolla, *Public Health and the Medical Profession in the Renaissance* (Cambridge, 1976).

37　J.-N. Biraben, *Les hommes et la peste en France et dans les pays européens et méditerranéens* (Paris, 1976), 2 vols.

38　A. Cunningham, 'Transforming Plague: The Laboratory and the Identity of Infectious Disease', in A. Cunningham and P. Williams, eds, *The Laboratory Revolution in Medicine* (Cambridge, 1992), pp. 240–1.

39　G. Twigg, *The Black Death: A Biological Reappraisal* (London, 1984); S. Scott and C.J. Duncan, *Biology of Plagues: Evidence from Historical Populations* (Cambridge, 2001).

40　S. K. Cohn in 'The Black Death: End of a Paradigm'; *The Black Death Transformed*; *Cultures of Plague: Medical Thinking at the end of the Renaissance* (Oxford, 2010); and 'The Historian and the Laboratory: The Black Death Disease', in *The Fifteenth Century, XII: Society in an Age of Plague*, eds, L. Clark and C. Rawcliffe (Woodbridge, 2013), pp. 210–11。他认为在历史上，与黑死病的高死亡率不同，耶尔森结核病菌从未有过致命的毒质，并参见F. Cavalli, 'I ratti invisibili. Considerazioni sulla storia della peste in Europa nel medioevo e nella prima età moderna', *Quaderni Guarneniani*, 6 NS (2015), pp. 113–40。

41　O. J. Benedictow, *The Black Death, 1346–1353: The Complete History* (Woodbridge, 2004).

42   K. I. Bos, V. J. Schuenemann, B. Golding, H. A. Burbano, N. Waglechner, B. K. Coombes, J. B. McPhee, S. N. DeWitte, M. Meyer, S. Schmedes, J. Wood, D. J. D. Earn, D. A. Herring, P. Bauer, H. N. Poinar, J. Krause, 'A draft genome of Yersinia pestis from victims of the Black Death', *Nature*, 478 (2011), pp. 506–10.

43   L. K. Little, ed., *Plague and the End of Antiquity: The Pandemic of 541–750* (Cambridge, 2008); 另可参见V. Nutton的评述, 'Pestilential Complexities', *Social History of Medicine*, 22 (2009), pp. 177–9. 另见L.K. Little, 'Plague Historians in Lab Coats', *Past and Present*, 213 (2011), pp. 267–90; M. Green, ed., *Pandemic Disease in the Medieval World: Rethinking the Black Death* (Leeds, 2014); A. G. Carmichael, 'Plague Persistence in Western Europe: A Hypothesis', *The Medieval Globe*, 1.1: Article 8。

44   R. J. Palmer, 'The Control of Plague in Venice and Northern Italy, 1348–1600' (PhD thesis, University of Kent at Canterbury, 1978); P. Preto, *Peste e società a Venezia, 1576* (Venice, 1978); J. Stevens Crawshaw, *Plague Hospitals: Public Health for the City in Early Modern Venice* (Farnham, 2012); M.L. Leonard, 'Plague epidemics and public health in Mantua, 1463–1577' (PhD thesis, University of Glasgow, 2014); G. Albini, *Guerra, fame, peste. Crisi di mortalità e sistema sanitario nella Lombardia tardomedioevale* (Milan, 1982); S.K. Cohn, *Epidemics: Hate and Compassion from the Plague of Athens to AIDS* (Oxford, 2018), ch. 6; G. Asseretto, *Per la comune salvezza dal morbo contagioso. I controlli di sanità nella Repubblica di Genova* (Novi Ligure, 2011); A.G. Carmichael, *Plague and the Poor in Renaissance Florence* (Cambridge, 1986); Cipolla, *Cristofano*; E. Sonnino and R. Traina, 'La peste del 1656–57 a Roma: organizzazione sanitaria e mortalità', *La demografia storica delle città italiane* (Bologna, 1982); I. Fosi, ed., *La Peste a Roma (1656–1657)*, pp. 433–52; G. Calvi, 'L' oro, il fuoco, le forche: la peste napoletana del 1656', *Archivio Storico Italiano,* 139.3 (509), (1981), pp. 405–58; P. Lopez, *Napoli e la peste (1464–1530). Politica, istituzioni, problemi sanitari* (Milan, 1989); I. Fusco, *Peste, demografia e fiscalità nel regno di Napoli*

del XVII secolo (Milan, 2007).

45   A. Pastore, *Crimine e giustizia in tempo di peste nell'Europa moderna* (Rome, 1991); G. Benvenuto, *La peste nell'Italia della prima età moderna.*

46   C. Geddes da Filicaia and M. Geddes da Filicaia, *Peste. Il flagello di Dio fra letteratura e scienza* (Florence, 2015).

47   Stevens Crawshaw, *Plague Hospitals*; M. Grmek, 'Le concept d'infection dans l'antiquité et au moyen âge, les anciennes mesures sociales contre les maladies contagieuses et la fondation de la première quarantaine à Dubrovnik (1377)', *RAD. Jugoslavenske Akademije Znanosti I Umjetnosti*, 384 (1980), pp. 9–54; and Z.B. Tomic and V. Blažina, *Expelling the Plague: The Health Office and the Implementation of Quarantine in Dubrovnik, 1377–1533* (Montreal, 2015).

48   Albini, *Guerra*; Carmichael, *Plague and the Poor*, p. 120.

49   Fosi, ed., *La Peste a Roma*; Calvi, 'L'oro, il fuoco, le forche'; Lopez, *Napoli e la peste.*

50   Cipolla, *Cristofano*; C.M. Cipolla, *Faith, Reason and the Plague: A Tuscan Story of the Seventeenth Century* (Brighton, 1979); Cipolla, *Fighting the Plague in Seventeenth-Century Italy* (Madison, Wisconsin, 1991).

51   关于佛罗伦萨1630—1631年的鼠疫，请参见D. Lombardi, '1629–31: crisi e peste a Firenze', *Archivio storico italiano*, 137 (1979), pp. 3–50; D. Sardi Bucci, 'La peste del 1630 a Firenze', *Ricerche storiche*, 10 (1980), pp. 49–92; M.B. Ciofi, 'La peste del 1630 a Firenze con particolare riferimento ai provvedimenti igienico-sanitari e sociali', *Archivio storico italiano*, 142 (1984), pp. 47–75; G. Calvi, 'A Metaphor for Social Exchange: the Florence Plague of 1630', *Representations*, 13 (1986), pp. 139–63; and G. Calvi, *Histories of a Plague Year: The Social and the Imaginary in Baroque Florence* (Berkeley, Los Angeles and Oxford, 1989)。关于17世纪的托斯卡纳，请参见本书广泛引用的Carlo Cipolla的研究。

52   J. T. Alexander, *Bubonic Plague in Early Modern Russia: Public Health and Urban Disaster* (Oxford, 2003); N. Varlik, *Plague and Empire in the Early*

Modern Mediterranean World: The Ottoman Experience, 1347–1600 (Cambridge, 2015). See also Z.B. Tomic and V. Blažina, *Expelling the Plague* and the articles in L.K. Little, ed., *Plague and the End of Antiquity.*

53　Del Panta, *Le epidemie*, pp. 161, 169. 也请参见S. Cavallo's关于近代早期都灵的瘟疫政策的讨论：*Charity and Power in Early Modern Italy: Benefactors and their Motives in Turin, 1541–1789* (Cambridge, 1995)。

54　请参见Harrison, *Contagion*; Echenberg, *Plague Ports*。

55　Biraben, *Les hommes et la peste*; Slack, *The Impact of Plague*; R. S. Schofield, 'An Anatomy of an Epidemic: Colyton, November 1645 to November 1646', in *The Plague Reconsidered: A new look at its origins and effects in 16th and 17th Century England*, ed. P. Slack (Matlock, 1977), pp. 95–126; J. A. I. Champion, *London's Dreaded Visitation: The Social Geography of the Great Plague in 1665*, Historical Geography Research Series, no. 31 (London, 1995); G. Twigg, *The Black Death*; N. Cummins, M. Kelley and C. ÓGráda, 'Living Standards and Plague in London, 1560–1665', *The Economic History Review*, 69 (2016), pp. 3–34.

56　例如，L. Del Panta, 'Cronologia e diffusione della crisi di mortalità in Toscana dalla fine del XIV agli inizi del XIX secolo', *Ricerche storiche*, 7.2 (1977), pp. 293–343; Cipolla, *Fighting the Plague*; Sonnino and Traina, 'La peste del 1656–57 a Roma'; Fusco, *Peste, demografia e fiscalità nel regno di Napoli*; Alfani, 'Plague in seventeenth-century Europe'。

57　B. Litchfield, *Florence Ducal Capital, 1530–1630* (ACLS Humanities E-Book, New York, 2008). 请参见 J. Henderson and C. Rose, 'Plague and the City: Methodological Considerations in Mapping Disease in Early Modern Florence', in *Mapping Space, Sense, and Movement in Florence: Historical GIS and the early modern city*, ed. N. Terpstra and C. Rose (London, 2016), pp. 125–46; J. Henderson, '"La schifezza, madre della corruzione", Peste e società della Firenze della prima età moderna', 1630–1631 *Medicina e storia. Rivista di storia della medicina e della sanità*, 2 (2001), pp. 23–56。本书融入了这些文章中的一些研究和发现，其他内容将在

注释

未来的研究课题中进一步探讨。

58　例如，请参见N. Terpstra and C. Rose (eds), *Mapping Space, Sense, and Movement in Florence: Historical GIS and the early modern city* (London, 2016)。

59　B. Pullan, 'Plague and Perceptions of the Poor in Early Modern Italy', in T. Ranger and P. Slack, eds, *Epidemics and Ideas* (Cambridge, 1992), pp. 101–23.

60　A. Carmichael, *Plague and the Poor*; S.K. Cohn, *Cultures of Plague*, ch. 7.

61　J. Henderson, *Piety and Charity in Late Medieval Florence* (Oxford, 1994, Chicago, 1997), ch. 2, 7, 8.

62　J. Henderson, 'Coping with Plagues in Renaissance Italy', in *The Fifteenth Century, XII: Society in an Age of Plague*, ed. L. Clark and C. Rawcliffe (Woodbridge, 2013), pp. 175–94.

63　J. Amerlang, *A Journal of the Plague Year: The Diary of the Barcelona Tanner Miquel Parets 1651* (Oxford, 1991).

64　Calvi, *Histories*; Pastore, *Crimine e giustizia*.

65　W. G. Naphy, *Plagues, Poisons and Potions. Plague-Spreading Conspiracies in the Western Alps, c. 1530–1640* (Manchester, 2003).

66　E. Diana, *Sanità nel Quotidiano. Storie minute di medici, cerusici e pazienti* (Florence, 1995).

67　Slack, *The Impact of Plague*, ch. 5 and 6; Champion, *London's Dreaded Visitation*. 另可参见G. Alfani and S. Cohn Jr, 'Nonontola 1630. Anatomia di una pestilenza e meccanismi del contagio. Con riflessioni a partire dalle epidemie milanesi della prima età modern', *Popolazione e Storia*, 2 (2007), pp. 99–138.

68　K. Wrightson, *Ralph Tailor's Summer: A Scrivener, His City and the Plague* (New Haven and London, 2011); A.L. and D.G. Moote, *The Great Plague: The Story of London's Most Deadly Year* (Baltimore and London, 2004).

69　G. Pomata, *Contracting a Cure: Patients, Healers and the Law in Early Modern Bologna* (Baltimore and London, 1998); D. Gentilcore, *Healers and Healing in Early Modern Italy* (Manchester, 1998).

70　J. Arrizabalaga, 'Facing the Black Death: perceptions and reactions of university medical practitioners', in L. Garcia-Ballester, R. French, J. Arrizabalaga, and A. Cunningham, eds, *Practical Medicine from Salerno to the Black Death* (Cambridge, 1994), pp. 237–88; Cohn, *Cultures of Plague*.

71　C. Jones, 'Plague and its Metaphors in Early Modern France', *Representations*, 53 (1996), pp. 112, 109.

72　C. Rawcliffe, *Medicine for the Soul: The Life, Death and Resurrection of an English Medieval Hospital* (Stroud, 1999); J. Henderson, *The Renaissance Hospital: Healing the Body and Healing the Soul* (New Haven and London, 2006).

73　C. M. Boeckl, *Images of Plague and Pestilence: Iconology and Iconology* (Kirksville, Missouri, 2000); G.A. Bailey et al. (eds), *Hope and Healing: Painting in Italy in a Time of Plague, 1500–1800* (Chicago, 2005); S. Barker, 'Art, Architecture and the Roman Plague of 1656– 1657', in I. Fosi (ed.) *La peste a Roma*, pp. 243–62; S. Barker, 'Plague Art in Early Modern Rome: Divine Directives and Temporal Remedies', in Bailey et al. (eds), *Hope and Healing*, pp. 45–64; L. Marshall, 'Manipulating the Sacred: Image and Plague in Renaissance Italy', *Renaissance Quarterly*, 47 (1994), pp. 485–53 and L. Marshall, 'Reading the Body of a Plague Saint: Narrative Altarpieces and Devotional Images of St. Sebastian in Renaissance Art', in B.J. Muir, ed., *Reading Texts and Images: Essays on Medieval Renaissance Art and Patronage* (Exeter, 2002), pp. 237–71.

74　Calvi, *Histories*, ch. 5; S. Barker, 'Miraculous Images and the Plagues of Italy, ca. 1590–1656', in *Saints, Miracles and the Image: Healing Saints and Miraculous Images in the Renaissance*, ed. S. Cardarelli and L. Fenelli (Turnhout, 2018), pp. 29–52. 对Sheila Barker允许笔者在发表之前阅读这篇文章深表感激。

75　K. Wilson Bowers, *Plague and Public Health in Early Modern Seville* (Rochester, 2013).

76　Cohn, *Epidemics*.

注释

77　Alfani, 'Plague in Seventeenth-century Europe'.

78　J. Henderson, 'Public Health, Pollution and the Problem of Waste Disposal in Early Modern Tuscany', in *Economic and Biological Interactions in Pre-industrial Europe from the 13th to the 18th Centuries*, ed. S. Cavaciocchi (Florence, 2010), pp. 373–82.

79　C. Rawcliffe, *Urban Bodies: Communal Health in Late Medieval English Towns and Cities* (Woodbridge, 2013); G. Geltner, 'Healthscaping a Medieval City: Lucca's Curia viarum and the Future of Public Health History', *Urban History*, 40 (2013), pp. 395–415.

80　微观史的研究已经非常广泛。关于近期颇有参考价值的讨论，请参见John Brewer, 'Microhistory and the Histories of Everyday Life', *Cultural and Social History*, 5 (2010), pp. 1–16, 作者在文中对这一领域的众多研究方法进行了总结；以及F. de Vivo, 'Prospect or Refuge? Microhistory, History on the Large Scale: A Response', *Cultural and Social History*, 7.3 (2010), pp. 387–97。若想对研究近代早期瘟疫流行病的微观史方法有更深入全面的了解，请参见Wrightson, *Ralph Tailor's Summer*, pp. xi–xiii。

第一章　鼠疫入侵近代早期的意大利

1　译自A. Manzoni, *I promessi sposi*, ed. A. Asor Rosa (Milan, 1965), pp. 517–18。

2　Defoe, *A Journal of the Plague Year*.

3　Cipolla, *Cristofano*, pp. 15–21; Del Panta, *Le epidemie nella storia demografica italiana (secoli XIV–XIX)*, pp. 158–9; 以及近期发表的Alfani, 'Plague in Seventeenth-century Europe', pp. 408–30。

4　关于米兰的鼠疫，请参见Treccani degli Alfieri, *Storia di Milano*, vol. 10, pp. 498–557; Cohn, *Epidemics*, ch. 6；关于更早期的研究，参见G. Albini, *Guerra, fame, peste*。

5　M. Abrate, *Popolazione e peste del 1630 a Carmagnola* (Turin, 1972), pp. 60–71;

A. Brighetti, *Bologna e la peste del 1630* (Bologna, 1968), p. 35.

6　Cipolla, *Cristofano*, pp. 38–40.

7　关于都灵瘟疫，请参见Cavallo, *Charity and Power in Early Modern Italy*, pp. 44–57; 关于附近卡尔马尼奥拉的情况，请参见Abrate, *Popolazione e peste*; 关于维罗纳，请参见Cohn, *Cultures of Plague*, pp. 131–6, and L. Camerlengo, 'Il Lazzaretto a San Pancrazio e l'Ospedale della Misericordia in Bra. Le forme dell'architettura', in *L'Ospedale e la città. Cinquecento anni d'arte a Verona*, eds, A. Pastore, G.M. Varanini, P. Marini and G. Marini (Verona, 1996), pp. 179–91。

8　Del Panta, *Le epidemie*, p. 160, table 24.

9　Cipolla, *Fighting the Plague*, p. 100, table A.1; Del Panta, *Le epidemie*, p. 168; Alfani, 'Plague in Seventeenth-century Europe'.

10　Rondinelli, *Relazione*, p. 42.

11　ASF Sanità, Negozi 144, 7.xi.1629; 145, f. 14r, 1.i.1630 (也被引用为Sanità, Negozi).

12　Rondinelli, *Relazione*, p. 21.

13　Sanità, Negozi 147, f. 6r, 1.vi.30.

14　Sanità, Negozi 147, f. 12r, 2.vi.30.

15　Rondinelli, *Relazione*, p. 21.

16　P. Malpezzi, (ed.), *I bandi di Bernardino Spada durante la peste del 1630 in Bologna* (Faenza, 2008), p. 228.

17　Sanità, Rescritti 37, ff. 49r–v, 13.vi.30. 这项法规记录在L. Cantini, *Legislazione toscana raccolta e illustrata*, vol. 15 (Florence, 1805), pp. 236–7。

18　参见D. Panzac, *Quarantaines et lazarets. L'Europe et la peste d'Orient (XVII–XX siècles)*, (Aix-en-Provence, 1986); Biraben, *Les hommes et la peste*, vol. 2, pp. 84ff.; A.D. Cliff, M.R. Smallman-Raynon and P.M. Stevens, 'Controlling the geographical spread of infectious disease: Plague in Italy, 1347–1851', *Acta med-hist Adriat*, 7–1 (2009), pp. 197-236。

19　参见Biraben, *Les hommes et la peste*, vol. 1, pp. 230–40。

20　另可参见Alfani, 'Plague in seventeenth-century Europe'.

注释

21　这些措施记录在 Sanità, Copialettere 55, ff. 1r, 3r–v, 16v, Cipolla, *Cristofano*, pp. 38–40对此也进行了讨论。

22　Rondinelli, *Relazione*, pp. 21–2. 关于警卫人员的甄选和薪水，请参见 F. Giubetti, *Il cancelliero di sanità. Notizie concernenti la conservazione della sanità contro al contagio di peste* (Florence, 1630), pp. 9–11。

23　Sanità, Negozi 147, f. 533r, 22.vi.1630.

24　请参见 Calvi, *Histories*, ch. 1, 'The External Dangers'，其中作者对佛罗伦萨卫生委员会起诉的10起涉及旅行的案件进行了讨论。

25　Sanità, Negozi 147, ff. 8r, 45r.

26　Sanità, DP 6, f. 6r, 1.vii.1630.

27　Sanità, Negozi 149, ff. 222r–225r, 3.viii.30. 并请参见 Calvi, *Histories*, pp. 22–4。

28　Sanità, Negozi, ff. 222r–v.

29　同上，f. 223r。

30　同上，f. 224r。

31　同上，f. 91r。

32　同上，f. 91r。

33　同上，147, ff. 51r–52v, 5.vi.30。

34　Sanità, Rescritti 37, f. 41r.

35　Sanità, DP 6, f. 6v, 1.vii.30.

36　Rondinelli, *Relazione*, pp. 40–41.

37　Sanità, DP 6, f. 6v, 1.vii.30页边空白处。

38　另可参见 Barker, 'Plague Art in Early Modern Rome', pp. 45–64, esp. p. 47.

39　Sanità, Rescritti 37, f. 6r; f. 83v, 1.vi.1630; DP 6, f. 6v, 1.vii.1630.

40　Sanità, Negozi 147, f. 20r.

41　另可参见 C. M. Cipolla, *I pidocchi e il Granduca. Crisi economica e problemi sanitari nella Firenze del '600* (Bologna, 1979); B. Litchfield, *Florence ducal capital, 1530–1630*; 关于更宏观的讨论，请参见 G. Alfani, 'Italy', in *Famines in European History*, ed. G. Alfani and C. Ó Gráda (Cambridge, 2017), ch. 2。

42 Sanità, Negozi 147, ff. 7r–v.

43 Rondinelli, *Relazione*, p. 24.

44 Sanità, Rescritti 37, f. 111r, 24.vii.30: 'limoni a some o in casse'.

45 Sanità, Negozi 147, ff. 10r–v.

46 关于这一主题，参见Cohn, *Cultures of Plague*, ch. 8; Henderson, 'Public Health, Pollution and the Problem of Waste Disposal in Early Modern Tuscany', pp. 373–82; S. Cavallo and T. Storey, *Healthy Living in Late Renaissance Italy* (Oxford, 2013)。

47 参见C.M. Cipolla, *Miasmas and Disease: Public Health and the Environment in the Pre-Industrial Age* (New Haven and London, 1992)。

48 参见Cipolla, *I pidocchi*, pp. 63–5。

49 Sanità, Negozi, 147, f. 791r, 30.vi.30.

50 请参见Carole Rawcliffe, *Urban Bodies*; Geltner, 'Healthscaping a Medieval City, pp. 395–415。

51 Sanità, Negozi 147, f. 58r, 7.vi.1630.

52 Rondinelli, *Relazione,* p. 23.

53 所有当时对于这场鼠疫源头的记录都指向特雷斯皮亚诺，例如Rondinelli, *Relazione*; Luca di Giovanni di Luca Targioni, 'Relazione della Peste di Firenze negli Anni 1630 e 1631, scritta da Luca di Giovanni di Luca Targioni' in Giovanni Targioni Tozzetti, *Notizie degli aggrandimenti delle scienze fisiche: accaduti in Toscana nel corso di anni LX del secolo XVII* (Florence, 1780), 111, pp. 302–3。

54 关于下文内容，请参见Rondinelli, *Relazione,* pp. 42–3。

55 同上。

56 同上。

57 Alfani在'Plague in seventeenth-century Europe'也支持了这一观点；关于那不勒斯王国的情况，请参见I. Fusco, *Peste, demografia e fiscalità nel regno di Napoli* and I. Fusco, 'La peste del 1656–58 nel Regno di Napoli: diffusione e mortalità', *Popolazione e Storia* 10.1 (2009), pp. 115–38。

58 Sanità, Rescritti 37, f. 139r, 1.viii.30.

59 关于卫生委员会的命令，请参见Sanità, DP 6, ff. 40r–41r, 2.viii.30, Rondinelli, *Relazione,* p. 43对其进行了总结。

60 Rondinelli, *Relazione,* p. 43.

61 Sanità, Negozi 149, f. 114r.

62 同上，ff. 241r–v。

63 同上，f. 356r。

64 Sanità, Negozi 149, f. 629r.

65 关于下文内容，可参见Sanità, DP 6, f. 44r, 7.viii.30。

66 同上，f. 44v, 7.viii.30。

67 Sanità, Negozi 149, ff. 804r–v, 16.viii.30.

68 同上，f. 1118r。

69 同上，ff. 1251r–v, 1263r。

70 同上，ff. 1261r–1263r。

71 同上，ff. 1427r–v。

72 同上，150, f. 1091r, 22.ix.30。

73 同上，150, f. 211r: 1630年9月4日，巴迪亚·菲耶索拉纳隔离医院负责人吉罗拉莫·瓜在西报告称'Ho voluto mandarli destintamente la nota di tutti i morti dal 25 giugno 1630 sino al dì d'oggi', 这表明菲耶索拉纳隔离医院已在6月25日开放了。

74 同上，149, f. 654r, 13.viii.30。

75 同上，f. 794r, 16.viii.30。

76 同上，f. 1619r, 31.viii.30。

77 同上，f. 1619r, 31.viii.30。

78 同上，150, f. 211r, 4.ix.30。

79 同上，f. 861r, 17.ix.30。

80 同上，f. 1422r, 30.ix.30。

81 同上，f. 481r, 10.ix.30。

82 同上，f. 269r, 5.ix.30。

83 Alfani, 'Plague in seventeenth-century Europe'; Alfani and Cohn, 'Nonontola 1630', pp. 99–138; and Cipolla, *Fighting the Plague*，记录了托斯卡纳乡村地区的渡情。

84 Slack, *The Impact of Plague*, pp. 54–5.

85 Rondinelli, *Relazione*记录了此次瘟疫流行的不同阶段。Sanità, DP 6记录了佛罗伦萨最初发现的鼠疫病例和卫生委员会在1630年8月所采取的措施。

86 Del Panta, *Le epidemie,* p. 60, table 24; Cipolla, *Fighting the Plague,* p. 100, table A.1; Sardi Bucci, 'La peste del 1630', pp. 67–77.

87 1632年人口普查的史料存于Biblioteca Nationale Centrale di Firenze（BNCF）中，Palatino EB XV.2，1622年的摘要参见BNCF, Magl. 11.1.240, f. 4r，并请参见Ciofi, 'La peste del 1630 a Firenze', pp. 52–3, and Sardi Bucci, 'La peste del 1630', pp. 70–72。关于人口普查的时间点，请参见ASF, Pratica Segreta 178, ff. 258r–259r and 363r–364v。关于这一问题的讨论，请参见K.J. Beloch, *Storia della popolazione d'Italia* (trans. *Bevölkerungsgeschichte Italiens*, Berlin and Leipzig, 1937–61) (Florence, 1994), pp. 276–8。

88 ASF, Carte Strozziane, ser. 1, XXIX.16, ff. 112v–113r.

89 Sanità, Negozi 154, f. 471r, 10.i.1631.

90 BNCF, Magl. 11.1.240, f. 4r in 1422. 这一数字还包括佛罗伦萨城内各机构收养的以及需送到城外奶妈那里哺乳的弃婴。

91 该数字来自一封寄给弗朗切斯科·龙迪内利的信，出自大公外交官发给英国宫廷的未出版报告集。手稿由已故的卡洛·奇波拉私人图书馆提供，对其发给笔者复印件以及允许引用这一研究发现，我深表感激。总人数包括鼠疫死者以及受洗礼的婴儿（M. Lastri, *Ricerche sull'antica e moderna popolazione della città di Firenze per mezzo dei registri del Battistero di S. Giovanni* (Florence, 1775), pp. 61–2），是前20天的估算值。

92 实际情况是，在1630年7月，许多佛罗伦萨的富裕家庭可能并不在城内，因为按照习惯他们会在夏天离开城市（避暑），这也就进一步证实了这一数字低于佛罗伦萨实际人口数的假设。对于富人来说，夏天避开高温和潮湿环境的习惯由来已久，其中医生的建议也起到了一定作用。他们建议在瘟疫年，"最主要且最安全的方法便是逃离有害的空气……提早离开，也不要着急回城"：J. Soldi, *Antidotario per il tempo della peste* (Florence, 1630), p. 28。所以，对1630—1631年鼠疫暴发前夕佛罗伦萨面临疫情威胁的人口数的估算仍须进一步评估。尽管龙迪内利（Rondinelli, *Relazione*, p. 34）记录道佛罗伦萨贵族的死亡人数很低，但尚不清楚这一说法是只包括男性（因为很多显贵家族的男子仍留在了城内）还是也包括他们逃离了佛罗伦萨的家人。

93　C. M. Cipolla, 'The "Bills" of Mortality of Florence', *Population Studies,* 23 (1978), pp. 54–8.

94　Sanità, Negozi 149, f. 5r, 1.viii.1630.

95　同上，ff. 121r–v, 404r。

96　Del Panta, 'Cronologia e diffusione delle crisi di mortalità', pp. 315–16; Cipolla, *Faith, Reason and the Plague*, pp. 79–84; Sonnino and Traina, 'La peste', p. 40.

97　请参见Cohn, *Epidemics*, pp. 136–60。

98　G. Baldinucci, *Quaderno. Peste, guerra e carestia nell'Italia del Seicento*, ed. B. Dooley (Florence, 2001), pp. 68–9.

99　Sanità, Negozi 150, ff. 214r–215v.

100　同上，ff. 215r–v。

101　关于米兰"涂油者"更为详细的讨论，请参见Cohn, *Epidemics*, ch. 6。

102　Sanità, Negozi 150, f. 215r; 关于这起事件的讨论，还请参见Calvi, *Histories*, pp. 25–7。

103　Sanità, Negozi 150, ff. 852r–858r, 17.ix.1630. 关于这起事件的详细讨论，还请参见Calvi, *Histories*, pp. 182–92。

104　见本书第七章，以及Calvi, 'A Metaphor for Social Exchange', pp. 139–63, and Calvi, *Histories*。

105　Sanità, Negozi 149, ff. 682r–v: 13.viii.1630. 这些要求在9月初再次被重申：Sanità, Negozi 150, ff. 52r–v。

106　Sanità, Negozi 150, ff. 1148r–1149r, 29.ix.1630.

107 同上，152, ff. 377r–v。

108 另可参见本书第七章对这起事件的讨论，以及Calvi, *Histories*, pp. 76–8。

109 Archivio Arcivescovile di Firenze, S. Pier Gattolini, Libri dei Morti, 1576–1727, vol. 2, f.1v, 10. Oct. 1630.

110 Sanità, DP 6, ff. 152r–v, 6.x.1630.

111 P. Pieraccini, 'Note di demografia fiorentina. La parrocchia di S. Lorenzo dal 1652 al 1751', *Archivio storico italiano*, ser. 7, 83 (1925), pp. 44–5.

112 Del Panta, 'Cronologia', pp. 298–9; Cipolla, *Fighting the Plague*, pp. 81–3.

113 Rondinelli, *Relazione*, pp. 26–7.

114 Del Panta, *Le epidemie*, pp. 54–63; Cipolla, *I pidocchi*. 另可参见Schofield, 'An Anatomy of an Epidemic', pp. 98–101。

115 Cipolla, *I pidocchi*, p. 33; Cipolla, *Faith, Reason and the Plague*, pp. 83–5.

116 Cipolla, *Fighting the Plague*, pp. 80–83; Sonnino and Traina, 'La peste', pp. 450–1 n. 37.

117 Cipolla, *Fighting the Plague*, pp. 100–1, tables A.1 and A.2.

第二章　药物、环境与穷人

1 Sanità, Rescritti, 37, f. 139r, 1.viii.1630.

2 D. Catellacci, ed., 'Curiosi ricordi del contagio di Firenze nel 1630', *Archivio storico italiano*, ser. 5, 20 (1897), p. 381; Litchfield, *Florence Ducal Capital*, ch. 7 n. 10, 书中认为这位传染病史学家可能是佛罗伦萨卫生委员会大臣富尔维奥·朱贝蒂。

3 Cipolla, *Fighting the Plague*, p. 100, table A.1; Brighetti, *Bologna*, p. 39，请参见其中附录2中的文件。

4 对于医学理论和瘟疫的讨论，还请参见Calvi, *Histories*, pp. 59–70。

5 Brighetti, *Bologna*, pp. 40–8. 关于威尼斯，参见P. Preto, *Peste e società a Venezia, 1576* (Venice, 1978), pp. 48–51; Palmer, 'The Control of Plague in Venice and Northern Italy, 1348–1600', pp. 112–22; Cohn, *Cultures of Plague*, ch.6。

6   Rondinelli, *Relazione,* pp. 26–7.

7   A. Righi, *Historia contagiosi morbi qui Florentiniam popolatus fuit anno 1630* (Florence, 1633), p. 7.

8   Henderson, *Piety and Charity*, pp. 401–5.

9   Catellacci, 'Curiosi ricordi', p. 383; Righi, *Historia*, ch. 36 中关于这种病究竟是否鼠疫有一些更为详尽的医学观点，请参见Calvi的讨论*Histories*, pp. 60–9。

10   Rondinelli, *Relazione*, p. 40. Cf. Sanità, Negozi 149, ff. 1470r–1471r, report of college. 关于16世纪医师学院的历史，请参见L. Sandri, 'Il Collegio Medico Fiorentino e la riforma di Cosimo I: origini e funzioni (secc. XIV–XVI)', in *Umanesimo e università in Toscana (1300–1600)*, ed. S.U. Baldassari, F. Ricciardelli and E. Spagnesi (Florence, 2012), pp. 183–211。

11   A. Castiglioni, *A History of Medicine* (New York, 1957 [1941]), p. 457.

12   Stefano Roderico de Castro, *Il curioso nel quale dialogo si discorre del male di peste* (Pisa, 1631), p. 19. 关于德·卡斯特罗家族，请参见J. Arrizabalaga, 'Medical Ideals in the Sephardic Diaspora: Rodrigo De Castro's Portrait of the Perfect Physician in early Seventeenth-Century Hamburg', *Medical History*, Suppl. (2009), 29, pp. 107–24。

13   G. Fracastoro, *De contagione et contagiosis morbis et eorum curatione*, ed. and trans. W.C. Wright (New York, 1930), pp. 9–21.

14   Antonio Pellicini, *Discorso sopra de' mali contagiosi pestilenziali. Raccolto dall'Eccellentissimo Sig. Antonio Pellicini d'ordine del Collegio dei Medici Fiorentini. Per comandamento del Serenissimo Gran Duca di Toscana* (Florence, 1630), p. 9.

15   Fracastoro, *De contagione*, pp. 14–17.

16   C. and G. Singer, 'The scientific position of Girolamo Fracastoro [1478?–1553] with especial reference to the source, character and influence of his theory of infection', *Annals of Medical History*, 1 (1917), p. 5.

17   Righi, *Historia*, p. 60; 关于近代早期英国，另可参见A. Wear, *Knowledge and*

Practice in English Medicine, 1550–1680 (Cambridge, 2000), p. 284.

18　Rondinelli, *Relazione,* pp. 28–30.

19　同上，pp. 30, 40; 关于饮食所起的作用，另可参见Righi, *Historia*, pp. 23–6。

20　Righi, *Historia*, p. 17; De Castro, *Il curioso*, p. 9. 体液腐烂和传染病之间的关联是Giambattista da Monte研究的中心主题，而这恰好与弗拉卡斯托罗的观点相悖: V. Nutton, 'The reception of Fracastoro's Theory of contagion: the seed that fell among thorns?', *Osiris*, 6 (1990), pp. 201, 205–6。

21　De Castro, *Il curioso*, p. 9.

22　Righi, *Historia*, pp. 11–12; Calvi, *Histories*, pp. 65, 262 n. 21.

23　Pastore, *Crimine e giustizia in tempo di peste nell'Europa moderna*, p. 188.

24　在*Cultures of Plague*, ch. 7中，科恩认为正是1575—1576年的鼠疫让人们开始特别关注贫穷和传染病之间的联系，尤其是诸如像饥荒、不良的住房和卫生条件等情况。

25　De Castro, *Il curioso*, p. 15.

26　同上，p. 19。

27　对于最新的研究方法，请参见 Carole Rawcliffe, *Urban Bodies,* and Geltner, 'Healthscaping a Medieval City', pp. 395–415。

28　Cohn, *Cultures of Plague*, pp. 202–7.

29　同上，pp. 216–19。

30　Giubetti, *Notizie concernenti la conservazione della sanità.*

31　同上，p. 20。

32　Sanità, DP6, f.3v, 26.vi.1630.

33　Giubetti, *Notizie concernenti la conservazione della sanità,* p. 21; Rondinelli, *Relazione,* p. 56.

34　Rondinelli, *Relazione,* p. 56.

35　Giubetti, *Notizie concernenti la conservazione della sanità*, p. 21; Rondinelli, *Relazione,* pp. 24–5.

36　ASF, Torrigiani, Appendix 17.1, Cap. XVI, f. 152r: Giubetti, *Notizie concernenti la conservazione della sanità*, pp. 22–3.

37   Targioni, 'Relazione della Peste'; ASF, Torrigiani, Appendice 17.1, p. 307;
      Rondinelli, *Relazione,* p. 58.

38   参见Cipolla, *Miasmas and Disease*。

39   Sanità, Negozi 138, f. 1058r, 3.i.1621; 另可参见Cipolla, *Miasmas and Disease*,
      pp. 13–14。

40   Rondinelli, *Relazione,* p. 150; 还引自Calvi, *Histories*, p. 4。

41   Pellicini, *Discorso*, p. 13.

42   Brighetti, *Bologna*, p. 39.

43   Mario Guiducci, 'Panegirico' p. 124.

44   ASF, Compagnie Religiose Soppresse da Pietro Leopoldo (CRS), 1418, no. 12 (Sesto
      di S. Giorgio). 关于该兄弟会的历史和成员情况，参见N.A. Eckstein, 'Florence
      on foot: an eye-level mapping of the early modern city in time of plague',
      Renaissance Studies, 30 (2015), pp. 1–25。

45   S. Barker, 'Plague Art in Early Modern Rome', p. 51, and more generally Boeckl,
      Images of Plague and Pestilence, p. 184 n. 102.

46   Sanità, Copialettere 15, f. 102r.

47   Guiducci, 'Panegirico', p. 124.

48   Sanità, Negozi 155, ff. 259r–v: undated, but about 8 February 1631.

49   Eckstein, 'Florence on foot'.

50   ASF, CRS, 1418.6 A.II, no. 12. 原手稿页码未标注，因此参考了在各区的调查内
      容和日期。

51   Sanità, DP 6, f. 80r, 27.viii.1630.

52   ASF, CRS, 1418, Sesto di S. Croce, visita no. 7 (20.viii.1630).

53   ASF, CRS, 1418.6 A.11, Sesto di S. Giovanni, 16.viii.1630, no. 206.

54   Cipolla, *Miasmas and Disease*, pp. 23, 64. Cf. Andrea Zagli et al., *Maladetti
      beccari: storia dei macellari fiorentini dal Cinquecento al Duemila* (Florence,
      2000). 专门针对屠夫的法令并不是一个新发明，它是中世纪卫生法律体系中的

常见主题，也是佛罗伦萨黑死病时期所采取的手段之一。请参见J. Henderson, 'The Black Death in Florence: Medical and Communal Responses', in *Death in Towns*: *Urban Responses to the Dying and the Dead, 100–1600*, ed. S. Bassett (Leicester, 1992), p. 143。

55 ASF, CRS, 1418.6 A.II: Sesto di S. Giovanni, Relazione 15, 13 August.

56 同上, Sesto di S. Giovanni, Relazione 9。

57 同上, Sesto di S. Maria Novella, Relazione 15, 13.viii.1630。

58 同上, Sesto di S. Maria Novella, Relazione 15, 13 August; 此条目在调查报告的结尾, 日期标记为8月23日。

59 同上, Sesto di S. Giovanni, Relazione 11, 16 August。

60 同上, dated 19.viii.1630。

61 Sanità, Negozi 149, f 405r, 8.viii.1630.

62 ASF, CRS, 1418.6A, Sesto di S. Giovanni, Relazione 11, 16 August.

63 同上, Sesto di S. Ambrogio, Relazione 3, 11.viii.1630。

64 同上, Sesto di S. Giovanni, Relazione 11, 16.viii.1630。

65 同上。

66 同上。

67 同上, Sesto di S. Giovanni, Relazione 11, 16.viii.1630: 房间号是205。

68 同上, Sesto di S. Ambrogio, Relazione 3, 11.viii.1630。

69 同上。

70 G. Cascio Pratilli and L. Zangheri, *La legislazione medicea sull'ambiente* (Florence, 1993–8), vol. 2: *I bandi (1621–1737),* pp. 511–12, 9.iii.1643/4; 其他法令可参见L. Cantini, *Legislazione toscana raccolta e illustrata* (Florence, 1800–8). This is also outlined in Cipolla, *I pidocchi*, pp. 60–7。

71 参见Cipolla, *I pidocchi*, pp. 60–7。

72 Sanità, Negozi 151, f. 802r, 17.x.1630.

73 同上, 149, f. 1572r, 30.viii.1630。

74 ASF, CRS, 1418.6A, Sesto di S. Ambrogio, Relazione 3, of 11.viii.1630, passage

注释   397

dated 22.viii.1630.

75 Sanità, Negozi 150, f. 53r, ?2.ix.1630.

76 F. Rondinelli, *Relazione*, p. 24.

77 ASF, CRS, 1418.6A, Sesto of Santa Maria Novella, Relazione 15, 22.viii.1630.

78 Rondinelli *Relazione*, pp. 24–5.

79 Giubetti, *Notizie concernenti la conservazione della sanità*, p. 28.

80 Rondinelli, *Relazione*, p. 25.

81 同上, p. 24。

82 D. Lombardi, *Povertà maschile, Povertà femminile. L'Ospedale dei Mendicanti nella Firenze dei Medici* (Bologna, 1988), ch. 1; Cipolla, *I pidocchi*.

83 Sanità, Rescritti 37, f. 186r, 23.viii.1630.

84 Giubetti, *Notizie concernenti la conservazione della sanità*, p. 28.

85 Cantini, *La legislazione*, vol. 16, p. 86, 23.viii.1630.

86 Sanità, DP 6, f. 70v.

87 请参见'Figliuoli derelitti che si tenghono in Via del Giardino'的记录, Sanità 466。

88 Sanità, DP 6, f. 188v, 27.x.1630.

89 Catellacci, 'Curiosi ricordi', p. 383.

90 请参见T. Storey, *Carnal Commerce in Counter-Reformation Rome* (Cambridge, 2008), pp. 172–5; and T. Storey, 'Prostitution and the Circulation of Second-hand Goods in Seventeenth-century Rome', in L. Fontaine, ed., *Alternative Exchanges: Second-Hand Circulations from the Sixteenth Century to the Present* (Oxford, 2007)。

91 Rondinelli, *Relazione*, p. 57。

92 Cohn, *Cultures of Plague*, pp. 213, 218–19.

93 K. Stow, 'Was the Ghetto Cleaner...?', in M. Bradley and K. Stow, eds, *Rome, Pollution and Propriety: Dirt, Disease and Hygiene in the Eternal City from Antiquity to Modernity* (Cambridge, 2012), pp. 169–70.

94 S.K. Cohn, 'The Black Death and the Burning of Jews', *Past & Present*, 196 (August 2007), pp. 3–36.

95   Sanità, Negozi 149, f. 84r, early August 1630.

96   Sanità, DP 6, f. 54v.

97   E. Sonnino, 'Cronache delle peste a Roma. Notizie dal Ghetto e lettere di Girolamo Gastaldi (1656–1657)', in Fosi, ed., *La Peste a Roma (1656–1657)*; and D. Gentilcore, 'Purging Filth: Plague and Responses to it in Rome, 1656–7', in Bradley and Stow, eds, *Rome, Pollution and Propriety*, p. 158.

98   Sanità, Negozi 155, f. 1095: 1631年疫情快结束时佛罗伦萨犹太人联合会给卫生委员会的请愿书。

99   同上, 153, f. 641r, 11.xii.1630。

100   Sanità, DP 7, f. 126v: 27.xii.1630.

101   同上。

102   Sanità, 155, f. 1095r.

103   R.G. Salvadori, *The Jews of Florence* (Florence, 2001), pp. 36–7.

104   Cohn, *Cultures of Plague*, p. 218; Sonnino, 'Cronache delle peste a Roma', pp. 40–1.

105   Sonnino, 'Cronache delle peste a Roma', pp. 35–74.

106   参见: J. Henderson, 'Charity and Welfare in Sixteenth-century Tuscany', in A. Cunningham and O. Grell, eds, *Charity and Medicine in Southern Europe* (London, 1999), pp. 56–86; N. Terpstra, *Cultures of Charity: Women, Politics, and the Reform of Poor Relief in Renaissance Italy* (Cambridge, Massachusetts, 2013)。

107   关于最近的研究，参见J. Henderson, 'I Mendicanti e la politica assistenziale Italiana', *La chiesa e l'ospedale di San Lazzaro dei Mendicanti. Arte, beneficenza, cura, devozione, educazione*, ed. A. Bamji, L. Borean and L. Moretti (Venice, 2015), pp. 33–46。

108   参见Lombardi的讨论, '1629–1631: crisi e peste a Firenze' 和Litchfield, *Florence Ducal Capital*。

109   Litchfield, *Florence Ducal Capital*, pp. 212–15.

110   同上, pp. 273–4。

注释   399

111 D. Lombardi, 'Poveri a Firenze. Programmi e realizzazioni della politica. Assistenziale dei Medici tra Cinque e Seicento', in *Timore e carità. I poveri nell'Italia moderna*, ed. G. Politi, M. Rosa and F. Della Peruta (Cremona, 1982), pp. 172–4.

112 参见Lombardi, *Povertà maschile, povertà femminile*, pp. 26–9; Lombardi, '1629–1631: crisi e peste a Firenze', pp. 172–4。

113 Baldinucci, *Quaderno*, p. 63.

114 同上, p. 65。

115 参见N. Terpstra, *Abandoned Children of the Italian Renaissance* (Baltimore, 2005)。

116 Cosimo Dei cancelliere, 'Dell'origine dell'Uficio della Sanità': Sanità 43, ff. 64v–65r.

117 参见Cipolla, *Miasmas and Disease*中的讨论。

118 参见 Lombardi, '1629–1631: crisi e peste a Firenze', p. 6, based on ASF, Arte della Lana 449, n. 135; ASF, Scrittoio delle Fabbriche, 1928, n. 30。

119 ASF, Pratica Segreta 178, f. 2r, 19.iv.1630.

120 Catellacci, 'Curiosi ricordi', p. 385.

121 关于1631年春天的全城隔离对郊区农民更为消极的影响，参见Lombardi, '1629–1631: crisi e peste a Firenze', pp. 16, 21, and pp. 23–31。

122 ASF, Pratica Segreta 178, ff. 4r–5r: 'tanto numero di povere persone di questa città, contado, e stato, che ne hanno una notoria et estrema necessità'.

123 同上。

124 同上, Catellacci, 'Curiosi ricordi', p. 385。

125 Lombardi, '1629–1631: crisi e peste a Firenze', pp. 7–8.

126 ASF, Pratica Segreta 178, f. 186r; R. Galluzzi, *Istoria del Granducato di Toscana sotto il governo della Casa Medici* (Florence, 1781), vol. 6, p. 28; and Catellacci, 'Curiosi ricordi', p. 385.

127 Targioni, 'Relazione della Peste', p. 312.

128 同上, ASF, Pratica Segreta 178, f. 186r; Catellacci, 'Curiosi ricordi', p. 385。

129 Sanità, Rescritti 37, f. 142r, 3.viii.1630.

130 另可参见Henderson, '"La schifezza, madre di corruzione"', pp. 40–4。

131 ASF, Pratica Segreta 178, f. 187r.

132 Catellacci, 'Curiosi ricordi', p. 385.

133 Cantini, *Legislazione*, vol. 16, pp. 92–5: Decreto, 30.viii.1630.

134 ASF, Monte di Pietà nel Bigallo 674, c. 338: n. 370.

135 ASF, Monte di Pietà nel Bigallo, 677, cc. xx and ccxxiv: 1630年9月份和10月份的总和。

136 ASF, Pratica Segreta 178, f. 187v, 3.ix.1630: 六名议员被委派向穷人分发面包。

137 Cohn, *Cultures of Plague*, ch. 7: 'Plague and Poverty'.

138 同上，pp. 227–9。

第三章　鼠疫与公共卫生：拯救城市机体，医治穷人身体

1 Baldinucci, *Quaderno,* pp. 64–5.

2 同上，pp. 64–5。

3 同上，p. 65。

4 同上，p. 66。

5 同上，pp. 66–7。

6 同上，p. 67。

7 ASF, Torrigiani, Appendice 17.1.

8 Celeberrimi atque acutissimi jureconsulti Do. Jo. Francisci de Sancto Nazario doctoris Papiensis, *De peste*, 3 vols (Lyon, 1535).

9 ASF, Torrigiani, Appendice 17.1, ff. 159r–166r. 关于*Avvertimenti*在威尼斯的起源，参见ASF, Ospedale di Santa Maria Nuova (即SMN) 200, f. 159r, 19.10.1630。

10 Rondinelli, *Relazione,* pp. 33–4.

11 同上，pp. 36–7。

12 同上，pp. 44–5。

13 同上，p. 46。

14 同上。

15 请参见Calvi的讨论 in *Histories*, pp. 4–5。

16 Rondinelli, *Relazione,* p. 47.

17 名单出处同上，pp. 217–18。

18 关于卫生委员会大臣的职责，参见Giubetti, *Notizie concernenti la conservazione della sanità*, p. 1。

19 在佛罗伦萨卫生委员会历史上，其决策机构在1632年之前都没有固定的办公场所。1632年，他们获准使用商会宅邸的一间屋子。而在1630—1631年，他们可能是在罗马教皇使节的官邸会面: Sanità 43, c. 72. Cf. Diana, *Sanità nel Quotidiano*, pp. 25–6。

20 ASF, Torrigiani, Appendice 17.1, ff. 150r–152v: 卫生委员会的内部规定；笔者认为，这份文件的日期可能是8月初，因为其中仅仅提到了博尼法齐奥隔离医院。出处同上，f. 150r, Cap. I: 一天之内开两次会; Rondinelli, *Relazione,* p. 24则称卫生委员从6月初起每天均有一次例行会议。

21 ASF, Torrigiani, Appendice 17.1, Cap. II. 有意思的是，这份档案显示四位大臣分别被派驻到四个区中，而实际上佛罗伦萨共有六个区。

22 同上，Cap. III。

23 同上，f. 150v, Cap. IV: 个人因未上报死者和患者而被捕入狱; Cap. V: 单独由卫生委员会负责管辖的监狱。

24 Cipolla, *I pidocchi*, pp. 38–9; 'Statutes of the Hospital of S. Maria Nuova, Florence (*c.* 1510)', in K.P. Park and J. Henderson, '"The First Hospital Among Christians": the Ospedale di Santa Maria Nuova in Early Sixteenth-Century Florence', *Medical History*, 35 (1991), pp. 164–88; J. Henderson, *The Renaissance Hospital*.

25 参见Rondinelli, *Relazione*, pp. 44–6; Catellacci, 'Curiosi ricordi', p. 382; and Sanità, DP 6, f. 54v。

26 Catellacci, 'Curiosi ricordi', p. 382.

27 Rondinelli, *Relazione*, p. 47.

28 同上，pp. 52–3。

29 C. Corsini, 'Morire a casa, morire in ospedale. Ricoverati e mortalità a Firenze in età moderna', in *La bellezza come terapia. Arte e assistenza nell'ospedale di Santa Maria Nuova a Firenze*, ed. E. Ghidetti and E. Diana (Florence, 2005), p. 244, table 3.

30 另可参见Henderson, *The Renaissance Hospital*. For S. Matteo see E. Diana, *San Matteo e San Giovanni di Dio, due ospedali nella storia fiorentina. Struttura nosocomiale, patrimonio fondiario e assistenza nella Firenze dei secoli XV–XVIII* (Florence, 1999)。

31 Diana, *San Matteo e San Giovanni di Dio*, p. 213, table 2.

32 Cipolla, *Cristofano*, pp. 52–3.

33 Targioni, 'Relazione della Peste', p. 311.

34 Sanità, Negozi 152, f. 858r: 'Ferito dalli vapori crudeli di peste'.

35 Archivio della Venerabile Arciconfraternita della Misericordia di Firenze (即AVamfi), Morini C 250, 26.8.1630–30.11.1630, f. 2r.

36 J. Henderson, *Piety and Charity*; J. Henderson, 'Plague in Renaissance Florence: medical theory and government response', *Maladies et société (xii–xviiie siècles)*, ed. N. Bulst and R. Delort (Paris, 1989), pp. 165–86; and discussion in Diana, *Sanità nel Quotidiano*, pp. 14–21.

37 Rondinelli, *Relazione*, pp. 49–50.

38 同上，Catellacci, 'Curiosi ricordi', p. 384。

39 AVamfi, Morini C 250: Giornale della Compagnia della Misericordia, 26.8.1630–30.11.1630. 同时期的评论家也曾提及，如Targioni, 'Relazione della Peste', p. 305。

40 Rondinelli, *Relazione*, p. 26.

41 Sanità, Negozi 152, c. 769, 12.II.1630. Cipolla, *Cristofano*, pp. 134–5.

42 Rondinelli, *Relazione*, p. 56.

43 参见第七章。

44 Rondinelli, *Relazione*, p. 28.

45 Baldinucci, *Quaderno*, p. 70.

注释   403

46 同上，p. 71, 23.11.1630。

47 同上，p. 70; Rondinelli, *Relazione*, pp. 57–8。

48 Sanità, DP 7, f. 74r；另可参看第七章的讨论。

49 Sanità, Negozi 150, f. 365r; Rondinelli, *Relazione*, p. 58, 并没有说明市场是何时
关闭的；其他资料也可以证实，这项措施仅仅在全城整体隔离时施行。

50 Sanità, Negozi 154, f. 615r, 14.1.1631. 另可参见 ff. 613r–v。

51 Rondinelli, *Relazione*, p. 58.

52 同上，pp. 58–9。

53 Sanità, Negozi 152, ff. 785r–v.

54 同上，f. 785r. 关于普拉托的瘟疫，可参见 Cipolla, *Cristofano*。

55 同上。

56 Catellacci, 'Curiosi ricordi', p. 383.

57 C. Torricelli et al. (eds) *La Misericordia di Firenze attraverso i secoli. Note
storiche* (Florence, 1975), pp. 92–3.

58 Catellacci, 'Curiosi ricordi', p. 383.

59 Rondinelli, *Relazione*, p. 55.

60 Sanità, Negozi, 160, f. 454r, 18.8.1631, 列出了为慈爱会效力的官员数量。在此，
笔者对 Barbara Maria Affolta 的说明表示感谢。

61 *Documenti inediti o poco noti per la storia della Misericordia di Firenze (1240–
1525)*, ed. U. Morini (Florence, 1940), ch. 16, pp. 112–15.

62 AVamfi, Morini C 249, cc. 106–7, 5–6.11; c. 130; AVamfi Morini C 252/4.

63 同上，cc. 90–1, payments, 25.x–27.x.1630。

64 同上，ff. 2v–24r, 26.viii–30.ix.1630。

65 同上，ff. 2v–24r: 26.viii–30.ix.1630。

66 ASF, SMN 200, ff. 160r–v, 161r.

67 Sanità, Negozi 153, f. 1207r, 28.xii.1630.

68 *Avvertimenti*, ASF, Torrigiani, Appendice 17.1, ff. 159r–v.

69 同上，Cap. VIII。

70　Sanità, Negozi 149, ff. 682r–v, 13.8.1630, ; 9月初再次重申该要求: Sanità, Negozi 150, ff. 52r–v。

71　同上, 149, f. 682v。

72　Targioni, 'Relazione della Peste', p. 305.

73　同上, Rondinelli, *Relazione*, p. 52; Catellacci, 'Curiosi ricordi', p. 383。

74　Rondinelli, *Relazione*, pp. 52, 56. 并请参见Giubetti, *Notizie concernenti la conservazione della sanità*, pp. 28–9, 将鼠疫患者和疑似病例与 "健康的人" 分开的方法。

75　Baldinucci, *Quaderno,* pp. 69–70.

76　AVamfi, Morini C 253, 16 June 1633.

77　同上, 28 June 1633。

78　ASF, Torrigiani, Appendice 17.1, Cap. IX.

79　Rondinelli, *Relazione*, p. 51.

80　参见B.M Affolta, 'Dalla zana al carro lettiga' in S. Nanni, ed., *La carità a motore. Come nacque la prima ambulanza* (Florence, 2017), pp. 19-31. 对于作者允许在其文章发表前进行查阅, 笔者深表感激。

81　Targioni, 'Relazione della Peste', p. 305; Guiducci, 'Panegirico', p. 122: 'certe barelle a usuanza di cataletti'.

82　Rondinelli, *Relazione*, pp. 49–50.

83　AVamfi, Morini C 254: 'Entrata e Uscita di denari ... per il contagio', 6.10.1630–19.11.1631; Morini C 249: 'Debitori e creditori', 26.8.1630–ix.1630; 1648 (256): 'Spese minute alla giornata per servizio della Sanità', 1.4.1631–30.11.1631.

84　慈爱会的账本中列出了与鼠疫有关的各项巨额花费, 例如参见AVamfi, Morini C 250, 253, 255。

85　AVamfi, Morini C 254, f. 68r.

86　AVamfi, Morini C 249, cc. 90–1, 25–27.x.1630.

87　Catellacci, 'Curiosi ricordi', p. 383; Targioni, 'Relazione della Peste', p. 305.

88　AVamfi, Morini B 18. 这里显示的卫生委员会大臣是尼科洛·马格纳尼, 而不是富尔维奥·朱贝蒂。

注释　　　　　　　　　　　　　　　　　　　　　　　　　　　　　　405

89　Giubetti, *Notizie concernenti la conservazione della sanità*, pp. 29–30.

90　Cantini, *La legislazione*, vol. 16, pp. 89–90; Rondinelli, *Relazione*, pp. 52–3; cf. Sanità, Negozi 152, ff. 769r–v:‘Modo di purificar le case infette’（未标明日期，但夹在两份标有日期的对开本之间17.xi.1630）。

91　Sanità, Negozi 152, ff. 769r.

92　*Avvertimenti*, ASF, Torrigiani, Appendice 17.1, Cap. XVII, f. 152v.

93　Cantini, *La legislazione*, vol. 16, p. 89.

94　Giubetti, *Notizie concernenti la conservazione della sanità*, p. 31.

95　Rondinelli, *Relazione*, pp. 52–3.

96　*Avvertimenti*, Torrigiani, Appendice 17.1, f. 162v.

97　Rondinelli, *Relazione*, p. 53; 也请参见本书第七章中所讨论的法庭审判记录，其中这些人也被称为*profumatori*。

98　Sanità DP 7, 148r–v, 以及本书第七章关于法尼的详细讨论, 请参见 Calvi, *Histories*, pp. 169–75。

99　Rondinelli, *Relazione*, p. 53.

100　同上，pp. 52–3。

101　ASF, SMN 200, f. 159r, 19.x.1630.

102　Cipolla, *Public Health*, p. 85, table 3.

103　Giubetti, *Notizie concernenti la conservazione della sanità*, p. 30.

104　ASF, SMN 200, ff. 155r–v: 经医师学院审议, 1630年10月17日, 已列入名单者将服务于卫生委员会。

105　Giubetti, *Notizie concernenti la conservazione della sanità*, p. 30.

106　Calvi, *Histories*, pp. 78–9.

107　Rondinelli, *Relazione*, pp. 54–5.

108　同上，p. 56。

109　ASF, SMN 200, f. 160r–v, 20.10.1630: 卫生委员会致医师学院的一封信。

110　同上，f. 159r, 19.10.1630。

111　同上。

112   ASF, Torrigiani, Appendice 17.1, Cap. XI.

113   同上，f. 151v, Cap. XIII。

114   Sanità, Negozi 150, f. 558r, 未标注日期，时间大约是10.9.1630。

115   P. A. Mattioli, *I discorsi ne i sei libri della materia medicinale di Pedacio Dioscoride Anarbeo* (Venice, 1557; Bologna, 1984 repr.), p. 640.

116   Rondinelli, *Relazione*, p. 25.

117   ASF, SMN 200, f. 158r, 19.10.1630: 乔瓦弗朗切斯科·圭迪代表大公给医师学院的一封信。

118   De Castro, *Il curioso*, p. 36.

119   Pellicini, *Discorso sopra de' mali*, pp. 21–2.

120   参见Calvi, *Histories*, p. 68.

121   *Avvertimenti*, ASF, Torrigiani, Appendice 17.1, f. 163v.

122   Cohn, *Cultures of Plague*, pp. 15–18.

123   *Avvertimenti*, ASF, Torrigiani, Appendice 17.1, f. 163v.

124   参见ASF, Misc. Med. 389, ff. 200–1r。

125   Sanità, Negozi 149, f. 847r, 17.8.1630.

126   Pellicini, *Discorso sopra de' mali*, p. 27.

127   同上，pp. 59, 61。

128   同上，pp. 28–9。

129   同上，p. 56。

130   参见P. Slack, 'Mirrors of Health and Treasures of Poor Men: The Uses of the Vernacular Medical Literature of Tudor England', in C. Webster, ed., *Health, medicine and mortality in the sixteenth century* (1979), ch. 7; C. Jones, 'Plague and its Metaphors in Early Modern France', pp. 97–127; Cohn, *Cultures of Plague*.

131   ASF, Misc. Med. 389.

132   同上，389, 5, c. IIIr。

133   同上，389, 5, cc. IV–XIIIv. 关于这六种非自然要素是如何被使用以保持身体健康的，详见Cavallo and Storey, *Healthy Living in Late Renaissance Italy*, and S.

Cavallo and T. Storey, eds, *Conserving Health in Early Modern Culture: Bodies and Environments in Italy and England* (Manchester, 2017)。

134 同上，389, 4, c. XVIIv。

135 同上，389, 26。

136 同上，389, 5。

137 同上，389, 3。

138 同上，389, 4。

139 同上，389, 5。

140 同上，389, 7–8。

141 同上，389, 8.

142 参见Pomata的研究，*Contracting a Cure*; D. Gentilcore, *Medical Charlatanism in Early Modern Italy* (Oxford, 2006)。

143 参见De Castro, *De curioso*, pp. 8, 59; 以及Calvi的讨论，*Histories*, pp. 98–104。

144 ASF, SMN 200, f. 207r, 30.8.1631; ASF, SMN 200, f. 206r–v, 26.9.1631.

145 同上，f. 295r, 21.8.1633。

146 Sanità, Negozi 153, ff. 279r–v, S. Miniato, 5.12.1630.

147 关于下文内容，请参见Cantini, *La legislazione*, vol. 16, pp. 89–90。

148 参见J. Shaw and E. Welch, *Making and Marketing Medicine in Renaissance Florence* (Amsterdam, 2011)中关于15世纪晚期佛罗伦萨吉略街上药铺的账本的详细讨论。

149 D. Gentilcore, 'Negoziare rimedi in tempo di peste, alchimisti, ciarlatani, protomedici', in *La Peste a Roma*, I. Fosi, ed., pp. 75–91; P. Wallis, 'Plagues, Morality and the Place of Medicine in Early Modern England', *English Historical Review*, 121.490 (2006), pp. 1–24.

150 参见Calvi, *Histories*, pp. 87–8; G. Pomata, *Contracting a Cure*, ch. 5; D. Gentilcore, '"All that pertains to medicine": *Protomedici* and *Protomedicati* in Early Modern Italy', *Medical History*, 38 (1994), pp. 121–142; Gentilcore, *Medical Charlatanism in Early Modern Italy*, ch. 6. 并请参见M. Pelling, 'Active Patients', in M. Pelling

with F. White, *Medical Conflicts in Early Modern London: Patronage, Physicians and Irregular Practitioners, 1550–1640* (Oxford, 2003), ch. 7。

151　Sanità, DP 7, f. 16r, 7.11.30.

152　同上，f. 43v, 18.11.1630。

153　Sanità, Negozi, 155, f. 741r, 23.2.1631.

154　Filiberto Marchini, *Belli divini sive, Pestilentis temporis accurata et luculenta: speculatio theologica canonica ... philosophica* (Florence, 1633), p. 246.

155　Sanità, Negozi, 151, ff. 608r–v: 'Gli do nota d'alcune porcherie, che vengon fatte da ceru- sici e medici stipendiati dalla Sanità.'

156　同上，152, f. 863r, 19.11.1630。

157　见本书第七章，及Calvi, *Histories*。例如，Sanità, Negozi 153, ff. 481r–v, 9.12.1630。

第四章　鼠疫与隔离措施的影响

1　Rondinelli, *Relazione*, pp. 36–7.

2　Litchfield, *Florence Ducal Capital*, para. 344–50.

3　J. Henderson, 'The Parish and the Poor in Florence at the time of the Black Death: the case of San Frediano', *Continuity and Change*, 3 (1988), pp. 247–72; Carmichael, *Plague and the Poor in Renaissance Florence*, pp. 71–8.

4　Sanità 467.

5　Sanità 463.

6　关于探究每条街道的社会经济情况或地貌特征是如何影响感染和死亡人数的方法论的详细讨论，参见J. Henderson and C. Rose, 'Plague and the City', pp. 125–46。

7　参见G. Orefice, 'Dalle decime settecentesche al catasto particellare granducale', in *Firenze nel period della restaurazione (1814–1864). Una mappa delle trasformazioni edilizie, Storia dell'urbanistica Toscana*, II, January–June 1989, pp. 41–50。

8　Baldinucci, *Quaderno*, pp. 70–1.

9   吉诺里街两旁都是约434米长的联排房屋。

10   Litchfield, *Florence Ducal Capital.*

11   同上, para. 346。

12   圣扎诺比街的房屋沿街长度为810米, 而吉诺里街的是434米。

13   Litchfield, *Florence Ducal Capital*, para. 346.

14   罗米塔路的房屋沿街长度为183米。

15   同上, ff. 573r–574r: 17.xi.1630。

16   同上, ff. 573r–574r, 17.xi.1630。

17   P. Slack, 'The Local Incidence of Epidemic Disease: The Case of Bristol, 1540–1650', in Slack (ed.), *The Plague Reconsidered*, pp. 49–62; Schofield, 'An Anatomy of an Epidemic' Champion, *London's Dreaded Visitation*; Alfani and Cohn Jr, 'Nonontola 1630', pp. 99–138.

18   Cohn and Alfani, 'Nonontola 1630'; G. Alfani and M. Bonetti, 'A survival analysis of the last great European plagues: The case of Nonantola (Northern Italy) in 1630', *Population Studies*, 72 (2018), pp. 14–15; Cummins et al., 'Living Standards and Plague in London, 1560–1665', pp. 3–34.

19   参见Schofield, 'An Anatomy of an Epidemic'; Alfani and Cohn Jr, 'Nonontola 1630', p. 124.

20   M. Douglas, *Purity and Danger: An Analysis of Concepts of Pollution and Taboo* (London, 1996), p. 36.

21   J. Champion, 'Epidemics and the Built Environment in 1665', in J. Champion, ed., *Epidemic Disease in London* (London, 1993), pp. 35–52; 另可参见Alfani and Bonetti, 'A Survival Analysis', p. 14; P. Galanaud, A. Galanaud and P. Giraudoux, 'Historical Epidemics Cartography Generated by Spatial Analysis: Mapping the Heterogeneity of Three Medieval "Plagues" in Dijon', *PLoS ONE*, 10(12) (2015): e0143866.

22   AVamfi, Morini C 259/1, c. 1r.

23   Sanità, DP 6, f. 66r; Baldinucci, *Quaderno,* p. 67.

24 AVamfi, Morini Aa 2014.

25 Sanità, Rescritti 37, ff. 337ff, 9.x.1630.

26 Targioni, 'Relazione della Peste', p. 307; Rondinelli, *Relazione,* p. 56.

27 Sanità, Rescritti 37, f. 190r, 26.viii.1630.

28 Baldinucci, *Quaderno*, p. 71.

29 AVamfi, Morini C 254, f. 70r: 'Entrata e Uscita di denari . . . per il contagio'.

30 同上，C 256, ff. 1v (1.iv.1631), 3r (22.iv.1631)。

31 Baldinucci, *Quaderno*, p. 67.

32 *Avvertimenti*, Torrigiani, Cap. XIV, f. 152r.

33 Rondinelli, *Relazione,* p. 54.

34 AVamfi, Morini C 252/3, Lettera di Giovanni Bonsi a Stefano di Rodrigo de' Castro, 13 May 1633.

35 这份手稿是Carlo Cipolla晚年时期的个人收藏，对其允许引用这些数据，笔者深表感谢。

36 参见Slack, *The Impact of Plague*, pp. 276–7。

37 同上，p. 277。

38 Cipolla, *Fighting the Plague*, p. 79; Cipolla, *Cristofano*, p. 147; Sonnino and Traina, 'La peste del 1656–57 a Roma', p. 443: table 3.

39 Stevens Crawshaw, *Plague Hospitals*, pp. 86–8, 189. 米兰1483—1485年规模较小的那次鼠疫流行中，有4829人死亡，其中有6%死于隔离医院，详见Cohn, *Cultures of Plague*, p. 21。

40 Catellacci, 'Curiosi ricordi', p. 383.

41 Targioni, 'Relazione della Peste', p. 308.

42 Pastore, *Crimine e giustizia*, pp. 88–9.

43 Rondinelli, *Relazione*, pp. 60ff.; Lombardi, '1629–1631: crisi e peste a Firenze', pp. 43–4.

44 Sanità 465, 以及Lombardi的讨论，'1629–1631: crisi e peste a Firenze', pp. 43–9。

45 参见Lombardi, '1629–1631: crisi e peste a Firenze', pp. 43–9。

46　Sardi Bucci, 'La peste del 1630', pp. 83–8.

47　Carmichael, *Plague and the Poor*, pp. 74–5.

48　Lombardi, '1629–1631: crisi e peste a Firenze', p. 48.

49　关于隔离，还可参见Ciofi, 'La peste del 1630 a Firenze', pp. 59–64，除博洛尼亚外，例如在米兰和布斯托–阿西奇奥也出现了对于全面隔离的争论：Cipolla, *Cristofano*, pp. 98–9。

50　Rondinelli, *Relazione*, pp. 59–60.

51　Brighetti, *Bologna*, pp. 238–9.

52　Rondinelli, *Relazione,* pp. 60–1.

53　同上，p. 68。

54　Cipolla, *Cristofano*, p. 98.

55　Rondinelli, *Relazione,* p. 62.

56　Baldinucci, *Quaderno*, p. 72.

57　同上，pp. 72–3。

58　Sanità, DP 7, f. 165r.

59　同上，f. 170r。

60　同上，ff. 170v–171r。

61　同上，DP 8, 13v。

62　Lombardi, *Povertà maschile, poverta' femminile*, pp. 30–5.

63　同上。

64　De Castro, *Il curioso*, p. 19.

65　Rondinelli, *Relazione*, p. 63; Targioni, 'Relazione della Peste', p. 313.

66　Rondinelli, *Relazione,* p. 72.

67　同上，p. 63。

68　下文讨论基于Targioni, 'Relazione della Peste', p. 313, 以及Baldinucci, *Quaderno*, p. 72。

69　ASF, Misc. Med. 370.32, f. 2r.

70　Targioni, 'Relazione della Peste', p. 313.

71　Baldinucci, *Quaderno*, p. 72; cf. Rondinelli, *Relazione,* pp. 64–5. Cipolla对佛罗伦萨全城隔离也有过简短的讨论, *Fighting the Plague*, pp. 17–18。

72　关于'Gentiluomini deputati sopra le strade'的名单，参见Rondinelli, *Relazione,* pp. 71–80。

73　ASF, Misc. Med. 370.32.

74　Pellicini, *Discorso sopra de' male*, pp. 11, 14.

75　Cohn, *The Cultures of Plague*, pp. 278–9.

76　Sanità, DP 7, f. 165v.

77　同上，ff. 168v, 176v。

78　同上，ff. 184v–185r。

79　Targioni, 'Relazione della Peste', p. 312.

80　乔瓦尼·卡洛给马蒂亚斯亲王的信参见ASF, Mediceo Avanti il Principato 6146, c. 43: 17.iii.1631。

81　Baldinucci, *Quaderno*, p. 73.

82　Catellacci, 'Curiosi ricordi', p. 385.

83　引自Ciofi, 'La peste del 1630 a Firenze', p. 61, 未标明出处。

84　G. Alfani, 'Plague in Seventeenth-century Europe', pp. 408–30.

85　Rondinelli, *Relazione*, ch. 7, pp. 81–8: 'Cura del contado'. 另可参见Lombardi, '1629–1631: crisi e peste a Firenze', pp. 23–31。

86　Sanità, Negozi, 154, ff. 1216r–v: 28.i.31.

87　同上，f. 1021r, 24.i.1631。

88　同上，ff. 1021r–v, 24.i.1631。

89　同上，ff. 1028r–v, 23.i.1631。

90　Rondinelli, *Relazione*, p. 88.

91　Sanità, Negozi 156, f. 49r.

92　米尼和奇尼的报告散见于Sanità, Negozi 156, f. 49r。

93　同上，154, f. 1016r, 24.i.31。

94　例如Baldinucci 在其 *Quaderno* 中对此有所提及。

注释　　　　　　　　　　　　　　　　　　　　　　　　　　413

95 Sanità, Negozi 155, f. 1019r, 24.i.31.

96 Sanità, Negozi 156, f. 51r. 另可参见Sanità, Negozi 154, f. 1216v, 28.1.1631。

97 Sanità, Negozi 156, f. 53r, 29.i.31.

98 Sanità, Negozi 155, f. 1128r, Commissario Pepi, 26.1.1631, S. Piero a Sieve.

99 同上，f. 1128r。

100 同上，f. 1156r。

101 Sanità, Negozi 156, f. 78r: Petition to the VAS of the *poveri contadini* of Montereggi, 3.2.1631.

102 同上，f. 78r。

103 Rondinelli, *Relazione*, p. 87.

104 Sanità, Negozi 155, f. 1021r, 24.i.31.

105 Sanità, Negozi 154, ff. 1216r–v.

106 Sanità, Negozi 155, f. 158r, 4.ii.31, Senatore Niccolò Cini to the Illustrissimi Signori.

107 Sanità, Negozi 154, f. 1250r, 29.i.31.

108 同上，ff. 1160r–1161r。

109 Sanità, Negozi 156, f. 50v, report of Francesco Maria Malegonelli.

110 Sanità, Negozi 155, ff. 1156v, 48r, 2.ii.1631; f. 242r, Scarperia, 7.ii.31.

111 同上，f. 308r, 9.ii.1631。

112 参见ASF, Ufficiali del Biado, Abbondanza 18, under 29.xii.1630。

113 Catellacci, ‘Curiosi ricordi’, p. 391. Litchfield, *Florence Ducal Capital*, para. 356 and note 70, 计算出隔离的费用大致为185440 斯库多，这个数字是基于40天的周期、每天1里拉计算出来。

114 Sanità, DP 8, ff. 14r, 17v.

115 同上，DP 8。

116 Sanità, Negozi 155, f. 264r.

117 同上，f. 842r。

118 同上，f. 895r。

119 AVamfi, Morini C 259/2, 'Morti': 日期为5.v.1631的条目。

120 Targioni, 'Relazione della Peste', p. 305.

121 Rondinelli, *Relazione,* p. 65.

122 Baldinucci, *Quaderno,* p. 77.

123 Sanità, Rescritti 37, ff. 825r–v.

124 同上。

125 Rondinelli, *Relazione,* p. 65.

126 Cantini, *La legislazione,* vol. 16, pp. 104–5, 'Bando contro i mendicanti', 7.3.1631; Sanità, Rescritti 37, ff. 857v, 889r.

第五章　疫情时期的宗教

1   Giubetti, *Notizie concernenti la conservazione della sanità,* p. 3.

2   Cipolla, *Public Health,* pp. 36–7; Cipolla, *Faith, Reason and the Plague,* pp. 41–74.

3   G. Aranci, *Formazione religiosa e santità laicale a Firenze tra Cinque e Seicento. Ippolito Galantini fondatore della Congregazione di San Francesco della Dottrina Cristiana (1565–1620)* (Florence, 1997), pp. 75–85.

4   Targioni, 'Relazione della Peste', p. 300.

5   参见Lombardi, '1629–1631: crisi e peste a Firenze'; 以及Litchfield, *Florence Ducal Capital,* pp. 327–32。

6   Targioni, 'Relazione della Peste', p. 300.

7   同上，p. 301。

8   参见L. Berti, 'Matteo Nigetti', *Rivista d'Arte,* 27, 3rd ser., 2, 1951–2, pp. 93–106; C. Cresti, 'Architettura della Controriforma a Firenze', in *Architetture di altari e spazio ecclesiale. Episodi a Firenze, Prato e Ferrara nell'età della Controriforma,* ed. C. Cresti (Florence, 1995), pp. 7–73。

9   Baldinucci, *Quaderno,* p. 66.

10 Targioni, 'Relazione della Peste', pp. 301–2.

11　Baldinucci, *Quaderno*, p. 70.

12　同上, p. 70, n. 283. 参见 A. D'Addario, *Aspetti della Controriforma a Firenze* (Rome, 1972), and Aranci, *Formazione religiosa e santità laicale a Firenze*。

13　关于圣米迦勒修道会, 参见 N. Eckstein, 'Florence on foot'; 关于教皇乌尔班八世, 参见 Barker, 'Plague Art in Early Modern Rome', p. 51。

14　关于下文, 参见 Targioni, 'Relazione della Peste', p. 306。

15　D. Rocciolo, '*Cum Suspicione Morbi Contagiosi Obierunt.* Società, religione e peste a Roma nel 1656–1657', in Fosi, ed., *La peste a Roma*, p. 119.

16　Targioni, 'Relazione della Peste', p. 306.

17　参见 Mattioli, *I discorsi ne i sei libri della materia medicinale di Pedacio Dioscoride Anarbeo*, p. 601。

18　参见 Marchini, *Belli divini*, pp. 246–9: 'Instruzione a Parrocchi e Curati della Città', and pp. 251–3: 'Instruzione a tutti li RR. Preposti, Piovani, Curati della Diocesi Fiorentina'。

19　同上, p. 246。

20　Cohn, *Cultures of Plague*, pp. 231–7.

21　Catellacci, 'Curiosi ricordi', p. 383.

22　Barker, 'Art, Architecture and the Roman Plague of 1656–1657', p. 245.

23　Marchini, *Belli divini*, p. 248.

24　Targioni, 'Relazione della Peste', p. 307.

25　参见 Fracastoro, *De contagione*。

26　关于"因为照顾鼠疫患者"而去世的教区神父和修会神父的详细讨论, 参见 Rondinelli, *Relazione*, pp. 204–20。

27　Cohn, *Cultures of Plague*, pp. 288–293; Cohn, *Epidemics*, pp. 72, 85.

28　Cipolla, *Faith, Reason and the Plague*, pp. 1–9, esp. p. 3.

29　Sanità, Negozi 155, ff. 805r–806r, 25.2.1631.

30　Cipolla, *Faith, Reason and the Plague*, pp. 1–9; Cipolla, *Fighting the Plague*, pp. 56–7.

31　Barker, 'Miraculous Images and the Plagues of Italy, ca. 590–1656'. 对Sheila Barker 允许笔者在此文发表之前阅读深表感激。

32　Barker, 'Miraculous Images'.

33　Cipolla, *Faith, Reason and the Plague*, pp. 41–74.

34　参见Calvi, *Histories*, pp. 249–51。

35　Catellacci, 'Curiosi ricordi', p. 385.

36　S.J. Cornelison, *Art and the Relic Cult of St Antoninus in Renaissance Florence* (Farnham, 2012), pp. 98–101.

37　同上，p. 300。

38　参见：M. Chiarini, *Disegni del Seicento e del Settecento della Biblioteca Marucelliana* (Florence, 2016), p. 317. Forlani Tempesti认为这幅画可能是年轻的Stefano della Bella (1610–64)第一幅留存下来的作品：详见A. Forlani Tempesti的 *Il seicento fiorentino. Disegno, incisione, scultura, arti minori* (Florence, 1986–7), p. 260. 这幅画现存于Biblioteca Marucelliana, Florence, vol. D n.113: 2.220。

39　Cornelison, *Art and the Relic Cult*, p. 300.

40　R.C. Proto Pisani, 'Il ciclo affrescato del primo chiostro di San Marco: una galleria della pittura fiorentina del seicento' in *La Chiesa e convento di San Marco di Firenze* (Florence, 1990), vol. 2, pp. 321–46, esp. p. 342.

41　Del Panta, *Le epidemie*, p. 206.

42　'somministrava il SS. Sacramento e sovvenire con larghe limosine li bisogniosi'.

43　Henderson, *Piety and Charity*, pp. 44, 388–97.

44　Boeckl, *Images of Plague and Pestilence*, ch. 6, pp. 108–36, and esp. pp. 108–11.

45　同上，p. 111。

46　关于兰德里亚尼的 *Quadroni*，请参见P. Jones, 'San Carlo Borromeo and Plague Imagery in Milan and Rome', in Bailey et al., eds, *Hope and Healing*, pp. 65–74。

47　Boeckl, *Images of Plague and Pestilence*, p. 109.

48　T.W. Worcester, 'Plague as Spiritual Medicine and Medicine as Spiritual Metaphor: Three Treatises by Etienne Binet SJ (1569–1639)', in *Piety and Plague: From*

Byzantium to the Baroque, ed. F. Mormando and T.W. Worcester (Kirksville, Missouri, 2007), pp. 224–36, 剖析了Binet的观点。

49 Targioni, 'Relazione della Peste', p. 308; Catellacci, 'Curiosi ricordi', p. 387.

50 Targioni, 'Relazione della Peste', p. 310.

51 Rondinelli, Relazione, p. 85.

52 同上。

53 M. Bietti Favi, 'La pittura nella Chiesa di San Marco', in La Chiesa e convento di San Marco di Firenze (Florence, 1990), vol. 2, pp. 231–46. 关于1589年5月9日圣安东尼诺遗体的封圣仪式，参见Cornelison, Art and the Relic Cult, ch. 7, and M. Schraven, Festive Funerals in Early Modern Italy: The Art and Culture of Conspicuous Commemoration (London, 2014), pp. 136–40。

54 Catellacci, 'Curiosi ricordi', p. 386.

55 Targioni, 'Relazione della Peste', p. 310.

56 Catellacci, 'Curiosi ricordi', p. 386.

57 同上。

58 同上, p. 387; 另可参见 Cornelison, Art and the Relic Cult, p. 302。

59 Catellacci, 'Curiosi ricordi', p. 387.

60 Giovanni Pagliarulo, 'Jacopo Vignali e gli anni della peste', Artista. Critica dell'Arte in Toscana, 6 (Florence, 1994), p. 146.

61 关于1630—1631年佛罗伦萨民众对多梅妮卡·达·帕拉迪索的狂热，参见 Calvi, Histories, ch. 5. 关于多梅妮卡·达·帕拉迪索，可参见：I. Gagliardi, Sola con Dio. La missione di Domenica da Paradiso nella Firenze del primo Cinquecento (Florence, 2007); A. Scattigno, 'La costruzione di un profilo di santità femminile nella Firenze del XVII secolo', Annali di Storia di Firenze, 8 (2013), pp. 145–70; M. Callahan, '"In her name and with her money", Suor Domenica da Paradiso's Convent of la Crocetta in Florence', in Italian Art, Society and Politics: A Festschrift for Rab Hatfield, ed. B. Deimling, J.K. Nelson and G. Radke (New York, 2007), pp. 117–27; and M. Callahan, 'Suor Domenica

da Paradiso as *alter Christus*: Portraits of a Renaissance Mystic', *The Sixteenth Century Journal*, 43.2 (2012), pp. 323–50。

62   B. Segni, *Storie fiorentine* (Milan, 1805), vol. 1, p. 191, 引自 Calvi, *Histories*, p. 209。

63   该片段译自 Calvi, *Histories,* p. 209. 另可参见 Callahan, '"In her name and with her money"', pp. 117–27。

64   Pagliarulo, 'Jacopo Vignali', p. 160.

65   引自 Calvi, *Histories*, pp. 221–2。

66   同上，p. 205。

67   Pagliarulo, 'Jacopo Vignali', pp. 159–60.

68   同上，p. 160。

69   I. del Nente, *Vita e costumi et intelligenze spirituali della gran Serva di Dio, e Veneranda Madre Suor Domenica dal Paradiso fondatrice del monasterio dalla Croce di Firenze dell'Ordine di San Domenico* (Venice, 1664), p. 2; 另可参见 Pagliarulo, 'Jacopo Vignali', pp. 161–2。

70   引自 Calvi, *Histories*, p. 228。

71   同上。

72   Targioni, 'Relazione della Peste', p. 313.

73   同上。

74   同上，p. 314; Rondinelli, *Relazione,* p. 69。

75   Rondinelli, *Relazione*, p. 69.

76   Baldinucci, *Quaderno*, p. 72.

77   Rondinelli, *Relazione*, p. 70.

78   Baldinucci, *Quaderno*, p. 73.

79   Rondinelli, *Relazione*, p. 70.

80   同上，pp. 70–1; 另可参见 Targioni, 'Relazione della Peste', p. 315 和 Catellacci, 'Curiosi ricordi', p. 390较为概略的记录。

81   参见 D. Bornstein, *The Bianchi of 1399: Popular Devotion in Late Medieval Italy* (Ithaca, 1993)。

82 Baldinucci, *Quaderno*, pp. 75–6, and n. 309 and 314.

83 B. Dooley, 'Introduzione' to Baldinucci, *Quaderno*, pp. xv–xvi.

84 Baldinucci, *Quaderno*, pp. 77–8.

85 Stevens Crawshaw, *Plague Hospitals*, p. 206; G. Geltner, *The Medieval Prison: A Social History* (Princeton, 2008), p. 77.

86 F. Del Migliore, *Firenze città nobilissima Illustrata* (Florence, 1684), p. 302.

87 Pagliarulo, 'Jacopo Vignali', pp. 156–8 and 192 n. 112.

88 同上, pp. 157–8; Rondinelli, *Relazione*, p. 90。

89 关于这一点, 可参见M. Holmes, *The Miraculous Image in Renaissance Florence* (New Haven and London, 2013); 以及 pp. 80–3。

90 这些案例被收录在E. Casalini and I. Dina, *Ex voto all'Annunziata. Inedito sul contagio del 1630. Tavolette dipinte del secolo XIX* (Florence, 2005), 但关于人们在参拜圣母领报大殿 (并治愈) 后多久才被记录在名册中, 我们尚不得而知。名册上的记录日期为1632年, 但很有可能指的是1631年。

91 同上, p. 29。

92 同上, p. 33。

93 同上, p. 33。

94 同上, p. 30。

95 同上, p. 31。

96 同上, p. 13。

97 参见F.J. Jacobs, *Votive Panels and Popular Piety in Early Modern Italy* (Cambridge, 2013), pp. 37–41。

98 Casalini and Dina, *Ex voto all'Annunziata*, pp. 13–14.

99 同上, p. 11。

100 *La Basilica della Santissima Annunziata*, ed. C. Sisi (Florence, 2014), 2 vols. 关于更早期的可参见, Holmes, *The Miraculous Image*。

101 D. Liscia Bemporad, 'Argenti per un santuario', in *La Basilica della Santissima Annun- ziata*, vol. 2, pp. 240–41. 关于科西莫二世之死, 可参见 G. Pieraccini, *Le*

Stirpe de' Medici di Cafaggiolo (Florence, 1986), vol. 2, pp. 299–302。

102 Liscia Bemporad, 'Argenti per un santuario', pp. 244–6.

103 参见E. Nardinocchi, 'Pietro Tacca fra natura e decoro' in *Pietro Tacca: Carrara, la Toscana, le grandi corti europee*, ed., F. Falletti (Florence, 2007), p. 113。

104 Liscia Bemporad, 'Argenti per un santuario', pp. 246–7 and p. 249, Plate 9, 更为详细的讨论参见D. Liscia Bemporad, 'I Doni di Cristina di Lorena alla basilica della SS. Annuziata', in *Studi sulla Santissima Annunziata in memoria di Eugenio Casaliniosm*, ed. L. Crociani and D. Liscia Bemporad (Florence, 2014), pp. 131–54。

105 E.M. Casalini and P. Ircani Menichini, *Le lampade votive d'argento delle cappelle della SS. Annunziata di Firenze* (Florence, 2011), pp. 19–22.

106 Sisi (ed.), *La Basilica della Santissima Annunziata*, vol. 2, p. 78.

107 圣母忠仆会将本已献给圣洛克的小圣堂交由帕里处理; 引自Filippo Baldinucci, *Notizie de' professori del disegno da Cimabue in quà*, ed. F. Ranalli (Florence, 1846), vol. 4, pp. 558–9。

108 下文的讨论基于S. Bellesi, *Cesare Dandini* (Turin, 1996), pp. 66–7。

109 同上, pp. 66–7。

110 Pagliarulo, 'Jacopo Vignali', p. 184.

111 A. Rinaldi, 'Matteo Nigetti', in *Dizionario Biografico degli Italiani*, vol. 78 (2013).

112 Pagliarulo, 'Jacopo Vignali'.

113 Sisi (ed.), *La Basilica della Santissima Annunziata*, vol. 2, p. 78.

114 参见Barker, 'Miraculous Images'。

115 关于这些见解, 笔者非常感谢Valentina Živkovic。

116 A. Hopkins, *Santa Maria della Salute: Architecture and Ceremony in Baroque Venice* (Cambridge, 2000).

117 Rondinelli, *Relazione*, pp. 141–200.

118 同上, pp. 247–87: 'Breve relazione della Madonna dell'Impruneta'。另可参见Litchfield, *Florence Ducal Capital* and Barker, 'Miraculous Images'。

119　Barker, 'Art, Architecture and the Roman Plague of 1656–1657', p. 251.

120　Rondinelli, *Relazione*, p. 202.

121　下文的讨论基于Rondinelli, *Relazione*, pp. 200–04。

122　同上, pp. 202–03。

123　Baldinucci, *Quaderno*, p. 83; Rondinelli, *Relazione*, p. 203.

124　Rondinelli, *Relazione*, p. 203.

125　同上。

126　同上, pp. 275–6。

127　关于因普鲁内塔圣母像在1633年所起的作用, 参见Barker, 'Miraculous Images'。

128　Rondinelli, *Relazione*, pp. 275–8.

129　Giambatista Casotti, *Memorie storiche della miracolosa immagine di Maria Vergine dell'Impruneta* (Florence, 1714); *Dizionario Biografico degli Italiani*, vol. 21 (1978).

130　Casotti, *Memorie storiche*, p. 189.

131　同上, pp. 190–1。

132　同上, pp. 183–207。

133　Cecchini, in ibid., pp. 190–1; 还请参见pp. 216–17。

134　另可参见Jones, 'San Carlo Borromeo and Plague Imagery in Milan and Rome', p. 78。

135　Cecchini in Casotti, *Memorie storiche*, p. 191.

136　Casotti, *Memorie storiche*, pp. 190–2.

137　同上, pp. 192–3。

138　同上, p. 192。

139　同上, p. 196。

140　同上, p. 198。

141　同上, p. 200。

142　同上, p. 199。

143　Rondinelli, *Relazione*, pp. 285–6.

144 A. Paolucci, B. Pacciani and R.C. Proto Pisani, *Il Tesoro di Santa Maria all'Impruneta* (Florence, 1987).

145 同上，p. 46, no. 19。

146 同上，p. 41, no. 10。

147 同上，p. 41, no. 11。

148 *Basilica di Santa Maria all'Impruneta guida storico-artistica: Museo del Tesoro di Santa Maria in Impruneta*, ed. C. Caneva (Florence, 2005), p. 29.

149 Hopkins, *Santa Maria della Salute*; Barker, 'Art, Architecture and the Roman Plague of 1656–1657', pp. 251–4.

150 J. Clifton, 'Art and Plague at Naples', in *Hope and Healing*, ed. Bailey et al., p. 109.

151 关于近代早期意大利宗教系统对瘟疫的反应，Benvenuto提供了一份颇有价值的概览，*La peste nell'Italia della prima età moderna*, ch. 3。

152 Jones, 'San Carlo Borromeo and Plague Imagery', p. 68.

153 Clifton, 'Art and Plague at Naples', p. 99.

154 C. R. Puglisi, 'Guido Reni's *Pallione del Voto* and the Plague of 1630', *Burlington Magazine*, 130.8 (1995), p. 405.

155 Brighetti, *Bologna*; Pugliesi, 'Guido Reni's *Pallione del Voto*', p. 411.

156 Baldinucci, *Quaderno*, pp. 74–5.

157 参见Barker, 'Plague Art in Early Modern Rome', p. 48, 她认为对圣塞巴斯蒂安对疾病的治愈能力基本取代了其过去的宗教代祷功能。

158 参见Cohn, *Cultures of Plague*, pp. 283–93。

159 A. Hopkins, 'Combating the Plague: Devotional Paintings, Architectural Programs, and Votive Processions in Early Modern Venice, *Hope and Healing*, ed. Bailey et al., pp. 137–52; Pastore, *Crimine e giustizia*, pp. 187–97.

第六章　隔离医院与隔离政策：恐怖甚于死亡？

1 National Archives (NA), London, SP 12/75/52; 关于其他国家对英国瘟疫政策影

响的讨论，请参见Slack, *The Impact of Plague*, pp. 207–19。

2　Tomic and Blažina, *Expelling the Plague*, pp. 106–7.

3　参见Biraben, *Les hommes et la peste,* vol. 2, p. 174; 关于此话题更为详尽的讨论，请参见*The Impact of Plague*, ch. 12: 'The End of Plague, 1665–1722'。

4　Palmer, 'The Control of Plague in Venice and Northern Italy', pp. 190–3.

5　Stevens Crawshaw, *Plague Hospitals*, ch. 1, esp. pp. 61–74.

6　同上，对威尼斯隔离医院的研究最新也最为详尽; 关于1575—1577年鼠疫，参见pp. 52–3。

7　引自G. Asseretto, *Per la comune salvezza dal morbo contagioso*, p. 69.

8　Benvenuto, *La peste nell'Italia della prima età moderna*, pp. 172–5.

9　Antero Maria di S. Bonaventura, *Li Lazaretti della città e riviere di Genova del MDCLVII, ne quali oltre a successi particolari del contagio si narrano l'opere virtuose di quelli che sacrificorno se stessi alla salute del prossimo. E si danno le regole di ben governare un popolo flagellato dalla peste* (Genoa, 1658), pp. 5–6.

10　Stevens Crawshaw, *Plague Hospitals*, pp. 210–18.

11　参见Panzac, *Quarantaines et lazarets*。

12　Cohn, *Cultures of Plague*, p. 35.

13　Giovanni Filippo Ingrassia, *Informatione del pestifero, et contagioso morbo* (Palermo, 1587).

14　参见Cohn, *Cultures of Plague*, pp. 82–3, and Stevens Crawshaw, *Plague Hospitals*, pp. 72–3。

15　John Howard, *An Account of the Principal Lazarettos in Europe* (London, 1791).

16　Stevens Crawshaw, *Plague Hospitals*, pp. 70–3.

17　R.-M. San Juan, *Rome: A City out of Print* (Minneapolis and London, 2001), ch. 7, and L. Nussdorfer, *Civic Politics in the Rome of Urban VIII* (Princeton, 1992), pp. 145–61均对此有所讨论。

18　关于16世纪20年代，请参见Henderson, 'Plague in Renaissance Florence' 以及 Henderson, *The Renaissance Hospital*。

19 Sanità, Rescritti 37, ff. 33r–v, 27.5.30.

20 同上。

21 Stevens Crawshaw, *Plague Hospitals*, pp. 94–5.

22 Guiducci, 'Panegirico', p. 123.

23 Righi, *Historia*, pp. 147–8.

24 L. Passerini, *Storia degli stabilmenti di beneficenza e d'istruzione elementare gratuita della citta di Firenze* (Florence, 1853), p. 228.

25 AVamfi Morini C 258.

26 同上。

27 Sanità, Negozi 149, ff. 1194r–v, 1211r.

28 AVamfi Morini C 258.

29 Sanità, Negozi 150, ff. 819r–v. 另可参见Calvi的讨论, *Histories*, p. 186。

30 Sanità, Negozi 150, f. 819v.

31 同上, ff. 849r–v。

32 同上, f. 1433r。

33 同上, ff. 1433r–v。

34 Sanità, DP 6, f. 66r.

35 参见 Mariana Labarca, 'Itineraries and Languages of Madness: Family Experience, Legal Practice and Medical Knowledge in Eighteenth-century Tuscany' (PhD thesis, European University Institute, 2015)。

36 Henderson, *The Renaissance Hospital*, ch. 9.

37 Sanità, Negozi 149, f. 847r, 17.viii.1630.

38 同上, f. 847r。

39 Righi, *Historia*, pp. 11–12.

40 Calvi, *Histoiries,* pp. 183–92.

41 Sanità, Negozi 150, ff. 852r–858r, 17.ix.1630; the charges are summarised on f. 854r.

42 Cohn, *Epidemics*, ch. 6, 'Plague Spreaders', pp. 127–60, esp. pp. 136–41.

43 Sanità, Negozi 150, f. 852r, 17.ix.30.

44　同上, ff. 852r–858r, 17.ix.30; 151, ff. 323r–332v。另可参见Calvi的讨论, *Histoiries,* pp. 182–3。

45　Rondinelli, *Relazione*, p. 47.

46　Sanità, Negozi 152, ff. 858r–v, 870r–v. 这份报告并未标明日期，但很有可能是11月19日，因为其在档案中夹存于两份当日的文件之间。

47　同上, f. 858v。

48　Cipolla, *I pidocchi.*

49　Targioni, 'Relazione della Peste', p. 311.

50　Catellacci, 'Curiosi ricordi', p. 384.

51　Rondinelli, *Relazione*, p. 47.

52　同上, pp. 47–8; 一些病人从博尼法齐奥隔离医院转运至此: AVamfi, 258 (i)。

53　Baldinucci, *Quaderno*, pp. 67–8.

54　F. Gurrieri et al., *La Basilica di San Miniato al Monte a Firenze* (Florence, 1988), p. 92.

55　ASF, Misc. Med. 364.14.

56　Baldinucci, *Quaderno*, pp. 67–8; Sanità: DP 6, f. 77v的记录也印证了这一点。

57　Rondinelli, *Relazione*, p. 48.

58　Sanità, Copialettere 15, f. 108r.

59　Rondinelli, *Relazione*, p. 50.

60　同上, pp. 47–8。

61　参见D. Lamberini, *Il San Marino* (Florence, 2007), vol. 2, pp. 84–7。

62　Giubetti, *Notizie concernenti la conservazione della sanità*, pp. 28–9.

63　Stevens Crawshaw, *Plague Hospitals*, ch. 1; Cohn, *Cultures of Plague*, pp. 80–90.

64　Baldinucci, *Quaderno*, p. 68.

65　关于医院内部的建筑设计，以及它是如何为药物及精神治疗提供便利的，可参见Henderson, *The Renaissance Hospital*。

66　Stevens Crawshaw, *Plague Hospitals*, pp. 66, 71–7; Camerlengo, 'Il lazzaretto a San Pancrazio e l'ospedale della Misericordia in Bra', pp. 179–91.

67 De Castro, *Il curioso*, p. 19.

68 Sanità, Negozi 152, ff. 904r–v, 20.xi.1630.

69 Sanità, Negozi 160, ff. 24r–v, 44r, 1.viii.1631. 全部目录在 ff. 24r–44r。

70 ASF, Torrigiani Appendice 17.1, ff. 168r–v.

71 ASF, 同上, ff. 168r–v, *页边注释1。

72 Sanità, DP 6, f. 77v.

73 Sanità, Negozi 160, ff. 24r–v, 44r.

74 关于意大利隔离医院的设计，参见Stevens Crawshaw, *Plague Hospitals*, ch. 1; 关于罗马隔离医院的内部设计及构造，参见San Juan, *Rome: A City out of Print*; 关于博洛尼亚隔离医院的规划，参见Brighetti, *Bologna*, pp. 75–96。

75 参见Diana关于圣米尼亚托隔离医院医务人员的讨论, *Sanità nel quotidiano*, pp. 153–69。

76 Henderson, *The Renaissance Hospital*.

77 Sanità, Negozi 152, f. 1385r. 但作者的签名字迹模糊，难以辨认: Gio. Tor..gh..m。

78 Rondinelli, *Relazione*, p. 40。

79 同上, p. 161。

80 参见Stevens Crawshaw, *Plague Hospitals*, ch. 3。

81 Sanità, Negozi 152, ff. 460r–461v.

82 同上, ff. 460r–461v, 478r.

83 Sanità, DP 6, f. 86r; Sanità, Negozi 152, ff. 460r–461v, 478r.

84 Sanità, Negozi 153, ff. 279r–v, S. Miniato, 5.xii.1630.

85 Rondinelli, *Relazione*, p. 165.

86 Stevens Crawshaw, *Plague Hospitals*, pp. 161–2; J. Stevens Crawshaw, 'The Beasts of Burial: Pizzigamorti and Public Health for the Plague in Early Modern Venice', *Social History of Medicine*, 24.3 (2011), pp. 570–87. 参见 *Special Issue: Women and Health-care in Early Modern Europe*, ed. S. Strocchia, *Renaissance Studies*, 28.4 (2014)。

87 Sanità, Negozi 155, f. 253r.

88 同上，f. 254r。

89 同上，f. 339r, 10.ii.1631。

90 Sanità, Negozi 154, f. 514v, S. Miniato: 12.i.31.

91 Sanità, Negozi 153, ff. 97r–v, 2 xii.1630.

92 Pellicini, *Discorso sopra de' mali*, pp. 50–60; 另一位医生的治疗方法详见pp. 66–86.

93 Sanità, Negozi 149, f. 847r; 关于佛罗伦萨普通医院内药房的讨论，请见Henderson, *The Renaissance Hospital*, ch. 9。

94 Sanità, Negozi 150, ff. 118r–v.

95 Sanità, Negozi 151, f. 391r, 9.x.30.

96 Sanità 469, 标题为 'Registro dei medicinali per i convalescenti del Lazzaretto di S. Francesco al Monte: 10 dicembre 1630–16 febbraio 1631'。这份名单上的年份是1631年，封面上写着 "Donne convalascente"，而实际上里面记录的是男性患者。

97 C. Masino, *Voci di spezieria dei secoli XIV–XVIII*, ed. D. Talmelli and G. Maggioni (Padua, 1988), p. 48.

98 同上，p. 99。

99 Stevens Crawshaw, *Plague Hospitals*, pp. 136–43; Cipolla, *Cristofano*, pp. 148–51; Cohn, *Cultures of Plague*, pp. 278–9.

100 Pellicini, *Discorso sopra de'male*, pp. 11, 14.

101 Sanità Negozi 150, ff. 1434r–v.

102 数据来自 Sanità, Negozi, ff. 153, 1017r。

103 Sanità, Negozi 154, ff. 514r–v, S Miniato, 12.i.1631.

104 Pellicini, *Discorso sopra de' mali*, pp. 14–19.

105 参见 Barker, 'Plague Art in Early Modern Rome', in *Hope and Healing*, pp. 49–58。

106 参见 J. Arrizabalaga, J. Henderson and R. French, *The Great Pox: The French Disease in Renaissance Europe* (London and New Haven, 1997), pp. 172–3。

107 Sanità, Rescritti 37, f. 143r, 2.viii.1630.

108 Rondinelli, *Relazione*, p. 48; Baldinucci, *Quaderno*, p. 68; 不过龙迪内利在《传

染病报告》第132页中提到，当时的比索尼已经在佛罗伦萨担任善终会的学院院长了。另可参见P. Sannazzaro, *Storia dell'Ordine Camilliano (1550–1699)* (Turin, 1986), pp. 132–3。

109　Sanità, Rescritti 37, f. 143r, 2.viii.1630.

110　Rondinelli, *Relazione*, p. 48; *I Frati Cappuccini. Documenti e testimonianze del primo secolo*, ed. C. Cargnoni, vol. 3.2 (Perugia, 1991).

111　参见 Rondinelli, *Relazione*, p. 205; 关于嘉布遣会在佛罗伦萨所起到的作用的详细讨论，参见pp. 204–20。

112　Sanità, Negozi 153, f. 705r.

113　关于罗马，引自Barker, 'Plague Art in Early Modern Rome'。

114　Sanità, Negozi 152, f. 1385r.

115　引自Stevens Crawshaw关于威尼斯隔离医院中遗嘱文件的详细讨论, *Plague Hospitals*, pp. 198–204.

116　Sanità, 480.

117　同上, ff. 5r–6v, 28.x.1630。

118　Sanità, Negozi 153, f. 705r.

119　参见Arrizabalaga et al., *The Great Pox*, p. 175。

120　Sanità, Negozi 152, ff. 1074r–v, S. Miniato, 24.xi.1630.

121　Catellacci, 'Curiosi ricordi', p. 383.

122　Pastore, *Crimine e giustizia*, pp. 123–5.

123　Bonaventura, *Li Lazaretti della città e riviere di Genova*, pp. 17–24; 参见Stevens Crawshaw的讨论, *Plague Hospitals*, pp. 41–2.

124　Rondinelli, *Relazione*, p. 50.

125　同上, p. 166。

126　Sanità, Negozi 153, f. 332r, 6.xii.1630. 此处引自Baldinucci的记录, *Quaderno*, pp. 71–2, 以及Litchfield的讨论, *Florence Ducal Capital*, ch. 7。

127　De Castro, *Il curioso*, p. 10.

128　Sanità, Negozi 152, f. 1074r.

129　Sanità, Negozi 153, f. 1017r.

130　Baldinucci, *Quaderno*, p. 79. 关于恐惧与瘟疫，见Stevens Crawshaw, *Plague Hospitals*, pp. 143–4; Cohn, *Cultures of Plague*, pp. 271–7; N. Eckstein, 'Mapping fear: Plague and perception in Florence and Tuscany', in Terpstra and Rose, eds, *Mapping Space, Sense, and Movement in Florence* (London, 2016), pp. 169–86。

131　Stevens Crawshaw, *Plague Hospitals*, pp. 190–1; Sonnino and Traina, 'La peste del 1656–57 a Roma', pp. 440–1.

132　Stevens Crawshaw, *Plague Hospitals*, p. 190.

133　Sanità, Negozi 152, f. 680r: 15.xi.1630.

134　Rondinelli, *Relazione,* p. 50.

135　Sanità, Negozi 153, f. 64r, 2.xii.1630.

136　Sanità, Negozi 152, f. 1329r.

137　Sanità, Negozi 153, ff. 1295r–v, 29.xii.1631.

138　Sanità, Negozi 150, f. 975r; 另可参见Rondinelli, *Relazione*, pp. 47–8。

139　同上，f. 1043r。

140　同上，f. 1131r。

141　同上，ff. 975r, 1043r。

142　同上 f. 395r。

143　同上，ff. 527r–v。

144　例如，在1630年10月20日，卫生委员会给医师学院的信中强调，有必要再为圣米尼亚托遴选两名内科医生和一名外科医生：ASF, SMN 200, ff. 160r–v.

145　Sanità, Negozi 152, ff. 460r–461v, 478r.

146　同上，ff. 1329r–v。

147　同上，f. 492r。

148　同上，ff. 861r–v, S. Miniato, 19.xi.1630。

149　同上，ff. 861r–v, 19.xi.1630. 另可参见11月22日的Sanità, Negozi 152, f. 1011r。

150　同上，ff. 1074r–v, 24.xi.1630。

151　同上，f. 1103v: 25.xi.1630。

152 同上，f. 1166r, 26.xi.1630。

153 Sanità, Negozi 153, ff. 316r–v, 6.xii.1630.

154 Sanità, Negozi 152, f. 1374r, 30.xi. 也可参见，出处同上，f. 1332r。

155 同上，f. 1385r。

156 同上，ff. 1103r–v, S. Miniato, 25.xi.1630。

157 从Rondinelli关于过世的嘉布遣会修士的讨论中计算得出，*Relazione,* pp. 204–20。

158 Rondinelli, *Relazione,* p. 186.

159 Sanità, Negozi 152, ff. 915r–916r, 20.ix.1630.

160 同上，ff. 1074r–v, S. Miniato, 24.xi.1630。

161 同上，ff. 1030v。

162 同上，ff. 1030r, 23.xi.1630。

163 同上，f. 1030r。

164 Sanità, Negozi 153, ff. 975r–v.

165 Sanità, Negozi 152, ff. 1030r–v.

166 同上，ff. 1030r–v。

167 同上。

168 Rondinelli, *Relazione*, p. 49.

169 Sanità, Negozi 153, ff. 122r–v, 3.xii.1630.

170 同上，f. 1017r, 21.xii.1630。

171 同上，f. 177r, 3.xii.1630。

172 Sanità, Negozi 154, f. 514r, 12.i.1631.

173 Sanità, Negozi 153, ff. 97r–v, 2.xii.1630.

174 同上，f. 704r。

175 同上，f. 332r. 请参见Baldinucci的日记，*Quaderno*, pp. 71–2, 以及Litchfield的讨论，*Florence Ducal Capital*, ch. 7。

176 Sanità, Negozi 154, f. 514v.

177 同上，f. 514v。

178 同上，f. 406v, 9.i.1631: 'sono stanco a' scrivere sempre l' istesso'。

179　同上，f. 514r, 12.i.1631。

180　Sanità, Negozi 155, f. 842r, 26.ii.1631.

181　同上，f. 1469r: 21.iii.1631. 在1631年3月20日，老圣马可隔离中心的负责人里奥内写信给卫生委员会，抱怨那里可怕的隔离条件，并列举出了一系列问题。正因如此，所有在老圣马可工作的人都渴望获准离开。在几天时间内已经有5人死亡，其中有一人是女助手。而且，隔离中心的医生也一直没有露面，但不清楚是他不想来还是生病了。此外，这里也出现了食物短缺的情况，尤其是病人需要的鸡肉和工作人员饮食中的肉食。里奥内在信中说，所有人都在抱怨老圣马可的条件远不及其他隔离医院，连鞋子和外衣都不够。他渴求卫生委员会准许他离开这里，因为如他所说，他正在"用他的鲜血"在老圣马可工作。

182　同上，f. 1134r, 8.iii.1631。

183　同上，f. 1324r。

184　同上，f. 1469r, 20.iii.1631。

185　Sanità, Negozi 152, f. 538r, 12.xi.1630.

186　Sanità, Negozi 151, f. 599r.

187　Sanità, Negozi 152, f. 1107r, 25.xi.1630.

188　同上，ff. 776r–v, 18.xi.1630。

189　Sanità, Negozi 154, ff. 1341r–v.

190　Sanità, Negozi 151, f. 660r, 15.ix.1630.

191　Sanità, Negozi 153, f. 1314r, 30.xii 1630.

192　同上，f. 1351r, 30.xii.1630。

193　Stevens Crawshaw, *Plague Hospitals*, pp. 222–8.

194　从Fiesole偷物品 (28.iv); 从S. Onofrio偷床给妓女 (28.iv); Sanità, Negozi 154, ff. 605r–v, 14.i.31。

195　Sanità, Negozi 152, f. 1163r, 26.xi.1630.

196　Sanità, Negozi 154, ff. 1341r–v, 1352r. 还请参见Calvi的讨论，*Histoiries,* pp. 179–81。

197　Sanità, Negozi 154, ff. 1341r–v.

198 同上。

199 同上。

200 同上，f. 1352r。

201 同上。

202 Stevens Crawshaw, *Plague Hospitals*, pp. 147–8.

203 Sanità, Negozi 152, f. 492r, 11.xi.1630.

204 Cohn, *Cultures of Plague*, pp. 90, 278–9.

205 Righi, *Historia*, pp. 147–8.

206 Stevens Crawshaw, *Plague Hospitals*, ch. 4; Cohn, *Cultures of Plague*, pp. 35, 278–9；更概括的分析参见Henderson, *The Renaissance Hospital*.

207 Stevens Crawshaw, *Plague Hospitals*, p. 77.

第七章 瘟疫生存指南

1 Brackett, *Criminal Justice*.

2 Calvi, 'A Metaphor for Social Exchange', p. 142, 基于她对332起法庭审判的讨论；此处还引用了 Calvi, *Histories*, p. 5。

3 关于博洛尼亚的情况，请参见Pastore, *Crimine e giustizia*, ch. 4; 关于米兰，参见 Cohn, *Epidemics*, ch. 6; 关于那不勒斯，参见Calvi, 'L'oro, il fuoco, le force', pp. 405–58。

4 Pastore, *Crimine e giustizia*, pp. 73–5; Milan; Cohn, *Epidemics*, p. 150.

5 Pastore, *Crimine e giustizia*, pp. 73–5.

6 还请参见Amerlang的讨论, *A Journal of the Plague Year: The Diary of the Barcelona Tanner Miquel Parets, 1651*, 'Introduction', pp. 3–12; Wilson Bowers, *Plague and Public Health in Early Modern Seville*。

7 Sanità, Negozi, 154, ff. 926r–927v, 22.1.1631.

8 Cantini对这些措施做了总结, *Legislazione*, vol. 16, pp. 116–19。

9 关于大公的惩罚措施，请参见J.K. Brackett, *Criminal Justice and Crime in Late*

Renaissance Florence, 1537–1609 (Cambridge, 1992)。

10 同上，p. 62。

11 Cantini, *Legislazione*, vol. 16, pp. 115–17, 24.x.1630.

12 ASF, Torrigiani Appendice 17.1, f. 150v: Cap. V.

13 同上。

14 Cantini, *Legislazione*, vol. 16, p. 118.

15 Giubetti, *Notizie concernenti la conservazione della sanità*, p. 2.

16 Calvi, *Histories*, pp. 118–19.

17 Sanità, Rescritti37, f.465r, 1.xi.1630.

18 关于1630—1631年的薪水水平，参见 <https://www.nuffield.ox.ac.uk/people/
sites/allen-research-pages/>：当时佛罗伦萨一位非技术劳动力的合理薪水是每
天25索尔多，这一数字参考了同期米兰的情况，而一个熟练泥瓦匠的薪水是
每天40索尔多。1斯库多=6里拉，1里拉=20索尔多，所以1斯库多就相当于
120索尔多。对于Sheilagh Ogilvie 在这方面的建议，笔者深表感谢。

19 Brackett, *Criminal Justice*, p.59; A. Zorzi, 'The judicial system in Florence in the
fourteenth and fifteenth centuries', *Crime, Society and the Law in Renaissance
Italy*, eds T. Dean and K.J.P. Lowe (Cambridge, 1994), pp. 44ff.; T. Dean, *Crime and
Justice in Late Medieval Italy* (Cambridge, 2007), pp. 17–20; 关于威尼斯，见F. de
Vivo, *Information and Communication in Venice: Rethinking Early Modern Politics*
(Oxford, 2007), pp. 86–114. 另可参见F. Nevola, 'Surveillance and Control of the
Street in Renaissance Italy', in *The Experience of the Street in Early Modern Italy*,
ed. G. Clarke and F. Nevola, *I Tatti Studies in the Italian Renaissance*, 16 (2013),
pp. 101–5。

20 Cantini, *Legislazione*, vol. 16, p. 118–19; A. Zorzi, 'The judicial system in
Florence', pp. 44ff.; Brackett, *Criminal Justice*, pp. 36–7.

21 Cantini, *Legislazione*, vol. 16, p. 118.

22 T. Dean, *Crime in Medieval Europe, 1200–1550* (Abingdon, 2001), p. 77, 更为概
括性的分析，见其第四章 'Women and Crime'。

23   Rondinelli, *Relazione*, p. 65; Sanità, Rescritti 37, ff. 825r–v.

24   Cantini, *Legislazione*, vol. 16, p. 115–17, 24.x.1630.

25   Dean, *Crime in Medieval Europe*, pp. 119–23.

26   Sanità, DP 7, f. 22r, 9.xi.1630.

27   Sanità, Negozi 152, ff. 282r–283r, 6.xi.1630.

28   同上，ff. 186r–v, 4.xi.1630; DP 7, f. 29r. 还请参阅Calvi的讨论, *Histories*, pp. 122–3。

29   Zorzi, 'The Judicial System in Florence', p. 53.

30   Pastore, *Crimine e giustizia*, pp. 98–9, 183–5, 187–97（关于博洛尼亚、热那亚和罗马）; Cohn, *Epidemics*, ch. 6（关于米兰）; Calvi, 'L'oro, il fuoco, le force', pp. 447–8（关于那不勒斯）; 关于更概括性的讨论，参见 Pullan, 'Plague and Perceptions of the Poor', pp. 116–17。

31   Sanità, Rescritti 37, ff. 490r–v, 5.xi.1630. 另可参见Brackett, *Criminal Justice*, pp. 67–8。

32   Dean, *Crime in Medieval Europe*, pp. 130–3; G. Rebecchini, 'Rituals of Justice and the Construction of Space in Sixteenth-century Rome', in *The Experience of the Street in Early Modern Italy*, ed. G. Clarke and F. Nevola, *I Tatti Studies in the Italian Renaissance* 16 (2013), pp. 153–79.

33   Sanità, Negozi 152, ff. 464r–476r: Ulisse di Bartolomeo Dolci, donzello di Magistrato di Sanità.

34   请参见Cohn, *Cultures of Plague*, p. 273; Cohn, *Epidemics*, pp. 145–7; Stevens Crawshaw, *Plague Hospitals*, pp. 128–32, 196–8, 以及Stevens Crawshaw, 'The Beasts of Burial: Pizzicamorti and Public Health', pp. 570–87. 针对14世纪佛罗伦萨掘墓工的指控，引自Henderson, 'The Black Death'。

35   Sanità, DP 7, ff. 68v–9r, 30.xi.1630. 关于挖掘工和鼠疫，参见Calvi, *Histories*, pp. 147–54。

36   Sanità, DP 7, ff. 174v–175r.

37   Dean, *Crime in Medieval Europe*, pp. 86–8; cf. Storey, *Carnal Commerce in Counter-Reformation Rome*.

38   Sanità, Negozi 152, ff. 759r–v, 776r–777v; DP 7, ff. 105v–106r.

39 Sanità, Negozi 153, ff. 759r–v, 776r–777v; DP 7, f. 105v.

40 Cantini, *Legislazione*, vol. 16, pp. 86–7, 23.viii.1630.

41 Sanità, DP 7, f. 176r.

42 例如，关于1630年博洛尼亚的情况: Pastore, *Crimine e giustizia*, p. 98。

43 Sanità, DP 8, f. 147r: 'perché sono poverelli e non hanno modo a pagare le spese'.

44 Sanità, DP 7, f. 11r, 4.xi.1630.

45 同上，f. 23r, 10.xi.30。

46 同上，174v: 'due tratti di fune da' darseli in pubblico con un filo di pane ai piedi'。

47 同上，f. 10v; Negozi 152, f. 378r. 其他人也一同被判有罪，并接受了相似的处罚: ff. 378r–v。

48 Sanità, Negozi 153, ff. 445r–452r; 680r.

49 Sanità, DP 7, ff. 148r–v.

50 Sanità, DP 8, ff. 11r–v, 23.ii.1631.

51 同上，ff. 21r–22r。

52 同上，ff. 157r–158r, 3.vii.1631: 'vecchio, più di 60 anni, e malsano'。

53 请参见Dean, *Crime in Medieval Europe*, ch. 4, 'Women and Crime', esp. pp. 77–8; Pastore, *Crimine e giustizia*, p. 98。

54 Sanità, DP 6, f. 6v, 1.vii.1630.

55 Sanità, Negozi 152, ff. 241r–246v, 253r–257v; DP 7, ff. 97r–98r. G. Ripamonti, *La Peste di Milano del 1630*, ed. C.

56 Reposi (Milan, 2009). 还请参见Naphy, *Plagues, Poisons and Potions*。

57 Cohn, *Epidemics*, ch. 6: 'Plague Spreaders', pp. 127–60, esp. pp. 136–41; 两份资料可以证实至少有54起案件被判处死刑, Avvisi的报告也列出了另外23起。

58 Sanità, Negozi 150, ff. 214r–215v; f. 250r.

59 同上，ff. 852r–858r, 17.ix.1630; f. 151, ff. 323r–332v。还可参见Calvi的讨论, *Histories*, pp. 182–3。

60 Cohn, *Epidemics*, pp. 150–2.

61 Calvi, 'L' oro, il fuoco, le force', pp. 421–2.

62 Cohn, *Epidemics*, p. 150; Calvi, 'L' oro, il fuoco, le force', pp. 426–7.

63 Cohn, *Cultures of Plague*, pp. 264–6.

64 引自 Pullan, 'Plague and Perceptions of the Poor', pp. 116–17。

65 A. Pastore, 'Tra giustizia e politica: il governo a Genova e Roma nel 1656/7', *Rivista storica italiana*, 100 (1988), pp. 140–8; Pastore, *Crimine e giustizia*, pp. 187–97.

66 Pastore, *Crimine e giustizia*, pp. 187–97.

67 Calvi, 'L' oro, il fuoco, le force', pp. 447–8.

68 Pastore, 'Tra giustizia e politica', pp. 133–7.

69 同上, pp. 152–4。

70 Pullan, 'Plague and perceptions of the poor', pp. 106–7; Amerlang, *A Journal of the Plague* Year, pp. 15–16.

71 *The Experience of the Street in Early Modern Italy*, ed. G. Clarke and F. Nevola, *I Tatti Studies in the Italian Renaissance*, 16 (2013), pp. 47–229.

72 Pastore, *Crimine e giustizia*, pp. 77–88.

73 Sanità, Negozi 151, f. 802r, 17.x.1630.

74 Calvi, *Histories*, pp. 12, 94–6.

75 Litchfield, *Florence Ducal Capital*, para. 288–9, esp. table 6.2; 还请参见 J. C. Brown and J. Goodman, 'Women and Industry in Florence', *Journal of Economic History*, 40 (1980), pp. 73–80。

76 请参见 Dean, *Crime in Medieval Europe*, pp. 77–8。

77 Pastore, *Crimine e giustizia*, pp. 88–99.

78 Rondinelli, *Relazione*, p. 46.

79 这些类别的划分基本参照了 Calvi, *Histories*, ch. 1–4。

80 Sanità, Negozi 150, ff. 153r–v, 3.ix.1630.

81 同上, f. 271r, 5.ix.1630: 'Un huomo di statua alta, magro di corpo, pelo nociato, con capelliera alla Nazarena, vestito con calze bianche, giubbone grande, et il restante con ferraiolo di nero.' Cf. also discussion above, ch. 2, and Calvi, *Histories*, pp. 24–5。

82 Sanità, Negozi 150, ff. 271r–272r, 5.ix.1630.

83 Sanità, DP 8, ff. 157r–158r.

84 同上，ff. 170r–v。

85 同上，f. 170r。

86 Sanità, Rescritti 37, f. 559r, 13.xi.1630; f. 593r, 15.xi.1630.

87 同上，f. 639r, 28.xi.1630。

88 同上，ff. 665r, and 665v–667v, 2.xii.1630。

89 同上，f.590r,16.xi.1630，禁令同样适用于住所和商铺。

90 Rondinelli, *Relazione*, pp. 56–7.

91 Sanità, Negozi 153, ff. 755r–v plus 780r–v, 15.xii.1630; DP 7, f. 106r.

92 同上，f. 1034r。

93 同上，f. 291r, 7.xii.1630。

94 同上，ff. 323r–v, 6.12.1630。

95 同上，f. 211r, 4.xii.1630。

96 关于妓女活动的地点，请参见N. Terpstra, 'Locating the Sex Trade in the Early Modern City: Space, Sense, and Regulations in Sixteenth-century Florence', *Mapping Space, Sense, and Movement in Florence. Historical GIS and the early modern city*, ed. N. Terpstra and C. Rose (London, 2016), pp. 107–24。

97 Rondinelli, *Relazione*, p. 56.

98 Terpstra, 'Locating the Sex Trade', p. 116.

99 Via dell' Acqua, Via Campaccio, Gomitolo dell' Oro and near Sant' Orsola.

100 Sanità, Negozi 154, f. 322r, 7.i.1631.

101 同上，ff. 1159r–v。

102 同上，f. 975r。

103 同上，f. 976r。

104 同上，f. 976r。

105 同上，f. 968r, 23.i.1630。

106 Sanità, Negozi 152, f. 376r, 8.xi.1630.

107　Rondinelli, *Relazione*, p. 71.

108　Sanità, Negozi 155, ff. 805r–806r, 25.2.1631.

109　Cipolla, *Faith, Reason and the Plague*, p. 203.

110　Sanità, Negozi 152, f. 280r, 6.xi.1630.

111　同上, ff. 776r–v。

112　同上, f. 187r, 4.xi.1630。

113　同上, ff. 240r–v, 5.xi.1630。

114　同上, ff. 620r–v。

115　Sanità, Negozi 153, ff. 137r–138v, 4.xii.1630.

116　Sanità, Negozi 152, f. 1341r. 还请参见Calvi的讨论, *Histories*, pp. 79–82。

117　Sanità, DP 7, f. 74r.

118　Sanità, Negozi 152, ff. 109r–116r, 3.xi.1630. 请参见Calvi对于该案例的详尽分析, *Histories*, pp. 122–3。

119　Sanità, Negozi 154, ff. 481r–482v, 495r–496r, 15.1.1631. 另可参见Calvi, *Histories*, pp. 139–42。

120　请参见Calvi, *Histories*, ch. 4, for a more detailed discussion of this topic。

121　Catellacci, 'Curiosi ricordi', p. 382.

122　Calvi, *Histories*, pp. 169–75.

123　Sanità, Negozi 153, ff. 445r–452v.

124　同上, f. 447v; DP 7, ff. 148r–v。

125　Sanità, Negozi 154, f. 974r; DP 7, f. 176r, 23.i.1631.

126　Sanità, DP 7, f. 119r, Tommaso di Francesco Peroni, 13.xii.1630.

127　Sanità, DP 8, ff. 11r–12v, 23.ii.31: his *scrivano*, Antonio, was not found guilty.

128　1朱里奥相当于13索尔多4德纳里: C.M. Cipolla, *Money in Sixteenth-Century Florence* (Berkeley, Los Angeles and London, 1987), p. 49, n. 12。

129　Sanita 152, ff. 108r–v and DP 7, ff. 10v–11r, 3.xi.1630.

130　另可参见 the discussion in Calvi, *Histories*, pp. 13–14, 74–89。

131　Sanità, Negozi 152, f. 377r.

132　同上, ff. 377r–v.

133　同上, f. 377v。

134　Sanità, DP 7, f. 29v, 12.ix.1630.

135　Sanità, Negozi 152, ff. 505r–v, 516r, 11.xi.1630.

136　同上, f. 507r。

137　同上, ff. 505r–v。

138　Sanità, DP 7, f. 58r, 25.xi.1630.

139　同上, f. 58r, 25.xi.1630。

140　请参见本书第四章, 以及 Litchfield, *Florence Ducal Capital*。

141　Sanità, DP 8, f. 80r.

142　Sanità, Negozi 154, f. 1069r, 24.i.1631.

143　Sanità, DP 7, f. 186r.

144　Sanità, Negozi 155, f. 770r.

145　Sanità, DP 7, ff. 173r–v.

146　Sanità, Negozi 153, f. 1035r: 22.xii.1630.

147　Sanità, Negozi, 150, ff. 829v–830v, 16.ix.1630.

148　Sanità, Negozi 152, ff. 783r–85v, 17.xi.1630.

149　Sanità, DP 6, f. 191r.

150　Sanità, Negozi 153, ff. 641r–v, 11.xii.1630; DP 7, ff. 98r–v, 13.xii.30.

151　Sanità, DP 8, ff. 77v–78r, 28.iv.1631.

152　同上, ff. 172r–v: 15.vii.1630。

153　同上, f. 172v。

154　Calvi, *Histories*, pp. 8–9.

155　并请参见Calvi的讨论, *Histories*, pp. 3–14, 74–89。

尾声　1632—1633年：鼠疫的再度暴发和消退

1　人们并不是对疫情复发一无所知, 这就像1656年底那不勒斯王国在鼠疫第一次消退后的情况一样。请参看 Fusco,'La peste del 1656–58 nel Regno di Napoli: diffusione e mortalità', pp. 115–38。

2　Baldinucci, *Quaderno*, pp. 80–2.

3　Rondinelli, *Relazione*, pp. 141–63; Baldinucci, *Quaderno*, pp. 82–93.

4　Rondinelli, *Relazione,* pp. 141–3.

5　同上。

6　Rondinelli, *Relazione,* pp. 145–8中记录道，城内的死亡人数等于康复人数（62人）。

7　同上, p.148。

8　Baldinucci, *Quaderno*, p. 83.

9　Rondinelli, *Relazione*, pp. 142–63.

10　同上, p.192。

11　同上, p.146。

12　Pastore, *Crimine e giustizia*, pp. 187–8; Sonnino and Traina, 'La peste', p. 438

13　Rondinelli, *Relazione,* p. 173.

14　同上, p. 202。

15　同上, pp. 275–8; Giuliano di Cesere Cecchini in Casotti, *Memorie storiche*, p. 189.

16　Casotti, *Memorie storiche*, p. 200.

17　Rondinelli, *Relazione,* pp. 74, 170. Cf. Baldinucci, *Quaderno,* p. 89, n. 36.

18　Borgherini: Sanità, Negozi 168, f. 1029r, 20.v.1633; Strozzini: Sanità, Negozi 168, f. 1033r, 22.v.1633; Monticelli: Sanità, Negozi 168, f. 1085r, 25.v.1633.

19　Rondinelli, *Relazione,* p. 165.

20　同上, pp. 165–6。

21　AVamfi, Morini C 258–9.

22　1632年人口普查时的佛罗伦萨总人口（66056人）见第一章。

23　下文总结了 Cipolla, *Public Health*, pp. 39–43, and Litchfield, *Florence Ducal Capital*, paras 375–9. Cf., on Turin, Cavallo, *Charity and Power in Early Modern Italy*, pp. 44–57。

24　Catellacci, 'Curiosi ricordi', pp. 385–4, 391; 另可参见Litchfield, *Florence Ducal*

Capital, para 375。

25 R. Galluzzi, *Istoria del Granducato di Toscana* (Florence, 1781), vol. 7, p. 160, 引
自Litchfield, *Florence Ducal Capital*, para 376。

26 Cipolla, *Public Health*, pp. 39–43; G. Alfani, *Calamities and the Economy in Renaissance Italy: The Grand Tour of the Horsemen of the Apocalypse* (London, 2013), ch. 3.

27 Catellacci, 'Curiosi ricordi', pp. 385–4; Litchfield, *Florence Ducal Capital*, para 375; Cipolla, *Public Health*, pp. 39–43.

参考文献

Archivio Arcivescovile di Firenze

S. Pier Gattolini, Libri dei Morti, 1576–1727

Archivio di Stato di Firenze (cited as ASF)

Arte della Lana 449
Carte Strozziane, ser. 1, XXIX.16
Compagnie Religiose Soppresse da Pietro Leopoldo (cited as CRS) 1418
Mediceo Avanti il Principato 5392, 6146
Miscellanea Medicea (cited as Misc. Med.) 364.14, 370.32, 389
Monte di Pietà nel Bigallo 674, 677
Ospedale di Santa Maria Nuova (cited as SMN) 200
Pratica Segreta 178
Scrittoio delle Fabbriche 1928
Torrigiani, Appendice 17.1
Ufficiali del Biado, Abbondanza 18

Ufficiali di Sanità

43, Cosimo Dei, cancelliere, 'Dell'origine dell'Ufficio della Sanità'
    Copialettere 54–61 (1609–1633)
    Decreti e Partiti (cited as DP) 3–11 (1626–1635)
    Negozi 145–170 (1629–1634)
    Rescritti 37 (1630–1631)
466, 'Registro dei figliuoli derelitti, che si tenghano in Via del Giardino', 1630–1631
469, 'Registro dei medicinali per i convalescenti del Lazzaretto di S. Francesco al Monte',
    1630–1631.
480, 'Copia dei testamenti delle persone del Lazzaretto di S. Miniato', 1630

Archivio della Venerabile Arciconfraternita della Misericordia di Firenze (cited as AVamfi)

Morini: C 250, C 259/1, C 259/2, C 258, C 254, C 1647bis, C 256, C 255, C 253, C 252/3, C
    252/4, B 18

Biblioteca Medicea-Laurenziana, Archivio del Capitolo di San Lorenzo, Firenze, Libri dei Morti

5016 1619–1621
5017 1621–1622
5018 1623–1625
5019 1625–1627
5020 1627–1629
5021 1629–1633
5022 1633–1639
5023 1639–1644

Biblioteca Nazionale Centrale di Firenze (cited as BNCF)

Magl. 11.1.240.
Palatino EB XV.2.

National Archives, London

SP 12/75/52
SP 16/533/17

已出版的第一手资料

Amerlang, J.S. (ed.), *A Journal of the Plague Year: The Diary of the Barcelona Tanner Miquel Parets 1651* (Oxford, 1991).
Baldinucci, F., *Notizie de' professori del disegno da Cimabue in quà*, ed. F. Ranalli (Florence, 1846).
Baldinucci, G., *Quaderno. Peste, guerra e carestia nell'Italia del Seicento*, ed. B. Dooley (Florence, 2001).
Boccaccio, G., *Decameron*, in *Giovanni Boccaccio, Tutte le opere*, ed. V. Branca (Florence, 1969).
Bonaventura, Antero Maria di S., *Li Lazaretti della città e riviere di Genova del MDCLVII, ne quali oltre a successi particolari del contagio si narrano l'opere virtuose di quelli che sacrificorno se stessi alla salute del prossimo. E si danno le regole di ben governare un popolo flagellato dalla peste* (Genoa, 1658).
Cantini, L., *Legislazione toscana raccolta e illustrata* (Florence, 1800–08).
Cascio Pratilli, G. and L. Zangheri, *La legislazione medicea sull'ambiente* (Florence, 1993–8).
Casotti, G., *Memorie storiche della miracolosa immagine di Maria Vergine dell'Impruneta* (Florence, 1714).
Catellacci, D., ed., 'Curiosi ricordi del contagio di Firenze nel 1630', *Archivio storico italiano*, ser. 5, 20 (1897), pp. 379–91.
College of Physicians, *Certain Directions for The Plague* (London, 1636).
Chambers, D. and B. Pullan, eds, *Venice: A Documentary History, 1450–1630* (Oxford, 1992).
Castro, S. R. de, *Il curioso nel quale in dialogo si discorre del male di peste* (Pisa, 1631).
Nente, I. del, *Vita e costumi et intelligenze spirituali della gran Serva di Dio, e Veneranda Madre Suor Domenica dal Paradiso fondatrice del monasterio dalla Croce di Firenze dell' Ordine di San Domenico* (Venice, 1664).
Defoe, D., *A Journal of the Plague Year*, ed. P. Backscheider (New York, 1992).
Fracastoro, G., *De contagione et contagiosis morbis et eorum curatione*, ed. W.C. Wright (New York and London, 1930).
Geddes da Filicaia, C. and M. Geddes da Filicaia, *Peste. Il flagello di Dio fra letteratura e scienza* (Florence, 2015).
Giubetti, F., *Il cancelliero di sanità, cioè notizie di provisioni e cose concernenti la conservazione della sanità contro al contagio della peste cavate da suoi autori* (Florence, 1630).

Guiducci, M., 'Panegirico al Serenissimo Ferdinando II Duca di Toscana per la liberazione di Firenze della peste', in Rondinelli, *Relazione del contagio stato in Firenze l'anno 1630 e 1633* (1634).

Ingrassia, G.F., *Informatione del pestifero, et contagioso morbo* (Palermo, 1587).

Lastri, M., *Ricerche sull'antica e moderna popolazione della città di Firenze per mezzo dei registri del Battistero di S. Giovanni* (Florence, 1775).

Malpezzi, P. (ed.) *I bandi di Bernardino Spada durante la peste del 1630 in Bologna* (Faenza, 2008).

Manzoni, A., *The Betrothed and the History of the Column of Infamy*, ed. D. Forgacs, M. Reynolds (London, 1997).

Manzoni, A., *I promessi sposi*, ed. A. Asor Rosa (Milan, 1965).

Marchini, F., *Belli divini sive, Pestilentis temporis accurata et luculenta: speculatio theologica canonica . . . philosophica* (Florence, 1633).

Mattioli, P.A., *I discorsi ne i sei libri della materia medicinale di Pedacio Dioscoride Anarbeo* (Venice, 1557; Bologna, 1984 repr.).

Morini, U. (ed.), *Documenti inediti o poco noti per la storia della Misericordia di Firenze (1240–1525)* (Florence, 1940).

Pellicini, A., *Discorso sopra de' mali contagiosi pestilenziali. Raccolto dall'Eccellentissimo Sig. Antonio Pellicini d'ordine del Collegio dei Medici Fiorentini. Per comandamento del Serenissimo Gran Duca di Toscana* (Florence, 1630).

Righi, A., *Historia contagiosi morbi qui Florentiniam popolatus fuit anno 1630* (Florence, 1633).

Ripamonti, G., *La Peste di Milano del 1630*, ed. C. Reposi (Milan, 2009).

Rondinelli, F., *Relazione del contagio stato in Firenze l'anno 1630 e 1633* (Florence, 1634).

Segni, B., *Storie fiorentine* (Milan, 1805).

Soldi, J., *Antidotario per il tempo della peste* (Florence, 1630).

Tadino, A., *Raguaglio dell'origine et giornali successi della Gran Peste . . .* (Milan, 1648).

Targioni, Luca di Giovanni di Luca, 'Relazione della Peste di Firenze negli Anni 1630 e 1631, scritta da Luca di Giovanni di Luca Targioni', in Giovanni Targioni Tozzetti, *Notizie degli aggrandimenti delle scienze fisiche: accaduti in Toscana nel corso di anni LX del secolo XVII* (Florence, 1780), 111, pp. 288–315.

二手资料

Abrate, M., *Popolazione e peste del 1630 a Carmagnola* (Turin, 1972).

Affolta, B.M., 'Dalla zana al carro lettiga' in *La carità a motore. Come nacque la prima ambulanza*, ed. S. Nanni (Florence, 2017), pp. 19–31.

Albini, G., *Guerra, fame, peste. Crisi di mortalità e sistema sanitario nella Lombardia tardomedievale* (Bologna, 1982).

Alexander, J.T., *Bubonic Plague in Early Modern Russia: Public Health and Urban Disaster* (Oxford, 2003).

Alfani, G., *Calamities and the Economy in Renaissance Italy: The Grand Tour of the Horsemen of the Apocalypse* (London, 2013).

——, 'Italy', in *Famines in European History*, ed. G. Alfani and C. Ó Gráda (Cambridge, 2017).

——, 'Plague in Seventeenth-century Europe and the Decline of Italy: An Epidemiological Hypothesis', *European Review of Economic History*, 17 (2013), pp. 408–30.

Alfani, G. and M. Bonetti, 'A Survival Analysis of the Last Great European Plagues: The Case of Nonantola (Northern Italy) in 1630', *Population Studies*, 72 (2018), pp. 14–15.

Alfani, G. and S. Cohn Jr, 'Nonantola 1630. Anatomia di una pestilenza e meccanismi del contagio. Con riflessioni a partire dalle epidemie milanesi della prima età modern'a, *Popolazione e Storia*, 2 (2007), pp. 99–138.

Aranci, G., *Formazione religiosa e santità laicale a Firenze tra Cinque e Seicento. Ippolito Galantini fondatore della Congregazione di San Francesco della Dottrina Cristiana (1565–1620)* (Florence, 1997).

Arrizabalaga, J., 'Facing the Black Death: Perceptions and Reactions of University Medical Practitioners', in *Practical Medicine from Salerno to the Black Death*, ed. L. Garcia-Ballester, R. French, J. Arrizabalaga and A. Cunningham (Cambridge, 1994), pp. 237–88.

——, 'Medical Ideals in the Sephardic Diaspora: Rodrigo De Castro's Portrait of the Perfect Physician in Early Seventeenth-Century Hamburg', *Medical History*, Suppl. (2009), 29, pp. 107–24.

Arrizabalaga, J., J. Henderson and R. French, *The Great Pox: The French Disease in Renaissance Europe* (London and New Haven, 1997).

Asseretto, G., *Per la comune salvezza dal morbo contagioso. I controlli di sanità nella Repubblica di Genova* (Novi Ligure, 2011).

Bailey, G.A., O.M. Jones, F. Mormando and T.W. Worcester (eds), *Hope and Healing: Painting in Italy in a Time of Plague, 1500–1800* (Chicago, 2005).

Barker, S. 'Art, Architecture and the Roman Plague of 1656–1657', in *La Peste a Roma (1656–1657)*, ed. I. Fosi (Rome, 2006), pp. 243–62.

——, 'Miraculous Images and the Plagues of Italy, ca. 590–1656', in *Saints, Miracles and the Image: Healing Saints and Miraculous Images in the Renaissance*, ed. S. Cardarelli and L. Fenelli (Turnhout, 2018), pp. 29–52.

——, 'Plague Art in Early Modern Rome: Divine Directives and Temporal Remedies', in *Hope and Healing: Painting in Italy in a time of Plague, 1500–1880*, ed. G.A. Bailey, O.M. Jones, F. Mormando and T.W. Worcester (Chicago, 2005), pp. 45–64.

Bellesi, S., *Cesare Dandini* (Turin, 1996).

Beloch, K.J., *Storia della popolazione d'Italia* (trans. *Bevölkerungsgeschichte Italiens*, Berlin and Leipzig, 1937–61) (Florence, 1994).

Benedictow, O.J., *The Black Death, 1346–1353: The Complete History* (Woodbridge, 2004).

——, 'Morbidity in Historical Plague Epidemics', *Population Studies*, 41 (1987), pp. 401–31.

——, *Plague in the Late Medieval Nordic Countries: Epidemiological Studies* (Oslo, 1992).

Benvenuto, G., *La peste nell'Italia della prima età moderna. Contagio, rimedi, profilassi* (Bologna, 1995).

Berti, L., 'Matteo Nigetti', *Rivista d'Arte*, 27, 3rd ser., 2, 1951–2, pp. 93–106.

Bietti Favi, M., 'La pittura nella Chiesa di San Marco', in *La Chiesa e convento di San Marco di Firenze* (Florence, 1990), vol. 2, pp. 231–46.

Biraben, J.-N., *Les hommes et la peste en France et dans les pays européens et méditerranéens* (Paris, 1976), 2 vols.

Boeckl, C.M., *Images of Plague and Pestilence: Iconology and Iconology* (Kirksville, Missouri, 2000).

Bornstein, D., *The Bianchi of 1399: Popular Devotion in Late Medieval Italy* (Ithaca, 1993).

Bos, K.I., V.J. Schuenemann, B. Golding, H.A. Burbano, N. Waglechner, B.K. Coombes, J.B. McPhee, S.N. DeWitte, M. Meyer, S. Schmedes, J. Wood, D.J.D. Earn, D.A. Herring, P. Bauer, H.N. Poinar and J. Krause, 'A Draft Genome of Yersinia Pestis from Victims of the Black Death', *Nature*, 478 (2011), pp. 506–10.

Brackett, J.K., *Criminal Justice and Crime in Late Renaissance Florence, 1537–1609* (Cambridge, 1992).

Bradley, M. and K. Stow (eds), *Pollution and Propriety: Dirt, Disease and Hygiene in the Eternal City from Antiquity to Modernity* (Cambridge, 2012).

Brewer, J., 'Microhistory and the Histories of Everyday Life', *Cultural and Social History*, 5 (2010), pp. 1–16.

Brighetti, A., *Bologna e la peste del 1630* (Bologna, 1968).

Brockliss, L. and C. Jones, *The Medical World of Early Modern France* (Oxford, 1997).

Brown, J.C. and J. Goodman, 'Women and Industry in Florence', *Journal of Economic History*, 40 (1980), pp. 73–80.

Callahan, M., '"In her name and with her money", Suor Domenica da Paradiso's Convent of la Crocetta in Florence', in *Italian Art, Society and Politics: A Festschrift for Rab Hatfield*, ed. B. Deimling, J.K. Nelson and G. Radke (New York, 2007), pp. 117–27.

——, 'Suor Domenica da Paradiso as *alter Christus*: Portraits of a Renaissance Mystic', *The Sixteenth Century Journal*, 43.2 (2012), pp. 323–50.

Calvi, G., *Histories of a Plague Year: The Social and the Imaginary in Baroque Florence* (Berkeley, 1994). (Originally published as *Storie di un anno di peste: comportamenti sociali e immaginario nella Firenze barocca*, Milan, 1984).

——, 'A Metaphor for Social Exchange: the Florence Plague of 1630', *Representations*, 13 (1986), pp. 139–63.

——, 'L'oro, il fuoco, le forche: la peste napoletana del 1656', *Archivio Storico Italiano*, 139.3 (509) (1981), pp. 405–58.

Camerlengo, L., 'Il Lazzaretto a San Pancrazio e l'Ospedale della Misericordia in Bra. Le forme dell'architettura', in *L'Ospedale e la città. Cinquecento anni d'arte a Verona*, ed. A. Pastore, G.M. Varanini, P. Marini and G. Marini (Verona, 1996), pp. 179–91.

Caneva, C. (ed.), *Basilica di Santa Maria all'Impruneta guida storico-artistica; Museo del Tesoro di Santa Maria in Impruneta* (Florence, 2005).

Cargnoni, C. (ed.), *I Frati Cappuccini. Documenti e testimonianze del primo secolo, Vol. 3.2* (Perugia, 1991).

Carmichael, A.G., 'Contagion Theory and Practice in Fifteenth-century Milan', *Renaissance Quarterly*, 44 (1991), pp. 213–56.

——, 'The Last Past Plague: The Uses of Memory in Renaissance Epidemics', *Journal of the History of Medicine and Allied Sciences*, 53.2 (1998), pp. 132–60.

——, *Plague and the Poor in Renaissance Florence* (Cambridge, 1986).

——, 'Plague Legislation in the Italian Renaissance', *Bulletin of the History of Medicine*, 57 (1983), pp. 208–25.

——, 'Plague Persistence in Western Europe: A Hypothesis', *The Medieval Globe*, 1.1, Article 8.

Casalini, E. and I. Dina, *Ex voto all'Annunziata. Inedito sul contagio del 1630. Tavolette dipinte del secolo XIX* (Florence, 2005).

Casalini, E.M. and P. Ircani Menichini, *Le lampade votive d'argento delle cappelle della SS. Annunziata di Firenze* (Florence, 2011).

Castiglioni, A., ed., *A History of Medicine* (New York, 1957 [1941]).

Cavalli, F., 'I ratti invisibili. Considerazioni sulla storia della peste in Europa nel medioevo e nella prima età moderna', *Quaderni Guarneniani*, 6 NS (2015), pp. 113–40.

Cavallo, S., *Charity and Power in Early Modern Italy: Benefactors and their Motives in Turin, 1541–1789* (Cambridge, 1995).

Cavallo, S. and T. Storey (eds), *Conserving Health in Early Modern Culture: Bodies and Environments in Italy and England* (Manchester, 2017).

——, *Healthy Living in Late Renaissance Italy* (Oxford, 2013).

Champion, J., 'Epidemics and the Built Environment in 1665', in J. Champion (ed.), *Epidemic Disease in London* (London, 1993).

——, *London's Dreaded Visitation: The Social Geography of the Great Plague in 1665*, Historical Geography Research Series, no. 31 (London, 1995).

Chiarini, M., *Disegni del Seicento e del Settecento della Biblioteca Marucelliana* (Florence, 2016).

Ciofi, M.B., 'Malattie, mortalità dei fanciulli nei primi anni di vita nella Firenze del '400: cause principali dei decessi. La medicina infantile', *Rivista di Storia della Medicina*, 2 NS (23) (1992), pp. 3–15.

——, 'La peste del 1630 a Firenze con particolare riferimento ai provvedimenti igienico-sanitari e sociali', *Archivio storico italiano*, 142 (1984), pp. 47–75.

Cipolla, C.M. 'The "Bills of Mortality" of Florence', *Population Studies*, 32 (1978), pp. 543–8.

——, *Cristofano and the Plague: A Study in the History of Public Health in the Age of Galileo* (London, 1973).

——, *Faith, Reason and the Plague: A Tuscan Story of the Seventeenth Century* (Brighton, 1979).

——, *Fighting the Plague in Seventeenth-Century Italy* (Madison, Wisconsin, 1981).

——, *I pidocchi e il Granduca. Crisi economica e problemi sanitari nella Firenze del '600* (Bologna, 1979).

——, *Miasmas and Disease: Public Health and the Environment in the Pre-Industrial Age* (New Haven and London, 1992).

——, *Money in Sixteenth-Century Florence* (Berkeley, Los Angeles and London, 1987).

——, 'Peste del 1630-1 nell'Empolese', *Archivio storico italiano*, 136 (1978), pp. 469–81.

——, *Public Health and the Medical Profession in the Renaissance* (Cambridge, 1976).

Clarke, G. and F. Nevola (eds), *The Experience of the Street in Early Modern Italy. I Tatti Studies in the Italian Renaissance*, 16 (2013), pp. 47–229.

Cliff, A.D., M.R. Smallman-Raynon and P.M. Stevens, 'Controlling the geographical spread of infectious disease: Plague in Italy, 1347–1851', *Acta med-hist Adriat*, 7–1 (2009), pp. 197–236.

Clifton, J., 'Art and Plague at Naples', in *Hope and Healing*, ed. Bailey et al, pp. 97–152.

Cohn, S.K., Jr, 'The Black Death and the Burning of Jews', *Past and Present*, 196 (August 2007), pp. 3–36.

——, 'The Black Death: End of a Paradigm', *The American Historical Review*, 107.3 (2002), pp. 703–38.

——, *The Black Death Transformed: Disease and Culture in Early Renaissance Europe* (London, 2002).

——, *Cultures of Plague. Medical Thinking at the end of the Renaissance* (Oxford, 2010).

——, *Epidemics: Hate and Compassion from the Plague of Athens to AIDS* (Oxford, 2018).

——, 'The Historian and the Laboratory: The Black Death Disease', in *The Fifteenth Century, XII, Society in an Age of Plague*, ed. L. Clark and C. Rawcliffe (Woodbridge, 2013), pp. 195–212.

Conrad, L.I. and D. Wujastyk (eds), *Contagion: Perspectives from Pre-modern Societies* (Aldershot, 2000).

Cornelison, S.J., *Art and the Relic Cult of St Antoninus in Renaissance Florence* (Farnham, 2012).

Corradi, A., *Annali delle epidemie in Italia dalle prime memorie al 1850* (Bologna, 1865–94; 1974 repr.).

Corsini, C., 'Morire a casa, morire in ospedale. Ricoverati e mortalità a Firenze in età moderna', in *La bellezza come terapia. Arte e assistenza nell'ospedale di Santa Maria Nuova a Firenze*, ed. E. Ghidetti and E. Diana (Florence, 2005), pp. 217–51.

Cosmacini, G., *Storia della medicina e della sanità in Italia. Dalla peste europea alla guerra mondiale, 1348–1918* (Roma-Bari, 1987).

Creighton, C., *A History of Epidemics in Britain from AD 664 to the Extinction of Plague* (Cambridge, 1891).

Cresti, C., 'Architettura della Controriforma a Firenze', in *Architetture di altari e spazio ecclesiale. Episodi a Firenze, Prato e Ferrara nell'età della Controriforma*, ed. C. Cresti (Florence, 1995), pp. 7–73.

Cummins, N., M. Kelley and C. Ó Gráda, 'Living standards and plague in London, 1560–1665', *The Economic History Review*, 69 (2016), pp. 3–34.

Cunningham, A., 'Transforming Plague: The laboratory and the identity of infectious disease', in *The Laboratory Revolution in Medicine*, ed. A. Cunningham and P. Williams (Cambridge, 1992), pp. 209–44.

D'Addario, A., *Aspetti della Controriforma a Firenze* (Rome, 1972).

Da Gatteo, P., *La peste a Bologna nel 1630* (Forlì, 1930).

Dean, T., *Crime and Justice in Late Medieval Italy* (Cambridge, 2007).

——, *Crime in Medieval Europe, 1200–1550* (Abingdon, 2001).

Del Migliore, F., *Firenze città nobilissima Illustrata* (Florence, 1684).

Del Panta, L., 'Cronologia e diffusione della crisi di mortalità in Toscana dalla fine del XIV agli inizi del XIX secolo', *Ricerche storiche*, 7.2 (1977), pp. 293–343.

——, *Le epidemie nella storia demografica italiana, secoli XI–XIX* (Turin, 1980).

De Vivo, F., *Information and Communication in Venice: Rethinking Early Modern Politics* (Oxford, 2007).

——, 'Prospect or Refuge? Microhistory, History on the Large Scale: A Response', *Cultural and Social History*, 7.3 (2010), pp. 387–97.

Diana, E., *San Matteo e San Giovanni di Dio, due ospedali nella storia fiorentina. Struttura nosocomiale, patrimonio fondiario e assistenza nella Firenze dei secoli XV–XVIII* (Florence, 1999).

——, *Sanità nel Quotidiano. Storie minute di medici, cerusici e pazienti* (Florence, 1995).

Douglas, M. *Purity and Danger: An Analysis of Concepts of Pollution and Taboo* (London, 1996).

Echenberg, M., *Plague Ports* (New York, 2007).

Eckstein, N.A., 'Florence on Foot: An Eye-level Mapping of the Early Modern City in Time of Plague', *Renaissance Studies*, 30 (2015), pp. 1–25.

Eckstein, N., 'Mapping Fear: Plague and Perception in Florence and Tuscany', in *Mapping Space, Sense, and Movement in Florence: Historical GIS and the early modern city*, ed. N. Terpstra and C. Rose (London, 2016), pp. 169–86.

The Experience of the Street in Early Modern Italy, ed. G. Clarke and F. Nevola, *I Tatti Studies in the Italian Renaissance*, 16 (2013), pp. 47–229.

Fondazione Treccani degli Alfieri, *Storia di Milano* (Milan, 1957), vol. 10.

Forlani Tempesti, A., in *Il seicento fiorentino. Disegno, incisione, scultura, arti minori* (Florence, 1986–7).

Fosi, I. (ed.), *La Peste a Roma (1656-1657)* (Rome, 2006).

Fusco, I., 'La peste del 1656–58 nel Regno di Napoli: diffusione e mortalità', *Popolazione e Storia*, 10.1 (2009), pp. 115–38.

——, *Peste, demografia e fiscalità nel regno di Napoli del XVII secolo* (Milan, 2007).

Gagliardi, I., *Sola con Dio. La missione di Domenica da Paradiso nella Firenze del primo Cinquecento* (Florence, 2007).

Galanaud, P., A. Galanaud and P. Giraudoux, 'Historical Epidemics Cartography Generated by Spatial Analysis: Mapping the Heterogeneity of The Medieval "Plagues" in Dijon', *PLoS ONE*, 10(12) (2015): e0143866.

Galluzzi, R., *Istoria del Granducato di Toscana sotto il governo della Casa Medici* (Florence, 1781), 11 vols.

Gelmetti, P., 'Alfonso Corradi e la sua storia della chirurgia in Italia', *Rivista di storia della medicina*, 2 NS (23) (1992), pp. 17–25.

Geltner, G., 'Healthscaping a Medieval City: Lucca's Curia viarum and the Future of Public Health History', *Urban History*, 40 (2013), pp. 395–415.

——, *The Medieval Prison: A Social History* (Princeton, 2008).

Gentilcore, D., '"All that pertains to medicine": Protomedici and Protomedicati in Early Modern Italy', *Medical History*, 38 (1994), pp. 121–142.

——, *Healers and Healing in Early Modern Italy* (Manchester, 1998).

——, *Medical Charlatanism in Early Modern Italy* (Oxford, 2006).

——, 'Negoziare rimedi in tempo di peste, alchimisti, ciarlatani, protomedici', in *La Peste a Roma (1656-1657)*, ed. I. Fosi, *Roma contemporanea e moderna*, 14 (2006), pp. 75–91.

——, 'Purging filth: plague and responses to it in Rome, 1656–7', in *Rome, Pollution and Propriety: Dirt, Disease and Hygiene in the Eternal City from Antiquity to Modernity*, ed. M. Bradley and K. Stow (Cambridge, 2012).

Green, M. (ed.) *Pandemic Disease in the Medieval World: Rethinking the Black Death* (Leeds, 2014).

Grmek, M.D., 'Le concept d'infection dans l'antiquité et au moyen age, les anciennes mesures sociales contre les maladies contagieuses et la fondation de la première quarantaine à Dubrovnik (1377)', *RAD. Jugoslavenske Akademije Znanosti I Imjetnosti*, 384 (1980), pp. 9–54.

——, 'Les vicissitudes des notions d'infection, de contagion et de germe dans la médecine antique', *Mémoires de Centre Jean Palerme*, V (Textes Medicaux Latins Antiques) (St-Étienne, 1984), pp. 53–70.

Gurrieri, F., L. Berti and C. Leonardi, *La Basilica di San Miniato al Monte a Firenze* (Florence, 1988).

Harrison, M., *Contagion: How Commerce Has Spread Disease* (New Haven and London, 2012).

Henderson, J., 'The Black Death in Florence: Medical and Communal Responses', in *Death in Towns: Urban Responses to the Dying and the Dead, 100–1600*, ed. S. Bassett (Leicester, 1992), pp. 136–50.

——, 'Charity and Welfare in Sixteenth-century Tuscany', in *Charity and Medicine in Southern Europe*, ed. A. Cunningham and O. Grell (London, 1999), pp. 56–86.

——, 'Coping with Plagues in Renaissance Italy', in *The Fifteenth Century, XII: Society in an Age of Plague*, ed. L. Clark and C. Rawcliffe (Woodbridge, 2013), pp. 175–194.

——, 'I Mendicanti e la politica assistenziale Italiana', in *La chiesa e l'ospedale di San Lazzaro dei Mendicanti. Arte, beneficenza, cura, devozione, educazione*, ed. A. Bamji, L. Borean and L. Moretti (Venice, 2015), pp. 33–46.

——, 'The Parish and the Poor in Florence at the Time of the Black Death: the case of San Frediano', *Continuity and Change*, 3 (1988), pp. 247–72.

——, *Piety and Charity in Late Medieval Florence* (Oxford, 1994, Chicago, 1997).

——, 'Plague in Renaissance Florence: Medical Theory and Government Response', in *Maladies et société (xii–xviiie siècles)*, ed. N. Bulst and R. Delort (Paris, 1989), pp.165–86.

——, 'Public Health, Pollution and the Problem of Waste Disposal in Early Modern Tuscany', in *Economic and Biological Interactions in the Pre-industrial Europe from the 13th to the 18th Centuries*, ed. S. Cavaciocchi (Florence, 2010), pp. 373–82.

——, *The Renaissance Hospital: Healing the Body and Healing the Soul* (New Haven and London, 2006).

——, '"La schifezza, madre della corruzione". Peste e società della Firenze della prima età moderna, 1630–1631', *Medicina e storia. Rivista di storia della medicina e della sanità*, 2 (2001), pp. 23–56.

Henderson, J. and C. Rose, 'Plague and the City: Methodological Considerations in Mapping Disease in Early Modern Florence', in *Mapping Space, Sense, and Movement in Florence. Historical GIS and the Early Modern City*, ed. N. Terpstra and C. Rose (London, 2016), pp. 125–46.

Holmes, M., *The Miraculous Image in Renaissance Florence* (New Haven and London, 2013).

Hopkins, A., 'Combating the Plague: Devotional paintings, architectural programs, and votive processions in early modern Venice', in *Hope and Healing*, ed. Bailey et al, pp. 137–52.

——, *Santa Maria della Salute: architecture and ceremony in Baroque Venice* (Cambridge, 2000).

Howard, J., *An Account of the Principal Lazarettos in Europe* (London, 1791).

Jacobs, F.J., *Votive Panels and Popular Piety in Early Modern Italy* (Cambridge, 2013).

Jones, C., 'Plague and its Metaphors in Early Modern France', *Representations*, 53 (1996), pp. 97–127.

Jones, P., 'San Carlo Borromeo and Plague Imagery in Milan and Rome', in *Hope and Healing*, ed. Bailey, Jones, Mormando and Worcester (Chicago, 2005), pp. 65–74.

Labarca, M., 'Itineraries and Languages of Madness: Family Experience, Legal Practice and Medical Knowledge in Eighteenth-century Tuscany' (PhD thesis, European University Institute, 2015).

Lamberini, D., *Il San Marino* (Florence, 2007), 2 vols.

Leonard, M.L., 'Plague Epidemics and Public Health in Mantua, 1463–1577' (PhD thesis, University of Glasgow, 2014).

Liscia Bemporad, D., 'Argenti per un santuario', in *La Basilica della Santissima Annunziata*, ed. C. Sisi (Florence, 2014), vol. 2, pp. 239–64.

——, 'I Doni di Cristina di Lorena alla basilica della SS. Annunziata', in *Studi sulla Santissima Annunziata in memoria di Eugenio Casalini osm*, ed. L. Crociani and D. Liscia Bemporad (Florence, 2014), pp. 131–54.

Litchfield, B., *Florence Ducal Capital, 1530–1630* (ACLS Humanities E-Book, New York, 2008).

Little, L.K. (ed.) *Plague and the End of Antiquity: The Pandemic of 541–750* (Cambridge, 2008).

——, 'Plague Historians in Lab Coats', *Past and Present*, 213 (2011), pp. 267–90.

Lombardi, D., '1629-31: crisi e peste a Firenze', *Archivio storico italiano*, 137 (1979), pp. 3–50.

——, 'Poveri a Firenze. Programmi e realizzazioni della politica. Assistenziale dei Medici tra Cinque e Seicento', in *Timore e carità. I poveri nell'Italia moderna*, ed. G. Politi, M. Rosa and F. Della Peruta (Cremona, 1982), pp. 172–4.

——, *Povertà maschile, Povertà femminile. L'Ospedale dei Mendicanti nella Firenze dei Medici* (Bologna, 1988).

Lopez, P., *Napoli e la peste (1464–1530). Politica, istituzioni, problemi sanitari* (Milan, 1989).

Lynteris, C., *Ethnographic Plague: Configuring Disease on the Chinese-Russian Frontier* (London, 2016).

Malanima, P., *La decadenza di un economia cittadina. L'industria di Firenze nei secoli XVI–XVIII* (Bologna, 1982).

Malavolti, A., 'Un paese nel male contagioso. La peste del 1631 a Fucecchio e dintorni', *Erba d'arno*, 154 (2018), pp. 47–68.

Marshall, L., 'Manipulating the Sacred: Image and Plague in Renaissance Italy', *Renaissance Quarterly*, 47 (1994), pp. 485–53

——, 'Plague Literature and Art, Early Modern European' in *Encyclopedia of Pestilence, Pandemics and Plagues*, ed. Joseph Byrne (Westport, Connecticut, 2008), pp. 522–30.

——, 'Reading the Body of a Plague Saint: Narrative Altarpieces and Devotional Images of St. Sebastian in Renaissance Art', in *Reading Texts and Images: Essays on Medieval Renaissance Art and Patronage*, ed. B.J. Muir (Exeter, 2002), pp. 237–71.

Martin, A.L., *Plague? Jesuit Accounts of Epidemic Disease in the 16th Century* (Kirksville, Missouri, 1996).

Masino, C., *Voci di spezieria dei secoli XIV–XVIII*, ed. D. Talmelli and G. Maggioni (Padua, 1988).

Moote, A.L. and D.G., *The Great Plague: The Story of London's Most Deadly Year* (Baltimore and London, 2004).

Naphy, W.G., *Plagues, Poisons, and Potions: Plague-spreading Conspiracies in the Western Alps, c. 1530–1640* (Manchester, 2002).

Naphy, W. and A. Spicer, *The Black Death and the History of Plagues, 1345–1730* (Stroud, 2000).

Nardinocchi, E., 'Pietro Tacca fra natura e decoro' in *Pietro Tacca: Carrara, la Toscana, le grandi corti europee*, ed. F. Falletti (Florence, 2007).

Nevola, F., 'Surveillance and control of the street in Renaissance Italy' in *The Experience of the Street in Early Modern Italy*, ed. G. Clarke and F. Nevola, *I Tatti Studies in the Italian Renaissance*, 16 (2013), pp. 85–106.

Nussdorfer, L., *Civic Politics in the Rome of Urban VIII* (Princeton, 1992).

Nutton, V., 'Pestilential Complexities', *Social History of Medicine*, 22 (2009), pp. 177–9.

——, 'The Reception of Fracastoro's Theory of Contagion: The Seed That Fell among Thorns?', *Osiris*, 2 ser., 6 (1990), pp. 196–7.

——, 'The Seeds of Disease: An Explanation of Contagion and Infection from the Greeks to the Renaissance', in V. Nutton, *From Democedes to Harvey: Studies in the History of Medicine* (London, 1988), pp. 15–34.

Orefice, G., 'Dalle decime settecentesche al catasto particellare granducale', in *Firenze nel period della restaurazione (1814–1864). Una mappa delle trasformazioni edilizie*, in *Storia dell'urbanistica Toscana*, 2, January–June 1989, pp. 41–50.

Pagliarulo, G., 'Jacopo Vignali e gli anni della peste', *Artista. Critica dell'Arte in Toscana*, 6 (1994), pp. 138–98.

Palmer, R.J., 'The Control of Plague in Venice and Northern Italy, 1348–1600' (PhD thesis, University of Kent at Canterbury, 1978).

Panzac, D., *Quarantaines et lazarets. L'Europe et la peste d'Orient (XVII–XX siècles)*, (Aix-en-Provence, 1986).

Paolucci, A., B. Pacciani and R.C. Proto Pisani, *Il Tesoro di Santa Maria all'Impruneta* (Florence, 1987).

Park, K. and J. Henderson, '"The First Hospital Among Christians": The Ospedale di Santa Maria Nuova in Early Sixteenth-Century Florence', *Medical History*, 35 (1991), pp. 164–188.

Passerini, L., *Storia degli stabilimenti di beneficenza e d'istruzione elementare gratuita della città di Firenze* (Florence, 1853).

Pastore, A., *Crimine e giustizia in tempo di peste nell'Europa moderna* (Rome, 1991).

——, 'Tra giustizia e politica: il governo a Genova e Roma nel 1656/7', *Rivista storica italiana*, 100 (1988), pp. 140–8.

Pelling, M., *Cholera, Fever and English Medicine, 1825–1865* (Oxford, 1978).

——, 'Contagion/Germ Theory/Specificity', in *Companion Encyclopedia of the History of Medicine*, ed. W.F. Bynum and R. Porter (London and New York, 1993).

Pelling, M., with F. White, *Medical Conflicts in Early Modern London: Patronage, Physicians and Irregular Practitioners, 1550–1640* (Oxford, 2003).

Pieraccini, G., *Le Stirpe de' Medici di Cafaggiolo* (Florence, 1986), 3 vols.

Pieraccini, P., 'Note di demografia fiorentina. La parrocchia di S. Lorenzo dal 1652 al 1751', *Archivio storico italiano*, ser. 7, 83 (1925), pp. 39–76.

Pogliano, C., 'L'utopia igienista (1870-1920)', in *Malattia e Medicina. Storia d'Italia, Annali 7*, ed. F. Della Peruta (Turin, 1984), pp. 589–631.

Pomata, G., *Contracting a Cure: Patients, Healers and the Law in Early Modern Bologna* (Baltimore and London, 1998).

Preto, P., *Epidemia, paura e politica nell'Italia moderna* (Bari-Roma, 1987).

——, *Peste e società a Venezia, 1576* (Vicenza, 1992).

Proto Pisani, R.C., 'Il ciclo affrescato del primo chiostro di San Marco: una galleria della pittura fiorentina del seicento' in *La Chiesa e convento di San Marco di Firenze* (Florence, 1990), vol. 2, pp. 321–46.

Puglisi, C.R., 'Guido Reni's *Pallione del Voto* and the Plague of 1630', *Burlington Magazine*, 130.8 (1995), pp. 402–12.

Pullan, B., 'Plague and Perceptions of the Poor in Early Modern Italy', in *Epidemics and Ideas: Essays on the historical perception of pestilence*, ed. T. Ranger and P. Slack (Cambridge, 1992), pp. 101–23.

'Rapporto della Commissione sulle memorie presentate intorno alla peste orientale', *Atti della Sesta Riunione degli Scienzati Italiani tenuta a Milano nel settembre MDCCCXLIV* (Milan, 1845), pp. 728–37.

Rawcliffe, C., *Medicine for the Soul: The Life, Death and Resurrection of an English Medieval Hospital* (Stroud, 1999).

——, *Urban Bodies: Communal Health in Late Medieval English Towns and Cities* (Woodbridge, 2013).

Rebecchini, G., 'Rituals of justice and the construction of space in sixteenth-century Rome', in *The Experience of the Street in Early Modern Italy*, ed. G. Clarke and F. Nevola, *I Tatti Studies in the Italian Renaissance*, 16 (2013), pp. 153–79.

Restifero, G., *Peste al confine. L'epidemia di Messina del 1743* (Palermo, 1984).

Rinaldi, A., 'Matteo Nigetti', in *Dizionario Biografico degli Italiani*, 78 (2013).

Rocciolo, D., '*Cum Suspicione Morbi Contagiosi Obierunt*. Società, religione e peste a Roma nel 1656-1657', in *La peste a Roma*, ed. I. Fosi, pp. 111–34.

Salvadori, R.G., *The Jews of Florence* (Florence, 2001).

San Juan, R.-M., *Rome: A City out of Print* (Minneapolis and London, 2001).

Sandri, L., 'Il Collegio Medico Fiorentino e la riforma di Cosimo I: origini e funzioni (secc. XIV-XVI), in *Umanesimo e università in Toscana (1300-1600)*, ed. S.U. Baldassari, F. Ricciardelli and E. Spagnesi (Florence, 2012), pp. 183–211.

Sannazzaro, P., *Storia dell'Ordine Camilliano (1550-1699)* (Turin, 1986).

Sardi Bucci, D., 'La peste del 1630 a Firenze', *Ricerche storiche*, 10 (1980), pp. 49–92.

Scattigno, A., 'La costruzione di un profilo di santità femminile nella Firenze del XVII secolo', *Annali di Storia di Firenze*, 8 (2013), pp. 145–70.

Schraven, M., *Festive Funerals in Early Modern Italy: The Art and Culture of Conspicuous Commemoration* (London, 2014).

Scott, S. and C. Duncan, *Biology of Plagues: Evidence from Historical Populations* (Cambridge, 2001).

Schofield, R.S., 'An Anatomy of an Epidemic: Colyton, November 1645 to November 1646', in *The Plague Reconsidered: A New Look at its Origins and Effects in 16th- and 17th-century England*, ed. P. Slack (Matlock, 1977), pp. 95–126.

Shaw, J. and E. Welch, *Making and Marketing Medicine in Renaissance Florence* (Amsterdam, 2011).

Singer, C. and G. Singer, 'The Scientific Position of Girolamo Fracastoro [1478?–1553] with Especial Reference to the Source, Character and Influence of His Theory of Infection', *Annals of Medical History*, 1 (1917), pp. 1–34.

Sisi, C. (ed.) *La Basilica della Santissima Annunziata* (Florence, 2014), 2 vols.

Slack, P., *The Impact of Plague in Tudor and Stuart England* (London, 1985).

——, 'The Local Incidence of Epidemic Disease: The Case of Bristol, 1540-1650', in *The Plague Reconsidered, A new look at its origins and effects in 16th and 17th Century*

England, ed. P. Slack (Matlock, 1977), pp. 49–62.

——, 'Mirrors of Health and Treasures of Poor Men: The Uses of the Vernacular Medical Literature of Tudor England', in *Health, Medicine and Mortality in the Sixteenth Century*, ed. C. Webster (1979).

Sonnino, E., 'Cronache delle peste a Roma. Notizie dal Ghetto e lettere di Girolamo Gastaldi (1656–1657)', *La Peste a Roma*, ed. I. Fosi, pp. 35–74.

Sonnino, E. and R. Traina, 'La peste del 1656-57 a Roma: organizzazione sanitaria e mortalità', in *La demografia storica delle città italiane* (Bologna, 1982), pp. 433–52.

Stevens Crawshaw, J., 'The Beasts of Burial: Pizzigamorti and Public Health for the Plague In Early Modern Venice', *Social History of Medicine*, 24.3 (2011), pp. 570–87.

——, *Plague Hospitals: Public Health for the City in Early Modern Venice* (Farnham, 2012).

Storey, T., *Carnal Commerce in Counter-Reformation Rome* (Cambridge, 2008).

——, 'Prostitution and the circulation of second-hand goods in seventeenth-century Rome', *Alternative Exchanges: Second-Hand Circulations from the Sixteenth Century to the Present*, ed. L. Fontaine (Oxford, 2007), pp. 61–75.

Stow, K., 'Was the Ghetto Cleaner . . .?', in *Rome, Pollution and Propriety: Dirt, Disease and Hygiene in the Eternal City from Antiquity to Modernity*, ed. M. Bradley and K. Stow (Cambridge, 2012), pp. 169–81.

Strocchia, S.T. (ed.) *Special Issue: Women and Healthcare in Early Modern Europe. Renaissance Studies*, 28.4 (2014).

Terpstra, N., *Abandoned Children of the Italian Renaissance* (Baltimore, 2005).

——, *Cultures of Charity: Women, Politics, and the Reform of Poor Relief in Renaissance Italy* (Cambridge, Massachusetts, 2013).

——, 'Locating the Sex Trade in the Early Modern City: Space, Sense, and Regulations in Sixteenth-century Florence', *Mapping Space, Sense, and Movement in Florence. Historical GIS and the early modern city*, ed. N. Terpstra and C. Rose (London, 2016), pp. 107–24.

Terpstra, N. and C. Rose (eds), *Mapping Space, Sense, and Movement in Florence. Historical GIS and the Early Modern City* (London, 2016).

Tomić, Z.B. and V. Blažina, *Expelling the Plague: The Health Office and the Implementation of Quarantine in Dubrovnik, 1377–1533* (Montreal, 2015).

Torricelli, C., M. Lopez Pegna, M. Danti and O. Checcucci (eds), *La Misericordia di Firenze attraverso i secoli. Note storiche* (Florence, 1975).

Trevor-Roper, H., *Europe's Physician: The Various Life of Sir Thomas de Mayerne* (New Haven and London, 2006).

Twigg, G., *The Black Death: A Biological Reappraisal* (London, 1984).

Varlik, N., *Plague and Empire in the Early Modern Mediterranean World: The Ottoman Experience, 1347–1600* (Cambridge, 2015).

Wallis, P., 'Plagues, Morality and the Place of Medicine in Early Modern England', *English Historical Review*, 121.490 (2006), pp. 1–24.

Wear, A., *Knowledge and Practice in English Medicine, 1550–1680* (Cambridge, 2000).

Wilson Bowers, K., *Plague and Public Health in Early Modern Seville* (Rochester, 2013).

Worcester, T.W., 'Plague as Spiritual Medicine and Medicine as Spiritual Metaphor: Three Treatises by Etienne Binet SJ (1569–1639)' in: *Piety and Plague: From Byzantium to the Baroque*, ed. F. Mormando and T.W. Worcester (Kirksville, Missouri, 2007), pp. 224–36.

Wrightson, K., *Ralph Tailor's Summer: A Scrivener, His City and the Plague* (New Haven and London, 2011).

Zagli, A., 'La cronaca di una maledizione: la peste del 1631 a Bientina', *Erba d'Arno*, 64 (1994), pp. 31–57.

Zagli, A., F. Mineccia and A. Giuntini, *Maladetti beccari: storia dei macellari fiorentini dal Cinquecento al Duemila* (Florence, 2000).

Zanobio, B. and G. Armocida, 'Alfonso Corradi', in *Dizionario Biografico degli Italiani*, 29 (Rome, 1983).

Zorzi, A.,'The Judicial System in Florence in the Fourteenth and Fifteenth Centuries', *Crime, Society and the Law in Renaissance Italy*, ed. T. Dean and K.J.P Lowe (Cambridge, 1994), pp. 40–58.

人名对照表

阿尔比耶拉·德·圭杜奇　Albiera de' Guiducci

阿方索·布罗卡尔迪　Alfonso Broccardi

阿方索·科拉迪　Alfonso Corradi

阿戈斯蒂诺·朱斯蒂尼亚尼　Agostino Giustiniani

阿尼奥洛·迪·弗朗切斯科　Agnolo di Francesco

阿尼奥洛·迪·乔瓦尼　Agnolo di Giovanni

阿斯特鲁巴·圭里尼　Asdrubale Guerrini

阿韦罗内·戴尔·萨尔瓦蒂科　Averone Del Salvatico

埃吉迪奥·莱吉　Egidio Leggi

埃丝特·戴安娜　Esther Diana

安·G. 卡迈克尔　Ann G. Carmichael

安德烈亚·戴尔·萨尔托　Andrea del Sarto

安德烈亚·戴尔·西尼奥雷·菲利波·马努齐　Andrea del Signore Filippo Manucci

安德烈亚·迪·巴托洛梅奥·阿利索　Andrea di Bartolommeo Aliso

安德烈亚·迪·多梅尼科·卡斯尼亚尼　Andrea di Domenico Casignani

安德烈亚·迪·斯特凡诺·博奇尼·达·莱尼亚　Andrea di Stefano Boccini da Legnaia

安东尼奥·邦塔迪尼　Antonio Bontadi

安东尼奥·戴尔·帕拉约洛　Antonio del Pollaiuolo

安东尼奥·迪·弗朗切斯科·特拉巴莱西　Antonio di Francesco Traballesi

安东尼奥·迪·戈罗　Antonio di Goro

安东尼奥·迪·马泰奥　Antonio di Matteo

安东尼奥·迪·乔万巴蒂斯塔·戴尔·托瓦里亚 Antonio di Giovanbattista del Tovaglia

安东尼奥·卡尔内塞基 Antonio Carnesecchi

安东尼奥·里吉 Antonio Righi

安东尼奥·曼尼 Antonio Manni

安东尼奥·佩利奇尼 Antonio Pellicini

安东尼奥·萨尔维亚蒂 Antonio Salviati

安东尼娅·迪·乔瓦尼 Monna Antonia di Giovanni

安焦拉 Angiola

安里奥拉 Angliola

安特罗·玛丽亚·迪·圣博纳文图拉 Antero Maria di S. Bonaventura

奥拉齐奥·科隆博 Orazio Colombo

奥拉提奥·博尔西 Oratio Borsi

奥拉提奥·迪·西莫内·里斯托里尼 Oratio di Simone Ristorini

奥勒·贝内迪克托 Ole Benedictow

奥雷利娅·迪·米凯莱·戴尔·布里诺 Aurelia di Michele del Brino

奥塔维奥·迪利真蒂 Ottavio Diligenti

奥塔维奥·万尼尼 Ottavio Vannini

巴尔贝拉·迪·皮耶罗 Barbera di Piero

巴尔托洛梅亚 Bartolommea

巴乔·达阿尼奥洛·巴西尼 Baccio

d'Agnolo Bassini

巴乔·法焦利尼 Baccio Fagiolini

巴斯蒂亚诺·迪·吉罗拉莫·詹内利 Bastiano di Girolamo Giannelli

巴斯蒂亚诺·迪·乔瓦尼 Bastiano di Giovanni

巴斯蒂亚诺·迪·桑蒂 Bastiano di Santi

巴托洛梅奥·迪·尼科洛·法尼 Bartolomeo di Niccolò Fagni

巴托洛梅奥·罗西 Bartolomeo Rossi

保兰托尼奥 Paolantonio

保罗·埃尔米尼 Paolo Ermini

保罗·迪·兰多·兰迪 Paolo di Lando Landi

保罗·菲利罗莫拉 Paolo Filiromola

保罗·佩肖利尼 Paolo Pesciolini

保罗·斯莱克 Paul Slack

贝尔纳迪诺·达·卢卡 Bernardino da Lucca

贝尔纳多·波切蒂 Bernardo Poccetti

贝尔纳多·迪·多梅尼科·巴奇 Bernardo di Domenico Bacci

贝内代托·贝托尼 Benedetto Bettoni

贝内代托·迪·阿布拉莫·达·锡耶纳 Benedetto di Abramo da Siena

贝内代托·迪·安东尼奥·孔福尔蒂尼 Benedetto di Antonio Confortini

贝妮代塔·迪·弗朗切斯科 Benedetta

di Francesco

贝塔·丹东尼奥　Betta d'Antonio

贝亚托·伊波利托·加兰蒂尼　Beato Ippolito Galantini

彼得罗·保罗　Pietro Paolo

彼得罗·丹迪尼　Pietro Dandini

彼得罗·塞蒂尼·达·比别纳　Pietro Settini da Bibbiena

彼得罗·塔卡　Pietro Tacca

彼罗·戴尔·帕拉约洛　Piero del Pollaiuolo

伯尔·利奇菲尔德　Burr Litchfield

伯利勋爵　Lord Burleigh

伯纳德·里厄　Bernard Rieux

博内利　Bonelli

布赖恩·普兰　Brian Pullan

查尔斯·克赖顿　Charles Creighton

达拉·罗卡　Dalla Rocca

大卫·真蒂尔科雷　David Gentilcore

戴克里先皇帝　Emperor Diocletian

戴利·阿尔比齐　Degli Albizzi

丹尼尔·笛福　Daniel Defoe

迪安娜·萨尔迪·布奇　Deanna Sardi Bucci

迪奥尼西奥　Dionisio

迪奥斯科里季斯　Dioscorides

迪诺·德尔·加尔博　Dino Del Garbo

迪亚诺拉夫人　Monna Dianora

蒂恰蒂医生　Dr. Ticciati

杜拉兹尼医生　Dr Durazzini

多俾亚　Tobias

多罗西·莫特　Dorothy Moote

多梅妮卡·达·帕拉迪索　Domenica da Paradiso

多梅妮卡·迪·卡森蒂诺　Domenica di Casentino

多梅妮卡·迪·亚历山德罗·法布里尼　Domenica di Alessandro Fabbrini

多梅尼科·安德烈乌奇　Domenico Andreucci

多梅尼科·凡蒂尼　Domenico Fantini

多梅尼科·卡斯泰利　Domenico Castelli

多梅尼科·克雷斯蒂（帕西尼亚诺）　Domenico Cresti（Passignano）

多梅尼科·罗瓦伊　Domenico Rovai

多梅尼科·萨拉齐尼　Domenico Saracini

多梅尼科·维沃奥利　Domenico Vivuoli

多梅尼科·瓦塞利　Domenico Vaselli

多纳托·比索尼　Donato Bisogni

法布里奇奥·内沃拉　Fabrizio Nevola

方济·沙勿略　Francis Xavier

非奇诺　Ficino

菲奥雷　Fiore

菲利波·巴尔迪努奇　Filippo Baldinucci

菲利波·加比亚尼　Filippo Gabbiani

菲利波·卡波尼　Filippo Capponi

菲利波·拉萨尼尼　Filippo Lasagnini

菲利波·玛丽亚·维斯孔蒂　Filippo Maria Visconti

费迪南多·戴尔·米廖雷　Ferdinando Del Migliore

费迪南多·曼奇尼　Ferdinando Mancini

费利切·洛吉　Felice Logi

弗兰切斯卡·迪·劳伦佐　Francesca di Lorenzo

弗兰切斯卡·迪·帕格罗　Francesca di Pagolo

弗兰切斯卡·迪·皮耶罗·博尔塞利　Francesca di Piero Borselli

弗朗切斯科·达斯卡尼奥·凡切利　Francesco d'Ascanio Fancelli

弗朗切斯科·迪·米凯兰杰洛　Francesco di Michelangelo

弗朗切斯科·迪·乔瓦巴蒂斯塔·奇内蒂　Francesco di GiovanBattista Cinetti

弗朗切斯科·迪·乔瓦尼·鲁尔巴尼　Francesco di Giovanni Urbani

弗朗切斯科·迪·切塞里·凡塔斯蒂尼　Francesco di Ceseri Fantasti

弗朗切斯科·弗兰泽西　Francesco Franzesi

弗朗切斯科·科尔蒂贾尼　Francesco Cortigiani

弗朗切斯科·龙迪内利　Francesco Rondinelli

弗朗切斯科·马赞蒂　Francesco Mazzanti

弗朗切斯科·玛丽亚·马莱贡内　Francesco Maria Malegonnelle

弗朗切斯科·曼佐利　Francesco Manzuoli

弗朗切斯科·莫基·迪·亚历山大　Francesco Mochi di Alessandro

弗朗切斯科·帕尔米耶里　Francesco Palmieri

弗朗切斯科·瓦拉托　Francesco Vallatto

弗朗切斯科·詹内利　Francesco Giannelli

富尔维奥·朱贝蒂　Fulvio Giubetti

盖拉尔多·希尔瓦尼　Gherardo Silvani

格拉齐亚·本韦努托　Grazia Benvenuto

格拉希诺　Grassino

格雷厄姆·特威格　Graham Twigg

古列尔莫·阿尔托维蒂·迪·利马乔　Guglielmo Altoviti di Rimaggio

瓜达尼　Guadagn

圭多·阿尔法尼　Guido Alfani

圭多·科基　Guido Cocchi

圭多·雷尼　Guido Reni

赫里斯托·科拉菲斯　Chresto Chlafes

基思·威尔特森　Keith Wrightson

吉拉尔迪先生　Signori Giraldi

吉罗拉莫·弗拉卡斯托罗　Girolamo Fracastoro

吉罗拉莫·瓜在西　Girolamo Guazzesi

吉罗拉莫·卡斯塔尔迪　Girolamo Gastaldi

吉罗拉莫·唐泽利尼　Girolamo Donzellini

加莱蒂　Galletti

加斯帕罗·马尔库奇　Gasparo Marcucci

贾斯廷·钱皮恩　Justin Champion

简·史蒂文斯·克劳肖　Jane Stevens Crawshaw

焦万·菲利波·鲁切拉伊　Giovan Filippo Rucellai

卡洛·博罗梅奥　Carlo Borromeo

卡洛·金斯堡　Carlo Ginsburg

卡洛·科尔西尼　Carlo Corsini

卡洛·奇波拉　Carlo Cipolla

卡米拉·丹东尼奥　Cammilla d'Antonio

卡米洛·兰德里亚尼　Camillo Landriani

卡米洛　Camillo

卡皮塔诺·弗朗切斯科·诺维卢奇　Capitano Francesco Novellucci

卡塞里诺·加尔比尼　Caserino Garbini

卡泰丽娜·布科　Caterina Buco

卡泰丽娜·迪·巴托洛梅奥·达·雷杰罗　Caterina di Bartolomeo da Reggello

卡泰丽娜·迪·皮耶罗·本奇尼　Caterina di Piero Bencini

卡泰丽娜夫人　Monna Caterina

卡瓦列雷·马加洛蒂　Cavaliere Magalotti

卡瓦列雷·塞维盖迪　Cavaliere Sivigatti

科尔伯利　Ricorboli

科尔索·科西　Maestro Corso Corsi

科林·琼斯　Colin Jones

科西莫·巴尔迪·德孔蒂·迪·维尔尼奥　Cosimo Bardi de' Conti di Vernio

科西莫·巴尔杰利尼　Cosimo Bargellini

科西莫·德·巴尔迪　Cosimo de' Bardi

科西莫·德·帕齐　Cosimo de' Pazzi

科西莫·迪·美第奇　Cosimo il Vecchio

克丽丝蒂·威尔逊·鲍尔斯　Kristy Wilson Bowers

拉法埃洛·迪·塔代奥·斯塔迪尼

Raffaello di Taddeo Statini

莱昂尼　Leoni

莱桑德拉·卡尔迪·奇沃利　Lessandra Cardi Civoli

莱桑德拉·孔蒂　Lessandra Conti

莱斯特·K. 利特尔　Lester K. Little

劳埃德　Lloyd

劳德西·迪·圣阿涅塞　Laudesi di S. Agnese

劳拉·迪·斯特凡诺　Laura di Stefano

里多尔福医生　Dr. Ridolfo

利奥纳尔多·布翁滕皮　Lionardo Buontempi

利奥纳尔多·吉诺里　Lionardo Ginori

利萨贝塔·迪·卡米洛尼·迪·雅各布·桑蒂尼　Lisabetta di Cammillo di Jacopo Sandini

廖内　Lione

廖内洛·巴尔多维内蒂　Lionello Baldovinetti

林博蒂·宾博蒂　Rimbotto Bimbotti

卢卡·戴利·阿尔比齐　Luca degli Albizzi

卢卡·迪·乔瓦尼·迪·卢卡·塔尔焦尼　Luca di Giovanni di Luca Targioni

卢卡·米尼　Luca Mini

卢卡·乔瓦尼·塔尔焦尼　Luca di Giovanni di Targioni

卢卡·萨尔维亚蒂　Lucha Salviati

卢克雷蒂娅　Lucretia

卢克雷齐娅·迪·多梅尼科·丹阿戈斯蒂诺　Lucrezia di Domenico d'Agostino

卢克雷齐娅·迪·弗朗切斯科·比安奇　Lucrezia di Francescho Bianchi

路易吉·巴乔·戴尔·比安科　Luigi Baccio del Bianco

路易斯·鲁耶　Louis Rouhier

罗伯托·佩皮　Roberto Pepi

罗杰·斯科菲尔德　Roger Schofield

洛林的克里斯蒂娜　Cristina of Lorraine

罗莫利　Romoli

洛伦齐　Lorenzi

洛伦佐·阿尔托维蒂　Lorenzo Altoviti

洛伦佐·奥贝托·卡维蒂　Lorenzo Oberto Cavetti

洛伦佐·迪·巴尔托洛梅奥·索尔代里　Lorenzo di Bartolommeo Soldelli

洛伦佐·迪·拉法埃洛　Lorenzo di Raffaello

洛伦佐·弗莱斯科巴尔迪　Lorenzo Frescobaldi

洛伦佐·塞尼　Lorenzo Segni

马埃斯特罗·莱安德罗·奇米内利　Maestro Leandro Ciminelli

马达莱娜·迪·乔瓦尼 Maddalena di Giovanni

马达莱娜·戴尔·贾尔博 Maddalena del Garbo

马达莱娜·戴拉·比安卡 Maddalena della Biancha

马达莱娜·丹格斯蒂诺·基亚里 Maddalena d'Aghostino Chiari

马蒂奥洛 Mattioli

马尔凯塞·萨尔维亚蒂 Marchese Salviati

马尔科·贡萨加 Marco Gonzaga

马尔切洛 Marcello

马尔西利奥·菲奇诺 Marsilio Ficino

马尔西利奥·费奇尼 Marsilio Fecini

马可·赫德斯·菲利卡亚 Marco Geddes da Filicaia

马里奥·圭杜奇 Mario Guiducci

马里亚诺·迪·多梅尼科·马西尼 Mariano di Domenico Masini

马萨涅洛 Masaniello

马泰奥·丹德烈亚·扎卡尼尼 Matteo d'Andrea Zachagini

马泰奥·尼盖第 Matteo Nigetti

马泰奥·帕利尼 Matteo Pallini

马泰奥·奇蒂 Matteo Citi

玛格丽塔·迪·弗朗切斯科·阿尔托维蒂·韦尔尼奥 Margherita di Francesco Altoviti da Vernio

玛格丽塔·迪·皮耶罗·迪·圭多 Margherita di Piero di Guido

玛格丽塔·迪·乔瓦尼·隆巴尔迪 Margherita di Giovanni Lombardi

玛格丽塔·迪·韦托里奥 Margherita di Vettorio

玛格丽特·贝尔 Margaret Bell

玛丽亚·巴尔多维内蒂夫人 Signora Maria Baldovinetti

玛丽亚·丹德烈亚 Maria d'Andrea

玛丽亚·迪·梅尼科 Maria di Menico

玛丽亚·迪·乔万巴蒂斯塔 Maria di Giovanbattista

玛丽亚·龙嘉·阿·卡加蒂娜 Maria Lunga a Cazzettina

玛丽亚·马达莱娜 Maria Maddalena

玛丽亚·迪·马泰奥·波尔塔 Maria di Matteo Porta

马萨涅洛 Masaniello

玫瑰圣母 Madonna of the Rosary

米尔科·格尔梅克 Mirko Grmek

米凯拉尼奥利·科韦利 Michel'Agnolo Coveri

米克尔·帕雷特斯 Miquel Parets

莫妮卡·格林 Monica Green

莫塞拉罗 Moscellaro

南尼纳　Nannina

尼古拉斯·埃克斯泰因　Nicholas
　　Eckstein

尼古拉斯·特普斯特拉　Nicholas
　　Terpstra

尼科洛·达·波诺尼亚诺　Niccolò da
　　Bolognano

尼科洛·德兰泰拉　Niccolò dell'Antella

尼科洛·多尼　Niccolò Doni

尼科洛·焦瓦尼奥利　Niccolò Giovagnoli

尼科洛·马格纳尼　Niccolò Magnani

尼科洛·马萨　Niccolò Massa

尼科洛·奇尼　Niccolò Cini

尼克里尼　Nicolini

诺弗里奥·瓜在西　Nofrio Guazzesi

欧金尼奥·松尼诺　Eugenio Sonnino

潘多尔福·萨基　Pandolfo Sacchi

佩托·苏蒂齐奥　Petto Sudicio

皮耶罗·达尔·蓬特·阿谢韦　Piero
　　dal Ponte a Sieve

皮耶罗·丹德烈亚·托齐　Piero
　　d'Andrea Tozzi

皮耶罗·迪·巴托洛梅奥　Piero di
　　Bartolommeo

皮耶罗·迪·拉法埃洛·比利　Piero
　　di Raffaello Billi

皮耶罗·迪·洛伦佐·马亚尼　Piero
　　di Lorenzo Maiani

皮耶罗·迪·米凯莱·比利　Piero di
　　Michele Billi

皮耶罗·罗祖奥利　Piero Rozzuoli

普雷帕拉塔　Reparata

普奇家族　Pucci Family

奇内利　Cinelli

乔恩·阿里萨瓦拉加　Jon Arrizabalaga

乔瓦弗朗切斯科·圭迪
　　GiovanFrancesco Guidi

乔瓦卡尔洛·德·美第奇　GiovanCarlo
　　de'Medici

乔瓦尼·埃乌尼奥　Giovanni Heurnio

乔瓦尼·安东尼奥·德·罗西
　　Giovanni Antonio De Rossi

乔瓦尼·巴尔迪努奇　Giovanni
　　Baldinucci

乔瓦尼·巴尔斯耐利　Giovanni
　　Balsinelli

乔瓦尼·邦西　Giovanni Bonsi

乔瓦尼·薄伽丘　Giovanni Boccaccio

乔瓦尼·本托里尼　Giovanni Pentolini

乔瓦尼·博尼　Giovanni Boni

乔瓦尼·迪·布鲁诺·布鲁内利
　　Giovanni di Bruno Brunelli

乔瓦尼·迪·尼科洛·佛利亚里

Giovanni di Niccolò Fogliari

乔瓦尼·迪·雅各布·多尔奇
Giovanni di Jacopo Dolci

乔瓦尼·迪·朱利奥·焦利 Giovanni
di Giulio Giolli

乔瓦尼·菲利波·因格拉西亚
Giovanni Filippo Ingrassia

乔瓦尼·弗兰泽塞 Giovanni Franzese

乔瓦尼·弗朗切斯科·博内蒂
Giovanni Francesco Bonetti

乔瓦尼·吉诺里 Giovanni Ginori

乔瓦尼·孔福尔蒂纳里 Giovanni
Confortinari

乔瓦尼·鲁比那伊 Giovanni Lupinai

乔瓦尼·诺比利 Giovanni Nobili

乔瓦尼·帕加鲁罗 Giovanni Pagiarlulo

乔瓦尼·斯特拉塔诺 Giovanni Stradano

乔万·巴蒂斯塔·贝卢齐 Giovan
Battista Belluzzi

乔万·巴蒂斯塔·帕吉 Giovan
Battista Paggi

乔万·卡尔洛 Cardinale Giovan Carlo

乔万巴蒂斯塔·博纳尤蒂
Giovanbattista Buonaiuti

乔万巴蒂斯塔·迪·克里斯特凡
诺·卡尔德里纳 Giovanbattista di
Christofano Calderina

乔万巴蒂斯塔·迪·万杰利斯塔·龙

迪内利 Giovanbattista di Vangelista
Rondinelli

乔万巴蒂斯塔·迪·韦托里奥·迪·巴
尔多 Giovanbattista di Vettorio di
Baldo

乔万巴蒂斯塔·迪·西莫内·摩尔
莫拉伊 Giovanbattista di Simone
Mormorai

乔万巴蒂斯塔·迪·扎诺比·卡罗西
GiovanBattista di Zanobi Carosi

乔万巴蒂斯塔·迪·朱利奥
GiovanBattista di Giulio

乔万巴蒂斯塔·卡索蒂 Giovambatista
Casotti

乔治娅·克拉克 Georgia Clarke

切尔维利 Cervieri

切萨雷·阿德尔马雷 Cesare Adelmare

切萨雷·班迪尼 Cesare Bandini

切萨雷·丹迪尼 Cesare Dandini

切萨里诺·加尔比尼 Cesarino Garbini

切萨里诺·科维里 Cesarino Coveri

让-诺埃尔·比拉本 Jean-Noel Biraben

萨尔瓦多雷·迪·温琴佐·托尔托雷利
Salvadore di Vincenzo Tortorelli

萨尔韦斯特罗 Salvestro

萨拉莫内·迪·莫伊塞·卡尔瓦尼

Salamone di Moisè Calvani

萨卢斯特里·法贝里　Salustri Faberi

塞巴斯蒂亚诺·马涅里　Sebastiano
　　Manieri

塞比内利　Zerbinelli

塞缪尔·科恩　Samuel Cohn

桑德拉·迪·马泰奥　Sandra di Matteo

善良的撒玛利亚人　Good Samaritan

圣安东尼诺　S. Antonino

圣迪·乔万巴蒂斯塔　Santi di
　　Giovanbattista

圣雷帕拉塔　S. Reparata

圣乔瓦尼·巴蒂斯塔　S. Giovanni
　　Battista

圣塞巴斯蒂安　St Sebastian

圣西斯托　S. Sisto

圣依纳爵·罗耀拉　Ignatius Loyola

斯福尔扎·帕拉维奇诺　Sforza
　　Pallavicino

斯塔夫鲁拉·克图姆皮　Stavroula
　　Koutroumpi

斯特凡诺·邦西尼奥里　Stefano
　　Bonsignori

斯特凡诺·迪·巴斯蒂亚诺·托里切利
　　Stefano di Bastiano Torricelli

斯特凡诺·迪·洛伦佐·本克拉奇
　　Stefano di Lorenzo Buoncollazi

斯特凡诺·罗德里克·德·卡斯特罗

Stefano Roderico de Castro

斯特鲁巴雷·圭里尼　Asdruble Guerrini

苏珊娜·里奇　Susanna Ricci

泰代斯基尼医生　Dr. Tedeschini

唐·洛伦佐　Don Lorenzo

唐娜·莱桑德拉·迪·弗朗切斯科
　　Donna Lessandra di Francesco

唐娜·南妮娜　Donna Nannina

同蒂诺·巴尔吉略　Dondino Bargiglio

托马索·波尔卡基亚　Thomaso Porcacchi

托马索·达·隆达　Tommaso da Londa

托马索·迪·弗朗切斯科·佩罗尼
　　Tommaso di Francesco Peroni

托马索·圭杜奇　Tommaso Guiducci

托马索·潘多尔菲尼　Tommaso
　　Pandolfini

托马索·丘奇　Tommaso Ciucci

威廉·纳菲　William Naphy

威廉·塞西尔　William Cecil

薇薇安·努顿　Vivian Nutton

韦尔吉尼娅·巴尔多维内蒂　Verginia
　　Baldovinetti

维塔莱　Vitale

维托里奥·杰里　Vittorio Geri

维维亚诺　Viviano

温琴佐·塞尔瓦　Vincenzo Selva

文森迪奥·迪·乔万巴蒂斯塔·罗马诺 Vincentio di Giovanbattista Romano

文森迪奥·塞尔瓦 Vincentio Selva

乌尔班八世 Pope Urban VIII

乌戈利诺·巴斯蒂亚诺·伊尔·罗索 Ugolino Bastiano il Rosso

西奥多·德·马耶恩 Theodore de Mayerne

西莫内·迪·皮耶罗·乔蒂 Simone di Piero Ciotti

西斯托·阿米奇 Sisto Amici

雅各布·埃尔米 Jacopo Elmi

雅各布·博内蒂 Jacopo Bonetti

雅各布·迪·巴斯蒂亚诺 Jacopo di Bastiano

雅各布·迪·巴托洛梅奥 Jachopo di Bartolomeo

雅各布·迪·乔瓦尼·迪·泰拉奇尼·帕莱尔米塔诺 Jacopo di Giovanni di Teracini Palermitano

雅各布·帕里 Jacopo Palli

雅各布·维尼亚利 Jacopo Vignali

雅克·卡洛 Jacques Callot

亚历山大·耶尔森 Alexandre Yersin

亚历山德拉 Alessandra

亚历山德罗·阿洛里 Alessandro Allori

亚历山德罗·卡诺比奥 Alessandro Canobbio

亚历山德罗·马尔齐·美第奇 Alessandro Marzi Medici

亚历山德罗·曼佐尼 Alessandro Manzoni

亚历山德罗·帕斯托雷 Alessandro Pastore

亚历山德罗·塔迪诺 Alessandro Tadino

亚历山德罗·韦斯特里 Alessandro Vestri

伊尔·格拉兹尼 Il Grazzoni

伊尼亚齐奥·戴尔·南特 Ignazio del Nente

因诺琴齐奥修士 Fra Innocenzio

尤金·格兰特 Eugene Grant

尤斯图斯·苏斯特尔曼斯 Justus Sustermans

赞基尼 Zanchini

扎诺比·皮尼奥尼 Zanobi Pignoni

詹·巴蒂斯塔·戴拉·罗韦雷 Gian Battista della Rovere

詹博洛尼亚 Giambologna

詹弗朗切斯科·圭迪 Gianfrancesco Guidi

詹弗朗切斯科·里瓦·迪·圣那扎罗 Gianfrancesco Riva di S. Nazarro

名词对照表

A

阿雷蒂娜街　Strada Aretina

阿里恩托利路　Via dell'Ariento

阿莫雷街　Via dell'Amore

《哀悼经》　De Profundis

安泰拉　Antella

奥尔巴泰罗　Orbatello

奥尔默　Olmo

奥格尼桑蒂教堂　Ognisanti

奥勒特拉诺区　Oltrarno

奥利韦托山　Monte Oliveto

奥斯泰利亚诺瓦　Osteria Nova

B

巴迪亚阿里波利　Badia a Ripoli

巴迪亚·菲耶索拉纳　Badia Fiesolana

巴尔加　Barga

巴尔翟罗　Bargello

巴尼-迪圣菲利波　Bagni di S. Filippo

巴尼奥阿里波利　Bagno a Ripoli

巴萨诺　Bassano

白衣耶稣受难会　Compagnia del
　　Crocifisso dei Bianchi

班迪内利家族别墅　Villa of the Signori
　　Bandinelli

贝尔韦代雷·阿尔·萨拉奇诺别墅
　　Villa Belvedere al Saracino

贝洛斯瓜尔多　Bellosguardo

贝亚托·伊波利托教义会　Compagnia
　　del Beato Ippolito dei Vanchetoni

本托里尼大街　Via Pentolini

波尔博迪尼药铺　Spezeria del Borbottini

波尔蒂克　Portico

波尔蒂丘拉·法利内城门　Porticciuola
　　delle Farine

波尔盖里尼别墅　Villa Borgherini

拉诺切路　Borgo La Noce

拉斯特拉-阿锡尼亚　Lastra a Signa

老市场　Mercato Vecchio

莱尼亚隔离医院　Lazaretto of Legnaia

朗格多克　Languedoc

雷焦-艾米利亚　Riggo-Emilia

利沃诺　Livorno

灵医会　Ministri degli Infermi

卢奥黛大街　Via delle Ruote

鲁夏诺别墅　Villa Rusciano

伦敦内科医师学院　London College of
　Physicians

罗代街　Via delle Ruote

罗马纳路　Strada Romana

罗米塔路　Via Romita

洛雷托　Loreto

M

马吉奥大街　Via Maggio

马尔泰利路　Via Martelli

马奇内街角　Canto alla Macine

曼图亚　Mantua

《玫瑰经》　Rosary

梅塞尔·博尼法齐奥　Messer Bonifazio

梅左路　Via di Mezzo

梅佐蒙特别墅　Villa di Mezzomonte

门廊圣母堂　S. Maria in Portico

蒙蒂切利　Monticelli

蒙杜齐　Montughi

蒙费拉托　Monferrato

蒙苏马诺圣母堂　Madonna di
　Monsommano

蒙泰莱齐　Montereggi

蒙太内罗圣母堂　Madonna of Montenero

蒙特卢波　Montelupo

蒙特基　Monterchi

蒙特普尔恰诺　Montepulciano

摩德纳　Modena

莫罗大街　Via del Moro

米尼米神父修会　Padri Minimi

米尔坎岛　Mrkan

墨西拿　Messina

穆杰洛　Mugello

N

内罗街　Canto di Nello

诺农得拉　Nonontola

诺瓦路　Via Nuova

诺瓦·达·圣保罗街　Via Nuova da S.
　Paolo

O

奥古斯丁修会　Augustinian

P

帕多瓦　Padua

帕尔马　Parma

帕尔米耶里别墅　Villa Palmieri

帕拉吉奥路　Via del Palagio

帕拉祖罗大街　Via Palazzuolo

帕利亚街角　Canto alla Paglia

帕内圣斯泰法诺教堂　S. Stefano in Pane

帕尼卡莱街　Via Panicale

佩夏　Pescia

皮安·德·朱拉里　Pian dei Giullari

皮安迪穆尼奥内　Pian di Mugnone

皮埃蒙特　Piedmont

皮拉斯特里大街　Via de'Pilastri

皮亚诺·迪里波利　Piano di Ripoli

皮亚诺·迪皮斯托亚　Piano di Pistoia

皮耶韦阿里波利　Pieve a Ripoli

平蒂街　Bargo Pinti

普拉托　Prato

普拉托街　Via sul Prato

普利亚街　Canto alla Puglia

Q

奇阿多街　Cella di Ciardo

齐亚拉街　Via Chiara

齐亚利托修道院　Convento di Chiarito

乔托钟楼　Giotto's Campanile

切波　Ceppo

切莱塔尼路　Via Cerretanni

琼佛　Il Cionfo

S

萨莱诺　Salerno

萨沃伊　Savoy

塞迪尼亚诺　Settignano

赛奈塞大街　Via Senese

塞斯托　Sesto

桑德里纳　Sandrina

善终会　Frati di Ben Morire

《上帝祷歌》　Litanies of the Lord

森特比　Centerbe

圣阿涅塞节　the festival of S.Agnese

圣阿波利纳雷教堂　S. Apollinare

圣安布罗焦区　Sesto di S. Ambrogio

圣安东尼诺节　Feastday of S.Antonino

圣奥尔索拉街　Via S. Orsola

圣奥诺菲利　S. Honoferi

圣奥诺弗里奥医院　Hospital of S. Onofrio

圣巴尔托洛梅奥岛　Isola di S. Bartolommeo

圣多梅尼科·迪菲耶索莱　S. Domenico di Fiesole

圣多纳托·因·波焦　S. Donato in Poggio

圣菲利波·内里修会　Order of S. Filippo Neri

圣方济各-阿尔蒙特-阿莱-克罗奇　S. Francesco al Monte alle Croci

圣方济各·迪斯蒂马特兄弟会 Compagnia delle Stimmate di S. Francesco

圣弗雷蒂亚诺城门 Porta S. Frediano

圣贾科莫绝症医院 S. Giacomo degli Incurabili

圣加焦修道院 Monache di S.Gaggio

圣卡洛大瘟疫 Plague of S.Carlo

圣卡夏诺 S. Casciano

圣加洛路 Via S. Gallo

圣加洛门 Porta S. Gallo

圣克罗切教堂 S. Croce

圣莱奥 S. Leo

《圣灵之歌》 Mass of Spirito Santo

圣洛克节 Feastday of S.Rocco

圣洛伦佐教区 Parish of S. Lorenzo

圣马蒂诺-阿冈格兰迪 S. Martino a Gangalandi

圣马蒂诺兄弟会 Buonomini di S. Martino

圣玛格丽塔·蒙蒂奇街 Via S. Margherita a Montici

圣米迦勒修道会 Company of S. Michele Arcangelo

圣米迦勒·维斯多米尼教堂 S. Michele Visdomini

圣米尼亚托要塞 Fortress of S. Miniato

圣米尼亚托-阿尔蒙特 S. Miniato al Monte

圣母领报大殿 S. Annunziata

圣母路 Via S. Maria

圣母马利亚-阿马里尼奥莱路 Via S. Maria a Marignolle

圣母马利亚·戴尔·卡尔米耐修道院 the convent of S.Maria del Carmine

圣母马利亚神职修会 Clerics Regular of the Mother of God

圣母忠仆会 Servite

圣尼科洛门 Porta S. Niccolò

圣潘克拉齐奥街角 Canto alla S.Pancrazio

圣潘克拉齐奥教区 prish of S.Pancrazio

圣皮耶里诺教堂 S. Pierino

圣皮耶尔·加托里尼教堂 S. Pier Gattolini

圣皮耶尔·加托里尼城门 Porta S. Pier Gattolini

圣皮耶罗-阿索里奇亚诺 S. Piero a Solicciano

圣皮耶罗-阿谢韦 S. Piero a Sieve

圣乔瓦尼区 Sesto of S. Giovanni

圣乔瓦尼·迪·迪奥医院 Hospital of S. Giovanni di Dio

圣乔瓦尼诺教堂 S. Giovannino

圣若望洗礼堂 Baptistery of S. Giovanni

圣萨尔瓦多-阿尔蒙特-阿莱-克罗奇 S. Salvatore al Monte alle Croci

圣萨尔瓦多·迪·卡马尔多利修道院

Convent of S. Salvatore di Camaldoli

圣斯皮里托区　Sesto di S. Spirito

圣伊尼亚迪奥修会　Congregazione di S. Ignatio

圣伊拉里奥兄弟会　Compagnia di S. Ilario

圣扎诺比街　Via S. Zanobi

誓言教堂　Chiesa del Voto

斯波达教派　Padri della Sporta

斯杜法路　Via della Stufa

斯卡拉大街　Via della Scala

斯卡尔佩里亚　Scarperia

斯特罗齐宫　Palazzo Strozzi

斯特罗兹尼别墅　Villa dello Strozzino

斯汀凯　Stinche

四十八人议会　Senato dei Quarantotto

死亡路　Via della Morte

苏萨山谷　Val di Susa

T

塔拉尼救济院　Ospedale de' Talani

泰恩河畔纽卡斯尔　Newcastle-upon-Tyne

特雷斯皮亚诺　Trespiano

特兰托会议　Council of Trent

特兰托宗教法令　Tridentine Decrees

提托洛托旅馆　Albergo di Titolotto

《天堂之星》　Stella Coeli estirpavit

托尔纳坤奇街角　Canto a Tornaquinci

托洛梅伊别墅　Villa Tolomei

托罗内刑事法庭　the criminal tribunal of the Torrone

托斯卡纳大公抗毒油　Olio del Gran Duca di Toscana contraveleno

W

瓦尔迪玛丽亚　Val di Maria

瓦尔迪尼尔沃莱河谷　Val di Nievole

瓦尔泰利纳　Valtellina

瓦隆布洛桑　Vallombrosans

瓦利亚　Vaglia

韦基耶门　Porte Vecchie

卫生委员会　Sanità

维罗纳　Verona

威尼斯安康圣母圣殿　Basilica di Santa Maria della Salute

沃尔泰拉　Volterra

乌切拉托约　Uccellatoio

X

锡耶纳大街　Via Senese

谢里斯托里别墅　Villa Serristori

辛加内利　Cinganelli

新圣母马利亚医院　Hospital of S. Maria Novella

许愿回廊　Chiostrino dei Voti

出版物及作品名对照表

《年轻时期的费迪南德二世》(*Ferdinando de'Medici as a Young Man*)

《佛罗伦萨城地图》(*Map of the City of Florenc*)

《因普鲁内塔集市》(*The fair at Imruneta*)

《约婚夫妇》(*The Betrothed*)

《瘟疫年纪事》(*Journal of the Plague Year*)

《传染病报告》(*Relazione del Contagio*)

《神曲·地狱篇》(*Inferno*)

《论传染》(*De Contagione*)

《保持卫生，抵抗鼠疫传染》(*Conservazione della sanita contro al contagio della peste*)

《漫步佛罗伦萨》(Florence on Foot)

《关于保持健康、抵御鼠疫传染的最新消息》(*Notizie concernenti la onservazione della sanita contro al contagio di peste*)

《论瘟疫》(*Tractatus de peste*)

《瘟疫警示录》(*Avvertimenti per la peste*)

《1630年的佛罗伦萨鼠疫》(*La peste a Firenze nel 1630/The Plague in Florence in 1630*)

《论流行病》(*Epidemics*)

《论药物》(*Materia Medica*)

《医学杂集》(Miscellanea Medicea)

《防疫简要指南》(*Brief instructions to preserve oneself from the contagious pestilence*)

《水石蚕用法说明》(*The Virtues of Water Germander*)

《圣安东尼诺保卫佛罗伦萨城》(*S. Antonino ProtectsFlorence*)

《圣安东尼诺与佛罗伦萨1448—1449年鼠疫》(*S. Antonino and the Plague of 1448-9 in Florence*),

《卡洛·博罗梅奥向鼠疫患者发放圣餐》(*Carlo Borromeo Administers the Sacraments to the Plague-Stricken*)

《圣安东尼诺身体的转变》(*Translation of the Body of S. Antonino*)

《瘟疫年历史》(*Histories of a Plague Year*)

《金色传奇》(*The Golden Legend*)

《圣母升天、圣雅各与圣洛克及佛罗伦萨城全景图》(*Assumption of the Virgin and Saints Jacopo and Rocco with a View of the City of Florence*)

《圣斯特凡诺、圣亚历山德罗、圣格利高里·塔乌马杜尔哥、圣瓦伦蒂诺和圣阿涅塞的升天》(*Assumption with SS. Stefano, Alessandro, Gregorio Taumaturgo, Valentino and Agnese*)

《纪实信息录》(*Cronica*)

《关于因普鲁内塔圣母像的历史记忆》(*Memorie istoriche della miracolosa immagine di Maria Vergine dell'Impruneta*)

《卡洛·博罗梅奥的圣钉游行》(*Carlo Borromeo's Procession of the Holy Nail*)

《许愿祭坛画》(*Pallione del Voto*)

《圣面》(*Volto Santo*)

《世界著名岛屿》(*L'Isole Piu Famose del Mondo*)

《关于瘟疫和传染病的信息》(*Informatione del pestifero, et contagioso morbo*)

《瘟疫期间罗马城的命令和措施》(*The Diligent Orders and Measures Undertaken in the City of Rome during the Plague*)

《鼠疫》(*La peste*)

《关于鼠疫传染病的论述》(*Discorso sopra de'mali contagiosi pestilenziali*)

《老市场广场》(*Piazza del Mercato Vecchio*)

《近代早期意大利的街道体验》(*The Experience of the Street in Early Modern Italy*)

守望思想　　逐光启航

LUMINAIRE

光启

从瘟疫中幸存的佛罗伦萨 1630—1631

[英] 约翰·亨德森 著

刘谦 译

策划编辑　苏　本

责任编辑　李佼佼

营销编辑　池　淼　赵宇迪

装帧设计　徐　翔

内文设计　李俊红

出版：上海光启书局有限公司

地址：上海市闵行区号景路 159 弄 C 座 2 楼 201 室　201101

发行：上海人民出版社发行中心

印刷：北京盛通印刷股份有限公司

开本：890mm×1240mm　1/32

印张：15.375　字数：396，000　插页：10

2023 年 4 月第 1 版　2023 年 4 月第 1 次印刷

定价：129.00 元

ISBN：978-7-5452-1942-5 /K.10

图书在版编目 (CIP) 数据

从瘟疫中幸存的佛罗伦萨：1630-1631 / (英) 约翰·
亨德森著；刘谦译 . —上海：光启书局，2022.8

书名原文：Florence Under Siege: Surviving
Plague in an Early Modern City

ISBN 978-7-5452-1942-5

Ⅰ . ①从… Ⅱ . ①约… ②刘… Ⅲ . ①城市史—研究
—佛罗伦萨 Ⅳ . ① K546.9

中国版本图书馆 CIP 数据核字（2022）第 128608 号

本书如有印装错误，请致电本社更换 021-53202430

FLORENCE UNDER SIEGE

by John Henderson

Copyright © 2019 by John Henderson

Originally published by Yale University Press

Chinese simplified translation copyright © (2023) by Luminaire Books,

A division of Shanghai Century Publishing Co.,Ltd.

Published by arrangement with Columbia University Press

ALL RIGHTS RESEVED